# 攀西民族地区
## 乡村产业振兴：夯实发展根基

陈江　李博　著

西南财经大学出版社

中国·成都

图书在版编目(CIP)数据

攀西民族地区乡村产业振兴:夯实发展根基/陈江,李博著.—成都:西南财经大学出版社,2023.12
ISBN 978-7-5504-6066-9

Ⅰ.①攀… Ⅱ.①陈…②李… Ⅲ.①民族地区—乡村—农业产业—产业发展—研究—四川 Ⅳ.①F327.71

中国国家版本馆 CIP 数据核字(2023)第 256447 号

## 攀西民族地区乡村产业振兴:夯实发展根基

PANXI MINZU DIQU XIANGCUN CHANYE ZHENXING:HANGSHI FAZHAN GENJI

陈 江 李 博 著

策划编辑:李邓超
责任编辑:高小田
责任校对:王青杰
封面设计:墨创文化 张姗姗
责任印制:朱曼丽

| | |
|---|---|
| 出版发行 | 西南财经大学出版社(四川省成都市光华村街55号) |
| 网 址 | http://cbs.swufe.edu.cn |
| 电子邮件 | bookcj@ swufe.edu.cn |
| 邮政编码 | 610074 |
| 电 话 | 028-87353785 |
| 照 排 | 四川胜翔数码印务设计有限公司 |
| 印 刷 | 成都市金雅迪彩色印刷有限公司 |
| 成品尺寸 | 170 mm×240 mm |
| 印 张 | 19.5 |
| 字 数 | 371 千字 |
| 版 次 | 2025 年 5 月第 1 版 |
| 印 次 | 2025 年 5 月第 1 次印刷 |
| 书 号 | ISBN 978-7-5504-6066-9 |
| 定 价 | 78.00 元 |

# 总序

党的十八大以来，在以习近平同志为核心的党中央坚强领导下，始终把解决好"三农"问题作为全党工作重中之重，不断加大强农惠农富农政策力度，扎实推进农业现代化和新农村建设，全面深化农村改革。2017年10月，党的十九大报告首次提出实施乡村振兴战略。这一战略的提出既是我国经济社会发展的必然要求，也是中国特色社会主义进入新时代的客观要求；2021年4月，第十三届全国人民代表大会常务委员会第二十八次会议审议通过《中华人民共和国乡村振兴促进法》，为全面指导和促进乡村振兴提供了法律保障；2022年10月，党的二十大报告提出要"全面推进乡村振兴"，这是对党的十九大报告提出的"实施乡村振兴战略"的进一步发展，党的二十大把乡村振兴战略作为"构建新发展格局，推动高质量发展"的一个重要方面进行了部署。全面推进乡村振兴既是构建新发展格局的需要，也要立足新发展格局的构建，贯彻新发展理念，为中国式现代化提供坚实支撑，即全面推进乡村振兴要主动服务、融入和支撑中国式现代化。

2021年2月25日，习近平总书记在全国脱贫攻坚总结表彰大会上庄严宣告：我国脱贫攻坚战取得了全面胜利。此后，以习近平同志为核心的党中央作出设立5年过渡期、实现巩固拓展脱贫攻坚成果同乡村振兴有效衔接的重大决策，在巩固拓展脱贫攻坚成果的基础上，接续推进脱贫地区发展和群众生活改善，做好乡村振兴这篇大文章。各级各部门要以习近平新时代中国特色社会主义思想为指导，全面贯彻落实党的二十大精神和中央经济工作会议、中央农村工作会议精神，加快构建新发展格局，着力推动高质量发展，扎实推进乡村发展、乡村建设、乡村治理等重点任务，全面推进乡村振兴，加快农业农村现代化，建设宜居宜业和美乡村，为全面建设社会主义现代化国家开好局起好步打下坚实基础。

全面推进乡村振兴，加快农业农村现代化，对于全力推动巩固拓展脱贫攻坚成果再上台阶具有重要意义。作为脱贫攻坚的"硬骨头""最短板"，民族地区依然是巩固拓展脱贫攻坚成果的重点区域。2022年11月，国家民委等九部门联合印发《关于铸牢中华民族共同体意识 扎实推进民族地区巩固拓展脱贫攻坚成果同乡村振兴有效衔接的意见》，该意见着眼于促进各族群众在实现乡村振兴进程中不断铸牢中华民族共同体意识，确保民族地区在巩固拓展脱贫攻坚成果和乡村振兴工作中不掉队，在共同富裕路上跑出好成绩。

攀西民族地区位于四川西南部，是四川五大经济发展片区之一，包括攀枝花市和凉山彝族自治州（以下简称"凉山州"）2个市（州）、22个县（市、区），区域面积约6.8万平方千米，区域内分布有彝族、傈僳族、苗族、白族、纳西族、傣族等少数民族，是全国重要的少数民族聚居区。随着攀枝花高质量发展建设共同富裕试验区的加快推进和全国民族团结进步示范市的全面启动（2023年1月，凉山州已被命名为新一轮"全国民族团结进步示范州"），攀西民族地区必须适应新形势、新任务，把推进巩固拓展脱贫成果、扎实推动各民族共同富裕、不断铸牢中华民族共同体意识等重要行动同乡村振兴有效衔接，切实推进区域内乡村振兴战略全面深化和提质增效。

当前，学术界对乡村振兴战略的实质内涵、逻辑理路和实践进路等方面进行了深入研究，成果颇丰。但乡村振兴战略研究还存在重视理论而实践不足，研究内容分布不均衡等问题。作为四川省社科规划重大项目的研究成果，这套精心撰写的"攀西民族地区乡村振兴系列研究丛书"汇聚了众多专家学者的智慧和经验，围绕乡村振兴"产业兴旺、生态宜居、乡风文明、治理有效、生活富裕"的总要求，立足攀西民族地区经济、政治、社会、文化和生态"五位一体"整体建设的实际情况和需求，将理论与实践相结合，以多元视角阐述乡村振兴的重要意义、发展现状及未来趋势与推进方向，旨在为攀西民族地区乡村振兴战略的深入实施提供有力的理论支持和实践指导。

该系列丛书由《攀西民族地区乡村振兴理论与实践》《攀西民族地区乡村产业振兴：夯实发展根基》《攀西民族地区乡村人才振兴：抓实第一资源》《攀西民族地区乡村文化振兴：筑牢精神基础》《攀西民族地区乡村生态振兴：建设美丽乡村》《攀西民族地区乡村组织振兴：构建治理体系》和《攀西民族地区乡村振兴与康养小镇耦合协同发展研究》《攀西民族地

区乡村振兴特色发展路径研究》八本著作组成。该丛书具有体系逻辑性强、现实指导性强和学科交叉性强等特点和优势。

一是体系逻辑性强。本丛书按照乡村振兴的内在逻辑关系进行排列，从理论到实践，从宏观到微观，构成了一个以乡村振兴战略的理论创新和实践分析为核心，乡村振兴区域特色发展路径为重点，以及促进乡村产业振兴、人才振兴、文化振兴、生态振兴和组织振兴"五位一体"总体布局为主线的"一心两翼五轴"的体系架构。

"一心"是指丛书以《攀西民族地区乡村振兴理论与实践》为核心，从理论逻辑和实践路径两方面进行宏观层面的分析与构建。该书首先阐释了攀西民族地区实施乡村振兴战略的必要性和重大意义；其次，梳理了中国古代、马克思主义者、新中国成立以来、西方经济学派关于乡村振兴的理论，并对这些理论进行分析。本书的重点是按照乡村振兴的五个要求，对攀西民族地区乡村振兴实践展开研究，并阐述"五大振兴"的内在逻辑以及对攀西民族地区乡村振兴的意义。同时还对国外乡村振兴理论和实践进行了参照透视。最后，对攀西民族地区乡村振兴的政策供给以及实施步骤提出了可行性建议。

"两翼"是指丛书以《攀西民族地区乡村振兴与康养小镇耦合协同发展研究》和《攀西民族地区乡村振兴特色发展路径研究》两书为重点，分别选取攀西民族地区文旅康养与特色农业两个优势特色产业为切入点，深入探析它们如何更好地与乡村振兴、城乡融合发展相契合。前者以系统论、系统耦合理论、协同理论等相关理论为指导，在宏观层面，剖析攀西地区乡村振兴与康养特色小镇建设之间的内涵及特征，构建耦合发展整体研究框架，重点分析2017—2021年两者耦合协同发展的内在演变过程，从内生性揭示内在耦合机理。在中观层面，依据攀西民族地区乡村振兴与康养小镇建设耦合研究框架，评价两者耦合发展过程，构建各自的指标体系。在微观层面，通过调研数据分析小农户参与乡村振兴与康养小镇耦合建设、实现"小农户和现代农业发展有机衔接"的有效途径。后者结合攀西民族地区农业产业基础情况，探索攀西民族地区乡村振兴背景下特色农业发展路径、生态农业发展路径、特色休闲观光农业发展路径、文旅康养发展路径、开放路径、特色文化产业发展路径和品牌路径等，重点阐述了如何发挥区域优势，发展生态、休闲、观光等特色农业产业形态。

"五轴"是指丛书从"五大振兴"角度，分别论述了攀西民族地区在产业、人才、文化、生态和组织领域的统筹推进情况、应对策略和发展方向。其中《攀西民族地区乡村产业振兴：夯实发展根基》一书以构建具有攀西民族地区特色的绿色高效乡村产业体系为目标，通过系统深入的调查和研究，分析攀西民族地区农村产业发展的潜力、困境和主要发展路径。《攀西民族地区乡村人才振兴：抓实第一资源》一书以当前攀西民族地区乡村振兴人才发展的困境为依据，通过系统梳理攀西民族地区农业农村人才队伍建设和作用发挥等方面存在的问题及国内外乡村人才振兴的措施及启示，紧扣实施乡村振兴战略的现实需求，研究并提出攀西民族地区人才振兴体系、人才聚集的机制、人才振兴的路径、强化攀西民族地区乡村振兴人才支撑的对策措施。《攀西民族地区乡村文化振兴：筑牢精神基础》一书分别从攀西地区乡村公共文化服务体系建设、乡村文化特色产业发展、乡村传统文化保护、乡村文化生态构建四个维度，调研了攀西民族地区乡村文化建设概况，通过剖析典型案例，总结成功经验，分析存在的问题，进而提出相应发展路径，以期为攀西民族地区乡村文化振兴实践开展提供参考。《攀西民族地区乡村生态振兴：建设美丽乡村》一书以乡村生态振兴视角，结合攀西民族地区乡村生态振兴的建设实际，从乡村系统质量提升、农业资源合理利用与可持续发展、农业生产环境综合治理与绿色农业发展、农村生活环境综合治理、农村生态聚落体系建设、农村人居环境改善和生态资源利用与生态补偿等方面剖析了攀西民族地区美丽宜居乡村建设的路径和政策建议。《攀西民族地区乡村组织振兴：构建治理体系》一书围绕乡村组织振兴，深入攀西民族地区开展实地调查研究，重点介绍乡村振兴与乡村组织振兴、乡村组织振兴发展历程与现状、乡村基层党组织建设、乡村基层政权建设、乡村自治实践、乡村德治建设、乡村法治建设、乡村人才队伍建设等方面的内容。

二是现实指导性强。作为目前唯一一套全面梳理攀西民族地区乡村振兴发展现状和成效，并通过大量实地调研及案例分析，提出了一系列推动乡村振兴发展具体策略和方法的丛书，其不仅为民族地区乡村振兴提供了理论指导，还针对攀西民族地区的实际情况，深入挖掘了该地区的特色资源，多维度提出了全面推进乡村振兴的具体策略和方法。同时，每个板块都能从理论基础、政策导向和实践经验层面开展论述，具有很强的地域性、针对性和实用指导意义，这使得丛书能够提供对攀西民族地区乡村振兴的独特见解和观点，不仅对于关注攀西民族地区乡村振兴的读者和学者具有很强的实用参考意义，还能为政府、企业和社会组织及乡村工作人员提供政策决策支持和借鉴。

三是学科交叉性强。本丛书注重专业性的同时突出了学科交叉性，涵盖了地理科学、环境科学、生态学、经济学、社会学、管理学和文化学等多个学科领域，如丛书中的《攀西民族地区乡村组织振兴：构建治理体系》一书，运用了管理学、社会学和文化学的相关理论和方法，对乡村组织的构建、治理体系的完善等方面进行了深入研究，为读者提供了乡村组织振兴的实用方法和建议。同时借鉴了国内外涉及乡村振兴的多学科理论和实践经验，通过多学科的交叉融合，丛书为读者提供了一个全面、深入的视角来理解和研究攀西民族地区乡村振兴问题。

总之，这套"攀西民族地区乡村振兴系列研究丛书"具有较强的系统逻辑、实用指导性和学科交叉创新性等特点，其包含的八本著作，资料翔实，调查充分，视野开阔，案例实证性强，各自独立而又相互联系，宛如攀西民族地区乡村振兴的八面镜子，从不同角度全面、深入、系统地揭示了攀西民族地区乡村振兴的理论内涵与实践路径。

民族要复兴，乡村必振兴。实现中华民族伟大复兴的中国梦，归根到底要靠56个民族共同团结奋斗。在以习近平同志为核心的党中央坚强领导下，四川攀西民族地区各族干部群众将铆足干劲、接续奋斗，努力绘就乡村振兴的壮美画卷，朝着共同富裕的目标稳步前行。希望这套丛书能对广大读者有所启示，对攀西民族地区的乡村振兴和共同富裕有所推动。同时，也期待广大读者和学者能对这套丛书提出宝贵的意见和建议，让我们共同为攀西民族地区的乡村振兴和共同富裕贡献智慧和力量。

2023 年 12 月

# 前言

随着我国改革开放和现代化进程的不断推进，攀西民族地区作为四川重要的农业区域，也正积极参与乡村振兴。然而，在实现全面现代化的征程中，攀西民族地区的农业农村领域依然面临诸多挑战。本书将从农业全要素生产率提升、乡村产业升级、产业融合发展以及农业现代化四个关键方面，探讨攀西民族地区产业振兴的路径与策略，旨在为推动该地区的可持续发展提供理论指导和实践参考。

农业全要素生产率的提升被视为推动乡村产业振兴的基石。攀西民族地区应进一步深化农村改革，加大技术创新力度，提升农业生产效率，促进资源的合理配置。通过采取推广现代农业技术、智能化农业设备等措施，攀西民族地区将拥有更高的农业生产水平，实现农业增产、农民增收的双赢目标。

乡村产业升级成为攀西民族地区实现可持续发展的重要路径。乡村产业升级不仅需要加强传统农业产业的创新，而且要积极发展新兴产业，推动产业结构的优化升级。特色农产品、乡村旅游、文化创意产业等正逐渐成为攀西民族地区地方经济的新增长点，为乡村产业升级提供了广阔空间。

乡村产业融合发展策略也逐渐受到攀西民族地区的重视。攀西民族地区通过将农业与旅游、文化、科技等领域有机结合，推动不同产业间的协同发展，实现资源共享、优势互补。这不仅有助于增加其产业附加值，而且能够提升乡村发展的整体效益。

农业现代化水平的提升是乡村产业振兴的重要支撑。攀西民族地区致力于推动农业生产方式的转变，从传统的人工劳动向现代化、智能化的生产模式转型。攀西民族地区通过推广精准农业、农业信息化等，提升农业的科技含量和效益，为乡村产业的可持续发展奠定坚实基础。

综上所述，攀西民族地区在乡村产业振兴的道路上，要大力推进农业全要素生产率提升、乡村产业升级、产业融合发展以及农业现代化水平提升。通过这些努力，攀西民族地区将不断创新发展路径，开启崭新的篇章。

攀西民族地区产业振兴既是实现乡村振兴战略的重要组成部分，也是推动该地区可持续发展的关键举措。攀西民族地区通过充分发挥该地区的资源优势，加大科技创新力度，注重生态环境保护，必将实现农业产业的全面提升，为攀西民族地区的经济繁荣和社会进步贡献力量。本书将从农业全要素生产率提升、乡村产业升级、产业融合发展以及农业现代化水平提升四个方面，深入探讨攀西民族地区产业振兴的战略思路和实践路径。

陈江

2024 年 11 月

# 目录

# 第一章 民族地区乡村产业振兴概述

## 第一节 推进民族地区乡村产业振兴

中国是一个拥有悠久历史文化的多民族国家，在现代化发展的征程中，充满了多样性和活力。其中，民族地区作为中华民族大家庭的重要组成部分，其乡村产业振兴问题日益凸显，成为实现全国乡村振兴目标的关键环节。推进民族地区乡村产业振兴是实现民族地区乡村振兴的必要条件，民族地区产业振兴面临着许多挑战与机遇。本书深入探讨如何在尊重民族文化的基础上，实现民族地区全面乡村振兴，为全面建设社会主义现代化国家贡献新动力。

### 一、推动民族地区乡村产业振兴的紧迫性

推进民族地区乡村产业的振兴，不仅是实现地方经济社会全面发展的内在需求，而且是维系全国乡村振兴战略的稳固基石。

从宏观视角来看，民族地区产业振兴不仅是当地的内在诉求，而且是推动我国全面现代化进程的必然选择。全面现代化的构建旨在使全体人民共享改革开放成果，不论是汉族还是少数民族，皆应分享现代化带来的红利。因此，将民族地区乡村产业振兴视为中国全面现代化建设的重要组成部分势在必行，任何怠慢都是不可取的，更不容推诿。

在推动产业振兴的进程中，我们应深刻认识到，民族地区乡村振兴的意义超越经济领域，更关系到民族团结和社会稳定。只有通过加强产业结构优化，发挥各地区特色优势，提升农村产业附加值，才能够更好地满足人民日益增长的美好生活需要。同时，我们也需要关注民族文化的传承和

发展，使乡村产业振兴成为促进民族多元融合的重要途径。

加快民族地区乡村产业振兴，不仅关乎地方经济，而且关系到全面建设社会主义现代化国家。

## 二、民族地区产业振兴面临的挑战与机遇

民族地区产业振兴面临的挑战与机遇如下：

（一）面临的挑战

1. 地域差异与多样性

民族地区分布广泛，地理环境复杂多样，这导致不同地区之间的经济发展水平和产业基础差异巨大。在制定产业振兴策略时，要考虑到各地特色和差异。

2. 基础设施不足

一些民族地区地理条件恶劣，基础设施建设相对滞后，交通、通信等方面的不便制约了当地产业的融合与发展。

3. 人才流失问题

在一些民族地区，相对较低的经济水平和较少的发展机会，以及人才外流成为产业振兴的瓶颈。人才稀缺限制了创新和技术进步的可能性。

4. 市场需求不足

民族地区人口相对较少，消费市场规模有限，这限制了产业发展的规模和增长。

（二）面临的机遇

1. 多元文化与特色产业

民族地区拥有丰富多样的民族文化资源，这为打造独特的特色产业提供了机遇。将民族文化与产业深度融合，可以打造独具魅力的品牌，吸引更多投资和游客。

2. 政策支持与资金扶持

政府制定了一系列扶持民族地区产业发展的政策，包括财税支持、金融扶持等。这些政策为民族地区的产业振兴提供了良好的政策环境和资金保障。

3. 数字化与智能化

近年来，数字经济和智能技术的快速发展为民族地区的产业振兴带来了新的机遇。采取数字化手段，可以拓展市场，提升效率，促进产业的升

级和创新。

4. 生态环境与旅游业

部分民族地区拥有独特的自然生态环境和风景名胜，这为发展生态旅游和乡村旅游带来了机遇。旅游业的发展不仅可以带动当地经济发展，而且能促进文化传承与交流。

### 三、推动民族地区乡村产业振兴的战略路径与未来展望

在推进民族地区乡村产业振兴的过程中，需要制定一系列策略，以确保民族地区乡村产业振兴取得可持续发展的成果。首先，应实行因地制宜的发展规划，充分考虑民族地区的实际情况，制定灵活多样的发展战略。其次，要强化基础设施建设，改善交通、通信等基础设施，提高产业链的完整度。最后，在科技、人才等方面，需要引入更多的支持，推动科技创新和人才培养。此外，应充分发挥民族地区的地域和文化优势，发展具有地方特色的产业，塑造独特的乡村品牌，吸引投资和游客。

展望未来，民族地区的乡村产业振兴有着广阔的前景。多元化的产业发展，不仅可以提高农民的收入，而且有助于减少农村人口外流，维护社会稳定；在产业结构优化的同时，还能够促进农村文化的繁荣，强化少数民族的文化认同感，增强社会凝聚力。此外，民族地区可以积极借助数字经济、智能农业等现代化手段，推动乡村振兴与科技创新的深度融合。

推进民族地区乡村产业振兴，是实现全面乡村振兴目标的不可或缺的环节。在尊重和弘扬民族文化的同时，应制定因地制宜的发展策略，提升基础设施建设水平，引入金融、科技、人才等多方面的支持，推动产业升级和创新发展。在推动乡村产业振兴的道路上，民族地区不仅应抓住机遇，迎接挑战，而且应注重可持续发展，为全面建设社会主义现代化国家作出新的更大贡献。只有持续努力，才能在民族地区营造出富有活力的乡村发展景象，实现中华民族伟大复兴的中国梦。

# 第二节　民族地区乡村产业振兴的内涵

产业振兴是民族地区乡村振兴的重要基础。为了实现全面振兴，必须促进乡村产业、人才、文化、生态和组织五个方面的发展，这五个方面缺

一不可。因此，我们需要在巩固和拓展脱贫攻坚成果的基础上，重点关注有效衔接工作，统筹推动这五个方面的振兴。

## 一、产业振兴是推动民族地区实现乡村振兴的基础

产业振兴是推动经济发展、促进农民增收、推动农业增效以及实现农村可持续发展不可或缺的因素。为了实现产业振兴，需要加强产业转型和发展，推动从产业扶贫向产业振兴的转变。在这一过程中，创新完善农户利益联结机制是至关重要的，需要建立更加灵活多样的利益联结机制，以推动农民参与农村经济发展；同时，需要深化农村土地制度改革，健全农业专业化社会化服务体系，解决种地难问题，并加强小农户与大市场的有效衔接，促进农业现代化和产业化。为了实现这些目标，还需要大力发展新技术、新模式和新产业，促进传统农业与现代科技的融合，提高农产品质量和增加附加值。只有实现产业振兴，才能实现乡村振兴。

为了充分发挥民族地区的资源和区位优势，需要制定一系列切实可行的政策和措施，以完善产业支撑体系，推动产业振兴。其中，需要特别关注旅游、文化、健康、养老等特色产业和产品的发展，提高它们在经济发展中的比重和地位。在发展这些特色产业和产品的过程中，可以充分利用当地的自然和人文资源，发挥地方优势，提高其市场竞争力和知名度。

为了更好地推动民族地区产业振兴，需要采取一系列措施。首先，要积极融入国内大循环，充分利用国内外市场资源，拓宽销售渠道，并加强与国内外企业的合作和交流，以提高产品和服务的质量和水平；其次，还需要加强人才培养和引进工作，提升当地人才的素质和技能水平，培养更多的创新创业人才，为民族地区产业振兴注入新的活力和动力。通过这些措施，我们可以进一步推进民族地区的产业发展，实现乡村振兴的目标。

## 二、人才振兴是民族地区实现乡村振兴的关键所在

人才振兴是民族地区实现乡村振兴的关键所在。乡村振兴的成功与人才息息相关。缺乏人才支持的乡村振兴难以取得成效。因此，我们需要在两个方面采取行动。一方面，要继续实施民族地区人才支持计划，加大对文化、旅游、体育等领域人才下沉的力度，人才支持政策向民族地区和边疆地区倾斜；另一方面，要注重提升民族地区农民的素质和技能，加强对农民的教育和培训，提高农民的科技和文化素养，积极培养本土人才。同

时，还应建立健全吸引人才返乡和留乡的政策支持体系，引进一批具备市场、技术和法律知识的现代化人才，吸纳返乡就业和创业人员参与乡村振兴。这些措施有助于促进乡村人才的发展和提高，为乡村振兴注入新的活力。

人才振兴是实现民族地区乡村振兴的关键所在。乡村振兴的发展需要人才的支持和推动，而人才的振兴又需要乡村振兴的积极支持和推动。因此，人才振兴和乡村振兴相互促进、相互依存。只有加大对民族地区的人才培养和引进力度，积极推动人才资源在乡村地区的流动，才能更好地实施乡村振兴战略，进一步促进民族地区的经济发展和社会进步。同时，还需要打破传统观念束缚，鼓励更多年轻人走进乡村，探索创新发展的机会，为乡村振兴贡献力量。

推进人才振兴和乡村振兴的互动发展需要在多个方面展开协同工作。一方面，应持续实施民族地区人才支持计划，促进文化、旅游、体育等领域的优秀人才到乡村提供服务，人才支持政策向民族地区和边疆地区倾斜。鼓励他们在乡村地区发展，为当地的经济、社会和文化等方面提供智力支持。另一方面，应着眼于提升民族地区农民的素质和技能，加大对农民的教育培训力度，提高农民的科技文化整体素质，积极培养乡土人才。民族地区应通过多种形式的培训和教育，提升当地农民的技能和素质，培养一批懂农业、懂科技、懂市场、懂管理的农村人才，为农村经济的发展提供人才支持。这种发展模式将为乡村振兴提供有力的人才保障，推动经济的可持续发展。

### 三、文化振兴是推动民族地区乡村振兴的基石

为实现乡村振兴，需要从民族文化角度出发，以文化为核心，充分挖掘和利用各地区的传统文化资源，培育和发展各民族的独特文化特色和优势，推动文化产业的发展，从而实现经济发展和文化繁荣的良性循环。

在乡村振兴战略的实施过程中，必须注重保护和传承民族文化。民族文化是中华文化不可或缺的重要组成部分，各民族拥有各自的文化传统和风俗习惯，这些文化资源对于乡村振兴来说是非常宝贵的财富。因此，我们需要加强各民族文化的交流和融合，推动文化的创新和创造性转化，实现文化的跨越发展和传承；同时，也需要保护和发展乡村的公共文化空间。乡村的公共文化空间既是农村文化建设的重要承载体，也是保护和传

承民族文化的重要场所。我们应加强对乡村公共文化空间的规划和保护工作，保护传统民族村寨的文化遗产，加强对非物质文化遗产的保护和传承，促进各民族文化的传承发展和创新融合。最重要的是，我们要以社会主义核心价值观为引领，积极发挥文化在引导社会思想道德、促进社会和谐稳定以及推动国家文化软实力发展等方面的重要作用，使文化成为乡村振兴的重要推动力量。

### 四、生态振兴是民族地区实现乡村振兴的基本前提

农村拥有良好的生态环境，这是其最大的优势。然而，随着城市化的加速推进，农村生态环境面临着日益严峻的挑战，生态破坏和资源浪费等问题日益凸显，给农村经济社会发展带来了巨大压力。因此，实现民族地区乡村的可持续发展迫切需要进行生态振兴。

实现生态振兴，就需要加强对环境问题的综合治理。为此，我们应建立健全乡村环境保护的体制机制，加大对水源和饮用水保护的力度，并创新生态补偿机制，鼓励农民积极参与生态保护。应以保护生态环境为先导，实现农村经济和社会的可持续发展。另外，要充分尊重和利用少数民族朴素的自然生态文化，引导其与现代生态文化相融合。生态文化既是民族地区的重要文化遗产，也是民族地区人民的精神寄托。因此，我们应注重保护和弘扬生态文化，使其与现代生态文化相互融合，以促进民族地区生态文化的传承和发展。

同时，地方政府需要处理好环境效应与经济效应之间的关系。要结合地方的自然禀赋和产业现状，着力构建绿色的生产和生活方式，积极发展绿色农业、绿色旅游等特色优势产业。这样可以在保护生态环境的同时，为农民提供更多就业机会和增加收入的途径，从而实现民族地区乡村的可持续发展。

### 五、组织振兴是乡村振兴的保障

实现民族地区的乡村振兴，必须确保有强有力的组织保障，其中组织振兴是实现目标的根本保障。因此，在民族地区，基层党组织建设起着至关重要的作用，必须全面加强其在乡村振兴中的引领作用。通过这些组织，广大农民的力量得以凝聚，共同参与和推动乡村振兴。

为了确保乡村社会充满活力并保持稳定有序，需要创新乡村治理模

式，完善治理结构，并建立自治、法治、德治相结合的乡村治理体系，以形成多元化的治理格局。这样可以有效解决乡村发展中的一系列问题，包括土地流转、村民自治、资源保护等问题，为民族地区的乡村振兴提供有力的组织支持。同时，还需要培育乡村良好风尚，规范村民的行为，加强社会道德建设，凝聚人心，创造和谐的社会环境。此外，加强和创新农村社会治理，加强基层民主和法治建设，建立一套科学完善的治理机制，可以使乡村社会更加有序、更加稳定，为民族地区的乡村振兴提供强大的组织保障。

因此，民族地区的产业振兴需要通过组织振兴来实现。这需要通过强化民族地区基层党组织建设、创新乡村治理模式、培育乡村良好风尚以及加强和创新农村社会治理等提供有力的组织保障，以推动乡村振兴事业不断向前发展。

## 第三节　产业振兴是乡村振兴的前提和基础

农业、农村以及农民问题，一直以来都是党的工作中非常重视的部分。党的十九大作出了实施乡村振兴战略的决策，并将其摆在优先发展的位置。在这一战略的指引下，"三农"工作的重心已经逐步转向全面推动乡村振兴。乡村振兴战略的实施主要聚焦于推动乡村在产业、人才、文化、生态和组织五个关键方面的全面振兴。其中，产业振兴被认为是至关重要的，因为唯有产业兴旺，才能够奠定解决农村所有问题的基础。

产业振兴不仅可以提升农村经济的活力，而且能为农民提供更多的就业机会和增加收入的途径。发展多样化的农村产业，不仅可以提高农产品的附加值，而且可以加强农村与城市之间的联系，推动资源的优化配置。这将为农村地区创造更多的发展机遇，激发农民参与乡村振兴的热情。产业振兴也是实现农村可持续发展的基石，通过提升农村产业的技术水平和创新能力，可以更好地应对市场变化和外部挑战，从而增强农村经济的韧性。然而，要实现产业振兴并非易事，需要综合考虑资源、市场、技术等多方面因素。政府在政策制定和资源投入上要给予更多支持，为农村产业的发展提供有力保障；同时，还需要加强农村人才培养，推动先进技术在农业生产中的应用，提高产业链的附加值。产业合作社、农民合作社等组织形式也应得到鼓励，以便农民能够集中资源、分享信息，从而更好地融入市场体系。

产业振兴既是乡村振兴战略中的关键一环，也是实现农村全面发展的基础。发展兴旺的农村产业，可以为农民提供更好的发展机会，推动乡村经济焕发新的活力，最终实现乡村的全面振兴。

### 一、产业振兴是助力农村经济与社会双丰收的新动能

产业振兴不仅能为农民和农村带来经济效益，而且为其带来广泛的社会效益。在经济效益方面，其影响的深远性体现在多个层面。首先，相较于过去仅仅依赖外部援助的模式，产业振兴能够实现从"输血"到"造血"的转变。这种内生性增长不仅有助于改善农村经济，而且能从根本上增强农民的信心。其次，产业振兴还能够直接提升农民的收入水平。通过发展多样化的农村产业，农民不仅可以在传统农业领域获得更稳定的收入，而且能够参与到新兴产业中，从而拓宽收入渠道。最后，产业振兴也能推动农村就业机会的增加，吸引更多年轻人回流农村创业，从而为农村带来更加活跃的人才氛围。

在社会效益方面，产业振兴不仅有助于提高农民的经济地位，而且能够促进农村社会的全面进步。通过产业振兴，农民不仅可以获得实际的经济收益，而且能够接触到先进的生产技术和管理经验，从而提升他们的科学文化素质。这为农村培养出更多具备现代管理和科技能力的新兴职业农民奠定了坚实的基础。

实现产业振兴，农村环境将会深刻地改变。除了基础设施建设，物流服务等第三产业的发展也与产业振兴紧密相连。新的道路、交通网络和物流体系的建设，为农产品的流通提供了更加便捷高效的方式，有助于推动农村产业的融通发展。

同时，"一村一品"的产业振兴战略也在各地推动了农业的差异化发展。在不同地区发展特色产业，可以实现资源的优势互补，提高产品附加值，同时也为这些产业的品牌化发展打下坚实的基础。各地在产业振兴上的积极探索，也使得农村焕发出活力，各地都在为实现产业振兴的目标而积极备战，展现出了无限的发展潜力。

提高土地利用率，打造产业振兴主战场。农村人口老龄化比较严重，年轻人也不愿意继续从事农业活动，这为产业振兴的发展增加了困难。但

是随着国家不断因地制宜，加大技术投入，开发利用不同地方的土地，国家或当地政府可以通过测量土地性质引导农民种植适合当地的物种，同时不断进行技术培训和指导，使他们成为新型职业农民；还可以鼓励农村土地流转到合作社，农民既可以通过在合作社打工赚钱还可以跟合作社分红入股，这些重要举措的实施都使农民钱包"鼓起来"了。当然，还有一些地区利用当地的地理位置优越性招商引资，发展建设农村旅游业，打造农家乐、采摘节，以吸引游客体验农家传统文化；发展集休闲娱乐劳作于一体的农村旅游业，使产业链条得以延伸，同时还增加了农村文化附加值。

**二、产业振兴促进了乡村人才振兴**

（一）提供多元发展机会

产业振兴为乡村带来了多元化的发展机会。产业振兴不再局限于传统农业领域，新兴产业如农产品加工、农村旅游等的兴起，为人才提供了更广阔的发展空间。这种多元化的产业布局，吸引了更多不同领域、不同背景的人才进入乡村，形成了人才的集聚效应。

产业振兴催生了创新平台，为人才提供了更广阔的创新空间。乡村不再被视为传统经济的边缘地带，而是一个充满潜力的发展场所。人才得以在这个创新的平台上尝试新的商业模式、创新的产品设计，从而实现自身价值的最大化。

产业振兴引入了先进的生产技术、管理理念等，为人才提供了学习和成长的机会。乡村成为技术创新的试验田，人才在实践中不断积累知识和经验，提升了自身的竞争力。这些人才不仅来自农村，而且包括了城市中具有技术、管理能力的人才。

（二）人才集聚推动了农村产业的发展

人才的集聚为产业的发展提供了智力支持。这些人才不仅具备丰富的知识和经验，还能够带来创新的思维和创业的热情。他们能够为产业的技术升级、管理改进等方面提供宝贵的意见和建议，推动产业向更高层次发展。

人才的振兴催生了新兴产业。在产业振兴的背景下，农村不再局限于传统的农业生产，还涌现出了一系列新的产业，如农产品加工、农村电商等。人才的集聚为这些产业的发展提供了源源不断的动力，推动了产业的多元化发展。

人才的振兴推动了产业的升级。随着人才的集聚，产业得以引入更先进的管理理念、技术手段，实现了从传统到现代的升级转型。这种升级不仅提升了产业的竞争力，而且为乡村经济带来了更多的发展机会。

（三）产业振兴与人才振兴的双向互动

产业振兴和人才振兴之间形成了双向的互动关系。产业振兴吸引了人才，人才的集聚又为产业的发展提供了源源不断的能量。产业振兴创造了更多的机会和平台，为人才的成长提供了土壤；而人才的振兴则为产业的繁荣提供了持久的动力。

产业振兴不仅是农村经济的推动者，而且是人才振兴的催化剂。通过引领人才的集聚，产业振兴为乡村带来了新的生机和活力。而人才振兴则为产业的发展提供了智力和创新的支持。只有在产业振兴和人才振兴的共同推动下，乡村振兴的目标才能够更好地实现，农村也将迎来更加光明的未来。

### 三、产业振兴是农村生态振兴的基础

随着城市化进程的不断推进，我国农村面临着人口外流、资源环境退化等严峻挑战。在这一背景下，乡村振兴战略成为农业农村的重要发展方向，而产业振兴作为乡村振兴的核心内容之一，不仅推动了农村经济的发展，而且为农村生态的振兴奠定了坚实基础。

（一）优化产业结构

产业振兴通过优化产业结构，为农村生态振兴提供了有力支持。传统农业经济模式往往依赖大量资源的消耗，容易引发土地荒漠化、水土流失等生态问题。通过引入新兴产业如农产品加工、农村旅游等，产业结构得以优化，减少了农村资源的单一依赖，有助于减轻生态压力。此外，优化产业结构还能提供更多绿色就业机会，引导人口回流，这进一步降低了农村生态振兴的难度。

（二）提升资源利用效率

产业振兴促进了农村资源的高效利用，为农村生态振兴创造了条件。通过科技创新，农村生产得以智能化、精准化，减少了资源浪费。例如，精准农业技术的应用使得农药、化肥的使用更加精准，减少了对环境的污染；资源循环利用率也得到了提升，农村的有机废弃物可以被转化为肥料，降低了对资源的依赖，为农村生态环境的改善提供了有力支持。

（三）促进生态农业

产业振兴促进了生态农业的发展，为农村生态振兴奠定了基础。生态农业注重农业与生态环境的协调发展，强调生态系统的保护和恢复。在产业振兴的背景下，农村经济逐渐从传统农业向生态农业转型，减少了对化肥、农药的使用，减缓了土地的退化速度。同时，生态农业还推动了生态产业的兴起，如有机农产品的生产和销售不仅满足了消费者对健康食品的需求，而且为农村增加了收入来源。

（四）推动循环经济

产业振兴推动了农村循环经济的建设，为农村生态振兴提供了有力支持。循环经济强调资源的最大限度回收利用，降低了资源的消耗和污染。在产业振兴的推动下，农村逐渐形成了农产品种植、农产品加工、废弃物回收等多个环节的循环链条，提高了资源的再利用率。同时，循环经济也为农村带来了更好的经济效益，激发了农村发展的动力。

（五）产业振兴与农村生态振兴的良性循环

产业振兴和农村生态振兴之间形成了良性循环。产业振兴通过优化产业结构、提升资源利用效率等，为农村生态振兴提供了基础条件；而农村生态振兴又为产业振兴提供了生态支撑，实现了双向促进。例如，生态农业的发展不仅减轻了农村的环境压力，而且培育了新的生态产业，推动了产业链的延伸和完善。

产业振兴不仅是农村经济的引擎，而且是农村生态振兴的基础。通过优化产业结构、提升资源利用效率、促进生态农业和推动循环经济，产业振兴为农村提供了可持续发展的路径，实现了生态和经济的双赢。在未来的发展中，我们应进一步加强产业振兴与农村生态振兴的深度融合，实现农村的可持续发展和绿色振兴。

## 四、产业振兴是农村文化繁荣的前提和基础

产业振兴作为推动农村经济发展的核心动力，不仅在经济领域带来了变革，也深刻地影响着乡村的文化风貌。事实上，产业振兴不仅是经济的提升，而且是文化的焕发。

（一）文化自信的树立

随着产业的发展，农村经济实力的增强，人们对本土文化的认同感也随之增强。通过产业振兴，乡村人民看到了自己的努力换来了生活水平的

提升，他们开始自豪地将这种变革与本土文化联系起来，形成了对自身文化的自信心。这种自信心推动着人们更加积极地参与文化活动，促进了文化的振兴。

（二）文化产业的培育

产业振兴为文化产业的培育提供了契机。在经济兴旺的背景下，人们对文化消费的需求逐渐增加。人们通过挖掘本地的历史、民俗、风土人情等资源，培育了丰富多样的文化产业，如乡村旅游、手工艺品制作、传统节庆等。这些文化产业不仅为农村创造了新的经济增长点，也使得本土文化得以传承和发展，成为文化振兴的重要支撑。

（三）传统文化的传承和创新

产业振兴在传承和创新传统文化方面发挥着重要作用。随着农村产业的发展，人们对传统文化的关注度提升，传统技艺和民间故事也得以重新走入人们的生活。产业振兴为传统文化的传承提供了新的平台，例如发展农村旅游，展示了传统手工艺品、乡村民俗等，激发了人们对传统文化的兴趣。同时，产业振兴也促进了传统文化的创新，将传统元素与现代产业相结合，创造出了独具特色的文化产品，推动了文化的多元发展。

（四）乡村精神的弘扬

产业振兴弘扬了乡村精神，为文化振兴提供了源源不断的动力。在产业振兴的进程中，乡村人民积极参与，共同为乡村的发展努力。这种乡村精神强调团结、拼搏、创新等价值观，这正是产业振兴的一大动力。这种精神的弘扬不仅为乡村的产业发展注入了活力，也为文化的传承和创新提供了深厚的底蕴。

（五）产业振兴与文化振兴的相互促进

产业振兴与文化振兴形成了相互促进的良性循环。产业振兴为文化振兴提供了物质基础和社会环境，而文化振兴则为产业振兴注入了精神内涵和情感价值。产业振兴的发展为文化的振兴提供了更多的资源和平台，同时文化的振兴也为产业的发展提供了精神动力和文化支撑。

产业振兴是文化振兴的前提和基础。通过树立文化自信、培育文化产业、传承和创新传统文化、弘扬乡村精神等途径，产业振兴为文化振兴提供了源源不断的能量。在未来的发展中，我们应继续强化产业振兴与文化振兴的深度融合，实现乡村全面振兴的目标，让农村焕发出独特的文化魅力。

### 五、产业振兴是促进农村基层党组织振兴的引擎

乡村振兴战略的实施，着眼于推动农村经济社会全面发展，而农村基层党组织作为党在农村的战斗堡垒，发挥着不可替代的作用。在这个背景下，产业振兴作为乡村振兴的核心引擎，不仅推动了农村经济的腾飞，而且深刻地促进了农村基层党组织的振兴。

（一）加强党的组织建设

产业振兴为农村基层党组织振兴提供了有力的组织保障。随着产业的发展，农村经济社会结构发生了深刻的变革，这就要求党的组织建设与时俱进。产业振兴的实施需要强大的组织协调能力，因此，党的基层组织得以不断壮大、完善，提高了基层党组织应对复杂局面的能力。党的组织建设为农村基层党组织的振兴奠定了坚实基础。

（二）加强党的引领作用

产业振兴加强了农村基层党组织的引领作用。在产业振兴的推动下，农村发展迎来了历史性机遇，但也伴随着挑战。党的基层组织在这一过程中发挥了重要作用，其通过发挥政治优势、组织优势和群众基础，为产业振兴提供了有力的政治和组织保障。党的引领作用在产业振兴中得到了充分展现，这也使农村基层党组织在这一过程中焕发出新的生机和活力。

（三）激发党员干部的活力

产业振兴激发了农村基层党员干部的工作活力。在产业振兴的背景下，农村的发展动力不断增强，党员干部的工作任务也变得更加繁重。然而，产业振兴也为党员干部提供了广阔的发展空间，这使得他们能够在推动农村发展的过程中施展才华、实现价值。党员干部通过参与产业振兴，不仅提升了自身能力，而且为农村基层党组织的振兴注入了新的活力。

（四）加强基层党组织的联系群众工作

产业振兴加强了农村基层党组织的联系群众工作。产业振兴要求党的基层组织密切联系农村群众，深入了解他们的需求和诉求，因此，党的基层组织在产业振兴中更加注重加强与群众的联系。通过开展主题教育、走访慰问等活动，党的基层组织积极了解农村居民的生活状况和意愿，为产业振兴的实施提供了有力的民意支持。

（五）产业振兴与农村基层党组织的协同发展

产业振兴与农村基层党组织形成了协同发展的良性互动。产业振兴不

仅为农村基层党组织提供了丰富的工作内容，而且通过党的组织动员、政策引导等方式，推动了农村基层党组织的建设。农村基层党组织的振兴也为产业振兴提供了坚实的组织基础，这使产业振兴更加贴近实际、深入推进。

产业振兴不仅是经济的振兴，而且是农村基层党组织的振兴。通过加强党的组织建设、提升党的引领作用、激发党员干部活力、加强联系群众工作等途径，产业振兴为农村基层党组织注入了强大的生机和活力。在未来的发展中，应进一步强化产业振兴与农村基层党组织的有机结合，实现农村振兴的目标，为党的事业提供坚实支持。

## 第四节　攀西民族地区产业振兴

### 一、攀西民族地区产业振兴的必要性

攀西民族地区位于中国的西南边陲，处于青藏高原和成都平原的过渡地带，地处高山峡谷之间，拥有丰富的自然资源和独特的民族文化。然而，由于长期以来的历史原因和地理条件，该地区的经济发展一直相对滞后。为了实现全面建设社会主义现代化国家的目标，促进区域协调发展，攀西民族地区的产业振兴变得至关重要。

（一）攀西民族地区的产业振兴可以增加当地就业机会

攀西民族地区的产业振兴在就业领域发挥着重要的作用。由于地处偏远山区，这一地区长期以来一直面临着就业形势相对较差的困境。缺乏多样化的就业机会导致许多年轻人和有能力的人才离开家乡，前往更具有发展机会的城市地区。

通过采取产业振兴的措施，攀西民族地区可以扭转这一局面，并创造更多的就业机会。一方面，发展新兴产业将为当地带来新的经济增长点。例如，可利用该地区丰富的自然资源，发展生态旅游、绿色农业等独特的产业，吸引游客和投资，从而创造就业机会；另一方面，壮大传统产业也能够为当地创造更多的就业机会。提升传统产业的技术水平、改善生产条件，可以增加产业链上的岗位需求，吸引更多的劳动力。

产业振兴所带来的就业机会不仅解决了当地的就业问题，而且对提高当地居民的收入水平和生活品质产生了积极影响。首先，增加就业机会能

够提高当地居民的收入。通过提供稳定的工作岗位和相应的收入，人们能够过上更加富裕和体面的生活。其次，就业机会的增加也会带动相关产业和服务业的发展，形成良性循环。当地居民的消费能力提升，进一步推动经济增长，促进当地社会的发展。同时，产业振兴也能够吸引人才回流和让人才留在当地。随着就业机会的增加和经济环境的改善，攀西民族地区将能够吸引那些曾经离开的人才回归家乡。他们会带来先进的知识和技能，推动当地产业的发展和创新。此外，更多的就业机会也会吸引年轻人选择留在当地，不再迁往其他地区寻求发展机会。这将有助于保持人口的稳定和社会的可持续发展。

总之，攀西民族地区的产业振兴对于增加就业机会具有重要的意义。发展新兴产业和壮大传统产业，可以吸引人才回流并留在当地，减少人口流出问题。这不仅有助于解决就业问题，而且能够提高当地居民的收入水平和生活品质。产业振兴为当地经济的繁荣和社会的进步奠定了坚实基础。

（二）攀西民族地区的产业振兴有助于提高当地基础设施建设和公共服务水平

攀西民族地区的基础设施建设相对滞后，交通、通信、教育、医疗等方面存在着明显的不足。而产业振兴，可以增加财政收入，为改善基础设施建设提供更多的资金支持。

首先，发展产业可以增加财政收入，为基础设施建设提供更充足的资金。随着产业的发展和壮大，当地的税收收入也会相应增加。这些额外的财政收入可以用于改善交通运输条件，修建道路、桥梁和公共交通设施，加强区域内外的联系和交流；可以用于加强通信设施建设，提高网络覆盖面和通信速度，促进信息的流通和互联互通，以提升基础设施水平，将为当地的产业发展提供更好的支撑，吸引更多投资和资源流入。其次，增加财政收入也可以用于建设更多的学校、医院和其他公共设施，提升当地的教育和医疗水平。教育和医疗是人民群众生活中重要的基础公共服务领域。然而，由于基础设施不足，该地区的教育和医疗条件相对较差，人们的获得感和幸福感受到了影响。产业振兴带来的财政收入增加，可以将更多的资金用于兴建学校、培训师资，以提升教育质量和教育资源的均衡性；同时，增加的财政收入可以用于建设现代化的医疗机构，引进先进的医疗设备和技术，提高医疗服务水平，满足人民群众的健康需求。

通过改善基础设施建设和提升公共服务水平，攀西民族地区的产业振兴将有效促进当地的社会进步和增进人民福祉。改善交通运输条件将加强区域内外的联系和交流，促进资源的流动和经济的发展。提升教育水平将为当地年轻人提供更多的教育机会，提高当地人力资源的素质和竞争力。提升医疗服务水平将保障人民群众的身体健康，提高其生活质量。这些都将有助于推动当地社会的进步，提升当地人民的生活水平和幸福感。

攀西民族地区的产业振兴不仅可以带动经济发展，而且能够改善基础设施建设和提升公共服务水平。增加财政收入，将更多资金投入基础设施建设、教育和医疗领域，可以有效促进当地的社会进步和增进人民福祉。这既是实现攀西民族地区全面发展的重要举措，也是推动区域协调发展、缩小区域差距的关键措施之一。

（三）攀西民族地区的产业振兴有助于保护和传承当地的民族文化

攀西民族地区拥有丰富多样的民族文化遗产。然而，由于经济发展不平衡和外部文化冲击的影响，这些宝贵的文化资源正面临着丧失的风险，因此，发展以民族文化为基础的产业，可以激发当地居民对自身文化的自豪感，增强文化自信，且有助于促进文化的保护和传承。

首先，发展民族文化产业可以提升当地居民对本土文化的认同感和自豪感。传承和发扬民族文化，例如民族手工艺品、传统服饰、民族音乐等，可以让当地居民更加了解、热爱和传承自己的文化。这种文化认同感和自豪感将激发人们的热情和积极性，推动文化保护和传承的工作。当地居民将更加珍视自己的文化遗产，主动参与到文化传承的活动中，确保这些宝贵的文化资源得到有效保护和传承。其次，发展民族文化产业可以促进文化传统的创新和融合。在产业振兴的过程中，当地可以将民族文化与现代创意和技术相结合，创造出具有特色和市场竞争力的产品和服务。例如，将民族手工艺品与现代设计相结合，推出具有创新设计和高品质的产品；将民族音乐与现代音乐元素融合，创作出富有时代感的音乐作品。这种创新和融合不仅能够吸引更多的消费者，激发市场需求，而且能够推动民族文化的传承与发展。最后，发展民族文化产业还可以促进文化交流和对外传播。推广当地的民族文化产品和艺术表演，可以吸引更多的游客和观众前来体验和欣赏。这将促进当地与外界的文化交流与互动，扩大地区文化的影响力和知名度。同时，对外传播当地的民族文化，可以增强国内外人们对该地区的认知和兴趣，进一步推动文化旅游和文化产业的发展。

攀西民族地区的产业振兴通过发展以民族文化为基础的产业，能够激发当地居民对自身文化的自豪感，增强其文化自信心，促进文化的保护和传承。同时，这种产业发展还能够促进文化创新和融合，推动文化交流与对外传播，为当地经济的繁荣和社会的进步带来新的动力和机遇。因此，攀西民族地区的产业振兴不仅关乎经济发展，而且关乎保护和传承宝贵的民族文化，目的是让当地的文化瑰宝在时代的洪流中继续绽放光彩。

（四）攀西民族地区的产业振兴对于区域经济的融入和国家整体发展具有重要意义

攀西民族地区的产业振兴对于区域经济的融入和国家整体发展具有重要意义。随着中国推进全面建设社会主义现代化国家进程的加快，经济高质量发展已成为国家的重要目标。在这一背景下，攀西民族地区的产业振兴可以促进区域经济与国家经济体系的深度融合，推动区域协调发展，缩小区域发展差距，助力实现全国整体发展的目标。

第一，通过产业振兴，攀西民族地区可以加快经济结构的转型升级，提升产业的竞争力和附加值。传统的农业和资源型产业在经济发展中发挥着重要作用，但也面临着一系列的挑战和限制。通过发展新兴产业，如信息技术、生物医药、新能源等，以及壮大传统产业，如农产品加工、纺织制造等，攀西民族地区可以实现产业结构的优化和升级。这将为当地带来更多的经济增长点和利润空间，促进就业机会的增加，提高人民的收入水平，同时也为国家整体经济发展注入新的活力。

第二，攀西民族地区的产业振兴可以促进区域经济与国家经济的紧密联系。随着经济全球化的深入发展，区域经济融入国家经济体系变得至关重要。通过发展具有竞争力的产业，攀西民族地区可以更好地融入国家产业链和价值链，参与到全国的经济循环中。这将为当地企业提供更广阔的市场和更多的合作机会，促进资源的优化配置和产业的协同发展；同时，也可以吸引更多的国内外投资，推动资本、技术和人才的流动，加快当地经济的发展步伐。

第三，攀西民族地区的产业振兴有助于缩小区域发展差距，促进区域协调发展。在中国特色社会主义的大背景下，构建现代化经济体系，需要各地区协调发展，缩小发展差距。攀西民族地区的产业振兴可以缩小与其他地区的经济差距，提高当地居民的生活水平和幸福指数，促进全国的发展格局更加均衡和稳定。

攀西民族地区的产业振兴对于区域经济的融入和国家整体发展具有重要意义。通过加快经济结构的转型升级，促进产业的发展和优化，攀西民族地区可以实现经济的繁荣和社会的进步。同时，攀西民族地区经济与国家经济的紧密联系和协调发展，可以推动区域经济的快速发展，缩小区域发展差距，助力实现全国整体发展的目标。攀西民族地区的产业振兴不仅关乎当地的经济发展和社会进步，而且关乎国家的整体发展和社会的和谐稳定。因此，应该加大对攀西民族地区产业振兴的支持力度，制定相应的政策措施，为当地的经济繁荣和社会进步提供更有力的支持。

## 二、攀西民族地区产业发展方向

攀西民族地区位于西南边陲，地理位置偏远，交通不便，缺乏有效的交通基础设施，这些都成为当地经济发展的制约因素。此外，攀西民族地区地形多山、气候恶劣、生态环境脆弱，对自然资源保护提出了更高的要求。尽管攀西民族地区拥有丰富的民族文化和旅游资源，但由于缺乏有效的产业支撑，这些资源往往无法得到充分利用。同时，当地农民的收入水平普遍较低，生活水平有待提高，需要通过发展产业来提升农民的收入和生活质量。

因此，为了实现攀西民族地区的经济社会发展，必须加快产业振兴的步伐。这可以通过发展新兴产业、优化传统产业结构来改变当地经济单一、产业滞后的现状。同时，也需要注重保护当地的生态环境，充分发挥当地的民族文化和旅游资源的作用，实现经济发展和生态保护的双赢局面。

乡村产业振兴的目标是通过利用当地资源，培育和发展具有乡村特色的产业，推动乡村经济发展和农民增收，提高农民的生活水平和幸福感，实现城乡一体化的目标。乡村产业振兴的内容十分广泛，涵盖了以下几个方面：

（一）充分挖掘和利用攀西民族地区资源

每个地区都拥有独特的自然和人文资源，因此乡村产业振兴需要充分发掘和利用这些资源。例如，山区可发展茶叶、中药材、特色农产品等产业；水乡可发展水果种植、水产养殖等产业；风景区可发展乡村旅游等产业。充分利用当地资源可以带动乡村经济发展，提高农民收入和生活水平，促进农村与城市的协调发展。

（二）培育和发展特色产业

培育和发展特色产业是乡村经济发展的重要支柱。这种发展方式不仅能提高当地经济的竞争力和品牌知名度，而且能促进区域经济的协调发展。在乡村产业振兴过程中，需选择具备当地资源、技术和文化等方面优势的产业进行发展。例如，发展现代农业、乡村旅游、特色小镇等产业，推动乡村经济转型升级。这种方式有利于实现农民增收和乡村振兴的双重目标，同时还能保护和传承当地的文化遗产和自然资源。

（三）发展乡村旅居康养业

乡村旅居康养业是促进乡村经济发展的有效途径之一。近年来，随着人们对健康和生活品质的关注不断提升，乡村旅居康养逐渐成为一种新的旅游消费模式，市场需求不断增长，为促进乡村经济发展提供了新的机遇。

攀西民族地区应利用当地自然、人文和历史资源，打造具有特色和品质的旅游景点和康养项目，为游客提供全面的康养服务和丰富的文化体验，吸引游客前来体验和消费，这是乡村旅居康养的核心。这种模式不仅可以提升当地的知名度和影响力，而且可以促进当地农业和服务业的发展，创造就业机会，增加农民收入。

此外，乡村旅居康养还能带来其他经济效益和社会效益。例如，乡村旅居康养可以促进当地文化和传统产业的保护和传承，增强当地文化的自信心和凝聚力，同时改善环境和生态系统，提升乡村社区的生活质量和幸福感。

攀西民族地区乡村旅居康养业是促进乡村经济发展的有效途径，发展该产业能提升当地知名度和影响力，促进产业和就业的发展，提高社区的生活质量和幸福感，有利于可持续发展和共同富裕。

（四）引入创新技术和新兴模式

引入创新技术和新兴模式是促进乡村产业振兴的重要途径。随着信息技术和互联网的普及，攀西民族地区可以采取电商平台、物流网络等新兴模式来扩展销售渠道，提升产品的附加值和竞争力。同时，引进现代农业技术、推广绿色种植和有机养殖等创新技术，有助于提高农产品的品质和产量。

攀西民族地区乡村产业振兴需要政府、企业、机构和个人共同努力，采取多种手段，如挖掘本地资源、发展特色产业、打造乡村旅游以及引入创新技术和新兴模式等，共同推动乡村经济发展，实现乡村振兴的目标。

（五）构建完善的服务支持体系

在推动乡村产业振兴的过程中，构建完善的服务支持体系至关重要。这个体系既包括基础设施建设，如道路和水电等基础设施建设，也包括社会公共服务设施建设，如医疗、教育和文化等服务设施建设。建设和发展这些服务设施能够为乡村产业的发展提供必要的保障和支持。

政府在乡村产业振兴中扮演着重要角色。政府应加大对乡村经济发展的支持力度，制定和实施相关政策和规划。政府还应加大对乡村产业的投资，鼓励和支持乡村企业的发展，并提高农民的收入水平，推动乡村现代化建设。

除政府外，企业和机构也应积极参与乡村产业振兴。它们可以提供技术、资金和服务等多种支持，帮助乡村产业实现转型升级。此外，它们还可以培养本地的技术人才，推动乡村产业的创新发展。

攀西民族地区乡村产业振兴需要政府、企业、机构以及广大群众共同参与，形成合力。只有加强服务支持体系的建设，提高农村基础设施和公共服务水平，才能促进乡村产业的发展，实现乡村振兴的目标。

（六）加强宣传和推广

宣传和推广是攀西民族地区乡村产业振兴的重要环节。政府、企业和机构应共同加强宣传和推广，展示当地的资源、特色产业和文化传统等优势，吸引更多投资和游客，提升当地知名度和品牌影响力，推动乡村产业振兴。此外，还应加强对乡村旅游、特色产业和文化活动的组织和推广，打造乡村品牌，提高乡村形象和品质，吸引更多游客和投资者，进一步推动乡村经济发展。

乡村产业振兴是实现乡村振兴的关键之一，需要政府、企业、机构和个人共同努力。除了宣传和推广，还需要挖掘和利用当地资源，培育和发展特色产业，引进新技术和新模式，建立完善的服务体系，丰富人才培养和引进手段，以实现乡村经济发展和农民增收的目标。这些措施可以进一步加快城乡一体化进程，实现乡村振兴，为民族地区的发展注入新动力。

### 三、促进攀西民族地区产业振兴的政策措施

（一）加大财政投入

攀西民族地区的产业振兴面临资金短缺的问题，因此政府应增加财政

投入，为当地企业提供必要的资金支持。政府可以通过增加对当地企业的财政补贴、加大税收减免力度、优化金融服务、支持科技创新等方式，提高企业的生产和竞争能力，促进产业的发展。此外，政府还应加强与金融机构的合作，引入社会资本，鼓励企业多样化融资，提高资金筹集和使用效率，为产业振兴提供更充足和稳定的资金保障。

（二）优化产业结构

促进攀西民族地区乡村经济的快速发展，应优化乡村产业结构，积极发展具有地方特色和竞争优势的产业，如旅游业、农业、文化创意产业等；同时，也应加大推动新兴产业发展的力度，如有机农业、特色种养业等，进一步提升乡村产业的品质和附加值，推动乡村经济的高质量发展。

攀西民族地区的政府、企业和机构应加强合作，共同推进产业的发展，为产业的转型升级提供必要的支持和保障；同时，也应积极探索新的发展模式，借助信息技术等新兴技术手段，提升产业的智能化、集约化水平，为乡村产业的快速发展打下坚实基础。

（三）加强技术创新

技术创新是促进乡村产业振兴的重要支柱。为提升攀西民族地区乡村产业的核心竞争力和市场份额，政府应加大对当地乡村产业的科技研发的支持力度，鼓励攀西民族地区居民在技术创新方面增加投入。政府可以通过增加科技创新的经费支持、建设科技创新平台、推广创新成果等方式促进乡村产业的技术创新和转型升级。

同时，为推动攀西民族地区乡村产业的快速发展，攀西民族地区居民也应提高自身的技术创新能力，积极探索新的科技应用模式，推进产业的数字化、智能化和绿色化发展。这将有助于提升攀西民族地区农产品的品质和附加值，提高产业的核心竞争力，为攀西民族地区乡村产业的可持续发展奠定坚实基础。

（四）加强人才培育和引进，助力产业振兴

长期以来，攀西民族地区的乡村产业发展一直受限于资源短缺、交通不便等因素，亟须注入新的活力。在推动攀西民族地区乡村产业振兴的道路上，人才的培养与引进成为不可或缺的重要环节，人才是产业振兴的关键。正是有了人才的智慧和力量，攀西民族地区的乡村产业才能迸发出勃勃生机，成为民族地区振兴的真正引擎。

第一，人才是乡村产业振兴的关键。在攀西民族地区，乡村产业的振兴正面临着诸多的机遇和挑战。人才作为推动乡村产业发展的核心力量，其作用不言而喻。首先，人才的智慧和创新能力能够带来产业的新生。引进先进的生产技术和管理理念，可以使农村产业焕发出新的活力，提高产业的效益和竞争力。其次，人才在市场拓展、品牌塑造等方面具有重要作用。他们的市场洞察和营销策略，有助于将当地特色产业推向更广阔的市场，提升产品的知名度和美誉度。

第二，人才培养是产业振兴的根本。攀西民族地区的乡村产业发展需要专业技术和管理人才的支持。因此，人才培养成为实现产业振兴的根本举措。首先，要加强农村人才培训，提升农民的专业素养和创新能力。当地应通过培训课程、工作坊等方式，让农民了解现代农业技术，学会灵活运用，提高农产品的质量和产量。其次，要加强青年人才培养，激发他们的创业热情。通过设立创业基金、提供创业指导等方式，鼓励年轻人投身到乡村产业的发展中，为产业振兴注入新的活力。

第三，人才引进是产业发展的助推器。在攀西民族地区，尽管本地人才的培养非常重要，但有时候还需要引进外部人才来弥补人才缺口。人才引进能够带来新的思维和理念，推动产业的创新和升级。引进具有丰富经验的专业人才，可以解决技术难题，改进生产流程，提高产业的效益。同时，引进市场营销、管理等领域的人才，能够帮助乡村产业树立品牌形象，打开更广阔的市场空间。

第四，人才培养与引进的可持续发展。人才培养和引进是一个长期的过程，需要有系统性和持续性。在人才培养方面，可以建立培训基地，定期组织培训课程，吸引专业人士来授课，确保农民的学习需求得到满足。在人才引进方面，可以设立人才奖励计划，吸引优秀人才到攀西民族地区发展，同时为其提供舒适的工作和生活环境，使他们更好地融入当地社区。

攀西民族地区乡村产业的发展，需要人才的支持和推动。人才培养与引进不仅是产业振兴的必然需求，而且是实现全面乡村振兴的重要举措。只有在人才的努力下，攀西民族地区的乡村产业才能蓬勃发展，才能为这片土地带来更多的希望和活力。通过加强人才培养与引进，攀西民族地区将迎来更加美好的明天。

近年来，攀西民族地区的乡村产业振兴取得了显著进展。政策扶持和投资增加使得这些地区的经济发展逐步实现了转型升级。然而，随之而来的是一些问题和挑战。首先，攀西民族地区的产业结构仍然存在单一性和薄弱性。大部分地区的经济发展依赖于传统的农业和林业，而现代服务业和高新技术产业的发展相对滞后。因此，需要进一步加大对新兴产业的支持和投资，推动经济结构的转型和升级。其次，攀西民族地区的基础设施建设仍存在差距。虽然近年来政府加大了对交通、电力等基础设施建设的投资力度，但仍有地区面临交通不便、供电不足等问题。因此，需要进一步增加对基础设施建设的投入，提升地区整体基础设施水平，为产业振兴创造更好的基础条件。最后，攀西民族地区的人才培养和引进也面临一定困难。尽管政府出台了一系列人才政策，但由于地区经济发展相对滞后，吸引和留住高层次人才仍具有一定难度。因此，需要进一步加强人才的培养和引进，提高地区整体人才素质，为产业振兴提供更好的人才支持。

此外，攀西民族地区的环境保护问题也需要引起重视。攀西民族地区地理环境复杂，生态环境十分脆弱，而一些不良环境影响已经开始对当地居民的生活和健康造成影响。因此，需要进一步增加对环境保护的投入，提高环境治理水平，实现可持续发展。

攀西民族地区的乡村产业振兴机遇和挑战并存。为了实现该地区乡村经济的转型升级，政府需要进一步加大对乡村产业振兴的支持和投入。同时，引导地区企业加大对新兴产业的投资力度，推动乡村产业的创新和升级也是不可或缺的。只有这样，才能全面提升攀西民族地区的乡村经济发展和人民生活水平。

# 第二章　乡村振兴与产业振兴

在探究如何实现乡村产业振兴的路径之前，首先需要明确乡村振兴和产业振兴的基本内涵，以及它们之间的关系。乡村振兴是指通过一系列的政策、措施和行动，促进农村地区的发展和繁荣，提高农民的生活水平和幸福感。它的目标是实现农村经济的结构调整、产业升级和社会发展的全面提升。产业振兴作为乡村振兴的前提和基础，强调通过发展和壮大乡村地区的产业，推动经济的持续增长和社会的全面进步。产业兴旺是指在乡村地区培育和发展具有竞争力的产业，以提高乡村经济的整体实力和竞争力。发展产业可以增加就业机会，提高居民收入，改善农民的生活条件，并推动乡村社会的发展。

在攀西民族地区，实现产业振兴具有特殊的意义和挑战。攀西民族地区作为一个多民族聚集地区，拥有丰富的自然资源和独特的文化传统。因此，产业振兴应该注重充分发挥地区的特色和优势，打造具有民族特色的产业品牌，促进民族文化的传承和发展；同时，还需要解决攀西民族地区面临的产业结构不合理、市场开发不足等问题，以推动传统农业向现代农业的转型升级，培育新兴产业和壮大传统产业，提高乡村经济的整体实力。

## 第一节　乡村振兴相关理论与乡村振兴战略

### 一、乡村振兴相关理论

乡村振兴相关理论是中国特色社会主义理论体系中的重要组成部分。它以坚持农业农村优先发展为基础，以提高农村发展质量和效益为核心，以建设现代化农业和美丽乡村为目标，以推进农村一二三产业融合发展为手段，采取一系列政策措施，推动乡村全面振兴的理论体系建立。

乡村振兴相关理论的核心是农业农村优先发展。这意味着在国家经济发展战略中，农业和农村地区的发展具有重要地位和作用。乡村振兴相关理论注重以农业为基础，通过提高农村发展的质量和效益，促进农村经济的全面提升。同时，乡村振兴相关理论明确了建设现代化农业和美丽乡村的目标。现代化农业的建设强调科技创新、产业升级和农业可持续发展，以提高农业生产效率和农民收入水平。美丽乡村的建设则强调生态文明、宜居宜业和乡风文明，致力于打造宜居环境、繁荣产业和和谐社区。乡村振兴相关理论强调推进农村一二三产业融合发展。第一产业是指农业、林业、渔业等传统农村产业；第二产业是指制造业和工业；第三产业是指服务业。推动一二三产业的融合发展，可以促进农村经济结构的优化升级，提高农村地区的综合竞争力和可持续发展能力。

乡村振兴相关理论提出了一系列政策措施。这些政策措施包括改革农村土地制度，促进农村土地流转和集约化利用；加强乡村基础设施建设，改善农村交通、水利、电力等基础设施条件；推动农村金融体系建设，提供金融支持和服务；加强农村人才培养和教育，提高农民的素质和创业能力等。乡村振兴相关理论为中国农村的发展提供了战略指导和理论支持，旨在实现农村的全面振兴，加快农业农村现代化进程，实现农民的幸福生活和共同富裕的目标。

乡村振兴相关理论的主要内容包括：

一是农业现代化理论。农业现代化是乡村振兴的重要基础，需要借助技术创新、产业升级以及品牌建设等措施来推进农业生产方式、经营模式、技术手段和市场机制等方面的现代化，以提升农业的综合生产能力和竞争力，为乡村经济发展提供有力支持。

二是乡村产业融合发展理论。乡村产业融合发展是推动乡村振兴的重要途径，需通过加强农业、工业和服务业的融合发展，构建具有竞争力和可持续发展特点的新型乡村产业体系。这不仅有助于优化资源配置、提高综合生产能力，而且能促进农民就业增收、提升农村居民生活水平，推动农村经济社会全面发展。

三是乡村治理体系现代化理论。乡村治理体系现代化是实现乡村振兴的重要保障，要加强基层政权建设，完善乡村自治制度，提升乡村公共服务能力和管理水平，完善法治建设和社会治理，推动乡村治理体系与现代社会治理体系相衔接，为乡村振兴提供制度保障。

四是乡村文化振兴理论。乡村文化振兴是实现乡村振兴的重要支撑，需要加强乡土文化的保护和传承，弘扬乡村文化特色，推动文化产业发展，建设具有地方特色的文化品牌，营造良好的文化氛围，为乡村振兴注入强大的文化动力。

只有全面掌握这些理论内容，才能推动乡村振兴工作有序进行，实现农村现代化、城乡融合发展，推动乡村经济社会全面进步。

### 二、乡村振兴战略

中共中央、国务院在印发的《乡村振兴战略规划（2018—2022年）》中已指出，关于乡村振兴如何实现主要应体现在以下五个方面：产业振兴、生态宜居、乡风文明、治理有效和生活富裕，所给出的主要考核指标如表2-1所示。

表2-1　乡村振兴的主要考核指标

| 分类 | 序号 | 主要指标 | 单位 | 2016年基期值 | 2020年目标值 | 2022年目标值 | 2022年比2016年增加 | 属性 |
|---|---|---|---|---|---|---|---|---|
| 产业振兴 | 1 | 粮食综合生产能力 | 亿吨 | >6 | >6 | >6 | — | 约束性 |
| | 2 | 科技进步贡献率 | % | 56.7 | 60 | 61.5 | (4.8) | 预期性 |
| | 3 | 农业劳动生产率 | 万元/人 | 3.1 | 4.7 | 5.5 | 2.4 | 预期性 |
| | 4 | 农产品加工值与农业总产值比 | — | 2.2 | 2.4 | 2.5 | 0.3 | 预期性 |
| | 5 | 休闲农业与乡村旅游接待人次 | 亿人次 | 21 | 28 | 32 | 11 | 预期性 |
| 生态宜居 | 6 | 畜禽粪综合利用率 | % | 60 | 75 | 78 | 18 | 约束性 |
| | 7 | 村庄绿化覆盖率 | % | 20 | 30 | 32 | 12 | 预期性 |
| | 8 | 对生活垃圾处理的村占比 | % | 65 | 90 | >90 | >25 | 预期性 |
| | 9 | 农村卫生厕所普及率 | % | 80.3 | 85 | >85 | >4.7 | 预期性 |
| 乡风文明 | 10 | 村综合性文化服务中心覆盖率 | % | | 95 | 98 | — | 预期性 |
| | 11 | 县级以上文明村和乡镇占比 | % | 21.2 | 50 | >50 | (>28.8) | 预期性 |
| | 12 | 农村义务教育阶段学校专任教师本科以上学历占比 | % | 55.9 | 65 | 68 | (12.1) | 预期性 |
| | 13 | 农村居民教育文化支出占比 | % | 10.6 | 12.6 | 13.6 | (3) | 预期性 |

表2-1(续)

| 分类 | 序号 | 主要指标 | 单位 | 2016年基期值 | 2020年目标值 | 2022年目标值 | 2022年比2016年增加 | 属性 |
|------|------|----------|------|------|------|------|------|------|
| 治理有效 | 14 | 村庄规划管理覆盖率 | % | — | 80 | 90 | — | 预期性 |
| | 15 | 建有综合服务站村占比 | % | 14.3 | 50 | 53 | (38.7) | 预期性 |
| | 16 | 村党支部书记兼村委会主任的村占比 | % | 30 | 35 | 50 | (20) | 预期性 |
| | 17 | 有村规民约的村占比 | % | 98 | 100 | 100 | (2) | 预期性 |
| | 18 | 集体经济强村占比 | % | 5.3 | 8 | 9 | (3.7) | 预期性 |
| 生活富裕 | 19 | 农村居民恩格尔系数 | % | 32.2 | 30.2 | 29.2 | (−3) | 预期性 |
| | 20 | 城乡居民收入比 | — | 2.72 | 2.69 | 2.67 | −0.05 | 预期性 |
| | 21 | 农村自来水普及率 | % | 79 | 83 | 85 | (6) | 预期性 |
| | 21 | 具备条件的建制村通硬化路比例 | % | 96.7 | 100 | 100 | (3.3) | 约束性 |

资料来源：中共中央、国务院印发的《乡村振兴战略规划（2018—2022年）》。

　　乡村振兴战略已经成为国家发展战略，吸引了许多学者深入研究。其中，廖彩荣等提出了与新农村建设相比，乡村振兴战略更加强调乡村内涵式的发展①。这意味着乡村振兴战略不仅注重夯实农业基础，而且强调产业振兴的层级和要求升级。同时，生态宜居也是乡村振兴战略的重要方面。生态宜居除了注重村容村貌的整洁，还要关注整个生态环境的良性发展，以保障村民的健康和生存环境。生活富裕也是乡村振兴战略的重要目标之一。这不仅包括缩小城乡收入差距，而且要提高农民的经济宽裕程度，改善生活条件，实现共同富裕。治理有效也是乡村振兴战略的核心内容之一。除了注重村民的民主权利，还要重视农村治理的安定和有序。最后，乡风文明也是乡村振兴战略的长期目标之一。精神文明建设可以提高村民的文化素养和道德水平，实现乡风文明的和谐发展。总之，乡村振兴战略在新时代背景下，对新农村建设进行了承接、延续和升华，体现了对农村问题发展提出的更高要求。产业振兴是指在传统农业生产基础上，通过引入新产业、新业态和完善农业体系来提升农村产业的水平和效益。同时，生态宜居也是乡村振兴战略的核心之一。它建立在治理传统村落环境

① 廖彩荣，陈美球.乡村振兴战略的理论逻辑、科学内涵与现实路径 [J].农林经济管理学报，2017，16（6）：795-802.

污染的基础上，发展绿色农业经济，以达到适宜人居的农业生产、居住和生态环境条件。治理有效也是乡村振兴战略的重要方面，要求在处理干部关系的基础上，协调各方利益，使治理过程有效，并完善治理内容。生活富裕指的是农民生活富足和美满的状态。最后，乡风文明也是乡村振兴战略的长期目标之一，随着其他四个方面的进步而逐渐演变。综上所述，乡村振兴战略建立在新农村建设的基础上，旨在提高农村发展的质量和效益，以实现乡村经济、社会和环境的协调可持续发展目标。

## 第二节　产业振兴及相关理论

### 一、产业振兴理论

乡村振兴战略的目标是促进农业现代化、农村产业转型升级和农民增收致富，而产业振兴则是实现这些目标的关键环节。产业振兴不仅是乡村振兴战略的首要任务，而且是乡村振兴战略的基础和关键的组成部分，其重要性不言而喻。

实现乡村产业振兴，首先需要明确其基本内涵和要点。乡村产业振兴涉及多个方面，包括推动农村产业结构的优化和调整，加强农业科技创新，提高农产品的质量和效益，积极发展乡村特色产业，以及建设现代化的农业生产体系等。通过优化产业结构，农村可以更好地适应市场需求，提高产品附加值和竞争力。同时，农业科技创新是产业振兴的重要驱动力，引入先进的农业技术和管理模式，可以提升农业生产效率和质量，实现可持续发展。此外，乡村产业振兴还需要注重人才培养、资金投入和政策扶持等方面的支持。培养和引进专业人才，提高农村人才队伍的素质和能力，是实现产业振兴的重要保障。同时，适当增加资金投入，支持乡村产业发展，包括资金的引导和投入、金融服务的创新和完善等，能够为产业振兴提供坚实的经济基础。政策扶持也是推动乡村产业振兴的重要手段，出台相关政策和措施，能为乡村产业提供优惠政策、减轻负担、解决问题，激发农民的积极性和创造力。

乡村产业振兴是乡村振兴战略中至关重要的一部分，优化产业结构、加强科技创新、提高产品质量、发展特色产业和建设现代农业体系等多个方面的努力，可以实现农村产业的全面振兴和发展，为乡村经济的蓬勃发展提供坚实支撑。此外，人才培养、资金投入和政策扶持等方面的支持也是不可或缺的，只有综合运用各种手段，才能真正实现乡村产业振兴的目标和愿景。

只有产业振兴，才能全面推进乡村振兴战略的落实，实现乡村经济的持续繁荣和发展。关于乡村产业振兴的基本内涵，不同学者和政府代表存在不同的观点和理解。

韩长赋认为，乡村产业振兴的核心是形成现代农业产业体系，融合发展一二三产业[1]。然而，黄祖辉指出，乡村产业振兴的内容不应仅限于农业发展，而应着重促进一二三产业的融合，推动功能多样、高质量的现代农业产业振兴[2]。同时，宋洪远[3]和叶兴庆[4]等学者认为，乡村产业振兴应重点关注粮食安全、农业产业发展、一二三产业的融合发展，以及规模经营与小农户的关系四个方面。此外，李国祥[5]强调，要实现乡村产业振兴目标，必须提前制定符合当地特色的乡村产业结构布局，并制定乡村产业体系发展规划。孔祥智[6]提出了关键思路，认为以农业为中心，拓展多元产业，提升农业的综合竞争力是实现乡村产业振兴的关键。

乡村产业振兴的内涵涵盖了现代农业产业体系的形成、一二三产业的融合发展、多元化产业结构的建设，以及规模经营与小农户的协同发展等多个方面。不断探索和实践，实现乡村产业的振兴将成为乡村振兴战略实施中的重要任务。

虽然前述论述对于乡村产业振兴的基本内涵有所探讨，但整体而言还显得较为笼统，缺乏细节的阐述。因此，一些学者针对此问题提出了更为具体、详尽的解释。

例如，朱启臻[7]认为，乡村产业振兴应综合考虑农民和乡村外部环境，

---

① 韩长赋. 构建三大体系 推进农业现代化：学习习近平总书记安徽小岗村重要讲话体会 [N]. 人民日报，2016-05-18（15）.

② 黄祖辉. 科学把握乡村振兴战略的内在逻辑与建设目标 [J]. 决策咨询，2018（3）：27，29.

③ 宋洪远. 实施乡村振兴战略紧扣几个关键词 [J]. 农民科技培训，2018（1）：33-34.

④ 叶兴庆. 振兴乡村首先要振兴乡村产业 [J]. 中国乡村发现，2018（3）：60-62.

⑤ 李国祥. 乡村产业兴旺必须正确认识和处理的重大关系 [J]. 西部大开发，2018（4）：97-102.

⑥ 孔祥智. 培育农业农村发展新动能的三大途径 [J]. 经济与管理评论，2018，34（5）：5-11.

⑦ 朱启臻. 乡村振兴背景下的乡村产业：产业兴旺的一种社会学解释 [J]. 中国农业大学学报（社会科学版），2018，35（3）：89-95.

不应简单将其理解为追求快速增长和经济贡献的提升。乡村产业振兴除了要满足国家农业粮食安全外，还应着眼于农民个体的实际情况，促进农民增收和乡村社会进步。乡村产业振兴是一种多元经济相互渗透和融合的发展状态，其具体表现为产业构成的多样性、产业内容的综合性以及产业要素的整体性。

另外，一些学者提出了更为具体的乡村产业振兴内涵。例如，张伟[1]认为，乡村产业振兴应着重发展特色产业，以推动产业升级和乡村经济的快速发展。梁子龙等[2]则强调乡村产业振兴应注重环保、可持续发展和人口流动等因素，以实现乡村社会的稳定和可持续发展。王旭东[3]则提出了促进乡村产业振兴的具体措施，包括优化产业结构、提升农业科技水平、拓宽市场渠道等。

乡村产业振兴的内涵需要更加具体明确。只有通过进一步探索和实践，才能推动乡村产业的振兴，并将其作为乡村振兴战略实施中的重要任务。

乡村产业振兴的内涵十分复杂和多元化，不仅涉及产业数量和速度，而且应注重产业质量、结构、环保和可持续性等方面，以推动乡村经济的全面发展。以上研究对乡村产业振兴的内涵作出了不同的阐释，强调了产业振兴的多元化和全面性。具体而言，乡村产业振兴需要实现农业现代化和农产品质量安全，以促进农村一二三产业的融合和乡村经济的多样化发展。同时，乡村产业振兴还需要进行配套的政策体制改革，以解决农业供给侧结构性矛盾，调整产业结构和生产方式，提高生产效率和资源利用率，实现农业的规模化、强化和优化。衡量乡村产业振兴的标准包括生产能力、单产水平、产品质量、生产效率、资源利用率、多功能性和生态保护等多个方面，体现了乡村产业振兴的综合性和可持续性。因此，加强乡村产业振兴、推动农村经济的发展对于实现乡村振兴战略的目标具有重要意义。

产业振兴的标准是相对的，因为其兴旺程度取决于不同的参照标准。

---

① 张伟. 乡村振兴视角下的旅游经济发展探究 [J]. 江苏商论，2019（7）：54-55，81.

② 梁子龙，李瑞鹏，黄玉清. "灵台模式" 的理论思考与实践探索 [J]. 发展，2020（C1）：38-41.

③ 王旭东. 中国实施可持续发展战略的产业选择 [D]. 广州：暨南大学，2001.

横向比较是指与其他发达国家现有产业水平进行比较。如果国家或地区的产业水平接近或达到了世界先进水平，可判断其达到了产业振兴的标准。这种比较方式可以帮助国家或地区更好地了解自身产业水平与先进水平的差距，为产业升级提供参考。纵向比较，即将当前的产业水平与过去进行比较。如果当前产业水平相较过去有显著进步，则可以认为产业更加兴旺。这种比较方式可帮助国家或地区了解自身的发展趋势，为未来的产业升级和发展提供参考。

综合考虑横向和纵向比较，能更全面、客观地评估产业振兴的程度。此外，综合考虑横向和纵向比较可以对产业的多个方面进行比较评估，包括生产能力、单产水平、产品质量、生产效率、资源利用率、多功能性和生态保护七个维度。

吴海峰[①]提出，衡量农村产业振兴需从多个角度和维度全面考虑。农村产业振兴的特色至少包括七个维度：投入产出比高、产品质量高、产业特色高效、绿色生态安全、一二三产业融合发展、要素配置合理、支撑体系强大。

中共中央、国务院印发的《乡村振兴战略规划（2018—2022年）》，明确了乡村振兴战略规划的主要指标。产业振兴指标主要涵盖粮食综合生产能力、农业科技进步贡献率、农业劳动生产率、农产品加工产值占农业总产值比重、休闲农业和乡村旅游接待人数五个方面。其中，粮食综合生产能力为强制性指标，其余四项为预期指标，以2016年为基准，《乡村振兴战略规划（2018—2022年）》确定了2020年和2022年的目标值。然而，这些目标值仅为国家在乡村振兴战略下实现产业振兴所设定，并未对产业振兴的具体内涵进行界定。

乡村产业振兴的基本内涵涉及四个方面，构成了实现农村经济的全面发展的关键要素。首先，推动农业现代化，包括在技术、设备和管理等多个方面进行改进和升级，以提升农业生产的效率和品质；其次，持续不断地推进乡村产业升级，以提高整体乡村经济水平，实现向现代化发展的迈进；再次，乡村产业融合发展至关重要，需要促进一二三产业的深度融合，建构现代农业全产业链体系，将农业生产、加工和服务整合为一体；

---

① 吴海峰. 乡村产业兴旺的基本特征与实现路径研究 [J]. 中州学刊，2018（12）：35-40.

最后，农业全要素生产率的持续提升是关键，需要充分运用现代技术和先进管理模式，提升农业生产的效益和品质，推动农村经济的可持续发展。

在实现农业现代化的过程中，应借助现代技术和科学知识，提升农业生产的水平和效益，同时平衡环境保护和可持续发展的需求。为此，应采用现代化的农业生产设备，推广新型农业技术和管理方式，提升农业机械化、水利化和信息化水平，从而提高土地的产出率和资源的利用效率。这种方法不仅可以增加农产品的产量，还能够减少资源浪费，降低环境对农业生产的负面影响。

乡村产业振兴的核心在于通过农业现代化、产业升级、产业融合和全要素生产率的提升，实现农村经济的多方面发展，为乡村的可持续繁荣奠定坚实基础。这样的发展模式不仅有助于满足不断变化的消费需求，而且能够促进乡村居民生活质量的提高和经济繁荣。

乡村产业升级意味着农村经济结构向高附加值产业的转型升级，提高农产品的质量和安全水平，提高农业产品的竞争力和附加值，推动农村经济的持续发展。为实现这一目标，需要农业生产向高品质、高附加值、高技术含量的农产品转型，同时改善农村生产条件和营商环境，加强品牌建设和市场开拓，提升乡村产业的综合竞争力。

乡村产业融合发展是指农村一二三产业的深度融合，培育新的产业形态，建设现代化的农业产业、生产和经营体系。实现乡村产业融合发展需要加强不同产业之间的协同发展，推动农业与其他产业的融合，发展特色农产品和新兴产业，促进城乡一体化发展，构建现代化的农业产业体系。

提升乡村产业振兴，需要提高农业全要素生产率，即提高乡村农民在劳动、资本、土地等要素上的生产效率，促进农业科技创新和应用转化，提升农业生产力水平。为实现这一目标，可以采取以下措施：推进农业技术改良，提高劳动效率，优化土地利用，增加资本投入，改善资源配置等。同时，应鼓励农民发挥主体作用，发挥集体经济和农村合作组织的作用，推动农村经济的可持续发展。

产业振兴的具体内涵如图 2-1 所示。

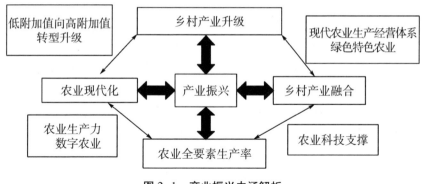

图 2-1　产业振兴内涵解析

## 二、产业发展战略理论

乡村产业发展面临着市场竞争、政策支持、技术创新和环境保护等因素的影响。因此，制定乡村产业发展战略需要考虑全局性、系统性和动态性。全局性意味着需要综合考虑政府、市场和社会等各方面的资源和需求，以实现协调发展；系统性意味着需要协调整合不同领域和环节，最大化整体效益；动态性意味着需要根据市场和科技进步等因素及时调整战略方向和实施方式，以保持竞争优势和适应市场需求的变化。因此，乡村产业发展战略的制定和实施应考虑多方面因素，并注重战略性、前瞻性和可持续性。

（一）"钻石模型"理论

钻石模型是迈克尔·波特教授在他的著作《国家竞争优势》中提出的一种分析国家或产业如何获得竞争优势的模型。这个模型包含了四个直接影响因素和两个辅助因素。四个直接影响因素包括生产要素，相关和支持产业的表现，需求条件，国内竞争条件。其中，生产要素涵盖劳动力、土地、自然资源、资本等要素；相关和支持产业的表现包括供应商、原材料、技术、劳动力市场等方面；需求条件则包括市场规模、市场增长率、需求结构等；国内竞争条件则包括企业的目标、战略定位、组织结构、企业文化、市场份额等方面。辅助因素包括机会和政府，机会方面包括国际市场、新技术、新产品等；政府方面则包括政策、法律、监管等。综合分析这些因素，可以帮助国家或产业制定出有效的竞争战略，从而获得竞争优势。

钻石模型为我们提供了一种全面深入的视角，使我们能够更好地了解国家或产业竞争优势的形成过程。通过对生产要素，相关和支持产业的表现，需求条件，国内竞争条件的综合考虑，我们可以发现各个环节之间的相互关系和相互影响。同时，辅助因素的考虑也为我们提供了抓住机会、利用政府支持的途径。通过对这些因素的准确把握和分析，国家或产业可以制定出适应市场需求、提升竞争力的战略方向。

这个模型的重要性在于它能够帮助我们看清国家或产业竞争力的根本要素，并通过优化这些要素来提升整体竞争力。例如，加强生产要素的投入和提高其效率，可以增强国家或产业的生产能力和创新能力；培育相关和支持产业，可以形成产业链的完整和优化，提高产业的综合竞争力；深入了解和满足市场需求，可以发展出具有差异化优势的产品和服务；同时，制定明确的企业战略以及与竞争对手的有效竞争，可以保持市场份额和提高市场地位。

总之，钻石模型为我们提供了一个系统性的分析框架，使我们能够更好地理解国家或产业竞争优势的形成机制，从而指导我们在制定战略和决策时更加科学和有效。通过深入研究和应用这个模型，我们可以为国家和产业的可持续发展作出贡献，并在全球竞争中赢得更有利的地位。

（二）产业分析模型

迈克尔·波特在他的著作《竞争战略》中提出了五种力量模型，以帮助企业进行产业分析。这些力量模型包括现有竞争者、新进入者、替代品、购买者和供应商。通过对这些力量进行深入分析，企业可以更好地了解产业竞争格局，并制定相应的竞争战略。现有竞争者是指已经存在于市场中的竞争对手，他们与企业直接竞争。这些竞争者的实力和策略可能直接影响到企业的市场地位和利润。企业需要认真评估现有竞争者的竞争力，并采取措施来应对他们的挑战。新进入者是指那些潜在的竞争者，他们可能进入市场并与企业展开竞争。新进入者的威胁取决于市场的准入障碍以及潜在竞争者的实力。企业需要警惕潜在竞争者的出现，并采取相应的措施来保护自己的市场份额。替代品是指可以替代企业产品或服务的其他产品或服务。如果这些替代品具有更好的性能、更低的价格或更高的质量，它们将对企业的市场份额构成威胁。企业需要密切关注替代品的发展趋势，并提供具有差异化优势的产品或服务来抵御替代品的竞争。购买者是企业的客户，他们在决策购买时对产品或服务的价格、质量、服务等方面提出要求。购买者的力量取决于市场需求和竞争格局。企业需要了解购买者的需求和偏好，并提供符合其要求的产品或服务，以赢得购买者的支持和忠诚。供应商是为企业提供原材料和零部件的供应商。供应商的价格、质量和供货能力直接影响到企业的生产成本和产品质量。企业需要与供应商建立良好的合作关系，并确保供应链的稳定和高效运作。

通过对这五种力量的综合分析，企业可以识别出自身所面临的竞争压力和机遇，并制定相应的竞争战略。在激烈的市场竞争中，准确评估产业力量的作用，灵活调整策略，将有助于企业提高竞争力，保持市场地位，并实现可持续的发展。

### 三、战略理论

总体战略理论和经营战略理论是战略管理领域中两个重要且相互补充的分支。总体战略理论注重组织整体战略的规划和协调，强调长远目标的设定、资源分配和风险管理等方面。而经营战略理论则专注于组织如何在日常经营活动中实现战略目标，包括市场定位、产品差异化、成本控制、营销渠道等具体策略。

这两个理论相辅相成，构成了战略管理理论的核心。总体战略理论提供了组织战略规划和协调的框架，帮助组织确定长远目标和资源分配策略。而经营战略理论则为实现这些目标提供了具体的策略和方法。通过综合运用这两个理论，组织可以在复杂多变的市场环境中获得竞争优势，并实现可持续的发展。总体战略理论引导组织对外部环境进行深入分析，识别机会和威胁，并制定适应性强、具备长远眼光的战略规划。这包括确立组织的愿景和使命，明确长远目标，并有效分配资源以实现这些目标。此外，总体战略理论也关注风险管理，帮助组织应对不确定性和变化，确保战略的可持续性。经营战略理论则关注组织在日常运营中如何通过市场定位、产品差异化、成本控制和营销渠道等具体策略来实现总体战略目标。它强调了灵活性和敏捷性，帮助组织在市场竞争中获取优势。经营战略理论注重与消费者的互动，分析竞争对手，寻找产品和服务的差异化机会，并通过有效的运营和营销策略来满足客户需求，实现盈利和增长。

综合运用总体战略理论和经营战略理论，组织可以建立起完整的战略管理体系，从宏观和微观的角度共同推动组织的成功。这样的综合应用将使组织能够在竞争激烈的商业环境中持续创新，适应变化，并实现长期的可持续发展。

（一）总体战略理论

总体战略理论主要用于确定产业的整体方向，包括增长、稳定和紧缩战略，以及多业务公司在资源分配方面的产品种类。在制定这些战略时，需要运用一系列关键模型来进行分析，以确保决策的合理性、可行性和有效性。这些关键模型不仅能够帮助企业深入理解市场环境和竞争态势，还能够为战略制定提供有力的决策依据。

在分析中，SWOT分析是其中之一，它强调了企业内外部环境的优势、劣势、机会和威胁。通过识别和评估这些因素，企业可以制定出更加明智的战略。另一个重要的模型是PESTEL分析模型[1]，它关注了政治、经济、社会、技术、环境和法律等宏观环境因素对产业的影响。这有助于企业了解外部环境的变化趋势，从而及时调整战略。

此外，五力模型[2]也是战略分析中的重要工具之一。通过对产业内竞争者、供应商、买家、替代品和新进入者等方面的分析，企业可以评估产业的吸引力和竞争激烈程度，从而选择适合的战略路径。而价值链分析则帮助企业理解自身业务的各个环节，从原材料采购到最终产品交付，以便优化内部流程、提高效率和降低成本。

另一个重要的模型是波士顿矩阵（BCG Matrix）[3]，它用来分析企业产品组合的相对市场份额和市场增长率。通过将产品分为不同的分类，如明星、现金牛、问题和瘦狗，企业可以决定在哪些产品上投入更多资源，以及哪些产品可能需要进行调整或淘汰。

（二）经营战略理论

SWOT分析：分析企业或产业的优势、劣势、机会和威胁，为制定战

---

[1] PESTEL分析模型又称大环境分析，是分析宏观环境的有效工具，不仅能够分析外部环境，而且能够识别一切对组织有冲击作用的力量。它是调查组织外部影响因素的方法，其每一个字母都代表一个因素，可以分为6大因素：政治因素（political）、经济因素（economic）、社会文化因素（sociocultural）、技术因素（technological）、环境因素（environmental）和法律因素（legal）。

[2] 波特的五力模型是由迈克尔·波特（Michael Porter）提出的一种分析竞争力和行业吸引力的框架。该模型旨在帮助组织评估所在行业的竞争情况，并制定相应的战略。

[3] 波士顿矩阵（BCG Matrix），又称市场增长率-相对市场份额矩阵、波士顿咨询集团法、四象限分析法、产品系列结构管理法等。

波士顿矩阵由美国著名的管理学家、波士顿咨询公司创始人布鲁斯·亨德森于1970年创作。

波士顿矩阵认为决定产品结构的基本因素一般有两个：市场引力与企业实力。市场引力包括整个市场的销售量（额）增长率、竞争对手强弱及利润高低等。其中最主要的是反映市场引力的综合指标——销售增长率，这是决定企业产品结构是否合理的外在因素。

略提供依据。

PEST 分析：分析政治、经济、社会和技术因素等宏观环境，为制定战略提供依据。

五力分析：分析现有竞争者、新进入者、替代品、购买者和供应商的力量，为制定竞争战略提供依据。

价值链分析：分析企业内部各环节的附加值贡献，为制定内部资源分配战略提供依据。

BCG 矩阵①：将企业业务划分为明星、问题、现金牛和瘦狗四类，为制定产品线和资源分配战略提供依据。

GE 矩阵②：结合市场增长率和企业市场占有率，将业务划分为投资、维持、扩展和退出四类，为制定产品线和资源分配战略提供依据。

这些模型在总体战略制定过程中，能够支持分析和决策，帮助企业或产业在竞争中取得优势。

经营战略是实现总体战略的具体表现之一，其重点是制定和执行提升产品或服务在市场竞争中地位的策略。经营战略的核心在于为企业制定一系列策略和计划，以实现商业目标。在这个过程中，企业需要考虑多个因素，如竞争对手、消费者需求、供应链和市场趋势等，以制定能够帮助企业在市场上获得竞争优势的战略。

竞争战略是关注企业如何在竞争激烈的市场中脱颖而出的战略。其目标是制定一系列计划和措施，以实现企业在市场上的领先，例如通过不断创新、提高产品质量或降低成本来提高企业的竞争力。

与竞争战略不同，合作战略是一种通过与其他企业合作来实现共同商业目标的战略。通过合作战略，企业可以降低成本、扩大市场份额、共同开发新产品等，从而更好地满足客户需求并提高竞争力。举例来说，两个竞争对手可以合作共同研发一种新产品，以减少开发成本并缩短产品上市时间。

1. 基本竞争战略

基本竞争战略是组织在市场竞争中所采取的核心方法，它决定了企业

---

① BCG 矩阵（波士顿矩阵）是由波士顿咨询公司（BCG）在 20 世纪 70 年代初开发的。

② GE 矩阵，又称麦肯锡矩阵、九盒矩阵法、行业吸引力矩阵，是麦肯锡管理顾问公司（McKinsey & Company）为克服 BCG 矩阵的缺点，在 BCG 矩阵的基础上开发的用于分析市场吸引力、竞争实力的矩阵，简称 GE 矩阵。

在特定领域内如何获得竞争优势和巩固市场地位。以下是基本竞争战略的扩展：

（1）成本领先战略。成本领先战略通过规模化生产、供应链优化以及有效控制成本，降低产品或服务的生产成本，从而使企业能够以较低的价格提供产品，吸引广泛的客户群体。此战略不仅可以实现成本效益，而且可以在价格敏感的市场中占据稳固的市场份额。

（2）差异化战略。差异化战略为产品或服务赋予独特的特点和价值，使其在市场上与竞争对手区分开来，从而形成独特的竞争地位。差异化战略依赖于创新、品质、设计等方面的优势，能为企业赢得更高的品牌认知度和客户忠诚度。

（3）聚焦战略。该战略侧重于特定的市场细分或消费者群体，深入了解其需求并开发满足这些需求的产品或服务。通过专注于特定领域，企业可以建立起深入的专业知识体系，从而满足客户的特定要求，从而获得竞争优势。

这些基本竞争战略在不同情况下可以相互结合，或根据市场变化进行调整，以适应不断变化的竞争环境。有效地选择和执行适合的竞争战略，将帮助企业在市场中取得长期的竞争优势，实现业务增长和可持续发展。

2. 合作战略

合作战略在竞争中扮演着关键角色，它通过不同企业之间的合作与协同，实现资源共享、优势互补，从而创造出更大的竞争优势。战略联盟则是一种具体的合作模式，涵盖了多种形式和类型。以下是关于合作战略和战略联盟的进一步扩展：

合作战略的优势：

（1）资源整合。合作战略允许企业将各自的资源、技术和知识汇集起来，从而创造出更强大的整体能力，实现资源的最优配置。

（2）风险分担。合作可以分担风险和不确定性，尤其是在涉及高投入、高风险的项目中，多个合作伙伴可以共同承担风险，减轻单一企业的压力。

（3）共同创新。合作可以促进不同企业之间的创新交流，通过集思广益，共同解决问题和创造新的产品、服务，推动业务的发展。

（4）扩大市场份额。通过合作伙伴的渠道、客户资源，企业可以扩大自身在市场中的影响力和市场份额。

战略联盟的类型：

（1）合资经营，即两个或多个企业共同出资设立合资公司，合作经营业务，共享投资风险和收益。

（2）特许经营，即授予他方使用自身品牌、技术或商业模式的权利，作为使用方则支付费用或提供特定的服务。

（3）许可证经营，即授予他方使用自身知识产权（如专利、商标等）的许可，受许可方则支付相应的使用费。

（4）共同服务协议，即企业在特定领域共享服务资源，如物流、市场营销、研发等，提高效率。

（5）基于价值链的伙伴关系，即不同企业在价值链上的不同环节展开合作，以实现互补、协同，从而提升整体价值。

通过选择适合的合作战略和战略联盟类型，企业可以更好地应对市场挑战，获得竞争优势，同时创造更多的商业机会和更大的增长潜力。

### 四、产业链理论

产业链理论是产业经济学中的一个关键概念，用于描述在技术和经济关系的影响下，一个完整产业的各个部分形成的相互依存的链条。这条链条通常按照一定的逻辑顺序和空间布局关系构建。

产业链的概念包括企业链、价值链、空间链和供应链这四个维度。这些维度之间相互关联，共同构成了产业链的完整结构，并通过自我调控机制实现内部的平衡和稳定。企业链主要描述一个企业在产业链中的位置和其与其他企业的关系，价值链描述一个产品从生产到销售的价值创造过程，空间链描述产业链上各个环节之间的空间关系，供应链则描述供应商和客户之间的交互关系。

产业链中的价值和结构属性非常重要。上下游之间存在着价值交换和信息交换关系，每个环节的增值都会对整个产业链的结构产生影响。因此，企业需要了解产业链的结构和价值属性，以便找到自身的定位，并获取在产业链中的竞争优势。同时，企业还需要与其他企业建立合作关系，共同推动产业链的发展，实现共赢的局面。

产业链可以分为接通产业链和延伸产业链两种形式。

（1）接通产业链通过某种产业合作方式将某一地区范围内产生离散现象的生产部门相互连接起来。这种形式的产业链整合了相邻环节的企业，使它们能够共同协作、资源互补，形成一个相对完整的供应链。通过接通产业链，企业之间可以实现资源共享、协同创新，从而提高整体效率和竞争力。

（2）延伸产业链是指将已有的产业链向上游或下游进行延伸。向上游延伸通常意味着企业涉足原材料供应、基础研发等环节，以增加对供应链的控制和影响力。而向下游延伸则是指企业进入距离消费者更近的环节，例如市场销售和售后服务等，以增加对市场环节的把控，从而扩大市场份额。产业链的延伸实质上是将不同产业链之间的供给与需求关系结合起来，以促进资源的流动与利用。

通过接通产业链和延伸产业链，企业可以更好地适应市场变化，提高资源利用效率，拓展市场空间。接通产业链可以弥补各环节之间的断层，形成协同合作的效应；而延伸产业链则可以增强企业的垂直整合能力和市场竞争力。综合应用接通和延伸产业链的策略，能使企业在激烈的市场竞争中获得更多机遇，并实现持续增长与发展。

## 第三节　产业振兴与乡村振兴的关系

乡村振兴的内涵包括了党组织在农村基层组织建设中的核心作用。建立以党组织为核心的农村基层组织，能够有效贯彻党的路线方针政策，解决农村面临的各类问题和矛盾，推动乡村经济发展和农民素质提升。同时，健全制度框架和政策体系也是乡村振兴的重要保障。

在乡村振兴战略中，制度和政策的健全对于提升乡村治理能力至关重要。只有确立完善的制度框架和政策体系，才能有效推进农村治理工作，进而建立现代乡村治理体系。

乡村治理能力若无法进一步提升，现代乡村治理体系就无法初步确立，乡村振兴目标也将无法真正实现。因此，治理有效性成为乡村振兴战略中的重要内容。只有加强以党组织为核心的农村基层组织建设，建立完善的制度框架和政策体系，不断提升乡村治理能力，才能有效实施乡村振兴战略。

实现农村的可持续发展和乡村振兴战略的有效实施，需要提高农业的安全保障水平，初步构建现代农业体系，推进绿色全面发展，实现农村一二三产业的融合发展，并加速乡村产业的兴旺。这些目标的实现，依赖于乡村产业的振兴。

乡村振兴战略中，乡村产业振兴是一个重要的内容，其核心在于加强乡村产业的发展，推动乡村经济的转型升级和优化调整。要实现乡村产业振兴，需要加强政策支持、创新体制机制，优化产业结构，提高科技创新能力，加强人才培养等。其中，乡村产业振兴的重要手段之一是促进农村一二三产业的融合发展。融合发展传统的农业、手工业和服务业，可以提高农业附加值和经济效益，推动乡村经济的发展和农民收入水平的提高。此外，乡村产业振兴还需要关注产业链条的建设和完善，以及农村经济的多元化发展，以实现乡村经济的可持续发展和乡村振兴的长期稳定。

乡村振兴战略中，生态宜居是一个非常重要的内容，它对于美丽乡村建设至关重要。实现生态宜居需要持续改善农村基础设施条件，包括提升农村供水、供电、通信等基础设施建设水平。农村人居环境也需要得到显著改善，如美化村庄、改善居住环境等。此外，为了实现生态宜居，还需要初步建立城乡融合发展体制机制，推动城乡发展有机衔接；同时，还需要进一步提升农村基本公共服务水平，如医疗、教育、文化等，以提高农村居民的生活质量。实现生态宜居，可以促进乡村经济的发展和社会进步，使乡村成为人们向往的理想居住地。

乡村振兴的根本目的之一是通过发展现代农业、壮大乡村经济、完善农村社会事业和提高农村居民生活水平，实现城乡发展的协调和均衡。在实现乡村振兴的过程中，农民问题是重要的环节，必须着重解决农民问题，推进农村人口素质、职业技能和就业能力的提升，提高农民收入水平；同时，要着眼于解决"三农"问题，巩固脱贫攻坚成果。此外，还需要建立城乡统一的社会保障制度体系，为农民提供可持续的社会保障。因此，提高农民生活水平是乡村振兴战略的重要内容，只有让农民过上富裕的生活，才能真正实现乡村振兴。

乡村振兴战略中，乡风文明是另一个重要内容。乡村振兴不仅要提高乡村的物质文明水平，而且要注重乡村的精神文明建设。在实现乡村振兴的过程中，乡村传统文化的传承和发展是非常重要的。乡村传统文化既是乡村的宝贵财富，也是乡村精神文明建设的重要组成部分，对于乡村振兴具有重要意义。同时，农民也需要满足精神文化生活的需求，如教育、文艺、体育等。只有在乡风文明建设中，才能使乡村的物质和精神文明全面发展，进而实现乡村振兴的可持续发展。

产业振兴作为乡村振兴战略的基础和关键，其重要性不言而喻。只有通过促进产业振兴，才能激发乡村的活力和创造力，实现农村经济的快速发展。实现乡村产业振兴，需要充分发掘当地的资源优势，优化产业结构，推动传统产业升级，培育新兴产业，增强乡村发展的内生动力；同时，还应加强对农业科技的支持，提升乡村的生产力水平，促进农民收入的增长，实现农业的现代化和产业的可持续发展。产业振兴不仅能为生态宜居、乡风文明、治理有效和生活富裕等方面提供根本保障，而且能真正推动乡村振兴战略的全面升级落地。

在产业振兴中，有四个方面尤为重要，包括提高农业现代化水平、升级乡村产业、促进产业融合发展和提高农业全要素生产率。农业现代化建设需要提升粮食综合生产能力、加强农业科技研究和应用，提高农业劳动生产率，以带动其他产业的发展。在乡村产业升级方面，需要开发新品种、新产品，并提高农产品加工产值在农业总产值中的比重，以增加农民收入和改善生活条件。此外，还应推动林业、畜牧、渔业等产业的升级和发展，进而促进乡村工业、建筑业、住宿餐饮业（旅游饮食服务业）、交通运输仓储业、批发零售业、社会服务业六大非农产业的多元发展，进一步推动乡村经济的多样化和持续发展。只有实现产业升级和转型，才能为乡村振兴打下坚实基础，促进乡村经济的发展和繁荣。

产业融合发展是乡村振兴的另一个重要内容。要实现产业融合发展，需要三次产业和各个产业间实现融合，同时注重产业链的延伸和拓展，加强农村一二三产业的融合发展。农业的现代化、产业的升级以及产业融合发展，可以促进乡村经济增长，提高农业全要素生产率，实现生态宜居、乡风文明、治理有效和生活富裕的目标，推动乡村振兴的全面发展。此外，除了农业产业的发展，还应注重文化旅游、创新创业等新兴产业的培育，以推动乡村产业的多样化发展。同时，乡村产业发展还需加强基础设施建设，例如交通运输和电信网络建设，以为产业发展提供保障。只有实现产业振兴，才能实现乡村振兴的目标。

中共中央、国务院在《乡村振兴战略规划（2018—2022 年)》中指出，乡村振兴战略主要体现在五个方面：产业振兴、生态宜居、乡风文明、治理有效和生活富裕。其中，产业振兴是乡村振兴战略的核心和基础，既是乡村振兴的首要任务和中心问题，也是乡村繁荣发展的物质基础和经济保障。只有实现乡村产业振兴，才能提供更多的就业机会，提高农民收入水平，实现乡村振兴战略所要求的生活富裕。在产业振兴的基础上，乡村经济实力将更加强大，进而追求更高层次的需求，例如加强乡村生态、文化、教育和公共基础设施建设，并提供充足的财力保障。这样，村民可以进一步改善居住环境，实现生态宜居的目标。物质基础是精神文明的前提条件。产业振兴有助于改善乡村风气，提高村民的道德文明水平，丰富乡村的文化娱乐生活，保护乡村的民俗和古迹等文化遗产，培育文明乡风、良好家风和淳朴民风。产业振兴涉及村集体、社会和农民个人的各个方面利益，需要协调各方利益，并调动公众积极参与村委会制定治理政策的积极性。这有助于建立健全党委领导、政府负责、社会协同、公众参与、法治保障的现代化有效社会治理体系，确保乡村基层工作治理有效，共同实现全面振兴乡村的战略目标。只有合作、共赢、协调，才能实现乡村振兴的长期发展，使乡村成为现代、宜居、文明和美丽的生态文明之地。

## 第四节　实现产业振兴的基本路径

### 一、农业实现现代化

在乡村产业升级的过程中，需要同时关注农业现代化、第二产业和第三产业的升级转型，以及不同产业间的融合发展。这些改革共同促进了乡村一二三产业的繁荣发展，实现了乡村农业全要素生产率的提升和农业单产水平的提高，推动了农业现代化，并促使劳动人口转移至第二、第三产业。同时，这些改革也全面激发了乡村产业的内生发展动力，推动乡村经济的可持续发展。

其中，第一条路径是通过提高农业现代化水平来拓展、延伸和发展新产业、新业态，从而实现乡村产业振兴。农业水利化、机械化和信息化的普及，能够提高土地产出率和资源利用率，释放大量农村劳动力，促进当地特色资源的发展，进而推动乡村优势农产品的加工业和第三产业的发展，实现乡村产业的升级发展，提高农产品的质量和安全，使乡村产业的结构从低附加值向高附加值升级。

第二条路径是通过乡村传统产业与新兴产业的融合形成乡村新产业和

新业态，实现乡村产业振兴。其中，乡村电子商务网络营销和休闲农业的发展最为突出。第三方平台如淘宝、微信、微博等为农产品在线交易提供了平台，同时古村落特色乡村文化、草莓采摘节、保健养生等乡村新产业也在不断涌现，这些平台和新产业推动了乡村产业的多元化和产业结构的升级。

第三条路径是通过农业现代化、第二产业和第三产业的升级转型，以及融合发展共同促进乡村一二三产业的繁荣发展，实现乡村农业全要素生产率的提升，提高农业单产水平，推动农业现代化，促进劳动人口向第二、第三产业转移，并全面激发乡村产业的内生发展动力。

## 二、乡村产业升级

乡村产业升级的具体表现是农产品质量得到提高、农业向农产品加工业和乡村旅游等第二、第三产业转化，以及农产品附加值的提高。这种转变引发了第二、第三产业之间更加激烈的市场竞争，企业为了获取利润不断开发新技术、新产品和新的生产经营体系，推动了农业技术的进步，提高了农业全要素生产率。同时，企业还试图通过创新农业和其他科学技术的交叉融合研究来获取超额利润，这使农业和其他产业之间的边界逐渐模糊，推动了乡村产业的融合发展。

在这种条件下，无论是在乡村还是社会上从事非农产业的企业都有动力降低成本，进而提高了农民的消费者剩余。这意味着农民可以以较低的成本购买同样质量的农业生产资料，从而推动了农业现代化的发展。这些运行机制使得乡村产业得到了升级并实现了乡村产业振兴的目标。

值得强调的是，乡村产业升级不仅是经济层面的变化，也涉及社会和环境的可持续发展。随着农产品质量的提高和农业生产方式的转变，消费者对于绿色、安全和可追溯的农产品的需求也日益增加。因此，乡村产业升级需要与生态环境保护相结合，注重可持续农业发展，以确保乡村产业的长期稳定和可持续性。

总而言之，乡村产业升级通过提升农产品质量、促进农业转型和融合发展，以及推动农业现代化，实现了乡村产业振兴的目标。这种转变不仅带来了经济效益，而且促进了社会与环境的可持续发展。

## 三、乡村产业融合发展

乡村农业产业的融合发展不仅能够优化配置和重组农业内部的生产要

素，而且具有广泛的经济和社会效益。农业种植业和养殖业与旅游、互联网等产业的融合，使该产业的信息不对称性得到缩小，新产品的生产交易成本大幅降低，进而提高了农村产业的附加值和农民的收入水平，也有利于农业全要素生产率的提高。随着农民经济收入的增加，许多农民开始将资金投资于农用机械、土地和其他高产的生产资料，这加快了乡村农业现代化的进程。同时，现代农业投入与劳动力之间存在替代效应，这意味着大量农民从农业劳动中解放出来，转向从事优质农产品生产、农产品加工、乡村旅游等第二、第三产业。这种转变不仅有利于实现乡村产业升级的目标，还推动了乡村产业的振兴。在这种机制下，农民不仅享受到了更好的经济收益，而且通过学习新技术和经营理念，他们可以返乡创业，积极发展新农业种植养殖循环经济、乡村旅游、乡村采摘、互联网农产品销售等产业。

这些新兴产业的发展为乡村产业升级提供了更广阔的发展空间，激发了乡村产业的发展活力，实现了乡村产业升级和融合发展的目标。农民们通过参与这些新兴产业，不仅获得了经济上的回报，而且得以通过学习和创新为乡村产业的发展贡献了自己的智慧和力量。这种积极的互动促进了乡村产业的持续改善和创新，为乡村地区带来了更加繁荣和可持续的发展前景。

### 四、提升农业全要素生产率

农业全要素生产率的提高，不仅能增加农产品的总产出，而且能提高农产品的质量和营养价值，以满足消费者对健康和品质的需求。与此同时，农民从事农业生产所获得的收入也将增加，从而能够投资于更高效的农用机械和高产种子等现代化生产资料，进一步推动农业现代化进程。在这个过程中，农业生产也将更加科学、精细化和智能化，从而提高生产效率和质量。农业现代化的发展还可以促进农业劳动力的流动和职业的多元化。随着农业生产效率的提高，许多传统的农业劳动变得不再被需要，这样农村的劳动力可以流动到其他地区从事不同的职业。在这个过程中，农民也能够获得更多的职业选择和机会，这促进了乡村经济结构的转型和乡村产业的升级。

因此，提高农业全要素生产率是推动农业现代化和乡村产业升级的重要手段之一，能够为农民带来更多的经济利益和职业选择，同时也可以推动农业和乡村经济的可持续发展。

随着农业现代化的发展，农业生产的机械化程度不断提高，农业生产效率得到显著提升，大量农业劳动力被解放出来。这些农民可以利用闲暇时间学习新技能，或者从事非农部门的工作，从而实现了从农业部门向非农部门的转移就业。这种乡村经济结构的转型不仅促进了农村经济的发展，而且为农村地区带来了新的就业机会。此外，随着乡村产业结构的升级，农村地区的生产方式、生产技术和生产设备都得到了改善，乡村产业的质量和效益也得到了提高，这促进了乡村产业的可持续发展。因此，农业现代化的发展对于促进乡村经济结构转型和乡村产业升级具有重要意义。

随着新型农民的涌现，越来越多的农村地区开始重视科技创新和产业升级。这些新型农民在从事农业生产的同时，注重学习和掌握先进技术，积极创新发展乡村产业间的循环经济。他们充分利用资源，将废弃物品转化为能源和肥料，实现了资源利用的最大化并且减少了污染。同时，他们还探索各种新的农业生产方式和经营模式，以提高农产品的质量和降低生产成本。通过这些努力，新型农民促进了乡村一二三产业的融合发展，并为农业全要素生产率的提高作出了贡献。这种运行机制不仅有助于推动乡村产业的振兴，而且为农村地区带来了新的发展机遇，促进了农村地区的可持续发展。

# 第三章 攀西民族地区乡村产业现状分析

乡村产业的发展是乡村振兴战略的核心内容之一，而攀西民族地区作为我国西南地区的重要组成部分，其乡村产业的现状和发展情况对于地区经济的稳定增长和居民生活水平的提升具有重要意义。本章将从总产值和从业人员的角度，对攀西民族地区乡村产业的发展现状进行分析，重点聚焦农业及其关联的农产品加工业。

## 第一节 攀西民族地区乡村产业发展现状与结构分析

攀西民族地区的乡村产业发展正朝着多元化和可持续的方向发展。然而，在这一过程中仍然存在一些问题和挑战，如产业发展不平衡、农村基础设施不完善等。因此，进一步深化产业结构调整，加强基础设施建设，促进乡村产业的可持续发展仍然是攀西民族地区所面临的重要任务。

### 一、攀西民族地区乡村产业总量现状分析

攀西民族地区乡村产业的发展结构呈现出多样性和内在交叉关系。这种多样性体现在第一、第二和第三产业之间相互交织，构成了一个相互促进、共同发展的产业网络。乡村的第一产业涵盖了农业、林业、牧业和渔业。其中，农业作为该地区农村经济的支柱，具有重要的经济和社会地位。农业不仅是粮食生产的基石，而且涵盖了众多的农产品种植和养殖业，如蔬菜、水果种植和畜禽养殖等。同时，林业和牧业也在支持农村居民生活和经济增长方面发挥着积极作用。乡村的第二产业主要包括农产品

加工业、其他工业和建筑业。农产品加工业作为与农业紧密相关的产业，对于提高农产品附加值、延长商品链条起着重要作用。农产品的深加工，不仅可以减少资源浪费，而且可以创造更多的就业机会。与此同时，其他工业和建筑业也为乡村提供了多元化的产业发展路径，进一步丰富了乡村产业结构。

乡村的第三产业包括交通运输业、批发零售业、住宿餐饮业、社会服务业等。其中，住宿餐饮业（旅游饮食服务业）作为推动攀西民族地区乡村发展旅游业的基础，其为游客提供了重要的服务，同时也创造了就业机会。交通运输业在连接农村各个产业环节之间起着重要的纽带和桥梁作用，这使得农产品从田间到餐桌能够顺畅流通。攀西民族地区乡村产业的多样性和互动性，构成了一个相互促进、共同发展的产业体系。第一产业为第二、第三产业提供了原材料和市场，农产品加工业和旅游业的兴起则促进了第一产业的增值和升级。交通运输业在其中扮演着重要角色，将各个环节紧密连接，使得产业链能够更加高效运转。

从表 3-1 可以看出，2000—2021 年攀西民族地区乡村的第一、第二和第三产业总产值总体上呈现稳定增长的趋势①。

进一步分析数据，我们可以观察到攀西民族地区乡村的第一、第二、第三产业呈现出多样化的发展特点和重要性的变化。2000—2009 年，乡村的第二产业总产值逐年增长。这个时间段内，乡村的加工业得到了特别的重视，产业链逐步完善，乡镇企业蓬勃兴起，为当地经济注入了强大的活力。各类农产品加工厂、建筑企业以及其他工业企业纷纷崛起，为乡村带来了大量就业机会，提升了居民的收入水平，推动了农村经济的迅猛增长。

然而，自 2010 年起，乡村的产业格局发生了显著的改变。第一产业和第三产业的提升更为突出，成为乡村经济蓬勃发展的关键引擎。特别值得关注的是第一产业，即农业，它在这个时期发挥了举足轻重的作用。人们逐渐认识到农业的巨大潜力，开始推动现代化农业生产模式的实施，引入先进的农业技术和设备，以提升农产品的质量和产量。同时，农产品的加工和附加值提升也受到了更多关注，农产品加工业成为乡村经济蓬勃发展的重要支撑。

与此同时，乡村的第三产业也得到了极大的重视和发展。交通运输

---

① 根据攀枝花市、凉山州统计年鉴（2000—2021）计算整理而来。

业、批发零售业、住宿餐饮业（旅游饮食服务业）、社会服务业等在乡村经济中发挥着关键作用。特别是住宿餐饮业（旅游饮食服务业），其作为乡村旅游业的基础，吸引了大量游客和旅行者，为当地经济注入了不可忽视的活力。交通运输业在连接农业、农产品加工业和住宿餐饮业（旅游饮食服务业）方面扮演着纽带和桥梁的角色，确保了乡村经济的运转。

攀西民族地区乡村的第一、第二、第三产业在不同阶段呈现出独特的发展态势和重要性的变化，这是该地区经济发展动态变化和产业结构调整的结果。农业的升级与现代化、农产品加工业的崛起以及乡村旅游业的兴盛，共同推动了乡村经济的稳定增长和多元化发展。这种演变为乡村居民创造了更多的就业机会，推动了乡村社会的繁荣与进步。

表 3-1  2000—2021 年攀西民族地区乡村第一、第二、第三产业总产值（名义价格）

单位：亿元

| 年份 | 乡村第一产业 | 乡村第二产业 | 乡村第三产业 | 乡村产业总量 |
|------|------|------|------|------|
| 2000 | 64.62 | 28.296 | 26.89 | 96.32 |
| 2001 | 68.21 | 31.158 | 30.65 | 102.95 |
| 2002 | 71.51 | 35.814 | 34.09 | 111.13 |
| 2003 | 76.37 | 40.158 | 37.66 | 121.27 |
| 2004 | 94.32 | 49.81 | 43.10 | 149.35 |
| 2005 | 103.26 | 56.663 | 57.02 | 165.73 |
| 2006 | 115.40 | 83.968 | 67.38 | 206.77 |
| 2007 | 146.76 | 76.986 | 65.47 | 232.67 |
| 2008 | 176.00 | 136.542 | 91.36 | 321.47 |
| 2009 | 176.29 | 136.836 | 116.54 | 322.87 |
| 2010 | 192.03 | 188.641 | 131.19 | 391.77 |
| 2011 | 222.20 | 254.63 | 152.90 | 489.36 |
| 2012 | 252.74 | 288.652 | 195.43 | 554.85 |
| 2013 | 274.29 | 312.098 | 188.06 | 601.08 |
| 2014 | 304.12 | 336.638 | 206.55 | 656.07 |
| 2015 | 318.52 | 326.801 | 230.90 | 606.69 |
| 2016 | 341.67 | 348.315 | 255.36 | 1 451.24 |
| 2017 | 375.19 | 335.568 | 333.63 | 729.93 |

表3-1(续)

| 年份 | 乡村第一产业 | 乡村第二产业 | 乡村第三产业 | 乡村产业总量 |
|------|------|------|------|------|
| 2018 | 442.30 | 288.531 | 344.72 | 753.38 |
| 2019 | 507.78 | 278.013 | 417.06 | 810.22 |
| 2020 | 555.59 | 279.615 | 415.20 | 861.25 |
| 2021 | 591.18 | 319.17 | 342.13 | 910.75 |

数据来源：根据历年攀枝花市、凉山州统计年鉴整理所得。

## 二、攀西民族地区乡村产业结构现状分析

根据表3-2的数据，我们可以观察到2000—2020年攀西民族地区乡村的第二和第三产业总产值在整体产值中所占比重基本呈现出增长的趋势，而第一产业所占比重则持续下降。第一产业总产值占比从2000年的45.31%降低至2020年的19.51%，第二产业总产值占比从2000年的33.83%上升至2020年的39.63%。特别引人注目的是，2017年乡村的第一和第二产业总产值占比达到23.38%、38.76%。

在同一时期，乡村的第三产业总产值占比从2000年的20.85%上升至2020年的41.25%。

这些数据清晰地展示了攀西民族地区乡村产业结构的演变。第一产业在经济总产值中所占比重逐渐减小，而第二产业和第三产业的占比逐步上升。尤其是第三产业增长迅速，其从2010年开始占比显著提升，显示出乡村经济向多元化和服务业方向发展的明确趋势。这种变化不仅反映了产业结构的调整，而且反映了当地经济发展策略的转变，为乡村居民提供了更多的就业和发展机会，促进了地区经济的可持续繁荣。

从攀西民族地区乡村一、二、三产业的占比结构来看，我们显然可以观察到乡村经济主要依赖第三产业的蓬勃增长。截至2020年年底，乡村的第三产业总产值占比高达41.25%，成为乡村民营经济发展的核心支撑。这一发展态势明显呈现了乡村经济结构的深刻调整和产业转型的过程。第二产业的蓬勃发展为乡村提供了就业机会和产业增长的推动力，而第三产业的强大兴起则促进了乡村服务业和旅游业的迅速发展，为当地经济注入了新的活力。这种产业结构的演变体现了攀西民族地区乡村经济多元化的努力和成功。第三产业的崛起不仅为乡村居民提供了更多的就业机会，而且为乡村经济创造了更多的增长渠道。服务业的拓展和旅游业的兴盛都有

助于提升乡村的形象和吸引力，能吸引游客和投资者，从而推动经济的繁荣。乡村经济的这一结构性变化，也进一步彰显了该地区经济发展的适应性和活力，为其可持续增长开辟了新的道路。

攀西民族地区乡村产业占比的演变，清晰地展示了经济结构正在朝着更为多元化、服务型和创新型的方向迈进。乡村的经济发展已不再只依赖传统的农业产出，而是日益倚重工业和服务业的蓬勃增长。这样的产业结构变化为乡村经济带来了更强的生命力和更多的发展机遇，但同时也带来了更多的挑战和需求，需要加强产业升级、创新和可持续发展的措施。这一演变表明地区正在积极适应全球经济的发展趋势。通过推动服务业和创新型产业的发展，乡村经济在面对市场竞争和技术变革时更具弹性和竞争力，不再依赖单一的农业产业，而是加强产业多元化，这有助于降低经济风险，提高经济的韧性。

然而，这也呼吁政府和企业共同采取更有力的措施。产业升级和创新需要持续的投入和支持，包括引入先进技术、培训人才、创造有利的政策环境等；同时，随着乡村经济的快速转型，我们也需要关注生态环境和社会可持续性。保护环境、改善基础设施、促进社会公平，都是推动乡村经济全面健康发展的关键因素。

产业占比的变化显示了攀西民族地区乡村经济正在积极迈向更加多元、服务化和创新化的未来。在这一进程中，需加强合作与创新，从而使经济发展更具活力，更可持续。

表 3-2　2000—2020 年攀西民族地区乡村第一、第二、第三产业总产值占比

单位:%

| 年份 | 第一产业比重 | 第二产业比重 | 第三产业比重 |
|------|------|------|------|
| 2000 | 45.31 | 33.83 | 20.85 |
| 2001 | 44.02 | 34.12 | 21.87 |
| 2002 | 42.73 | 34.41 | 22.89 |
| 2003 | 41.44 | 34.7 | 23.91 |
| 2004 | 40.15 | 34.99 | 24.93 |
| 2005 | 38.86 | 35.28 | 25.95 |
| 2006 | 37.57 | 35.57 | 26.97 |
| 2007 | 36.28 | 35.86 | 27.99 |
| 2008 | 34.99 | 36.15 | 29.01 |

表3-2(续)

| 年份 | 第一产业比重 | 第二产业比重 | 第三产业比重 |
|------|------|------|------|
| 2009 | 33.7 | 36.44 | 30.03 |
| 2010 | 32.41 | 36.73 | 31.05 |
| 2011 | 31.12 | 37.02 | 32.07 |
| 2012 | 29.83 | 37.31 | 33.09 |
| 2013 | 28.54 | 37.6 | 34.11 |
| 2014 | 27.25 | 37.89 | 35.13 |
| 2015 | 25.96 | 38.18 | 36.15 |
| 2016 | 24.67 | 38.47 | 37.17 |
| 2017 | 23.38 | 38.76 | 38.19 |
| 2018 | 22.09 | 39.05 | 39.21 |
| 2019 | 20.8 | 39.34 | 40.23 |
| 2020 | 19.51 | 39.63 | 41.25 |

数据来源：根据历年攀枝花市、凉山州统计年鉴整理所得。

## 第二节　攀西民族地区乡村农业总量与结构现状分析

### 一、攀西民族地区乡村农业总量现状分析

2000—2021年，攀西民族地区的第一产业总产值主要由农业和牧业两大部分构成。这两个领域不仅是当地居民主要的食品来源，而且对地区经济的稳定增长起着重要作用。农业总产值表现出快速而稳定的增长趋势，而牧业总产值则呈现波动的增长趋势。与此同时，渔业和林业的总产值相对较低，但林业总产值有显著增长，其总产值从2000年的3.22亿元增长至2021年的26.04亿元，年均增长率高达25.89%[①]。

农业和牧业的显著增长，不仅满足了当地居民的基本食品需求，而且为地区经济提供了可靠的支持。农业的快速稳定增长反映了攀西民族地区在农产品生产和农村经济发展方面的努力。而牧业的波动增长则可能受到自然因素和市场波动的影响，需要更好地调控和管理。林业总产值的显著

---

① 该数据由攀枝花市、凉山州统计年鉴（2000—2021）计算整理而来。

增长是一个引人关注的现象。这可能与地区政府的林业保护与发展政策有关，也可能源于人们对可持续资源管理的认识不断加强。林业的增长对于生态环境的改善、木材产业的发展以及地方经济的多元化起到了积极的推动作用①。

进一步对各个县（市、区）的第一产业总产值进行分析，2021年攀西民族地区农林牧渔业总产值最高的前四名分别是米易、德昌、西昌、会理。这四者的农业生产总值也排名前四。而牧业总产值最高的前三名分别是木里、喜德、会理。尽管我们在传统意义上认为甘洛、昭觉、普格的畜牧业总产值会很高，但实际上，我们发现牧业总产值的高低与自然资源因素密切相关，同时也与畜牧业养殖有着高度的正相关关系。木里、喜德、美姑等地的传统农业为畜牧业养殖提供草料和饲料，为畜牧业的发展提供了良好的农业基础条件。而木里、甘洛、喜德等地属于自然游牧畜牧业，受到自然灾害的影响较大。

在林业方面，林业总产值最高的前三名分别是木里、冕宁、盐边。盐源和宁南的林业总产值增长主要来自天然林的产量增加。总体而言，攀西民族地区的第一产业呈现出不同县（市、区）之间产值差异较大的情况，这与地区的自然条件、资源分布和产业特点密切相关。

攀西民族地区的渔业总产值增长主要源于水产人工养殖的快速发展，而捕捞水产品的生产量增加幅度较小。在2017年，仁和、宁南和雷波是渔业养殖产量较高的区县，产量分别为5 879吨、6 564吨和7 193吨②，这表明渔业总产值的增加与攀西民族地区人工养殖技术的发展密切相关。

（一）农业总量现状分析

农业总产值从2000年的64.62亿元增长至2021年的591.18亿元，年均增长率为25.07%。然而，就粮食总产量而言，攀西民族地区的粮食总产量从2000年的209.36万吨增长至2021年的277.09万吨，实现了稳定增长。具体分析粮食单位面积产量，攀西民族地区的粮食单位面积产量从2000年的每公顷生产2 527.3千克增长至2021年的5 451.9千克，粮食单产增长了1.16倍③。这说明从实物量的角度来看，攀西民族地区的农业粮食生产能力提高幅度不及价值量的增加幅度。

---

① 该数据由攀枝花市、凉山州统计年鉴（2000—2021）计算整理而来。
② 根据攀枝花市、凉山州统计年鉴（2000—2021）计算整理而来。
③ 根据攀枝花市、凉山州统计年鉴（2000—2021）计算整理而来。

攀西民族地区的农产品种类较为丰富，而粮食作为农业的基础供应保障，在农产品中具有绝对重要的地位。2019 年中央一号文件明确提出了粮食综合生产能力 6 亿吨的目标。因此，我们将粮食产量作为主要的分析对象。攀西民族地区玉米产量增长最快，从 2010 年的 239.46 万吨以年均1.2% 的速度增长至 2021 年的 277.09 万吨①。由于稻谷、小麦和薯类的播种面积减少，农民将土地转向种植玉米，因此大幅度提高了玉米的总产量。小麦和土豆的产量增长趋势相似，主要原因是没有对土壤进行科学的休耕轮作，这导致部分营养成分过度消耗，增加了病虫害发生的概率。国产土豆的质量不佳，单产提高幅度不大。2000—2021 年，薯类的产量稳定在 33.68 万吨左右，2018 年薯类产量略有下降，但薯类的单产增长了 1.4倍，播种面积则持续下降。攀西民族地区的农业总产值和农产品种类呈现出不同的发展态势，而农业生产的效益提升仍有进一步改善的空间。

攀西民族地区在 20 世纪 90 年代明确提出了"绿色农业"的概念，并且随着居民对绿色农产品消费需求的增加，绿色食品和农产品的地理标志开始涌现，为农产品向高附加值转型提供了机会。到 2020 年年底，攀西民族地区年认证的绿色食品企业数量达到 4 422 家，年认证的绿色食品产品数达到 10 093 个。截至 2017 年年底，有效使用绿色标志的企业总数为 25个，产品总数为 141 个，分别是 1996 年的 14 倍和 18 倍。2020 年绿色农产品的销售额和出口额分别达到 34 亿元和 4.5 亿元②。然而，受 2008 年国际金融危机的影响，攀西民族地区的绿色农业主要指标的增长速度放缓，进入了稳定发展阶段。

在金融危机爆发之前，攀西民族地区的绿色农业主要指标增长率有几年为负值。2008 年以后，绿色食品企业数、有效使用绿色食品标志企业总数、绿色食品产品数、有效使用绿色食品标志产品数、产地环境监测面积、产品销售额和产品出口额的年均增长率分别为 6.95%、6.71%、5.35%、5.62%、−2.65%、9.52% 和 2.19%③。这些增长率远低于历史平均增长率。尽管如此，攀西民族地区的绿色农业仍在稳步发展中。

2020 年，攀西民族地区共有 678 个绿色食品原料标准化生产基地，总面积达到 16 万亩（1 亩≈666.67 平方米），总产量为 106 万吨，带动了 27

---

① 根据攀枝花市、凉山州统计年鉴（2000—2021）计算整理而来。
② 根据攀枝花市、凉山州各年统计公报整理而来。
③ 根据攀枝花市、凉山州各年统计公报整理而来。

万户农户就业。其中，粮食作物和油料作物基地数量和面积最大，分别为35个和114.6万亩，带动就业农户数量达到28.6万户。蔬菜和水果的基地数量较多，分别为33个和65个，基地面积分别为29.9万亩和118.3万亩。这两类绿色食品的产量较高，分别达到101.7万吨和105.2万吨，并且拉动了17.3万户和11.2万户农户的就业①。

近年来，随着攀西民族地区居民消费需求的变化和国家推动绿色农业发展的利好政策的实施，各级政府积极打造本土的绿色农业，推动绿色农产品和有机农产品发展。2020年，有效使用绿色食品标志的企业数量排名前三的县（市、区）分别是米易、德昌和西昌，有效使用绿色食品标志的产品数量排名前三的县（市、区）分别是仁和、西昌和米易，绿色食品原料标准化生产基地数量排名前三的县（市、区）是米易、德昌和会理，绿色食品原料标准化生产面积排名前三的县（市、区）是西昌、仁和和冕宁，绿色食品原料标准化生产产量排名前三的县（市、区）是米易、西昌和德昌。

综合分析发现，攀西民族地区的绿色食品分布情况与地域资源和农林牧渔业总产值等优势条件相关。农林牧渔业总产值较高的地区通常其对应的绿色食品的总量也较高。然而，昭觉、越西和布拖等地区的农产品品质一般，这也反映出这些地区在绿色农业的投入和推动力度上还有待加大。

综合以上分析可以得出结论，各县（市、区）乡村农业的发展主要依赖天然土地、水资源、森林资源、气候条件等因素。不同农业领域的产业呈现一定的空间集聚效应。农业粮食作物主要分布在山脚平坝、安宁河谷和二半山地区，这些地区具备适宜的土地和气候条件，有利于粮食作物的种植和生产。渔业产值较高的地区主要分布在金沙江地区，这些地区拥有丰富的水资源和适宜的养殖环境，为渔业的发展提供了有利条件。牛羊牧业主要分布在木里、盐边和盐源地区，这些地区的草原和山地适宜牛羊的放牧和饲养。生猪产品主要分布在甘洛地区，该地区的气候和地理条件适宜生猪的饲养和养殖。林产品主要分布在木里、冕宁、甘洛等地区，这些地区拥有丰富的森林资源和适宜的生态环境，为林产品的生产提供了良好条件。这些反映了农业产业在空间上的分工和优势互补。

（二）牧业总量现状分析

攀西民族地区的牧业总产值在2000年的22.08亿元基础上，迅速增长

①　根据攀枝花市、凉山州各年统计公报整理而来。

至 2020 年的 184.8 亿元，年均增速达到 33.49%。就实物量而言，攀西民族地区的牧业大牲畜年末头数在 2000—2010 年逐渐稳步增长。而到了 2021 年，攀西民族地区的畜禽出栏数量表现出多样化的趋势：生猪出栏数量达到 479.56 万头，增长了 15.23%；羊出栏数量为 427.65 万只，下降了 4.9%；牛出栏数量为 38.89 万头，增长了 0.35%；家禽出栏数量为 2 085.58 万只，增长了 0.79%。肉类总产量达到 49.42 万吨，增长了 12.42%。在细分品类方面，猪肉产量为 34.37 万吨，增长了 20.58%；羊肉产量为 6.82 万吨，下降了 5.09%；牛肉产量为 4.68 万吨，下降了 1.87%；家禽肉产量为 3.13 万吨，增长了 0.19%。而牛奶产量为 4.59 万吨，下降了 9.35%；蚕茧产量为 2.61 万吨，下降了 5.32%。攀西民族地区的畜牧业产值在 2021 年达到了 270.83 亿元，同比增长了 13.5%[①]。这一数据反映出该地区畜牧业在经济中的重要性和逐渐增长的趋势。牧业的快速增长既反映了当地畜牧业的发展势头，也说明了地方政府和农户在畜牧业方面的努力和投入。尽管不同品类的产量波动较大，但整体来看，攀西民族地区的牧业产值呈现出积极的增长态势。

从实物量的角度来看，攀西民族地区的牧业总产值的增长幅度与从价值量的角度衡量的增长幅度基本一致。

那么，攀西民族地区牧业总产值的增加原因是什么呢？首先，通过将低出肉率的饲养品种转变为高出肉率的饲养品种，攀西民族地区实现了大牲畜的高效养殖，这是牧业总产值增加的重要因素之一；其次，家禽肉类总量的增长以及蛋奶类产量的增加也对牧业总产值的增加起到了积极作用。这些因素的综合作用使得攀西民族地区的牧业总产值得以增加。

（三）林业总量现状分析

攀西民族地区林业的总产值由 2000 年 3.09 亿元增长至 2021 年 23.3 亿元，年均增长率 29.7%，2000—2021 年林业总产值一直在稳定增长。攀西民族地区 2021 全年完成造林面积 2.1 万公顷，其中退耕还林造林面积 6 533 公顷。2021 年年末攀西民族地区森林覆盖率 52.16%，森林火灾损失控制在 0.33‰以下，森林病虫害防治率控制在 0.1‰以内[②]。可见从实物量角度分析攀西民族地区林业生产能力提高幅度没有从价值量角度分析提高的幅度大。

---

① 根据攀枝花市、凉山州各年统计公报整理而来。
② 根据攀枝花市、凉山州各年统计公报整理而来。

（四）渔业总量现状分析

攀西民族地区的渔业总产值在 2000 年仅为 1.36 亿元，甚至低于油料总产值，但到 2021 年却已经增长至 8.29 亿元，年平均增长率高达31.5%[①]。这种增长趋势带来了攀西民族地区自然环境的恶化和资源枯竭。在 1995 年，农业部实施了严格的新伏季休渔制度，这一政策直接导致了渔业总产值增速的放缓。在过去的几十年里，攀西民族地区的渔业经历了显著的起伏。初始时，渔业产值相对较低，主要受制于资源的开发利用和管理。然而，随着时间的推移，渔业资源逐渐受到过度开发、环境污染等因素的影响，这导致资源的减少和渔业产值的下降。值得注意的是，攀西民族地区在应对渔业资源衰减方面采取了一系列措施。严格的新伏季休渔制度的实施，尽管在一定程度上减缓了渔业产值的增长速度，但也表明政府对于渔业可持续发展的重视。这一制度有助于维护渔业资源和生态平衡，为未来的渔业可持续性发展奠定了基础。

从实物量的角度来分析，攀西民族地区的水产品总产量从 2000 年的15 万吨增长至 2021 年的 45 万吨，增长了 2 倍[②]。这种快速增长主要归功于渔业养殖技术的提高。特别是在淡水养殖方面，产量在 2000—2021 年期间快速增长。渔业养殖技术的广泛应用提高了渔业水产品的总产量，从而实现了攀西民族地区渔业总产值的快速增长目标。

因此，渔业总产值的增长主要得益于渔业养殖技术的进步，渔业养殖技术的进步使得攀西民族地区能够充分利用水资源进行养殖，提高了渔业水产品的产量。尽管自然环境的恶化和资源枯竭仍然是挑战，但渔业养殖技术的不断改进将继续推动攀西民族地区的渔业发展。

## 二、乡村农业结构现状分析

2000—2021 年，攀西民族地区的第一产业结构主要由农业和牧业两个行业组成，这两个行业的总产值结构占比合计一直超过 92.79%。然而，随着时间的推移，这两个行业的总产值占比呈下降趋势。两个行业的总产值占比从 2000 年的 92.79%上升到 2021 年的 93.97%。林业的总产值占比从 2000 年的 4.98%下降到 2021 年的 4.4%[③]。林业的总产值占比下降的主

---

① 根据攀枝花市、凉山州历年统计年鉴整理而来。
② 根据攀枝花市、凉山州历年统计年鉴整理而来。
③ 根据攀枝花市、凉山州各年统计公报整理而来。

要原因是禁止了森林开发活动。渔业的总产值占比从 2000 年的 2.1% 下降到 2021 年的 1.4%。这说明渔业在整个经济结构中的重要性有所下降。具体来看，农业的总产值占比由 2000 年的 80% 下降到 2021 年的 53%，年平均下降超过 1%。这表明攀西民族地区农业创造的附加值不断减少。牧业的总产值占比由 2000 年的 34.17% 下降到 2021 年的 31.25%。年均下降幅度不大。这主要是因为其他农业产业快速增长，而牧业的增长速度无法赶上其他产业的增长速度。不过，牧业总产值占比呈现出倒 U 形变化趋势，2015 年牧业总产值占比达到了波峰值 37.15%。林业的总产值结构占比基本稳定不变，由 2000 年的 4.98% 增长到 2021 年的 4.4%。年平均下降速度为 0.01%①。

渔业的总产值占比呈波动增长趋势，在这段时间出现了两个波峰。第一个波峰出现在 2010 年，占比为 3.19%，第二个波峰出现在 2015 年，占比为 3.59%。攀西民族地区的第一产业结构在过去二十年中发生了变化。农业的占比不断下降，牧业总体上呈现下降趋势，而林业和渔业的占比相对稳定，但渔业的波动性增长表明其产值结构存在一定的不稳定性。这反映了经济结构的转型和调整：农业创造的附加值减少，其他产业的快速增长推动了经济的发展。

分县（市、区）的乡村第一产业结构现状分析显示，农业总产值占比最高的前十名中，除了米易和冕宁外，其他地区主要分布在东部地区。这些地区的农业总产值占比均超过 60%。而农业总产值占比排名后十名的地区中，除了越西、昭觉和喜德外，其他地区主要分布在东部地区，农业总产值占比均低于 48.4%。其中，布拖的农业总产值占比最低，仅为 38.69%，这说明攀西民族地区各县（市、区）的农业总产值占比较高。在林业方面，林业总产值占比最高的前十名中，除了德昌和会理外，其他地区主要分布在西部地区，表现出一定的空间集聚效应，这些地区的林业总产值占比均高于 3%。而排名后五名的地区中，有五个位于西部地区，另外三个位于东部地区。牧业总产值占比最高的前五名分别是木里、冕宁、甘洛、越西和盐源，这些地区的牧业总产值占比均高于 30%。这五个地区分布在西部地区和东北地区，地理位置相邻，具有一定的空间关联性。而牧业总产值占比排名后五名的地区分别是宁南、布拖、金阳、雷波

---

① 根据攀枝花市、凉山州各年统计公报整理而来。

和美姑。渔业总产值占比最高的前五名中，除了仁和外，其他地区主要位于南部沿江地区。宁南凭借金沙江水系的自然资源，培育了人工养殖淡水产品，其产量占水产品总产量的比例超过15%。其他沿江地区多数地方的淡水产品产量占比超过10%。

综上所述，攀西民族地区的第一产业结构在各县（市、区）乡村之间存在一定的差异。农业总产值占比较高的县（市、区）主要分布在东部地区，林业总产值占比较高的县（市、区）主要分布在西部地区，牧业总产值占比较高的地区则呈现出西部和东北地区的分布趋势。渔业总产值占比较高的地区多位于南部沿江地区。这些分析结果反映了地域内部的特点和资源分布情况，为进一步推动各地区第一产业的发展提供了参考。

乡村农业内部的绿色食品产地面积结构分析显示，攀西民族地区的绿色食品产地主要包括绿色农作物种植面积、草场面积和茶园面积。其中，绿色农作物种植面积是占比最大的，达到 4 310.7 万亩，占据总面积的47.70%。在绿色农作物种植面积中，粮食绿色食品产地环境监测面积占比最高，达到46.04%。这表明攀西民族地区在绿色食品领域主要关注民生粮食的生产。草场绿色食品产地面积占比为25.16%。这反映了攀西民族地区对畜牧业草料的安全供给的重视，以确保肉类和奶类产品的品质和安全。茶园绿色食品产地面积占比最小，仅为1.89%[①]。这主要是因为茶园并不是攀西民族地区粮食安全保证的必需品，所以绿色茶产品的产地面积相对较小。

攀西民族地区的乡村农业内部绿色食品产地面积主要集中在绿色农作物种植面积和草场面积。这反映了该地区对民生粮食和畜牧业草料的生产安全的高度重视。茶园绿色食品产地面积相对较小，但茶叶仍是该地区的重要农产品之一。这些绿色食品产地的合理布局和发展对于保障攀西民族地区的食品安全、提高农产品质量具有重要意义。

分地区乡村绿色农业结构现状分析显示，攀西民族地区各县（市、区）在绿色农业发展方面存在一定差异。以有效用标绿色食品企业数和产品数为指标，米易是四川省绿色食品企业数和产品数占比最高的县（市、区），分别占四川省总数的11.63%和12.15%。德昌、西昌和仁和紧随其后，有效用标绿色食品企业数和产品数占比均超过8%。这些地区在绿色

---

① 根据攀枝花市、凉山州各年统计公报整理而来。

农业发展中注重品牌建设和有机农业意识。相比之下，甘洛、美姑和喜德的有效用标绿色食品企业数和产品数占比最低，均低于1.5%。这些地区的农产品企业缺乏品牌意识，部分绿色有机农产品由于没有品牌，因此市场无法区分其与非绿色农产品。这导致出现了一种"劣币驱逐良币"的现象。从绿色食品原料标准化生产基地数、面积和产量占比来看，木里、冕宁和盐源在四川省占据的比重最高，均超过10%。由于土地肥沃、阳光充足等有利的自然条件，盐源的绿色食品原料标准化生产基地数、面积和产量占比分别达到25.1%、35.08%和27.24%，远高于四川省其他县（市、区）。综合来看，德昌的绿色食品原料标准化生产基地数、面积和产量占比虽然较高，但其有效用标绿色食品企业数和产品数占比在四川省排名第18位[1]。这说明德昌的自然地理条件适合发展绿色有机食品，但当地企业并未建立自己的绿色食品品牌和产品品牌，这导致大量天然绿色有机农产品与市场上同类低品质农产品以同一价格竞争，不利于提高优质农产品的价值。因此，在绿色农业发展中，除了注重生产基地建设，建立品牌也是关键的一步。

（一）农业结构现状分析

农业结构现状分析显示，攀西民族地区的农产品种类较为丰富。然而，粮食作为居民消费的必需品，在农业中占据着重要地位。根据2019年中央一号文件的要求，粮食综合生产能力是农业兴旺的强制性目标之一，目标值为6亿吨。因此，我们将重点分析粮食的内部结构。粮食产量中，稻谷的占比最高且呈持续下降趋势。占比从2000年的64.93%下降到2021年的45.18%。然而，稻谷的产量一直保持稳定增长，主要原因是玉米的产量占比不断提高。占比从2000年的20.31%增长至2021年的31.26%[2]。玉米种植结构占比较高，主要是因为玉米单产高、收益好。此外，近年来攀西民族地区出于粮食安全的考虑，还给予玉米优惠政策，这使得土豆与玉米的种植收益差距越来越大。因此，农户纷纷选择种植收益较高的玉米。

2000—2021年，薯类产量占比基本保持不变，而豆类的单产不断增加。然而，攀西民族地区的豆类播种面积呈现先增加后减少的趋势。这主要是因为薯类的种植收益低于玉米，在2016年农业部印发的《全国种植业结构调整规划（2016—2020年）》的推动下，国内种植业结构进行了调

---

① 根据攀枝花市、凉山州各年各县（市、区）统计公报整理而来。

② 根据攀枝花市、凉山州各年统计公报整理而来。

整。因此，到 2021 年年底，薯类的播种面积和产量相比上年分别增加了 8.2% 和 11.6%。2000—2021 年，小麦的产量占比稳定在 10% 左右，而薯类的产量占比呈递减趋势。到 2021 年年底，薯类的结构占比为 4.23%，比 2000 年下降了 6.18%①。尽管薯类的单产一直在增加，但主要农户将种植薯类的耕地面积转向了玉米的种植，这导致薯类的产量占比不断缩小。

（二）牧业结构现状分析

牧业结构现状分析显示，2000—2021 年，攀西民族地区的肉类产量以猪肉为主。然而，猪肉产量的占比从 2000 年的 56% 下降到 2021 年的 34%。攀西民族地区的生猪养殖饲料是主要的养殖成本，而大豆和豆粕饲料的消费受国际市场价格的影响持续增长，同时受到猪肉去产能政策的影响，猪肉产量的占比有所下降。与此同时，羊肉产量的占比从 2000 年的 23.69% 稳步提高至 2021 年的 35.18%。牛肉产量的占比呈波动式增长趋势，从 2000 年的 22.25% 增长至 2010 年的 29.15%（第一个波峰），截至 2021 年年底，牛肉产量的占比为 17.38%②。攀西民族地区拥有丰富的优质牧草和干草资源，牛羊肉的产量占比稳定增长。

攀西民族地区的肉类结构逐步优化，从过去单一以猪肉为主，逐渐转向提高牛羊肉的占比。同时，配合实施"粮经饲统筹"农业战略调整，该地区着手种植业结构调整，以降低畜牧业的养殖成本，实现粮食、经济作物和饲草料生产的有效供应平衡状态。这一调整的目标是使畜牧业和种植业相互促进，实现更加可持续的农业发展模式。

（三）林业结构现状分析

林业结构现状分析显示，截至 2021 年年底，攀西民族地区经济林产品的种植与采集是林业第一产业中产值占比最高的部分，达到 14.4%，总产值为 159.4 亿元。其中，水果种植是经济林产品中贡献最大的部分，占种植与采集总产值的 50.12%，达到 266.53 万吨。这与居民消费需求结构的变化密切相关，预计未来水果种植将是林业的主要发展方向。花卉及其他观赏植物种植的产值占比较高，为 6.55%③。随着国民消费水平的提高，人们对观赏性植物的需求逐年增长，这使得林业观赏性植物的经济价值具有良好的发展趋势。作为林业总产值的第二大贡献部分，观赏性植物种植

---

① 根据攀枝花市、凉山州各年统计公报整理而来。
② 根据攀枝花市、凉山州各年统计公报整理而来。
③ 根据攀枝花市、凉山州国民经济和社会发展统计公报整理而来。

在经济上扮演着重要角色。然而，传统林木育种和育苗、木材和竹材的采伐以及营造林等开采资源产业的总产值占比相对较低。这表明在当前的林业结构中，传统资源开发的经济价值相对较小。随着社会经济的发展和环境保护意识的增强，林业的重点逐渐转向可持续利用和生态保护，推动林业产业的升级和转型。通过发展水果种植和观赏性植物等高附加值的林业产业，攀西民族地区可以进一步提升林业的经济效益和可持续发展水平。

（四）渔业结构现状分析

渔业结构现状分析显示，人工养殖水产品产量占比呈逐年递增的趋势，而天然生产的淡水水产品产量占比则逐年递减。主要原因是受到长江十年禁渔政策的影响。天然生产的淡水水产品产量占比从 2000 年的 41.46%下降到 2020 年的 9.18%，这说明攀西民族地区的水产品生产方式正在从传统的捕捞天然生产的淡水水产品转向人工养殖。天然生产的淡水水产品产量占比从 2000 年的 16.37%下降到 2020 年的 5.41%[①]。然而，攀西民族地区的天然淡水水产品总产量以年均 11.2%的速度稳定增加，这表明天然淡水水域的水产品捕捞量相对稳定。与此同时，人工养殖水产品产量结构占比逐年攀升。人工养殖海水产品产量占比从 2000 年的 10.21%迅速增长至 2020 年的 41.04%。而人工养殖淡水产品产量占比从 2000 年的 16.38%增长至 2021 年的 45.08%[②]。这一增长得益于水产养殖技术的提高，其不仅提升了攀西民族地区水产品的总产量，而且解决了过去捕捞天然水产品导致资源枯竭的问题。

攀西民族地区的渔业正经历着从传统的天然捕捞向人工养殖转型的过程。人工养殖水产品的比重不断增加。这种转变不仅改善了水产品的产量和质量，也为攀西民族地区的渔业可持续发展奠定了良好的基础。

# 第三节　乡村工业与建筑业总量与结构现状分析

攀西民族地区乡村工业与建筑业呈现出一定的发展趋势，但也面临着一些挑战。在总量方面，随着乡村振兴战略的推进，该地区的乡村工业与建筑业逐步兴起，为当地经济发展注入了新活力。新兴产业如农产品加

---

① 根据攀枝花市、凉山州历年统计年鉴整理而来。

② 根据攀枝花市、凉山州国民经济和社会发展统计公报整理而来。

工、生态旅游等蓬勃发展，促进了农村经济的多元化发展。然而，该地区的乡村工业与建筑业总体规模相对较小，仍需要继续努力，以提升乡村工业和建筑业的总体水平。

在产业结构方面，该地区的乡村工业与建筑业虽然取得了一定进展，但仍存在一些问题。乡村工业结构相对单一，依然以传统手工业和家庭工业为主，缺乏创新驱动和高新技术支撑。在乡村建筑业方面，建筑物规模不一，标准不统一，行业存在一定程度的无序竞争，影响了乡村建设的整体质量和可持续性。在新一轮城乡发展一体化背景下，攀西民族地区需要在加强产业升级和创新的基础上，注重乡村工业和建筑业的结构调整，培育更多高附加值、生态友好型产业，提升整体产业链价值。为推动乡村工业与建筑业的持续发展，攀西民族地区应积极引导资金、技术和人才向乡村流动，推动产业创新和技术升级，加强产业规划和布局，促进工业与建筑业的协同发展；同时，也需要加强环保意识，避免环境污染，保护地方生态环境。综上所述，通过加强结构调整和创新发展，攀西民族地区乡村工业与建筑业有望在乡村振兴战略的引领下实现更加健康、可持续的发展。

## 一、乡村工业与建筑业总量现状分析

乡村第二产业主要包括工业、农产品加工业和建筑业乡镇企业。其中，民营企业在乡村的第二产业中扮演着重要的角色，多数从事农产品加工业。下面将依次对乡村工业企业、农产品加工业企业和建筑业企业的总量进行现状分析。首先，乡村工业企业的总量现状。乡村工业企业是乡村地区的重要经济支柱，其规模和发展对乡村经济的增长和就业起着重要作用。乡村工业企业的总量在不同地区会有差异，但一般来说，随着乡村产业结构的调整和升级，乡村工业企业的数量呈现出增长的趋势。这些工业企业涉及多个领域，如纺织、食品加工、家具制造、机械加工等，为乡村经济注入了活力。其次，农产品加工业企业的总量现状。农产品加工业是乡村经济中重要的一环，它将农产品进行初加工或深加工，提高了产品附加值和市场竞争力。在乡村地区，农产品加工企业多数由民营企业经营，涵盖了农产品的蔬菜加工、果脯制作、畜禽养殖加工等多个方面。随着农产品市场需求的增加和农业产业化的推进，农产品加工业企业的数量也呈现出增长的趋势。最后，建筑业企业的总量现状。建筑业是乡村地区基础设施建设和房地产开发的重要领域，对乡村地区的现代化进程和城乡一体化起着重要作用。建筑业企业涉及房屋建筑、道路建设、水利工程等方面。乡村地区建筑业企业的数量会受到地方经济发展水平和建设需求的影响，在一些快速发展的乡村地区，建筑业企业的数量也在逐步增加。

乡村第二产业中的工业企业、农产品加工业企业和建筑业企业都在乡村经济发展中扮演着重要的角色。这些企业的数量和发展状况受到地区经济发展、市场需求和政策支持等多种因素的影响。推动乡村产业结构的优化和提升企业创新能力，可以进一步促进乡村经济的发展和乡村居民的就业增长。

（一）乡村工业企业总量现状分析

攀西民族地区的民营企业在乡村工业中扮演着重要角色，其总产值在过去几十年里呈现出快速增长的趋势。攀西民族地区的民营企业总产值从1978年改革开放初期的8.16亿元迅速增长至2000年的243亿元，年均增长速度达到22.36%。考虑到通货膨胀的因素，按照工业生产者出厂价格指数调整后，2020年民营企业的总产值为586.19亿元，相当于1978年的71.8倍[①]。

1978—2021年，攀西民族地区的民营企业总产值增长率呈现出三个波峰，分别出现在1985年、1993年和2005年，增长率分别为64.64%、44%和29.68%。这种增长主要受以下原因影响：首先，在1984年，相关文件肯定了民营企业在国民经济中的重要地位，激发了广大农民和基层干部的积极性。其次，在1993年，攀西民族地区将对外贸易政策从调剂余缺转为市场经济条件下的运作，充分利用国际和国内市场，民营企业的出口创汇快速增长。与此同时，攀西民族地区的民营企业得到了快速发展，个体私营经济空前活跃，各种乡镇经济成分的企业都获得了发展机遇。最后，在2005年，攀西民族地区的民营企业主动适应了外部资源和市场约束等变化，其发展的内生动力逐渐增强。固定资产投资和外贸出口的持续增长推动了乡镇企业的发展。

综上所述，攀西民族地区的乡村工业企业总量呈现出快速增长的趋势。这得益于中央政策的支持和改革开放的推动，民营企业在乡村经济中发挥了重要的作用。随着市场经济的深入发展和外部环境的变化，民营企

---

① 根据攀枝花市、凉山州国民经济和社会发展统计公报整理而来。

业在资源利用、市场拓展和技术创新方面不断适应和调整，为乡村经济的繁荣做出了积极贡献。

从乡村工业企业从业人员数量来看，2020 年民营企业吸纳就业人数高达 66.7 万人，这显示出民营企业为农村人口提供了大量的就业机会，对提高农民的经济收入水平具有积极影响。1978—2010 年，乡镇民营企业吸纳从业人员的数量呈现出先增长后趋于稳定的变化趋势。民营企业的大规模快速扩张主要发生在 1982—1995 年，这一时期乡镇企业迅速发展，吸纳了大量的就业人员。在这一阶段，乡镇企业的就业人数年均增长率达到 10.92%[1]。然而，1996—2020 年，民营企业的就业人员数量相对稳定。尽管这段时间民营企业的就业人员数量存在一些波动，但整体上相对平稳。特别是在 2008 年，受国际金融危机的影响，出口和对外贸易大幅下滑，这直接导致了一些乡镇企业的倒闭和裁员，进一步导致企业就业人数小幅度下降。乡村工业企业的从业人员数量在一定时期内呈现出增长和稳定的变化趋势。民营企业在乡村地区发挥了重要的就业促进作用，为农民提供了更多的就业机会，促进了农村经济的发展，提高了农民的收入水平。然而，全球经济形势和市场波动仍然会对乡村工业企业的就业情况产生影响，因此，应加强政策支持和创新措施，以确保乡村工业的可持续发展和稳定就业。

乡村农产品加工业企业总量现状分析需要考虑不同年份的价格指数以便进行比较。为了便于历史各年份的直接比较，笔者对农产品加工业进行了十一类的划分，并按照各自的价格指数调整为 1978 年的可比价格。值得注意的是，由于统计年鉴 1978 年和 1979 年的数据缺失，补充采取将这两年的价格指数均处理为 100 的方法。此外，2006 年国家统计局公布了对分行业工业品出厂价格指数的行业分类口径。为了剔除价格指数的影响，本书对 2000—2020 的农副食品加工业、食品制造业、饮料制造业、烟草制品业采用了食品工业价格指数；对纺织服装、鞋、帽制造业采用了缝纫工业价格指数；对木材加工及木、竹、藤、棕、草制品业、家具制造业采用了森林工业价格指数；对医药制造业、橡胶制品业采用了化学工业价格指数；对其他农产品加工业则采用了口径统一对应的价格指数。这样的调整和分类方法可以使不同年份的农产品加工业数据具有可比性，能更加准确

---

① 根据攀枝花、凉山州统计年鉴（1978—2021）计算整理而来。

地反映出乡村农产品加工业企业总量的现状。通过分析这些数据，我们可以了解乡村农产品加工业的发展趋势和结构变化，为制定相应的发展政策和措施提供依据。

攀西民族地区乡镇农产品加工业中，食品加工业、民族服装、五金、矿产品加工业以及化工工业是总产值最高的三个行业。根据2020年的数据（按照1978年可比价计算），这三个行业的总产值分别为81.9亿元、39亿元和249亿元，年均增速分别为14%、22%和21%①。需要注意的是，食品加工业、矿产品加工业和服装、五金制造业属于同一条产业链，它们的总产值发展趋势相似。2003—2011年，矿产品加工业的总产值始终高于服装、食品加工业。这也表明乡镇企业的产业链之间存在相互影响的连带作用，即"一荣俱荣，一损俱损"。与此相反，农副食品加工业的总产值和就业人数同步增加，但并未实现劳动生产率的提高，仍然采用传统的生产经营模式。这更加明显地表明，民族服装、五金制造业已经实现了从劳动密集型向资本密集型产业的转型升级。

乡镇企业中烟草制品业的总产值最低，从2000年的0.37亿元波动增长到2021年的1.7亿元，但其劳动生产率与农产品加工行业的平均水平相近。其他行业的总产值和就业人数几乎处于同一水平，不再进行深入分析。

以上数据反映了攀西民族地区乡镇农产品加工业的现状及其产业结构的变化。不同行业之间的差异性体现了各行业在发展过程中面临的挑战和机遇，为相关部门和企业提供了参考，以制定更有效的发展战略和政策。

（二）从农产品加工业的劳动生产率角度分析

2021年农产品加工业的劳动生产率为26.9万元/人。在农产品加工业中，酒、饮料和精制茶制造业、服装鞋帽制造业、中药饮片加工与中成药生产业等六个行业的劳动生产率均超过行业平均水平。其中，中药饮片加工与中成药生产业的劳动生产率达到行业最高水平，为29.3万元/人，比2000年提高了3.16倍，仅次于民族服装鞋帽制造业（提高倍数为5.56）。这说明中药饮片加工与中成药生产业实现了由低附加值向高附加值升级的发展趋势。然而，2021年农副食品加工业，食品制造业，烟草制品业，服装及其制品业，木材加工和木、竹、藤、棕、草制品业，家具制造业的劳

---

① 根据攀枝花、凉山州统计年鉴（1978—2020）计算整理而来。

动生产率均低于行业平均水平。其中，服装及其制品业的劳动生产率达到行业最高水平，为 12.45 万元/人，比 2000 年提高了 1.99 倍。相比之下，农副食品加工业的劳动生产率提高倍数最小，再次证明攀西民族地区农副食品加工业长期处于粗放、低附加值生产阶段[①]。因此，未来需要推动该行业的转型升级，区分定位普通农副产品和绿色有机高端农副食品，促进行业向绿色有机农产品转型的发展方向。这样可以提高农产品加工业的劳动生产率，增加附加值，推动农村经济的可持续发展。

（三）乡村建筑业企业总量现状分析

乡村建筑业企业总量现状分析显示，在攀西民族地区，乡镇建筑业企业总产值从 2000 年的 2.04 亿元迅速增长到 2021 年的 131.7 亿元。考虑到通货膨胀的影响，按照工业生产者出厂价格指数调整后，以 1978 年为基期，2021 年民营企业企业总产值为 136.7 亿元，相当于 1978 年的 606 倍，调整后年均增长率为 119.65%。1978—2010 年，攀西民族地区民营企业总产值增长率出现三个波峰，分别在 1984 年、1986 年和 1993 年，与民营企业企业总产值增长速度波峰基本一致。这一现象主要是因为民营企业的发展离不开固定资产投资，而配套的建筑施工促进了乡镇建筑业企业的发展[②]。

从乡村建筑业企业从业人员数量的变化可以看出，1978—2021 年，攀西民族地区乡镇企业吸纳从业人员的数量呈先增长后下降的趋势。1982—1995 年为民营企业的扩大阶段，乡镇建筑业企业得到发展，从事乡镇建筑业的就业人数与从事民营企业的就业人数增长趋势相似。然而，从 1995 年开始，民营企业保持原有规模进行持续经营，未进行大规模的投资扩张，这导致 1995—2006 年乡镇建筑业企业的业务量减少，从事建筑业的乡镇农民转移到其他行业。因此，建筑业企业的就业人数呈持续下降趋势。

2007—2013 年，建筑业企业的就业人数保持稳定不变的状态。这与攀西民族地区农村政策调整有关，农业税减免和农村社会保障体系的完善等一系列利好，为农村经济发展带来了活力。同时，乡村旅游和农家乐等行业的兴起也为乡镇建筑业企业的存续提供了支持。

---

① 根据攀枝花、凉山州统计年鉴（1978—2021）计算整理而来。
② 根据攀枝花、凉山州统计年鉴（1978—2021）计算整理而来。

## 二、乡村工业与建筑业结构现状分析

### （一）乡村工业与建筑业结构分析

乡村工业与建筑业结构分析显示，在攀西民族地区的乡镇第二产业中，无论是从总产值还是就业人数占比来看，民营企业的企业占比均超过75%，成为乡镇经济发展的主力军。1984—2021年，乡村工业企业的总产值和从业人员占比呈逐年稳步增长的趋势，这表明改革开放后，攀西民族地区的乡村工业企业内部逐渐优化升级，激发了企业内部的发展动力，稳步提高了乡村工业的总产值，并吸纳了大量农民就业。这说明民营企业，特别是农产品加工业，是乡村经济的主要增长动力。

然而，乡村建筑业的总产值和从业人员占比呈现先增长后下降的趋势。1978—1984年，攀西民族地区的乡镇建筑业的总产值和从业人员占比不断增加。原因是在这个阶段，攀西民族地区实施了放活政策，开始发展乡镇经济，而民营企业在基础设施方面相对薄弱，需要大量建设厂房、基础设施等来支持民营企业的发展。因此，在这个阶段建筑业的总产值和从业人员占比较高。随着民营企业的固定资产投资基本完成，从2010年开始，民营企业在原有基础上只进行少量扩建，这导致乡村建筑业的总产值和从业人员占比逐渐下降。

### （二）乡村农产品加工业结构分析

乡村农产品加工业结构分析显示，从总产值占比的大小来看，在农产品加工业中，纺织业、服装鞋帽制造业和农副食品加工业是总产值占比最高的前三个行业。从总产值占比的变化趋势来看，纺织业的总产值占比逐年下降，而服装鞋帽制造业的占比逐年上升。结合这两个行业总产值的变化趋势，可以看出2011年它们首次出现交叉点，之后一直重叠。这再次印证了纺织业仍然采用传统经营模式，而服装鞋帽制造业已经建立了品牌企业。其他农产品加工业的总产值占比几乎没有变化，这说明其他行业的发展一直保持着原有的状态，亟须进行转型升级。

乡村农产品加工业的结构分析显示，纺织业的地位逐渐下降，服装鞋帽制造业的地位则呈现出上升趋势。其他农产品加工业的发展相对较为滞后，需要加强转型升级以适应市场需求的变化。

农产品加工业各行业的从业人员占比基本相差无几，但存在两个特殊的跳跃点。第一个跳跃点是烟草制品业，2010年，该行业的总产值和从业人员均达到历史最高水平，分别为 99.24 亿元和 1.9 万人，从业人员占比高达 17.66%。这主要是因为攀西民族地区烟草行业提高了竞争实力，并且国家烟草专卖局制定了"卷烟上水平"的总体规划。当年，烟草行业实施了 149 个烟叶基地单元，种植面积达到 229.9 万亩，总公司通过注资形式投入了 108.85 亿元，并确定了 8 家合作生产定点工厂[①]。在烟草行业兼并重组的影响下，该行业得到了快速发展，并逐步形成了一批高端品牌，烟草行业的品牌集中度不断提高。第二个跳跃点是 2010 年，该年农副食品加工业的从业人员占比达到了 17.63%，但该行业的总产值占比保持不变。这说明该行业仍然是劳动密集型行业，尚未建立起农副食品品牌。虽然该行业从业人员占比较高，但总产值占比的不变显示出该行业的发展仍然依赖于劳动力的投入，从而未能实现附加值的提升。

虽然农产品加工业和各行业从业人员占比相近，但烟草制品业在 2010 年出现了明显的跳跃点，该年其总产值和从业人员数量大幅增加，并且品牌集中度得到提高。而农副食品加工业在同一年的从业人员占比较高，但总产值占比保持不变，这说明该行业仍然是劳动密集型的行业，尚未建立起农副食品品牌。

## 第四节　攀西民族地区乡村第三产业总量与结构现状分析

攀西民族地区乡村第三产业在总量和结构上呈现出一定的特点与趋势。随着乡村振兴战略的推进，该地区的乡村第三产业逐步崛起，为当地经济多元发展注入新活力。该地区服务业、文化创意产业、特色旅游业等新兴产业不断兴起，为乡村经济注入了创新动能，同时也丰富了农民的就业选择。

### 一、攀西民族地区乡村第三产业总量现状分析

乡村第三产业主要包括住宿餐饮业（旅游饮食服务业）、交通运输仓储业、批发零售业、社会服务业以及其他企业。由于对攀西民族地区乡村

---

① 根据攀枝花、凉山州统计年鉴（1978—2021）计算整理而来。

其他企业的统计范围没有明确的解释，因此本章将重点分析前四个行业。为了反映当前情况，我们使用调整的总产值，其中批发零售业采用商品零售价格指数进行调整，而其他三种行业则采用农村居民消费价格指数进行调整。以下分析将以 1978 年作为基期进行价格指数调整后的总产值数据。根据调整后的总产值数据，我们对乡村第三产业的前四种行业进行详细分析。

住宿餐饮业（旅游饮食服务业）在攀西民族地区乡村的发展受到旅游业的推动，其总产值反映了该行业的经济贡献。随着旅游业的蓬勃发展，攀西民族地区的住宿餐饮业逐渐壮大，为游客提供了食宿服务和旅游体验。随着时间的推移，该行业的总产值呈现出逐年增长的趋势，这表明乡村旅游业对于经济增长和就业创造起到了积极的推动作用。第二个行业是交通运输仓储业。该行业在乡村经济中扮演着重要的角色，为农产品的流通和运输提供了支持。随着农产品的产量增加和农村经济的发展，交通运输仓储业的总产值也逐渐增加。这反映了乡村经济发展的需求，即需要更高效的物流和仓储服务来支持农产品的销售和流通。

第三个行业是批发零售业。这是乡村经济中非常重要的一环，它涉及农产品的销售和分发。批发零售业的总产值是通过商品零售价格指数进行调整后的，这反映了乡村商品销售的实际情况。随着农产品市场的发展和消费需求的增加，批发零售业的总产值也呈现出稳步增长的趋势。最后一个行业是社会服务业。这个行业包括了多个领域，如教育、医疗、文化、体育等。社会服务业的发展对于提升乡村居民的生活质量和满足他们的基本需求至关重要。农村居民消费价格指数进行调整后的总产值数据显示，社会服务业的总产值呈现出逐年增长的趋势，这说明攀西民族地区乡村社会服务业得到了积极发展和提升。

乡村第三产业中的住宿餐饮业、交通运输仓储业、批发零售业和社会服务业在攀西民族地区的乡村经济发展中起到了重要的作用。这些行业的总产值在经过价格指数调整后呈现出不断增长的趋势，反映了乡村经济的活力和发展潜力。

从总产值的角度来看，1978—2021 年，乡村批发零售贸易行业的总产值呈快速增长趋势。以年均增速 20.69% 的速度，从 1978 年的 10.67 亿元迅速增长到 2021 年的 71.38 亿元①。这个行业对攀西民族地区乡村经济发展起到了主要的推动作用。

攀西民族地区乡村交通运输业和旅游饮食服务业的总产值发展趋势基本相似。1978—2021 年，两个行业的总产值呈稳定增长的趋势。交通运输业的年均增速为 13.52%，总产值从 1978 年的 1.015 6 亿元增长到 2021 年的 164.2 亿元，增长了 160.7 倍。旅游饮食服务业的年均增速为 15.03%，总产值从 1978 年的 1.18 亿元增长到 2021 年的 167.8 亿元，增长了 141.2 倍。乡村社会服务业在 2003—2021 年也呈现增长趋势，以年均增速 10.93% 的速度，总产值从 2003 年的 541.49 亿元增长到 2021 年的 1 282 亿元，增长了 1.37 倍②。

攀西民族地区乡村的四个行业总产值发展呈现稳定增长的趋势。然而，在 2007 年，这四个行业的产值出现断崖式下降，原因主要是受到国际大环境的影响以及乡镇经济整体下滑的影响。这说明攀西民族地区乡镇经济的发展主要依赖于乡村的原材料和劳动力等比较优势，并通过对外贸易来实现乡村经济的发展，而国内市场需求没有得到充分挖掘。综合分析可得出结论，攀西民族地区乡村第三产业的总产值整体呈现稳定增长的趋势，而部分新兴产业还有较大的发展空间。这为乡村经济的进一步发展带来了机遇和潜力。

从从业人员的角度来看，1978—2020 年，乡村三个行业的从业人员呈现一个端平稳、中间倒 U 形的变化趋势。1984 年可以视为这三个行业共同增长的起点。与乡村工业总产值变化趋势相结合，我们发现 1984 年也是乡村工业总产值快速增长的起点。乡村工业总产值的增长直接带动了产业链上下游的批发零售贸易、交通运输业和旅游饮食服务业发展。2007—2021 年，这四个行业的从业人数仍以年均 3.4%、4%、6% 的缓慢速度增加。与总产值相比，这些行业的从业人员数量以年均 12.04%、14.35%、10.98% 和 21.97% 的速度增长③，这说明虽然攀西民族地区乡村四个行业的对外贸易出口遭受了巨大的创伤，但通过淘汰落后的乡镇企业，存活的乡镇企业重新调整销售对象，扩大国内需求，调整出口市场结构，提高企业生产效

---

① 根据攀枝花、凉山州统计年鉴（1978—2021）计算整理而来。
② 根据攀枝花、凉山州统计年鉴（1978—2021）计算整理而来。
③ 根据攀枝花、凉山州统计年鉴（1978—2021）计算整理而来。

率，攀西民族地区的总产值保持了稳定有序的增长。

通过不断调整和优化经济结构，乡村经济得以保持稳定，并呈现了积极的发展态势。

从农业互联网和乡村旅游的发展情况来看，现代农业的发展必须从传统的农业经营体系转变为现代化的农业经营体系。截至 2021 年年底，攀西民族地区乡镇第三产业的总产值达到 160.58 亿元，同比增长了 10.59%，是乡镇三次产业增长速度最快的产业，显示出强劲的后发追赶势头。截至 2021 年年底，攀西民族地区农家乐数量已经超过 15 万家，休闲农业集聚村落达到 190 个，规模以上的休闲农业园区超过 3 300 家。这些农家乐和休闲农业园区共接待游客超过 3 000 万人次，营业收入超过 270 亿元，给 50 万农民带来了实实在在的收益①。自 2013 年以来，原农业部在九个市县开展了农业物联网和互联网区域经营示范点的建设。2014 年，攀西民族地区农村电子商务新兴产业得到了快速发展，商务部牵头实施了农村电子商务示范村项目。到 2018 年，休闲农业通过互联网平台实现了蓬勃发展，接待旅游人次达到 2 000 万人次，旅游收入高达 140 亿元，这为攀西民族地区的乡村地区提供了就业机会，有 1.5 万户的人口从中受益②。

这些数据表明，在农业互联网和乡村旅游的推动下，攀西民族地区的乡村经济正朝着现代化和多元化的方向发展。农业互联网为农产品销售和农村电子商务提供了新的渠道和机会，而乡村旅游则为农民创造了增加收入的机会，并推动了乡村地区的发展。这些发展举措的实施对于改善农民生活和促进农村经济的可持续发展具有重要意义。

## 二、乡村第三产业结构现状分析

### （一）从总产值占比来看

2011—2021 年，攀西民族地区乡村批发零售贸易行业的总产值占比位居各行业之首，并且呈现出波动上升的趋势。这一行业的总产值占比持续保持在 35% 以上，再次凸显了乡村批发零售贸易对其他三个行业的推动作用。这一行业不断进行转型升级，不断提升自身的产值占比。相反地，攀西民族地区乡村社会服务业的总产值占比最低，但同样呈现持续上升的趋

① 根据攀枝花、凉山州统计年鉴（1978—2021）计算整理而来。
② 根据攀枝花、凉山州统计年鉴（1978—2021）计算整理而来。

势，从 2010 年的 3.2% 增长至 2021 年的 12%。这种趋势表明，随着攀西民族地区人口老龄化问题日益突显，乡村社会服务业逐渐兴起，通常以养老、康养等形式呈现。随着时间的推移，乡村社会服务业将会有更大的发展空间[1]。

这些数据反映了乡村产业结构的变化，批发零售贸易的强劲增长推动着乡村经济的发展，而乡村社会服务业的崛起则在满足老龄化人口需求的同时，为乡村经济注入了新的发展动力。这两个行业的相辅相成，为攀西民族地区乡村的经济增长提供了多元化的动力和可能性。

虽然近年来攀西民族地区大力发展乡村旅游、休闲度假和农家乐等业态，但实际上尚未形成较大规模的经济效益。这可能是因为乡村旅游和休闲度假业在该地区尚未充分发展，规模相对较小。

攀西民族地区乡村批发零售贸易行业具有较大的发展潜力，并且对其他行业的发展起到了积极的推动作用。乡村社会服务业在乡村经济中占比逐渐提升，具备较大的发展前景。而乡村交通运输业和旅游饮食服务业尚未充分发展，需要进一步加大推动力度，以实现更大的经济效益。

(二) 从从业人员占比的角度来看

2000—2021 年，攀西民族地区乡村批发零售贸易行业的从业人员占比最高，并且保持着稳定的趋势。该地区从业人员占比一直在 45% 左右，这表明乡村批发零售贸易行业的发展相对稳定，行业内的从业人员数量几乎没有发生变动。与此相反，攀西民族地区乡村社会服务业的从业人员占比最低，但呈上升趋势，从 2000 年的 10.19% 增长到 2013 年的 13.79%。这说明随着乡村养老、康养等项目的兴起，从事社会服务业的人员占比不断增加。乡村社会服务业在未来有可能为社会提供大量的就业岗位，具备良好的发展前景。

乡村交通运输业的从业人员占比呈下降趋势，从 2000 年的 22.72% 下降到 2021 年的 17.82%[2]。这表明大量的从业人员已经从传统的交通运输业转移到了其他行业。如何继续激活乡村交通运输业，利用农业物联网、电商平台等新兴产业的发展，成为乡村交通运输业未来发展需要考虑的问题。而旅游饮食服务业的从业人员占比呈稳定增长的趋势，这说明乡村旅

---

[1] 根据攀枝花、凉山州统计年鉴（1978—2021）计算整理而来。

[2] 根据攀枝花、凉山州统计年鉴（1978—2021）计算整理而来。

游、休闲度假和农家乐等业态的兴起吸纳了较多的从业人员。未来，该行业同样具有较大的发展空间。

从从业人员占比的角度来看，攀西民族地区乡村批发零售贸易行业保持着相对稳定的发展态势，乡村社会服务业的人员占比逐渐增加，乡村交通运输业的从业人员占比下降，而旅游饮食服务业的从业人员占比保持稳定增长。在未来的发展中，需要重点关注乡村交通运输业的转型与激活，并进一步挖掘乡村社会服务业和旅游饮食服务业的潜力。

# 第四章 攀西民族地区乡村产业振兴之农业全要素生产率提升分析

　　乡村产业振兴的核心在于提高农业全要素生产率。这充分表明农业生产率与自然环境因素密切相关，特别是种植业容易受到气候环境的影响。尽管自改革开放以来，攀西民族地区的农业全要素效率有了显著改进，但目前的国外研究显示，发展中国家的农业产量与自然环境的气温、降雨量、日照等因素息息相关。因此，本章将重点放在考虑攀西民族地区农业全要素生产率水平受到的环境约束，并分析限制农业全要素生产率提升的因素以及实现提升的方法。

## 第一节 农业全要素生产率与产业振兴的关系

### 一、农业全要素生产率

　　在早期，古典经济学中的生产率概念主要指单一要素生产率，如劳动生产率、资本生产率和土地生产率等。然而，在实际应用中，我们需要考虑两种或三种要素来计算生产率，因为劳动和资本之间存在一定的替代关系，这使得单一要素生产率无法准确反映这种替代关系。因此，全要素生产率的提出解决了这个问题。全要素生产率在经济学中指的是单位投入所有要素带来的总产出，即总产出与全要素投入的比率。通常使用所有要素投入的加权平均来表示全要素生产率，这样能更全面、准确地反映生产效率。全要素生产率的应用使我们能够更好地评估和比较不同产业或企业之间的生产效率，从而推动经济的持续发展。

## 二、农业全要素生产率与产业振兴的关联

随着攀西民族地区乡村振兴战略的实施，农业全要素生产率成为产业振兴的重要衡量指标之一。产业振兴的目标是提升农村居民的生活水平，推动农村经济发展和现代化建设，而农业全要素生产率的增长则是实现这一目标的关键因素之一。

农业全要素生产率是评估农业生产效率的关键指标，代表着在农业生产过程中，单位投入的要素所带来的总产出，即总产出与全要素投入的比率。全要素投入一般以所有要素投入的加权平均形式来表示。提高农业全要素生产率不仅能够提高农产品的质量和数量，而且能够提高农民的收入和生活水平，推动乡村经济的进一步发展。

攀西民族地区实施产业振兴需要依赖农业全要素生产率的提升。首先，农业全要素生产率的提高能够提高农村居民的收入。随着全要素生产率的提高，农业生产效率和农业收益也将随之增加，进而提高农民的收入水平。其次，农业全要素生产率的增长还能够促进农业现代化建设。提升生产力和生产效率，可以扩大农业生产规模和提高产品质量，推动农业产业的升级和优化，加快农业现代化进程。

在实现产业振兴的过程中，提升农业全要素生产率需要多种因素的协同作用。首先，政府应出台优惠政策，鼓励农业生产技术的创新和应用，提高农业生产效率和产品质量；其次，需要增加对农业生产资料的投入，加快农业生产的现代化和机械化进程；最后，还需加强农村基础设施建设，提高农村交通和通信便利性，为农村产业升级和发展提供保障。同样重要的是，提高农业全要素生产率也能推动乡村产业的发展和升级。随着全球化和市场化进程的加快，乡村经济面临更加激烈的竞争压力。唯有提升农业全要素生产率，降低农业生产成本，才能提高乡村经济的竞争力和可持续发展能力。例如，科技创新和农业机械化改造，可以提高农业生产效率和产量，同时降低劳动成本，提升农产品质量，满足市场需求，为乡村产业转型升级提供有力支撑。

农业全要素生产率的提高不仅可以提高农民的收入，改善农村地区的生产生活条件，而且能促进农村经济的多元化和产业升级，为实现乡村振兴提供动力和支持。例如，攀西民族地区利用优势的自然、民族文化资源，开发优质农产品和旅游资源，促进农村特色产业发展，吸引城市居民

和游客前往农村旅游、消费，增加农民收入和就业机会，实现乡村振兴。

农业全要素生产率与产业振兴密切相关，提高农业全要素生产率是实现产业振兴的关键之一。为实现产业振兴战略目标，需要进一步加强农业科技创新、推动农业机械化改造、优化农业生产结构、提高农民素质和技能，同时注重发挥市场机制的作用，营造良好的政策环境和社会氛围，共同推动农业全要素生产率和产业振兴目标的实现。

## 第二节　农业全要素生产率测算分析

农业全要素生产率是衡量农业生产效率和资源利用效率的重要指标，它能够反映农业生产所使用的各种要素（如劳动力、资本、土地等）在生产过程中的综合效果。对农业全要素生产率的测算分析，可以深入了解农业生产的效率、资源配置的合理性以及可能存在的改进空间。

### 一、变量选择与模型构建

考虑到农业全要素生产率受环境因素影响的复杂性和争议性，我们需要综合运用各种方法。一方面，一些学者认为环境污染等因素对农业生产有负面影响，这可能导致农业全要素生产率被低估；另一方面，一些学者认为环境因素其对农业全要素生产率的影响不显著，即使存在环境污染等问题，对农业全要素生产率的计算也影响不大。

实际上，环境因素对农业全要素生产率的影响是多方面的。研究结果显示，简单将环境因素视为负面因素可能导致对农业全要素生产率的低估。然而，如果环境因素的影响严重到一定程度，例如土壤污染、水资源短缺等，那么其将显著影响农业全要素生产率的计算结果。

因此，我们需要综合分析环境因素对农业全要素生产率的影响。不仅需要考虑环境因素的数量和质量，而且需要考虑其对农业生产的影响程度以及相应的治理措施等。只有在全面分析的基础上，才能得出准确的农业全要素生产率计算结果，以更好地指导乡村振兴战略的实施。

在农业生产中，人们越来越关注环境因素的影响。评估农业全要素生产率，考虑环境变量的影响是必要的。本章在索洛模型的基础上增加了一个反映农业生产中环境影响的环境变量。除了考虑传统的生产要素，如家

庭农业总产出 $Y$、家庭农业劳动时间 $L$、家庭实际经营土地面积 $M$ 和农业生产资料资本投入 $K$，还考虑了当地环境变量的影响。通过这样的考虑，我们可以更全面地评估农业全要素生产率，并且更好地了解环境变量对农业生产的影响。这也是对索洛模型的重要扩展，以适应当今农业生产的需求和实际情况。

相较于索洛余值法和代数指数法，数据包络分析（DEA）和随机前沿分析（SFA）方法能够更准确地评估农业全要素生产率，考虑到各要素之间的关联性和相互作用。DEA 方法可计算所有农户的全要素生产率，并进行排名和分类，为政府制定差异化政策提供支持。而 SFA 方法则能估计每个农户的生产效率，并得出各生产要素的边际贡献率，进一步为优化农业生产提供决策参考。

总的来说，虽然不同的测算方法会得出不同的农业全要素生产率值，但这些值都能反映农业生产效率的状况。在实际应用中，需要综合采用多种测算方法对农业全要素生产率进行全面客观的评估；同时，还需充分考虑环境因素对农业生产的影响，提高农业生产方式的科学性和可持续性，推动乡村振兴战略的实施。

本章基于索洛模型，增加了对农业全要素生产率的环境因素测算。假设农业全要素生产率是外生的，但投入要素的指数并不限定为 1。奈特给出了可操作的完全竞争模型并明确了其所需的前提假设。为构建一个完全竞争模型，本章参考了朱喜等[①]、诺德豪斯等（1992）的研究成果。该模型假设农户的生产效率水平存在个体差异，每个农户的要素扭曲程度也各异。在某一地区，有 $N$ 个农户家庭从事农业生产，其产量为 $Y$，而产品市场是完全竞争的。每个农户家庭的生产函数符合柯布 - 道格拉斯规模报酬不变的形式，农业生产需要投入资本 $K$、劳动 $L$、土地 $M$ 以及家庭全要素生产率 TFP，同时还考虑各地区自然环境的影响因素 $T$。因此，第 $i$ 个农户家庭的生产函数可以表示为

$$Y_i = A_i K_i^{\alpha} L_i^{\beta} M_i^{\gamma} \tau^{\rho}, \qquad 其中 \alpha + \beta + \gamma + \rho = 1 \qquad (4-1)$$

上述方程中，产出弹性、土地弹性、TFP 弹性、环境弹性和价格弹性等因素在农业产出中发挥着重要作用。这些因素代表了产出对资本、劳动、土地、全要素生产率和价格变化的敏感程度。

---

① 朱喜, 史清华, 盖庆恩. 要素配置扭曲与农业全要素生产率 [J]. 经济研究, 2011, 46 (5): 86-98.

产出弹性衡量了资本和劳动对产出的贡献程度，土地弹性反映了土地对产出的贡献程度，TFP 弹性表示了全要素生产率对产出的贡献程度，环境弹性反映了环境因素对产出的贡献程度，而价格弹性则衡量了价格对产出的影响程度。对这些弹性进行估计，可以更准确地评估不同因素对农业产出的影响程度，并制定出更有效的政策和措施，促进农业的发展。

## 二、数据来源与预处理

### （一）数据来源

我们使用调查问卷数据对攀西民族地区的农业全要素生产率进行了研究。该问卷覆盖了 2020 年攀西民族地区从事农林牧渔业生产活动的农村住户，并记录了关键变量，如资本投入、家庭土地面积和可支配收入等。为了确保数据的准确性，我们在数据筛选的过程中排除了未从事农业生产活动和存在缺失值的样本，并剔除了家庭土地面积和可支配收入的异常值。最终，我们得到了包含 3 236 户样本的数据集。在攀西民族地区，农业种植业的资本投入包括直接费用和间接费用，例如种子、化肥、农药、灌溉和农用机械等。考虑到攀西民族地区各县（市、区）农作物收获次数的差异，我们对数据进行了合理的分析和解释。为了估算该地区所有资本投入的单位成本，我们根据攀西民族地区近年来的农业实际作业调研，采用了攀西民族地区各县（市、区）播种面积最大农作物每亩成本的数据。这些数据来自《攀枝花、凉山州农产品成本收益资料汇编—2020》。

### （二）数据预处理

我们计算了家庭农业总产出 $Y$、家庭农业劳动总工时 $L$ 和家庭实际经营土地面积 $M$。家庭农业总产出 $Y$ 的计算方式是将 2020 年家庭可支配收入总额减去家庭成员从事非农工作的工资性收入。家庭农业劳动总工时 $L$ 的计算方式如下：劳动总工时 = 农忙天数 × 农忙每天工作小时数 +（从事农业月数 × 30 − 农忙天数）× 非农忙每天工作小时数。家庭实际经营土地面积 $M$ 的计算方式是经营和闲置土地总面积减去闲置土地面积。需要注意的是，农业生产资料资本投入 $K$ 不包括土地租金和劳动人工费用。

农业土地资本投入主要包括每亩物质和服务的直接费用和间接费用，例如种子、化肥、农药、机械操作和固定资产折旧等。环境因素 $T$ 代表年均气温，我们采用了中国气象局设有基站的主要城市的平均值作为数据来源，这些数据来自《2020 年中国气象年鉴》。

值得注意的是，中国居民收入调查数据（CHIP）数据库未提供与资本投入 $K$ 相关的数据。因此，我们采用了朱喜等人[①]（2011）研究中的估算方法。考虑到不同地区的农业收获次数以及每个家庭实际经营面积和种植面积的差异，我们进行了电话调查，以获取攀西民族地区 14 个县（市、区）的农作物收获次数。鉴于攀西民族地区范围的广泛和各地区主要农作物的不同，我们采用了一种估算办法来核算资本投入。

如表 4-1 所示，资本投入 $K = M \times$ 每亩物质与服务费用，每亩地资本投入 = 收获次数 × 物质与服务费用。

表 4-1　攀西民族地区各县（市、区）主要农作物及收获次数

| 区域代码 | 区域 | 主要作物 | 作物代码 | 收获次数/（次/年） |
| --- | --- | --- | --- | --- |
| 1 | 木里 | 玉米 | 1 | 1 |
| 2 | 昭觉 | 土豆 | 2 | 2 |
| 3 | 普格 | 土豆 | 2 | 1 |
| 4 | 雷波 | 玉米 | 1 | 2 |
| 5 | 会理 | 水稻 | 3 | 2 |
| 6 | 西昌 | 水稻 | 3 | 2 |
| 7 | 仁和 | 水稻 | 3 | 2 |
| 8 | 宁南 | 玉米 | 1 | 2 |
| 9 | 布拖 | 玉米 | 1 | 1 |
| 10 | 米易 | 水稻 | 3 | 2 |

资料来源：根据攀西民族地区各县（市、区）统计年鉴及电话访谈调研资料整理所得。

1. 多重共线性检验

多重共线性检验是指在多元回归模型中，自变量之间存在高度相关性，这种高度相关性导致回归系数不可靠，从而难以进行准确的统计分析。本书旨在对资本投入 $K$ 和土地面积 $M$ 之间的多重共线性问题进行检验。一种简单的方法是采用相关系数法，该方法通过计算变量之间的相关系数来评估它们之间的相关性。当两个变量的相关系数接近 1 时，表明它们之间存在高度相关性。在这种情况下，需要采取相应的解决方法，如剔

---

① 朱喜，史清华，盖庆恩. 要素配置扭曲与农业全要素生产率 [J]. 经济研究，2011，46（5）：86-98.

除一个或多个变量，或者应用主成分回归等技术。

我们计算了解释变量之间的相关系数，具体结果见表 4-2。结果显示，资本投入 $K$ 的自然对数（$\ln K$）和土地实际经营面积 $M$ 的自然对数（$\ln M$）之间的相关系数为 0.957，远超过 0.8 的阈值。这表明资本投入 $K$ 和土地面积 $M$ 之间存在严重的多重共线性问题，需要采取相应的解决措施。

表 4-2 解释变量间的相关系数

| 变量 | $\ln Y$ | $\ln M$ | $\ln L$ | $\ln K$ | $\ln\tau$ |
|---|---|---|---|---|---|
| （1）$\ln Y$ | 1.000 | | | | |
| （2）$\ln M$ | 0.246 | 1.000 | | | |
| （3）$\ln L$ | 0.238 | 0.327 | 1.000 | | |
| （4）$\ln K$ | 0.239 | 0.957 | 0.308 | 1.000 | |
| （5）$\ln\tau$ | -0.035 | -0.385 | -0.091 | -0.211 | 1.000 |

资本投入 $\ln K$ 和土地播种面积 $\ln M$ 间存在严重的多重共线性，由于样本数据量为 3 236 户，因此有理由认为样本容量充分，采用岭回归方法解决多重共线性的问题比较适合。

2. 岭回归估计结果分析

岭回归的原理是当解释变量间存在多重共线性，即 $|X'X| \approx 0$ 时，$E[(\hat{\beta} - \beta)(\hat{\beta} - \beta)'] = \delta^2 (X'X)^{-1}$ 增大，解决办法是 $X'X$ 加上 $K_i$ 正对角阵，这使得 $|X'X + KI| \approx 0$ 的可能性小于 $|X'X| \approx 0$ 的可能性，得到岭回归系数 $\beta$ 为

$$(K) = |X'X + KI|^{-1} X'Y \qquad (4-2)$$

其中，符号 $\lambda$ 表示岭回归的惩罚项系数，$k$ 表示岭回归参数。选择适当的 $k$ 值是确保岭回归参数估计优于普通最小二乘估计的关键。当 $k = 0$ 时，$\hat{\beta}(k) = \hat{\beta}$，岭回归退化为普通最小二乘估计。

岭回归方法是一种常用于解决多重共线性问题的方法。它通过引入惩罚项来约束参数估计，从而缩小参数估计向量。然而，这种方法会引入估计偏差，因此需要在偏差和方差之间进行权衡。为了评估岭回归效果，我们采用兼顾方差和偏倚的最小均方误差（MSE）原则进行分析。

为了确定最佳的惩罚项系数 $\lambda$，我们可以使用 Hoerl 和 Kennard 于 1970 年提出的岭迹图方法。岭迹图展示了估计系数与惩罚项系数之间的关系，帮助我们找到了最佳的 $\lambda$ 值。总体收缩程度可以通过以下公式来度量：

$$M = r - \delta_1 - \delta_2 - \cdots \delta_r = rank(X) - trace(\Delta) \qquad (4\text{-}3)$$

其中 $\Delta$ 是 $r \times Xr$ 非随机收缩因子，$\delta_1$，$\delta_2$，$\cdots$，$\delta_r$ 和 $g_i$ 是 $G$ 的第 $i$ 列。

根据 Obenchain 的研究可知，以 $\delta_i c_i$ 作为 $\gamma_i$ 线性估计的最小 MSE 下的未知收缩程度为

$$\delta_i^{MSE} = \frac{\lambda_i}{\lambda_i + \kappa \lambda_i^q} = \frac{\lambda_i}{\lambda_i + \dfrac{\delta^2}{\gamma_i^2}} \qquad (4\text{-}3)$$

推导出

$$\hat{K} = \hat{k}(q) = \left( \sum \lambda_i^{1-p} \right) \frac{1 - R^2 \, CRL^2(q)}{n \, R^2 \, CRL^2(q)}$$

具体推导过程详见 Obenchain 的研究，下面确定满足 MSE 最优收缩路径时 $q$ 的数值，使用最大似然估计法估计 $q$ 收缩路径形状。表 4-3 结果显示，当 $q = -1.5$ 时，得到最大 CRL（Q）最小 ChiSq。最小的 ChiSq 自由度为 3，显著性水平为 0.000。当 $q = -1.5$ 时，满足 $q$ 的范围，$-5 \leqslant q \leqslant 5$。

表 4-3　$q$ 收缩路径形状

| 变量 | Qshape | MCAL | Konst | CRL（Q） | ChiSq |
|---|---|---|---|---|---|
| $r1$ | 5 | 4.056 | $1.14 \times 10^{-8}$ | 0.203 | 421.651 |
| $r2$ | 4.5 | 4.055 | $7.81 \times 10^{-8}$ | 0.201 | 421.592 |
| $r3$ | 4 | 4.055 | $5.34 \times 10^{-8}$ | 0.204 | 420.817 |
| $r4$ | 3.5 | 4.052 | $3.57 \times 10^{-6}$ | 0.209 | 419.003 |
| $r5$ | 3 | 4.034 | 0.000 022 38 | 0.219 | 412.802 |
| $r6$ | 2.5 | 3.895 | 0.000 117 93 | 0.249 | 412.686 |
| $r7$ | 2 | 2.629 | 0.000 437 64 | 0.346 | 388.679 |
| $r8$ | 1.5 | 0.365 | 0.001 416 78 | 0.579 | 295.265 |
| $r9$ | 1 | 0.082 | 0.016 603 84 | 0.821 | 147.898 |
| $r10$ | 0.5 | 0.151 | 0.789 347 05 | 0.896 | 93.399 |
| $r11$ | 0 | 0.582 | 53.510 764 | 0.923 | 69.652 |
| $r12$ | -0.5 | 0.994 | 4 022.924 | 0.943 | 51.701 |
| $r13$ | -1 | 1.093 | 326 201.41 | 0.956 | 40.811 |
| $r14$ | -1.5 | 1.154 | 281 018.82 | 0.960 | 36.929 |

表4-3（续）

| 变量 | Qshape | MCAL | Konst | CRL（Q） | ChiSq |
|------|--------|------|-------|---------|-------|
| r15 | -2 | 1.250 | 2.53×109 | 0.961 | 38.269 |
| r16 | -2.5 | 1.400 | 2.35×1 011 | 0.953 | 42.799 |
| r17 | -3 | 1.613 | 2.23×1 013 | 0.945 | 48.987 |
| r18 | -3.5 | 1.868 | 2.15×1 015 | 0.939 | 55.801 |
| r19 | -4 | 2.139 | 2.08×1 017 | 0.932 | 62.617 |
| r20 | -4.5 | 2.373 | 2.03×1 019 | 0.992 | 69.114 |
| r21 | -5 | 2.585 | 1.98×1 021 | 0.914 | 75.126 |

除了 Obenchain 的经典固定系数方法之外的其他最大似然法也是可能的，但它们不会产生给定 $q$ 的最佳 $k$ 或 $m$ 的闭合表达形式。经验贝叶斯方法 Efron 和 Morris C，Golub，Heath 和 Wahba 以及 Shumway 的随机系数法是最大似然替代方案。上述所有三个反映 $m$ 值的可能性准则，分别称它们为 CLIK，EBAY 和 RCOF。下面确定在这三种方法下的 $m$ 数值，如表 4-4 所示，最大似然选择 $m$ 的收缩范围是最小化 CLIK，EBAY 或 RCOF 标准的选择。EBAY 和 RCOF 准则都支持当 $q=-1.5$ 时 $m=1$ 而 CLIK 准则支持 $m=1.5$，选取 $m=1$ 作为岭回归估计参数的步数。

表 4-4　CLIK，EBAY 和 RCOF 三种准则下 $m$ 值的确定

| $m$ | CLIK | EBAY | RCOF |
|-----|------|------|------|
| 0.5 | 667 518.520 | 55.461 | 55.464 |
| 1 | 4 042.577 | 45.808 | 45.792 |
| 1.5 | 134.474 | 49.802 | 49.673 |
| 2 | 229.495 | 68.840 | 68.475 |
| 2.5 | 287.655 | 93.357 | 92.556 |
| 3 | 328.976 | 126.896 | 125.267 |
| 3.5 | 360.445 | 175.290 | 172.009 |
| 4 | 385.464 | 245.396 | 238.795 |
| 4.5 | 406.809 | 341.656 | 328.764 |
| 5 | 438.566 | 462.020 | 438.566 |

在 statal 5.0 软件中使用岭回归估计方法，当 $q=-1.5$ 时，$m$ 取值为 1，各解释变量回归系数满足均方差最小且估计参数偏倚最小。选取 $q=-1.5$，$m=1$，且 $k=0.1$ 估计模型参数如下：

$$\ln Y = \ln A + 0.064\ln K + 0.172\ln L + 0.138\ln M + 0.044\ln T - 0.006R \qquad (4-5)$$

T       (0.519)    (11.78)    (11.01)    (3.17)    (-0.39)

P       (0.00)     (0.00)     (0.00)     (0.02)     (0.70)

上述公式中，$R$ 表示不同省（区、市）的区位代码变量（$R=1$，2，…，14），并没有具体实际意义。括号内的 $t$ 值为 0.096。尽管模型的拟合优度较低，但由于样本是微观数据，农户家庭之间存在较大的个体差异。该结论与朱喜和盖庆恩使用农村固定观察点的微观数据得出的结论相一致，拟合优度约为 0.1，因此我们认为该结论是合理的。

$F$ 值为 88.65，对应的 $P$ 值为 0.00，$F$ 检验的结果拒绝了原假设。这表明农户家庭的生产经营函数不符合规模报酬不变的假设。各要素的弹性系数之和为某个值。这进一步说明攀西民族地区的农业生产经营呈现规模报酬递减效应，既与盖庆恩等人、朱喜等人[1]的研究结论一致，也与农业部门设定的劳动、资本要素弹性（贡献系数）的结论一致，分别为 0.20 和 0.25。

估计参数的结果显示，土地经营面积、农业劳动时间、农业资本和温度变量等对农业总产出有正向影响，即农业要素投入与农业总产出呈正向促进作用。所有地区农业部门的劳动、土地和资本的产出弹性分别为 0.172、0.138 和 0.064。Adamopoules 等人可能收集了不同地区、不同农业经营模式下的农业经营数据。与国外学者 Adamopoules 等人的观点相比，攀西民族地区农业的劳动、土地和资本的产出弹性分别为 0.46、0.36 和 0.18。通过收集不同国家或地区农业数据，研究土地面积的增加、劳动力数量的增多、化肥施用量的增长以及农业机械的投入等因素如何影响农业产出，得出中国农业的劳动、土地和资本的产出弹性分别为 0.55、0.31 和 0.14。这说明本章测算的结论具有稳健性，并且攀西民族地区农业部门的劳动和土地的产出弹性远高于资本的产出弹性。

---

① 朱喜，史清华，盖庆恩. 要素配置扭曲与农业全要素生产率 [J]. 经济研究，2011，46 (5)：86-98.

根据图4-1和图4-2的结果，我们在研究样本的3 236个农户家庭中发现，符合要求的全要素生产率呈现正态分布，其中频率最高的全要素生产率集中在7~8。考虑环境约束下的农业全要素生产率的对数均值测算，我们得到的结果为7.49，与不考虑环境约束下的农业全要素生产率的对数均值30.03相比，我们的测算结果数值较小。这与理论模型的结论一致。因此，我们可以得出结论：环境因素对于攀西民族地区农业全要素生产率的测算存在较大的偏差。

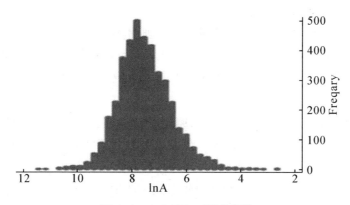

**图4-1　农业 TFP 对数的频数**

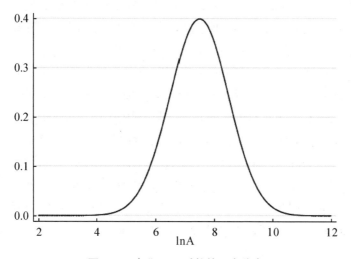

**图4-2　农业 TFP 对数的正态分布**

## 第三节　攀西民族地区农业全要素生产率影响因素分析

提升攀西民族地区农业全要素生产率是该地区产业振兴的关键所在，而要素配置效率和技术进步是影响其增长的主要因素。根据刘晗等人和李谷成等人[①]的研究，要素配置效率对农业全要素生产率的增长贡献巨大，而技术进步则直接推动其发展。因此，提高农业全要素生产率需要在合理配置生产要素的基础上，注重技术创新、加强科技投入和创新能力，提升农业生产的科技含量和效率；同时，需加强政策引导，改善农业生产环境，提高农民的生产积极性和自我发展能力，这对于农业全要素生产率的提升至关重要。

这两篇文章虽然指出了提升攀西民族地区农业全要素生产率的核心问题，即要素配置效率和技术进步，但并未详细分析要素配置效率低的具体原因及其对农业全要素生产率的影响。朱喜等人[②]的研究显示，农户家庭的劳动力和资本要素配置扭曲会阻碍农业全要素生产率的提升。而盖庆恩的研究则指出，土地要素配置扭曲也会影响农业全要素生产率的提升。因此，提高攀西民族地区农业全要素生产率，需要优化要素配置，特别是劳动力、资本和土地的配置，以提高各要素的效率；同时，还需要注重技术的研究和应用，以推动农业全要素生产率的持续提升。

在索洛模型中，农业全要素生产率取决于资本、劳动和土地三个生产要素的配置效率。资本和劳动要素配置效率影响农业生产的规模，而土地要素配置效率则影响农业生产的效率。只有当资本、劳动和土地三个要素配置效率达到最优时，农业全要素生产率才能最大化。

然而，在实际生产中，由于土地资源有限，土地要素配置效率往往受到限制。同时，农户家庭对土地要素配置扭曲的行为也会影响农业全要素生产率的提升。因此，我们需要深入研究土地要素配置效率与农业全要素生产率之间的关系，采取相应的政策措施，加强土地要素配置效率的优

---

① 李谷成，冯中朝，范丽霞. 农业部门劳动力再配置、农村非农化与中国农村经济增长 [J]. 南方经济，2007（4）：22-33.

② 朱喜，史清华，盖庆恩. 要素配置扭曲与农业全要素生产率 [J]. 经济研究，2011，46（5）：86-98.

化，以促进农业全要素生产率的提升。

## 一、劳动配置扭曲对农业全要素生产率的影响

农民在做决策时会考虑多个因素，其中种植业的收益和城市务工的利润是两个重要的考虑因素。当种植业收益较高时，农民倾向于留在家乡从事种植业以获取更高的利润；而当城市务工收益较高时，农民则倾向于选择外出务工。然而，农民在选择外出务工时会面临许多障碍，其中一个重要因素是劳动市场信息不对称。这意味着农民很难获取有关劳动市场的准确信息，如就业机会和工资水平等，从而导致他们在决策时面临风险和不确定性。攀西民族地区乡村劳动力市场的配置扭曲由以下三个因素引起：

首先是信息不对称。攀西民族地区的大部分乡村离城市较远，这种地理距离天然地形成了屏障，农民无法及时了解劳动市场的实际需求情况。这种信息不对称使得农民在寻找工作机会时处于不利地位，往往会接受低于劳动市场工资水平的工作以利用充裕的空闲时间。

其次是城乡二元体制差异。城乡二元体制差异也是影响农民进城务工的重要因素之一。在攀西民族地区，由于长期存在城乡二元体制差异，农民工进城务工面临许多困难。一是他们往往无法落户，无法享受城市的社会保障体系，农民工子女也无法随其进城上学；二是相当一部分企业存在拖欠农民工工资的问题，农民工的劳动权益受到侵犯，缺乏法律保护；三是农民工没有稳定的就业保障，他们往往需要接受低于市场平均水平的工资。这些因素都使得农民进城务工的实际收益往往更低，从而导致他们更倾向于在家乡从事种植业等传统农业活动。

最后是人力资本差异。在攀西民族地区，农村公共基础教育水平较低，农民难以获取先进的农业技术和信息，从而导致他们的人力成本较低，技术水平较低，无法熟练使用计算机、手机等现代科技设备。相比之下，城市居民受教育程度较高，有更多机会接触到先进的科学技术和信息，具有更高的人力资本，因此在劳动市场上有更高的议价能力和工资水平。

以上三个因素导致了攀西民族地区乡村劳动力市场的配置扭曲，农民往往会接受低于市场水平的工资。这使得农村多余劳动力闲置，只能将大量的劳动时间投入农业生产活动中，这导致农业全要素生产率下降，农户家庭粮食总产出达到一个稳定水平，劳动生产率也随之下降。因此，为了

提高农业全要素生产率，需要解决以上这些因素导致的乡村劳动力市场扭曲问题，提高农民的劳动生产率和工资水平。

另外，农民在从事土地规模种植时需要投入大量的资本，包括种子、化肥、农用机械和农具等，这超出了他们目前的储蓄能力。因此，他们通常需要向金融机构申请贷款来获取所需的资本。然而，农业的收益相对较低，且存在着高风险和不确定性的因素，如自然气候的变化和天灾等。这使得金融机构往往会降低农户的信用评级，不愿意为其提供市场化利率的贷款。此外，农民通常缺乏抵押物和担保品，这也加大了他们获取贷款的难度。因此，现实中许多农民只能求助于高利率的非正规金融渠道，这导致农业领域的资本市场配置扭曲。这种扭曲可能导致资源和资本的浪费。为解决这些问题，需要采取一系列措施，包括改善金融机构的信用评级和贷款条件，鼓励农民创新和采用现代化技术，提高农业产值和生产效率，以及完善土地流转和抵押贷款等制度。

## 二、土地配置扭曲影响农业全要素生产率的分析

### （一）地理位置因素方面

攀西民族地区总面积有限，92%为山地，因此其土地的性质复杂且肥力存在差异，进而导致农业生产的收益不同。同时，地形地貌也会影响不同区域的气候和水资源状况，如气温、降雨量以及水文条件等，直接对农业产量和收益产生影响。由于土地质量和生产收益的差异，农民在耕作土地时面临不同的土地租金，而这些租金的高低也会直接影响农民的利润水平和生活水平。因此，地理位置因素是导致农业全要素生产率差异的重要原因之一。

耕地质量空间分布方面，仁和、米易、德昌和西昌四个县（市、区）主要集中分布优等地，而米易、冕宁、雷波、宁南、会理、会东、东区和西区八个县（市、区）则主要拥有高等地。喜德、布拖、越西、昭觉、盐边和甘洛六个县主要拥有中等地，而木里、普格和盐源三个县主要拥有低等地。东部地区和中部地区的耕地平均质量等级较高，分别为8.19等级和7.98等级；而东北地区和西部地区的耕地平均质量等级较低，分别为11.25等级和11.33等级。

在耕地面积构成方面，攀西民族地区各县（市、区）之间存在较大差异。德昌、西昌、冕宁、仁和、会理、会东、越西和昭觉的水田面积占耕

地总面积的 50% 以上，主要分布在中东部地区，而喜德和普格则分布在中部地区。仁和、西区、东区、盐边、米易、木里和盐源的水浇地面积占耕地总面积的 50% 以上，这些地区虽然分布比较散乱，但共同特征是缺水、干旱少雨。甘洛、普格、喜德、宁南、盐源、盐边和雷波的旱地面积占耕地总面积的 50% 以上，主要分布在西部和东北地区。

综上所述，以上地理位置因素导致农民无法按照自己的意愿以较低的地租租赁到所需质量的土地进行统一经营管理，从而出现土地配置扭曲的情况。

（二）土地制度因素方面

在 1978 年改革开放后，攀西民族地区社会经历了全面的改革。其中，农村改革是一个重要的方面。在改革之前，农村实行的是传统的人民公社制度，但在改革开放的号召下，这一制度逐渐得到改革。乡镇政府成为农村的新型组织形式，农户也逐渐获得了一定的承包经营权，从集体所有制下的农村土地中获得了一定的权益。家庭联产承包责任制的实行，也使得农村土地的所有权由集体转向了家庭，这一制度至今仍然有效。

尽管攀西民族地区的耕地总面积同四川省其他地区持平，但受限于山地以及现行的土地制度，农户家庭人均经营耕地面积仍受到限制。特别是在西部地区的一些地方，如仁和、西区、东区、雷波、普格和西昌，农户家庭人均经营耕地面积甚至不足 1 亩。而昭觉、会理、布拖和宁南等地区，人均经营耕地面积虽然相对较多，但仍不足 3 亩。这种情况说明，我国的土地资源总体上虽然相对丰富，但在分配和利用方面仍存在着许多问题和挑战。具体情况可参考表 4-5。

表 4-5 2020 年攀西民族地区各县（市、区）耕地面积构成 单位：亩

| 地区 | 人均耕地 | 地区 | 人均耕地 |
| --- | --- | --- | --- |
| 仁和 | 0.8 | 盐源 | 1.25 |
| 西区 | 0.12 | 甘洛 | 1.24 |
| 东区 | 0.03 | 雷波 | 0.5 |
| 米易 | 1.19 | 喜德 | 1.76 |
| 盐边 | 1.84 | 宁南 | 1.95 |
| 西昌 | 0.95 | 普格 | 0.74 |
| 德昌 | 1.16 | 布拖 | 2.63 |

表4-5(续)

| 地区 | 人均耕地 | 地区 | 人均耕地 |
|------|---------|------|---------|
| 冕宁 | 3.7 | 越西 | 1.01 |
| 会理 | 2.68 | 美姑 | 1.45 |
| 会东 | 1.17 | 金阳 | 1.38 |
| 木里 | 1.49 | 昭觉 | 2.38 |

数据来源：攀枝花、凉山州统计局农村住户抽样调查资料。

在希望扩大土地规模以获得更高利润时，农户却受到现有的土地承包经营制度和攀西民族地区人均耕地面积的限制。为了解决这一问题，一些农户不得不提高土地租金，以获取更大的土地经营面积，进而导致该地区地租价格上涨，出现土地配置扭曲现象。

这种情况导致单位土地租金收益减少，降低了单位土地租金的生产率，直接影响农业全要素生产率。这不仅对农民造成了影响，还对国家的粮食安全和农业发展带来了威胁。为解决这一问题，需要进一步改革土地流转制度和优化土地承包经营制度，加强土地配置和利用；同时，需要加大对农业生产力的投入和支持，提高农业全要素生产率，实现农业可持续发展。

## 第四节　提升农业全要素生产率路径

通过上述分析，我们发现要素配置扭曲对农业全要素生产率的影响显著。那么，剔除这种扭曲现象能否提高农业全要素生产率呢？这个问题需要通过理论模型和实证分析来验证。

从理论模型的角度来看，要素配置扭曲导致资源的浪费和低效利用，因此优化要素配置有助于提高农业全要素生产率。同时，实证分析表明，优化要素配置，包括土地、资本和劳动的合理配置，可以显著提高农业全要素生产率。在实际操作中，加强土地流转制度改革和优化土地承包经营制度可以优化土地配置，提高土地利用率和效益。增加对农业生产力的投入和支持，可以提高劳动力和资本的质量和效益，从而优化资本和劳动的配置。这些措施将有助于优化要素配置，提高农业全要素生产率。

剔除要素配置扭曲可以显著提高农业全要素生产率。优化要素配置，包括土地、资本和劳动的合理配置，可以实现农业可持续发展。因此，需要加强土地流转制度改革和优化土地承包经营制度，同时加大对农业生产力的投入和支持，提高农业全要素生产率，实现农业的可持续发展。

## 一、优化要素配置的理论分析

鉴于保持第二轮土地承包制度和城乡二元体制的存在，农户家庭的生产规模逐渐缩小。在这种情况下，代表农产品总产出价格的 $i$ 为资本投入利率，$w$ 为农业劳动力工资，$r$ 为地租价格。要素市场扭曲导致劳动市场、资本市场和土地市场的边际产品价格存在差异。资本市场的配置扭曲通常会提高农户贷款成本，劳动市场的扭曲通常会降低劳动力工资，土地市场的扭曲通常会增加土地租金成本。我们将那些扭曲边际产出的要素称为要素扭曲，资本、劳动和土地的扭曲分别为 $TK_i$、$TL_i$ 和 $TM_i$，实际价格分别为 $(1 + TK_i) \times i$、$(1 - TL_i) \times w$ 和 $(1 + TM_i) \times r$。

举例来说，金融机构对农户家庭的贷款评估标准较高，要求农户家庭提供较高价值的信用、额度和抵押物等，这导致农户家庭只能向具有更高民间利率的借贷者借贷，进而增加了财务成本。在偏远的山村，由于非农就业机会较少，农民往往只能接受较低的工资水平，进而降低了劳动力市场的边际产出。此外，由于我国人均耕地面积较少，并且受城乡二元体制的阻碍，绝大部分农村居民依靠土地收入来维持生计。然而，在农村地区，土地是一种有限的资源。因此，当农户试图通过土地流转来扩大规模时，供给的土地数量不足推高了实际交易的土地价格。

第 $i$ 个农户家庭农产品利润函数如下：

$$\pi_i = \alpha P A_i L_i^{\alpha-1} L_i^{\beta} M_i^{\gamma} \bar{T}_i^{\rho} - (1 + \tau L_i) i L_i - (1 - \tau L_i) \omega L_i - (1 + \tau M_i) r M_i$$

$$(4\text{-}6)$$

单个农户家庭对利润最大化的一阶条件为

$$\frac{\partial \pi_i}{\partial k_i} = \beta P A_i L_i^{\alpha-1} L_i^{\beta} M_i^{\gamma} \bar{\tau}_i^{\rho} - (1 - \tau L_i) i = 0 \qquad (4\text{-}7a)$$

$$\frac{\partial \pi_i}{\partial L_i} = \gamma P A_i L_i^{\alpha-1} L_i^{\beta} M_i^{\gamma} \bar{\tau}_i^{\rho} - (1 + \tau L_i) \omega = 0 \qquad (4\text{-}7b)$$

$$\frac{\partial \pi_i}{\partial M_i} = \gamma P A_i L_i^{\alpha} M_i^{\gamma-1} \bar{\tau}_i^{\rho} - (1 + \tau M_i) r = 0 \qquad (4\text{-}7c)$$

因此劳动、资本、土地的边际产出：

$$\text{MRPL}_i = \frac{\alpha P Y_i}{L_i} = (1 + \tau L_i) i \qquad (4\text{-}8a)$$

$$\text{MRPL}_i = \frac{\beta P Y_i}{L_i} = (1 - \tau L_i) \omega \qquad (4\text{-}8b)$$

$$\text{MRPM}_i = \frac{\gamma P Y_i}{M_i} = (1 + \tau M_i) r \qquad (4\text{-}8c)$$

由上述公式（4-8a）、（4-8b）、（4-8c）相比可得

$$\frac{L_i}{L_i} = \frac{(1 - \tau L_i) \alpha \omega}{(1 + \tau L_i) \beta i} \qquad (4\text{-}9a)$$

$$\frac{L_i}{M_i} = \frac{(1 + \tau M_i) \alpha r}{(1 + \tau L_i) \gamma i} \qquad (4\text{-}9b)$$

$$\frac{M_i}{L_i} = \frac{(1 - \tau L_i) \gamma \omega}{(1 + \tau M_i) \beta r} \qquad (4\text{-}9c)$$

公式（4-9a）（4-9b）（4-9c）表明在现实经济条件下，由于农村资本、劳动、土地市场存在着扭曲，因此不同农户家庭面临的要素扭曲程度不同，它们的实际生产配置也不同。这意味着要素配置扭曲混合在一起，产生了交叉放大单个要素扭曲的效应。举个例子，如果一个农户家庭面临着贷款成本较高的情况，那么其实际获得的贷款金额就会更少。如果该农户的工资水平也很低，那么资本在其生产过程中的作用就会更小。因此，要素配置的扭曲对生产率的影响是不可忽视的，这也是需要解决的一个重要问题。将上述公式（4-9a）（4-9b）（4-9c）分别代入公式（4-8a）（4-8b）（4-8c）中，得到 $K_i$，$L_i$，$M_i$ 的表达式如下：

$$L_i = \left\{ \frac{\beta A_i \bar{P} \tau_i^{\rho}}{\omega} \left( \frac{\alpha \omega}{\beta i} \right)^{\alpha} \left( \frac{\gamma \omega}{\beta r} \right)^{\gamma} \left[ \frac{1}{(1 + \tau L_i)^{\alpha} (1 + \tau M_i)^{\gamma} (1 - \tau L_i)^{1-\alpha-\gamma}} \right] \right\}^{\frac{1}{1-\alpha-\beta-\gamma}}$$

$$(4\text{-}10)$$

$$L_i \propto \left[ A_i \frac{1}{(1 + \tau L_i)^{\alpha} (1 + \tau M_i)^{\gamma} (1 - \tau L_i)^{1-\alpha-\beta-\gamma}} \right]^{\frac{1}{1-\alpha-\beta-\gamma}} \qquad (4\text{-}11)$$

$$Y_i \propto \left[ A_i \frac{1}{(1 + \tau L_i)^{\alpha} (1 - \tau L_i)^{\beta} (1 + \tau M_i)^{\gamma}} \right]^{\frac{1}{1-\alpha-\beta-\gamma}} \qquad (4\text{-}12)$$

公式（4-10）、（4-11）、（4-12）表明这种情况下，劳动市场和资本

市场的扭曲会导致资本和劳动的相对价格发生变化，使得农户家庭更倾向于使用劳动力代替资本，以保持总产出不变。这种抵消效应在理论上可以降低要素配置扭曲对全要素生产率的影响，但在实际情况下，这种抵消效应的大小取决于农户家庭所面临的具体要素扭曲程度以及产品市场的需求条件。因此，优化要素配置仍然是提高农业全要素生产率的重要途径。

下面计算攀西民族地区 22 县（市、区）所有农户家庭由于资本、劳动、土地等要素错配后的加总 TFP，首先计算地区要素错配均衡模型：

$$K = \sum_{i=1}^{n} L_i = \sum_{i=1}^{n} \frac{(1 - \tau L_i)\alpha\omega}{(1 + \tau L_i)\beta i} \frac{L_i}{L} L \equiv \frac{\alpha\omega}{\beta i} \frac{1}{1 + \bar{\mu}KL} L \qquad (4-13)$$

其中，

$$\frac{1}{1 + \bar{\mu}KL} \equiv \sum_{i=1}^{n} \frac{(1 - \tau L_i)}{(1 + \tau L_i)} \frac{L_i}{L}$$

$$M = \sum_{i=1}^{n} M_i = \sum_{i=1}^{n} \frac{(1 - \tau L_i)\gamma\omega}{(1 + \tau M_i)\beta r} \frac{L_i}{L} L \equiv \frac{\gamma\omega}{\beta r}\left(\frac{1}{1 + \bar{\mu}ML}\right)L \qquad (4-14)$$

其中，

$$\frac{1}{1 + \bar{\mu}ML} \equiv \sum_{i=1}^{n} \frac{1 - \tau L_i}{1 + \tau M_i} \frac{L_i}{L}$$

公式（4-13）和（4-14）表达的是资本总投入和土地总投入与劳动总投入之间的关系。这里的和分别表示所有农户家庭面临的资本扭曲平均值和土地扭曲平均值，它们衡量着全部资本和全部土地扭曲的程度。如果不存在任何要素配置的扭曲，那么资本总投入和土地总投入的水平将会更高。这是因为在没有要素配置扭曲的情况下，农户家庭可以更加有效地配置其资源，以达到更高的产出水平。因此，要素配置扭曲的存在会限制农业全要素生产率的提高，优化要素配置将有助于提高农业全要素生产率。

资本总投入和土地总投入分别能达到更高的水平 $\frac{\alpha\omega}{\beta_i}L$、$\frac{\gamma\omega}{\beta r}L$。

由上可知，攀西民族地区农业全要素生产率为

$$A = \frac{(1 + \bar{\mu}KL)^{\alpha}(1 + \bar{\mu}ML)^{\gamma}(1 - \bar{\mu}L_i)}{\bar{T}^{\rho}}$$

$$\left[\sum_{i=1}^{n}\left[\frac{A_{i\bar{T}\rho}}{(1 + \tau L_i)^{\alpha}(1 + \tau M_i)^{\gamma}(1 - \tau L_i)^{1-\alpha-\gamma}}\right]^{\frac{1}{1-\alpha-\beta-\gamma}}\right]^{1-\alpha-\beta\gamma}$$

$$(4-15)$$

证明：单个农户的利润函数为

$$\pi_i = PA_i L_i^\alpha L_i^\beta M_i^\gamma \bar{T}_i^\rho - (1 + \tau L_i) i L_i - (1 - \tau L_i) \omega L_i - (1 + \tau M_i) r M_i$$

$$(4\text{-}16)$$

将公式（4-9a）（4-9b）（4-9c）代入得

$$= (1 - \tau L_i) \omega \frac{L_i}{\beta} - \frac{(1 - \tau L_i) \alpha \omega}{\beta} L_i - (1 - \tau L_i) \omega L_i - \frac{(1 - \tau L_i) \gamma \omega}{\beta} L_i$$

$$= \left[ \frac{1 - \alpha - \beta - \gamma}{\beta} \right] (1 - \tau L_i) \omega L_i \qquad (4\text{-}17)$$

攀西民族地区 22 个县（市、区）所有农户家庭总利润为

$$\sum_{i=1}^n \pi_i = \sum_{i=1}^n \left[ \frac{1 - \alpha - \beta - \gamma}{\beta} \right] (1 - \tau L_i) \omega L_i \qquad (4\text{-}18)$$

$$\equiv \left[ \frac{1 - \alpha - \beta - \gamma}{\beta} ) \right] (1 - \bar{\mu} L_i) \omega L \qquad (4\text{-}19)$$

其中，

$$(1 - \bar{\mu} L_i) = \sum_{i=1}^n (1 - \bar{\mu} L_i) \frac{L_i}{L}$$

通过劳动和资本关系公式（4-13）可得，攀西民族地区 14 个县（市、区）所有农户的家庭总收入为

$$\sum_{i=1}^n PY_i = PAL^\alpha L^\beta M^\gamma \bar{T}_i^\rho$$

$$= PA\bar{T}_i^\rho \left[ \frac{\alpha \omega}{\beta i} (\frac{1}{1 + \bar{\mu} KL}) \right]^\alpha L^\beta \left[ \frac{\gamma \omega}{\beta r} (\frac{1}{1 + \bar{\mu} ML}) \right]^\gamma L$$

$$= PA\bar{T}_i^\rho \left[ \frac{\alpha \omega}{\beta i} (\frac{1}{1 + \bar{\mu} KL}) \right]^\alpha \left[ \frac{\gamma \omega}{\beta r} (\frac{1}{1 + \bar{\mu} ML}) \right]^\gamma L^{\alpha + \beta + \gamma} \qquad (4\text{-}20)$$

根据成本利润关系，攀西民族地区 22 个县（市、区）所有农户家庭总收入又等于总利润与总成本之和：

$$\sum_{i=1}^n PY_i = \sum_{i=1}^n \pi_i + (1 + \tau L_i) i L_i + (1 - \tau L_i) \omega L_i + (1 + \tau M_i) r M_i$$

$$= \frac{1}{\beta} (1 - \bar{\mu} L_i) \omega L \qquad (4\text{-}21)$$

公式（4-20）（4-21）都表示攀西民族地区农户家庭总收入函数，故公式（4-20）等于公式（4-21）：

$$PA\bar{T}^\rho \left[ \frac{\alpha \omega}{\beta i} (\frac{1}{1 + \bar{\mu} KL}) \right]^\alpha \left[ \frac{\gamma \omega}{\beta r} (\frac{1}{1 + \bar{\mu} ML}) \right]^\gamma L^{\alpha + \beta + \gamma} = \frac{1}{\beta} (1 - \bar{\mu} L_i) \omega L$$

$$(4\text{-}22)$$

于是，攀西民族地区农户家庭全要素生产率为

$$\text{TFP} = A = \frac{(1 + \bar{\mu}KL)^{\alpha}\,(1 + \bar{\mu}ML)^{\gamma}(1 - \bar{\mu}L_i)\,\omega^{1-\alpha-\gamma}L^{1-\alpha-\beta-\gamma}}{P\bar{T}^{\rho}\beta^{1-\alpha-\gamma} - \gamma\left(\dfrac{\alpha}{i}\right)^{\alpha}\left(\dfrac{\gamma}{r}\right)^{\gamma}} \tag{4-23}$$

公式（4-23）表明在要素配置扭曲下，测算攀西民族地区企业全要素生产率。将公式（4-10）代入上式可得

$$A = \frac{(1 + \bar{\mu}KL)^{\alpha}\,(1 + \bar{\mu}ML)^{\gamma}(1 - \bar{\mu}L_i)}{\bar{T}^{\rho}}$$

$$\left[\sum_{i=1}^{n}\left[\frac{A_i\bar{T}_i^{\rho}}{(1 + \tau L_i)^{\alpha}\,(1 + \tau M_i)^{\gamma}\,(1 - \tau L_i)^{1-\alpha-\gamma}}\right]^{\frac{1}{1-\alpha-\beta-\gamma}}\right]^{1-\alpha-\beta-\gamma} \tag{4-24}$$

公式（4-24）根据农户家庭利润最大化决定模型，将每个农户家庭所有要素配置扭曲程度定义为

$$DI_i = (1 + \tau L_i)^{\alpha}\,(1 + \tau M_i)^{\gamma}\,(1 - \tau L_i)^{1-\alpha-\gamma}$$

将我国农业所有要素配置扭曲程度定义为

$$\overline{DI} = (1 + \bar{\mu}KL)^{\alpha}\,(1 + \bar{\mu}ML)^{\gamma}\,(1 - \bar{\mu}L_i)$$

这两个式子表明在假设环境变量不变的情况下，要素配置扭曲程度与环境变量无关。如果剔除资本、劳动、土地等要素配置扭曲，真实的农业全要素生产率的公式如下：

$$\bar{A} = \frac{1}{\bar{T}^{\rho}}\left[\sum_{i=1}^{n}\left[A_i\bar{T}_i^{\rho}\right]^{\frac{1}{1-\alpha-\beta-\gamma}}\right]^{1-\alpha-\beta-\gamma} \tag{4-25}$$

进一步估算消除要素配置扭曲的潜在收益，名义农业全要素生产率与真实农业全要素生产率的比例为

$$\frac{A}{\bar{A}} = \frac{1}{\bar{T}^{\rho}}\left[\sum_{i=1}^{n}\left[\frac{A_i}{\bar{A}}\bar{T}_i^{\rho}\frac{\overline{DI}}{DI_i}\right]^{\frac{1}{1-\alpha-\beta-\gamma}}\right]^{1-\alpha-\beta-\gamma} \tag{4-26}$$

上式表明消除要素配置扭曲后农业全要素生产率会提高，提高幅度取决于劳动、资本和土地要素配置扭曲的 $DI_i$ 和 $\overline{DI}$。

## 二、实证分析优化要素配置

根据上述分析，要素配置扭曲是导致农业全要素生产率低下的主要原因之一。因此，要素配置合理且无扭曲，可以为攀西民族地区的农业全要

素生产率提供巨大的提升空间。在提升农业全要素生产率的过程中，我们应该关注以下几个方面：

（一）要素生产率提升路径

要素生产率的提升可以通过以下路径实现：

1. 提高农业劳动生产率

农业劳动力是农业生产的基本要素之一，提高农业劳动生产率能够增加农业总产出。可以采取技术创新、培训和教育、农业机械化等措施提高农业劳动生产率。

2. 增加资本投入

适度增加农业资本投入可以提高农业劳动生产率和土地生产力，从而增加农业总产出。可以通过金融机构贷款、政府补贴和扶持等途径增加农业资本投入。

3. 推进土地制度改革

当前，农村土地流转市场不发达，土地承包制度存在一定的阻碍。改革土地制度，鼓励土地流转和规模经营，可以提高土地利用率和土地生产率，从而提高农业全要素生产率。

4. 促进农业生产方式转变

传统农业生产方式存在诸多问题，如生产方式落后、品种单一、生态环境恶化等。采取现代农业技术、推广高效优质种植技术和改善生态环境等措施，可以促进农业生产方式的转变，从而提高农业全要素生产率。

（二）要素配置扭曲指标

评估农户家庭面临的各要素配置扭曲程度，可以考虑以下因素：

1. 土地扭曲程度

计算农户家庭承包的土地租金费用或最近距离农户家庭土地承包的每亩租金费用来估算土地扭曲程度。如果家庭未承包土地，则不进行计算。将所有农户家庭土地租金的平均值计算出来，得出土地扭曲程度的平均值。

2. 劳动力扭曲程度

根据农户家庭外出务工的时薪工资来计算劳动力价格。如果家庭没有从事非农工作，则取本地区或邻近乡镇劳动者工资的均值作为劳动力价格。将所有农户家庭劳动力价格的平均值计算出来，得出劳动力扭曲程度的平均值。

3. 资本扭曲程度

假设各地区的利率在央行的管制下是相同的，选择中国人民银行 2020 年执行的 6 个月至 1 年的基准贷款利率 3.9% 作为资本成本利率。根据农户家庭的贷款利率来计算其资本成本。将所有农户家庭资本成本的平均值计算出来，得出资本扭曲程度的平均值。

综合考虑以上因素，可以估算攀西民族地区农业各要素配置的扭曲程度，并进一步计算在无扭曲条件下，攀西民族地区农业全要素生产率的提高空间。基于这些结果，我们可以制定相应的政策措施和发展路径，以促进攀西民族地区农业全要素生产率的提升。

（三）要素扭曲程度计量

要素配置扭曲程度的测算结果显示，农业资本扭曲程度最高，特别是东部和西部地区的农业资本扭曲程度都超过 8，而中部地区的资本扭曲程度为 6.85，土地扭曲程度居中。劳动力扭曲程度最低，东部和中部地区的劳动力扭曲程度都超过 1，而西部地区的劳动力扭曲程度最低，仅为 0.45。综合来看，中部地区的土地和劳动力扭曲程度较高，表明该地区农户家庭在土地和劳动力要素配置上存在较大的差异，而东、西部地区的资本扭曲程度较高，农户家庭之间的差异也较为明显。

根据要素配置扭曲的发散程度来衡量，首先是资本配置的扭曲程度最高，表现出较大的个体差异。东、中、西部地区在资本配置方面存在较大的个休差异，尤其是东部地区农户家庭资本扭曲的波动发散程度为 22.56，而西部地区资本扭曲程度虽高，但个体差异较低，其波动发散程度为 15.72。其次是土地配置的扭曲程度，其发散程度较小，东部和西部地区的土地扭曲发散程度均低于 10，而中部地区土地扭曲的发散程度最高，为 22.39。劳动配置的扭曲程度最低，发散程度也最低，东部和西部地区劳动扭曲的发散程度分别为 5.36 和 1.85，而中部地区劳动扭曲的发散程度高达 32.97。

综合来看，攀西民族地区中部地区的土地和劳动扭曲的发散程度较高，说明中部地区农户家庭在土地和劳动要素配置方面存在较大的个体差异；东部地区资本扭曲的发散程度较高，农户家庭之间的差异性也较大。

根据各县（市、区）扭曲指数 DI 的平均值和标准差计算结果，可以得出以下结论：东中部地区的要素配置扭曲水平较高，说明这些地区的农业要素配置存在一定的扭曲问题。其中，东部地区的资本扭曲发散程度最高，说明资本配置的差异性最大；中部地区的土地和劳动扭曲发散程度最高，说明这些地区的农户家庭在土地和劳动力配置方面存在较大的个体差异。西部地区的要素配置扭曲水平和扭曲个体差异性均较低，说明这些地区的农业要素配置较为合理，不存在明显的扭曲现象。

总之，针对各地区的要素配置情况，需要采取不同的措施以实现全要素生产率的提高。东部地区需要关注资本配置的差异性，中部地区需要优化土地和劳动力的配置，而西部地区需要进一步巩固现有的合理要素配置。同时，还应针对中部地区的要素配置扭曲问题采取有针对性的政策措施。从地区扭曲程度来看，东部地区资本配置的扭曲程度和发散程度最高，说明农户家庭在资本配置方面的差异性较大；中部地区劳动和土地配置的扭曲程度和发散程度也较高，这说明农户家庭在劳动和土地配置方面的差异性较大。因此，需要制定更具针对性的政策来解决这些问题。

（四）农业全要素生产率提升路径分析

真实的农业全要素生产率可以用如下公式表示：

$$Y = AL^{1-\alpha}L^{\alpha}\ T^{\gamma}$$

公式中，Aefficient 代表全要素生产率，Kefficient 代表资本存量，Lefficient 代表劳动力数量，Tefficient 代表土地面积，$\alpha$ 表示劳动力比重，$\gamma$ 表示土地比重。然而，此公式仅考虑了生产要素本身的作用，未考虑它们之间的扭曲情况。

为了消除要素配置的扭曲，需要采取一系列的措施。第一，优化资本配置是关键之一。引入更有效的农业机械设备和技术，提高资本投入的效率，从而实现资本要素在农业生产中的合理配置；第二，建立土地流转市场。建立土地流转市场可以促进土地的有序流转，使得土地资源可以更优化地配置在不同的农业生产中，从而提高土地资源的利用效率；第三，完善社会保障体系。一个健全的社会保障体系可以降低农民的劳动力风险，使得劳动力更加愿意参与农业生产。这有助于提高劳动力要素的投入效率。

采取以上措施，可以促进农业生产要素的协调配置，消除要素配置的扭曲现象。这样真实的农业全要素生产率得以提升，农业产出也得到增长。这将进一步推动农业现代化的进程，提高农村经济的效益和可持续发展水平：

$$\bar{A} = \frac{1}{T^{\rho}} \left[ \sum_{i=1}^{n} \left[ A_i \bar{T}_i^{\rho} \right]^{\frac{1}{1-\alpha-\beta-\gamma}} \right]^{1-\alpha-\beta-\gamma} \tag{4-27}$$

根据公式（4-27），可以剔除要素配置扭曲的影响，并计算出真实的农业全要素生产率。结果显示，在剔除要素配置扭曲后，真实的农业全要素生产率在10~11。使用考虑环境因素的索罗余值法计算真实的农业全要素生产率低于名义农业全要素生产率。进一步消除要素扭曲后，东部地区的真实农业全要素生产率最高为10.35，中部地区的真实农业全要素生产率最低为10.02。剔除要素配置扭曲后，农业全要素生产率得到了提高，这主要是因为资本、土地和劳动要素配置扭曲相互抵消。因此，这一结论表明要素配置扭曲对农业全要素生产率产生了负面影响，而剔除扭曲后，真实的农业全要素生产率可以更准确地反映农业生产力水平。

为了说明要素配置扭曲对农业全要素生产率的影响，我们可以观察消除要素配置扭曲前后的农业全要素生产率变化。消除要素配置扭曲后，东部地区的真实农业全要素生产率最高，中部地区的真实农业全要素生产率最低。此外，资本扭曲程度最高，劳动扭曲程度最低。这与我国逐渐打破城乡二元体制的政策有关，大量农民工可以进入城镇务工，因此农民的劳动工资扭曲程度较低。相比之下，资本市场上资本流动受限制程度较高，资本扭曲程度最高，许多农户需要承担高利率的民间非正规借贷，以获取资本。因此，消除资本、劳动、土地等要素配置扭曲可以提高农业全要素生产率。

要素配置扭曲指的是农村劳动力、土地和资本配置的偏差，导致农业生产效率低下。消除这种扭曲对于提高农业全要素生产率至关重要。为了更准确地评估消除要素配置扭曲的潜在收益，可以进行进一步的估算。具体地，假设农业总产出的增加空间为（Yefficient/Y−1），其中 Yefficient 是理想水平下的有效产出，Y 是当前实际产出。潜在产出收益为（Yefficient/Y−1）× 100%。这意味着，如果农业全要素生产率能够达到理想水平，农业总产出将增加（Yefficient/Y−1）倍，即增加了潜在产出收益的百分比。这个潜在收益是在消除要素配置扭曲的情况下得到的。

需要注意的是，农业实际产出 Y 与有效产出 Yefficient 之间的比例等于名义农业全要素生产率与真实农业全要素生产率之间的比例。如果真实农业全要素生产率低于名义农业全要素生产率，则实际产出将低于有效产出，因此需要消除要素配置扭曲以提高农业生产效率。

$$\frac{Y}{Y_e} = \frac{A}{\bar{A}} = \frac{1}{\bar{T}^\rho} \left[ \sum_{i=1}^{n} \left[ \frac{A_i}{\bar{A}} \bar{T}_i^\rho \frac{\overline{DI}}{DI_i} \right]^{\frac{1}{1-\alpha-\beta-\gamma}} \right]^{1-\alpha-\beta-\gamma} \tag{4-28}$$

根据消除要素配置扭曲后的估算结果，可以观察到东部和中部地区农户家庭的生产效率改进空间较大。在东部地区，消除要素市场扭曲后，潜在收益提高了36.93%。农业潜在收益空间最大，可推动该地区农业的发展。相比之下，在西部地区，消除要素市场扭曲后，潜在收益将提高32.74%。然而，农业潜在收益空间最小，可能与该地区的自然条件和经济发展水平相关。

根据对3 236户农民家庭的研究，消除要素配置扭曲后，农业潜在产出收益可提高33.78%。这一结论与朱喜的研究结果一致。因此，可得出结论：消除要素配置扭曲可显著提高农业全要素生产率和潜在收益，有助于农业的可持续发展和农民家庭经济收入的提升。

从农户家庭角度来看，消除要素配置扭曲后，农业潜在产出收益可提高33.78%。这一结论与2011年朱喜的研究结果相符。可见，消除要素配置扭曲对于提高农业全要素生产率和潜在收益都具有显著效果。

综合来看，消除要素配置扭曲是提高农业全要素生产率和潜在收益的有效途径。不同地区存在不同程度的要素扭曲，东部地区的资本扭曲程度最高，而中部地区的劳动和土地扭曲程度最高。这可能与攀西民族地区逐渐打破城乡二元体制的政策有关，大量农民工可以无障碍地进入城镇务工，从而降低了农民的劳动工资扭曲程度。然而，资本市场上资本流动受限制较高，资本扭曲程度最高，多数农户家庭获取资本需要承担高于基准利率的高利贷等非正规借贷。因此，在政策制定和实施过程中，应注意各地区要素扭曲程度的差异，采取有针对性的措施，消除要素配置扭曲，提高农业全要素生产率和潜在收益。

1. 提升农业全要素生产率的关键在于优化乡村劳动力配置

由于攀西民族地区各地乡村的发展水平不同，偏远地区的劳动力价格普遍较低。为了充分利用劳动力价格的优势，可以采取多种措施。一方面，结合当地资源和特点，政府可通过招商引资吸引企业利用劳动力价格的优势来发展。另一方面，政府可以支持本地乡镇企业，吸引乡村劳动力，解决劳动力供过于求的问题。此外，促进城乡劳动力市场的融合发展、降低信息不对称也是优化乡村劳动力配置的关键。提高农民工的就业技能，拓宽就业渠道，增加收入来源，实现农民转移就业和城乡劳动力的有机衔接，可以提高农业全要素生产率。

为消除城乡二元体制，需要实现均衡发展的城乡社会保障体系。目前，攀西民族地区的城乡社会保障体系仍存在一些问题，其中一个突出的问题就是城乡二元体制。城乡居民的社会保障待遇和保障范围存在巨大差异，这导致许多农民工不愿意离开家乡去城市工作，同时也导致大量农村人口流失到城市，形成了城乡之间的不平衡现象。因此，均衡发展城乡的社会保障体系、消除城乡二元体制，可以促进城乡劳动力的有效流动，为农业生产提供更多的劳动力资源。

为提升农业全要素生产率，还需应对乡村人口老龄化问题，提高乡村公共基础教育水平，提高乡村人力资本的整体素质。这需要加强对农村地区的教育和培训，为乡村人口提供更多的技能和知识，使其能够更好地适应现代农业生产的需求。同时，发展乡村产业，吸引更多的年轻人到农村发展，缓解乡村老龄化问题，可以保障农业生产的可持续发展。

2. 优化资本配置是提升农业全要素生产率的另一个关键

随着劳动力成本的上升，资本对劳动力和土地的替代效应变得更加明显，因此农业现代化的技术进步对于提高农业全要素生产率具有非常重要的作用。为实现这一目标，需要加强农村金融市场的建设，为乡村提供惠农支农等金融产品和政策，鼓励金融市场接受土地和宅基地抵押担保贷款，并建立农民个人诚信档案和信用积分评价体系。这将有助于降低农民与金融市场贷款之间的信息不对称成本，打破乡村金融市场的管制约束，释放社会资本流向乡村资金匮乏的地区，提高社会资本的回报率，从而降低乡村金融市场的融资成本。

推进农业科技创新和知识产权保护，鼓励农业企业和农民合作社加强自主创新，提高生产效率和产品质量，也是提升农业全要素生产率的必要措施。加强知识产权保护，保障农民和企业的知识产权，鼓励技术创新和知识产权的流通和交易，促进知识产权市场的形成，从而提高农业全要素生产率。

同时，需要加强农村基础设施建设，包括道路、电力、通信、水利等基础设施的建设和改善，为乡村发展提供更好的物质条件和环境。另外，还需要注重保护农村生态环境，防止过度开发和污染，促进生态环境的可持续发展，从而为农业全要素生产率的提高创造良好的环境条件。

3. 建立和完善土地流转市场是提升农业全要素生产率的前提

土地流转是指土地使用权在经济和社会发展需要下转移或交换的一种方式。建立土地流转市场可以更好地满足农业现代化、城市化和工业化发展对土地的需求，提高土地的利用效率。建立全国统一的乡村耕地和宅基地流转平台可以方便乡村土地流转的信息化管理，制定并推广使用全国统一的土地流转合同范本可以减少合同纠纷和交易成本。监控工商企业租赁农地用途，指导地方建立租赁资格审查、项目审核和风险控制等制度可以保障农村土地流转的安全和有效性。妥善解决农地纠纷问题，做好确权登记颁证工作，建立全国农地确权登记颁证的信息化数据库平台可以提高土地的产权明晰度和交易便捷性。全面加强农村集体资产管理，促进集体资产保值增值，激发乡村产业经济活力，做好各种产权流转交易公开规范运行，可以推进土地规模化、集约化，为现代农业规模化、机械化经营管理打下基础，进一步改善农户家庭人均经营耕地面积不足的情况。

# 第五章　攀西民族地区乡村产业升级实证分析

攀西民族地区乡村产业分布情况显示，农业和农产品加工业集聚现象明显。以乡村农产品加工业总产值为例，2020年仁和、米易、西昌、德昌和冕宁的乡镇加工工业和制造业总产值占攀西民族地区的比重为27.89%。这表明乡村加工业作为农业升级产业，呈现出一定的空间集聚效应。为了深入探究这种产业集群现象，研究人员Anselin于1990年提出了使用空间计量方法进行分析。因此，本章将首先明确乡村产业升级与产业振兴之间的关系，然后衡量攀西民族地区乡村产业升级的水平。从县（市、区）际层面观察攀西民族地区乡村产业升级是否存在空间集聚特征，并进一步分析攀西民族地区乡村产业集聚效应受到哪些因素的影响，可以提出攀西民族地区乡村产业升级的具体路径。

本章分析的问题主要包括以下几个方面：首先，明确攀西民族地区乡村产业升级与产业振兴的关系。攀西民族地区乡村产业升级是产业振兴战略的重要组成部分，深入分析乡村产业升级与产业振兴的内在联系，可以为农村地区的可持续发展提供有效的路径和策略。其次，衡量攀西民族地区乡村产业升级的水平。对攀西民族地区乡村产业升级水平的评估，可以客观地评估当前攀西民族地区乡村产业发展的现状和潜力，并为制定有针对性的政策和措施提供依据。再次，从县（市、区）层面观察乡村产业升级是否存在空间集聚特征。使用空间计量方法，可以探索不同地区之间乡村产业升级水平的空间分布规律，判断其是否存在产业集群和区域间的差异，为进一步推动乡村产业升级提供参考和借鉴。最后，考虑乡村产业集聚效应下，攀西民族地区乡村产业升级会受到哪些因素的影响。分析乡村产业集聚效应对乡村产业升级的影响因素，可以帮助我们深入了解乡村产业升级的驱动力和制约因素，并为制定相应的政策和策略提供依据。

本章将全面剖析攀西民族地区乡村产业升级的现状、问题和挑战，并寻求实现乡村产业升级的有效途径和策略。这将有助于共同富裕目标的实现，促进乡村振兴战略的顺利推进，并为攀西民族地区农村地区的可持续发展注入新的活力和动力。

## 第一节　乡村产业升级与乡村振兴的关系

### 一、乡村产业升级

无论是在国内还是国外，学者们对于产业升级的内涵尚未形成统一的概念。在国外，对于产业升级的概念界定存在着不同的观点和分类。Gereffi 基于全球价值链的分析认为产业升级是企业向更具获利能力的资本和技术密集型经济领域迈进的过程。他将产业升级视为企业追求利润最大化和技术能力提升的持续过程。Ernst 从产业升级角度可能强调了企业的动态能力在其中的关键作用。他认为产业升级可以通过不同的方式和途径实现，例如产业之间的转型升级、提高要素使用效率、改善需求结构、扩展功能以及促进产业间的协同合作。Kaplins 等从产业升级角度可能强调了企业的动态能力在其中的关键使用，将产业升级与创新进行了区分。他们认为创新指的是企业通过引入新技术和产品来满足市场需求，而产业升级则强调企业如何更快地适应环境并保持竞争优势。Humphrey 等提出了不同类型的产业升级，包括工艺升级、产品升级、功能升级和跨产业升级。他们认为产业升级可以通过提高工艺技术水平、产品质量和改进产品功能，以及跨越不同产业的边界来实现。

对于产业升级的概念和分类，国内外学者持有不同的观点。无论是追求利润最大化和技术能力提升，还是通过转型升级、提高效率、改善需求和促进合作等方式，产业升级都强调了企业在适应环境和保持竞争优势方面的重要性。此外，创新也被视为推动产业升级的重要因素之一。而不同类型的产业升级，如工艺、产品、功能和跨产业升级，则提供了多样化的路径和策略来实现产业升级的目标。产业升级可以被理解为企业或经济体不断提升利润和技术能力的过程，而实现产业升级则可以采取多种方式和途径，包括产业之间的转型、要素的提升、需求的改善以及功能的扩展。

在实践中，产业升级对于推动农民和农村实现共同富裕具有重要意义，能够促进农村产业的发展和农民收入的增加。

国内学者对产业升级的观点主要可以分为两类。第一类观点认为产业升级与产业结构升级的内涵是一致的，不仅包括产出总量的增加，还包括产业结构向高级转变的过程。喆儒认为产业升级即是产业结构升级的一部分。第二类观点认为产业升级与产业结构升级的内涵不同。从全球竞争和国际视角出发，产业升级不仅包括产业结构升级，而且涵盖了产业链的升级。产业结构升级指的是产业结构向高级发展的过程，而产业升级则指单个产业的产生、演化和衰退过程。无论是产业结构升级还是产业链升级，产业升级对于推动经济发展和实现共同富裕都具有重要意义。在农村地区，产业升级能够促进农业现代化、提高农产品附加值，进而促进农民收入增加，并实现农业和农村经济的可持续发展。

不论是哪种观点，产业升级都在推动经济发展和实现共同富裕方面具有重要作用。对农村而言，产业升级可以促进农业现代化、提高农产品附加值，从而增加农民的收入。同时，通过产业升级，农村地区可以优化产业结构、提高生产效率，实现农业和农村经济的可持续发展。

在分析乡村产业升级的内涵时，应采用国内学者通常使用的宏观和中观视角。从这个角度来看，乡村产业升级与乡村产业结构升级的内涵是一致的。之前对乡村产业现状的分析发现，农业是乡村产业的基础和根本。然而，在攀西民族地区，乡村农产品加工业得到了迅速发展。为了准确反映攀西民族地区乡村农产品加工业的快速发展势头，本章将乡村产业升级的内涵界定为乡村产业结构的高度化，包括乡村产业总产出的增加，以及乡村产业结构向高级转变的过程。

因此，在分析乡村产业升级问题时，本章将综合前述观点，并以乡村产业结构升级和乡村产业升级的内涵一致为基础。同时，考虑到攀西民族地区乡村农产品加工业的快速发展，本章将重点关注乡村产业结构的高度化，即乡村产业总产出的增加以及乡村产业结构向高级转变的过程。对这一问题的研究，旨在揭示乡村产业升级实现的具体路径和策略。

## 二、乡村产业升级与产业振兴的关系

乡村产业升级在促进产业振兴方面具有重要作用。其核心在于提升农产品的质量和附加值，推动乡村产业向农产品加工业和乡村旅游等二、三产业转型升级，实现从低附加值到高附加值的产业转型。提升农产品质量和增加乡村二、三产业的附加值，可以提高乡村产业的平均利润，焕发乡村经济活力，提高农民收入水平。同时，乡镇政府和村委会也完善了乡村经济发展管理制度。此外，乡村旅居康养产业的发展激发了乡村生态循环经济，改善了乡村人居环境，并保护了乡村民俗、民族文化等非物质文化遗产。当地通过采取这些措施，实现了乡村的政治、经济、文化和环境等的全面振兴。

乡村产业升级的关键是提高农产品质量和附加值。随着科技的进步和技术的应用，农产品的品质得到提升，具备更强的市场竞争力。通过发展农产品加工业，乡村产业实现了从传统农业生产向农产品加工和二、三产业的转型升级，提高了产业的附加值。这一转变不仅创造了更多的就业机会，还增加了农民的收入来源。同时，乡村产业升级还优化了农村经济结构和促进了转型升级，提升了整个乡村经济的活力和竞争力。

乡村产业升级的实施需要确立完善的乡村经济发展管理制度。在推进乡村产业升级的过程中，乡镇政府和村两委会①扮演着重要角色。他们应制定相应的政策和措施，提供必要的支持和指导，促进乡村产业的发展和升级。这包括加强对农产品加工、乡村旅游等产业的引导和管理，增加对农村企业和创业者的扶持力度，提供必要的技术培训和金融支持等。同时，建立健全的市场监管机制，保护农村居民的合法权益，维护公平竞争的市场环境，也是推动乡村产业升级的重要任务。

攀西民族地区乡村旅居康养产业的发展对乡村振兴起到了积极的推动作用。这一产业的兴起吸引了更多人选择在乡村进行休闲度假和康养养生，推动了攀西民族地区乡村经济的发展。同时，乡村旅居康养产业注重生态环境的保护和改善，推动乡村生态循环经济的建设，实现了经济效益与环境效益的双赢。这种绿色发展的模式对于产业振兴具有重要的示范意义。

此外，攀西民族地区乡村产业升级还注重保护乡村的文化遗产和传统民俗。通过加强对乡村民俗、民族文化等非物质文化遗产的保护和传承，乡村产业升级不仅推动了经济发展，而且保护了乡村的独特文化价值，增强了乡村的凝聚力和吸引力。

---

① 村两委会指村党支部委员会、村民委员会。

乡村产业升级是促进乡村振兴的重要途径。提升农产品质量和转型升级乡村产业结构，可以激活乡村经济，提高农民收入水平，改善乡村人居环境，并保护乡村文化，实现政治、经济、文化、环境等全面振兴的目标。在推进乡村产业升级的过程中，需要确立完善的管理制度，提供政策支持，加强市场监管，促进乡村旅居康养产业的发展，并注重保护乡村的文化遗产和民俗传统。只有综合推进这些方面的工作，才能真正实现乡村产业升级与产业振兴的有机衔接，为攀西民族地区乡村发展注入新的动力。

## 第二节　攀西民族地区乡村产业升级现状分析

### 一、数据来源及测算方法

干春晖等人[①]在对产业升级进行测度时，从两个方面，即产业结构合理化和产业结构高级化进行衡量。产业结构合理化主要考虑产业间的协调程度和资源的有效利用程度，以评估产业间的聚合质量。衡量的方法可以考虑要素投入结构和产出结构的协调程度。其中一种方法是采用结构偏离度衡量，但这种方法将各个产业的影响看作相同的，忽视了各个产业在经济增长中的重要性；另一种方法是使用泰尔指数衡量，该方法避免了绝对值运算，并保留了结构偏离度的理论基础和经济含义。结构偏离度是常用的衡量产业结构合理化的方法之一，它通过比较实际产业结构与某个参考结构之间的差异程度来评估产业结构的合理性。然而，该方法未考虑各个产业在经济中的重要程度，将它们的影响视为等同。因此，在评估产业结构合理化时，结构偏离度存在一定局限性。相比之下，泰尔指数度量产业结构合理化程度是一种更综合和准确的方法。泰尔指数综合考虑了产业间的差异以及各个产业在整体经济中的重要性。它通过计算各个产业对总产出的贡献，避免了绝对值运算，能更好地反映产业结构的优化和合理化程度。泰尔指数的计算方法基于信息熵的概念，数值越小表示产业结构的合理化程度越高。

---

① 干春晖，郑若谷，余典范. 中国产业结构变迁对经济增长和波动的影响［J］. 经济研究，2011（5）：4-31.

干春晖等人在其研究中提出了对产业升级的测度方法,主要从产业结构合理化和产业结构高级化两个方面进行考虑。其中,泰尔指数是一种有效的测度方法,可以更准确地评估产业结构的合理化程度,并具有坚实的理论基础和经济含义。在实际应用中,我们可以综合考虑多种指标和方法,以全面了解产业升级的状况,并为制定相应的政策和措施提供可靠依据。通过这种综合分析的方式,我们能够更好地理解产业升级的现状,为促进经济发展提供指导。

产业结构高级化是一种测量产业结构升级的方法,在文献中通常使用克拉克定律中的非农产值比重进行衡量。在本章中,我们将攀西民族地区乡村产业升级的内涵定义为乡村产业结构的提升,因此采用产业结构提升作为度量产业升级的指标。然而,该方法仅适用于衡量城乡整体的产业升级系数,不适用于测量乡村产业升级,因为它忽视了乡镇企业所在行政区域在城乡接合部的转变,导致乡村产业升级系数存在偏差。

另一种常用的测算方法引入的产业结构层次系数,该方法强调第三产业的重要性,将其赋予最高值 3,而农业的地位最低,赋予其最低值 1[①]。然而,通过对乡村产业现状的分析,我们发现乡村产业结构的发展不会像城市那样严格遵循"三二一"的模式,而是仍以农业为主,并在条件允许的情况下逐步转向二三产业的升级。农业产业的基础地位不可改变。因此,在本章中,我们根据克拉克定律中的非农人口比重来测算乡村产业升级系数,这在一定程度上纠正了产业升级系数计算的偏差,并且不再过分强调乡村第三产业的重要地位。该方法基于乡村非农就业人口占总就业人口的比重来衡量乡村产业升级系数。克拉克定律认为:随着经济的发展,劳动力将从农业转向第二产业,当发展到更高阶段时,劳动力会再次从第二产业转向第三产业。

故给出的乡村产业升级系数计算公式为

$$uis = \frac{乡村非农产业从业人员数}{乡村总从业人员数} \times 100\% \qquad (5-1)$$

其中,uis 的值越大,表明乡村人口从事二三产业的比重越大,说明乡村产业结构向二三产业演变。数据来源为攀西民族地区乡村非农产业从业人员数等于乡村从业人员数减去乡村农林牧业从业人员的数量。2010—

---

① 金彦伯,周豫. 航空港规模对地方产业结构的影响 [J]. 经济师,2021 (10):49-52.

2020 年乡村从业人员数和农林牧渔业从业人员数的数据来源为凉山州和攀枝花统计局数据库，2010—2020 年的数据来源为地方统计年鉴。对于部分县（市、区）统计数据异常值和缺失值，本书采用数据平滑法和平均值法进行处理。本章采用该公式来测度攀西民族地区乡村产业升级系数。

## 二、攀西民族地区乡村产业升级现状分析

上述测算结果显示，攀西民族地区的乡村产业升级系数在 2010—2020 年经历了先上升后趋于稳定的变化趋势。该系数从 2010 年的 30.99% 增长至 2020 年的 47.00%。这表明攀西民族地区的乡村产业升级水平整体上持续提高。2000—2020 年，乡村产业升级系数年均增长 1.46 个百分点。然而，2015—2020 年，乡村产业升级出现了发展停滞的阶段，部分地区的乡村产业升级系数甚至出现下降趋势。乡村从事二三产业经济的劳动力比重逐年下降，乡村二三产业的后续发展动力相对较弱。尽管如此，不同地区的乡村产业升级系数存在显著差异。

2010 年攀西民族地区的区域产业升级系数呈现出从城市周边地区向中西部地区逐渐下降的趋势。观察 2020 年乡村产业升级系数的区域分布情况，发现有 6 个县（市、区）（包括仁和、东区、西区、德昌、西昌、冕宁）的乡村产业升级系数高于四川省平均值 0.47。对乡村产业升级水平较高的县（市、区）在地理空间上的分布格局进行观察，发现其中一部分集中在城市周边地区，而另一部分则集中在攀西腹地中部地区。因此，我们推测攀西民族地区乡村产业升级水平较高的地区可能存在空间相关性。

根据表 5-1 的数据以及对产业集聚理论的分析，我们得出结论：攀西民族地区的乡村产业升级与其空间地理位置存在关联性。为了进一步判断攀西民族地区乡村产业升级是否具有显著的空间关联性，我们可以采用空间相关性检验方法，其中包括全局空间关联性和局部空间关联性指标。全局空间关联性指标可从整个区域的角度分析空间相关性，反映了整体空间分布的情况。而局部空间关联性指标适用于分析局部区域的空间自相关性。

观察攀西民族地区各县（市、区）2010—2020 年乡村产业升级系数的空间演化规律，我们发现各地区的乡村产业升级之间存在着空间相关性。因此，我们可以采用全局空间关联性指标进行进一步的检验和分析。

全局空间关联性指标主要有两种：自关联性全局 Moran's I（莫兰指

数）和交叉全局 Moran's I。交叉全局 Moran's I 指标需要使用双变量进行计算，通常使用得较少。而自关联性全局 Moran's I 适用于单变量计算，该指标可用于检验空间关联性。具体公式如下：

$$\text{Moran's I} = \frac{n \sum \sum W_{ij}(\text{uis}_i - \overline{\text{uis}})(\text{uis}_j - \overline{\text{uis}})}{\sum \sum W_{ij} \sum (\text{uis}_i - \overline{\text{uis}})^2} \qquad (5-2)$$

其中，$\text{uis}_i$ 为第 $i$ 地区的乡村产业升级系数，$W_{ij}$ 为空间权重矩阵，该矩阵采用车式矩阵（rook，车式空间权重矩阵元素取值设置为：当区域 $i$ 和 $j$ 空间邻近时，取值为不相邻，记为 0），交叉全局莫兰指数计算结果如表 5-1 所示。

表 5-1　攀西民族地区乡村产业升级系数空间交叉全局莫兰指数

| 年份 | Moran's I | z 值 | P 值 |
| --- | --- | --- | --- |
| 2010 | 0.596 | 5.403 | 0.00 |
| 2011 | 0.597 | 5.410 | 0.00 |
| 2012 | 0.607 | 5.491 | 0.00 |
| 2013 | 0.598 | 5.429 | 0.00 |
| 2014 | 0.609 | 5.514 | 0.00 |
| 2015 | 0.611 | 5.525 | 0.00 |
| 2016 | 0.582 | 5.309 | 0.00 |
| 2017 | 0.596 | 5.389 | 0.00 |
| 2018 | 0.597 | 5.388 | 0.00 |
| 2019 | 0.589 | 5.436 | 0.00 |
| 2020 | 0.605 | 5.513 | 0.00 |

数据来源：作者通过计算获得。

　　根据表 5-1 的数据，我们可以得出以下结论：莫兰指数的值均大于 0，并且在 5% 的显著性水平下通过了检验。这说明攀西民族地区的乡村产业升级系数存在着正向的空间关联性，也就是说相邻县（市、区）的乡村产业升级系数之间存在空间依赖关系。2010—2020 年的第一阶段，莫兰指数呈现出三段波动性变化趋势。首先，2010—2020 年，莫兰指数呈现稳定上升的趋势，表明攀西民族地区的乡村产业升级的空间关联性逐渐增强。出现这一趋势的原因在于乡村二三产业就业人数持续增加，乡村企业二三产业总产值表现出快速稳定的增长势头。邻近县（市、区）的乡村产业升级带动了本县（市、区）乡村企业的发展，进而推动了攀西民族地区市乡村二三产业就业的增长，并提高了各地区乡村产业升级系数。其次，2010—2020 年的第二阶段，莫兰指数呈现出低谷上升的趋势。2016 年，莫兰指数下降至 0.582，这说明攀西民族地区乡村产业升级的高值集聚效应急剧减弱，相邻县（市、区）与该省份乡村产业升级之间的空间相关性也减弱。产生这一现象的主要原因是该阶段乡村从事二三产业的人员数量基本稳定在 150 万人左右，乡村第二产业总产值呈稳定增长趋势，而乡村第三产业总产值与莫兰指数的变化趋势基本一致。

截至 2020 年年底，攀西民族地区乡村的第三产业产值下降了 8.91 亿元，与 2010 年的乡村第三产业总产值基本持平①。乡村交通运输业和社会服务业的企业总产值与上年相比也有所下降，尤其是东区和西昌等县市的乡村交通运输业总产值显著减少。产生这一现象的原因可以追溯到 2020年，当时新冠病毒感染疫情暴发，对攀西民族地区乡村企业的出口贸易造成了重大影响，导致乡村二三产业总产值下降。特别是东区和城市周边地区的乡村企业受到了严重冲击，一些县（市、区）的乡村产业升级系数也逐渐降低，从而导致乡村产业升级的空间关联性降低。在接下来的几年里，中国政府采取了刺激国内需求的措施，引导乡镇企业从依赖对外贸易转向依赖国内消费需求，推动乡镇经济持续平稳发展。因此，到 2020 年，攀西民族地区乡村产业升级的莫兰指数提高到了 0.605。然而，进入第三阶段，即 2020 年，攀西民族地区乡村产业升级系数再次降至谷底。全球经济正处于下行趋势，国内消费需求仍存在供需不匹配的现象。乡村中低端加工业无法满足国内不断增长的消费需求，这导致攀西民族地区乡村产业升级的空间关联性再次降低。此外，2020 年部分县（市、区）乡村从事农业的人数甚至比上一年有所增加，这表明不仅乡村二三产业开始下滑，城镇吸纳农民劳动力转移的能力也开始降低。

在攀西民族地区的乡村产业升级过程中，出现了明显的空间集聚特征，尤其在该地区的西部地区这一特征更为突出。2010—2020 年，东区和西昌成为乡村产业升级的热点区和增长极，即产业发展集中的地域。相反地，西部地区主要依赖传统农业，乡村产业升级相对滞后，主要集中在加

---

① 根据攀枝花市、凉山州国民经济和社会发展公报计算而来。

工业和轻工制造业领域。

乡村产业升级在空间上呈现出集聚演绎的特征，具有明显的空间集聚效应。邻近县（市、区）的乡村产业升级推动了本地区县（市、区）乡村产业的发展。然而，邻近县（市、区）乡村产业升级的冲击也对本地区乡村产业升级产生了负面效应。这种冲击具有传递性和衰减性，即邻近地区的乡村产业升级对本地区的影响会逐渐减弱，但仍然存在高阶效应。

随着乡村产业升级的进行，产业集聚效应将不断增强，为整个地区的经济发展带来积极的影响。特别是在邻近地区乡村产业升级冲击逐渐衰减的情况下，本地区的乡村产业将有更多的发展机遇。因此，攀西民族地区需要通过加强区域间的合作和协调，推动乡村产业升级的协同发展，充分利用集聚效应，实现乡村产业的优化布局和跨区域的互利合作。这将为乡村经济的发展提供更为稳定和可持续的动力，推动整个地区的农业现代化进程。

# 第三节　攀西民族地区乡村产业升级影响因素实证分析

## 一、乡村产业升级影响因素的计量模型构建

### （一）计量模型构建

计量模型构建是本书的关键步骤，旨在分析攀西民族地区乡村产业升级的空间集聚特征。由于数据的可获得性限制，我们只能在县（市、区）际层面对该现象进行初步观察。初步研究结果显示，在攀西民族地区，不同县（市、区）之间存在明显的乡村产业升级的空间集聚现象，并且地区间的差异相当显著。

为了进一步探究制约攀西民族地区乡村产业升级的因素，并分析这些因素对产业升级的空间效应，我们将采用广义空间回归模型（SAC）进行研究。该模型综合考虑了空间自回归模型（SAR）和空间误差模型（SEM）的特点，能够较好地反映产业升级过程中的产业集聚现象。

通过构建SAC模型，我们将考察影响乡村产业升级的关键因素，包括经济发展水平、技术创新能力、人力资源和资本投入等方面。同时，我们还将探讨这些因素在空间上的相互作用和空间效应。该模型能够帮助我们深入理解攀西民族地区乡村产业升级的空间特征，并为制定相关政策提供

科学依据。

通过本书的计量模型构建和分析，我们期望揭示乡村产业升级的空间机制和影响因素，为进一步推动攀西民族地区乡村产业升级提供重要参考和决策支持。这将有助于实现乡村经济的可持续发展，推动整个地区的农业现代化进程，提高人民生活水平，促进地区的经济繁荣和社会进步。

其一般形式具体如下：

$$\text{lnuis}_{it} = \rho W_1 \text{lnuis}_{i-1t} + Ln X_t \beta + \mu_t + \upsilon_t \qquad (5-3)$$

$$\upsilon_t = \lambda W_2 \upsilon_t + \varepsilon_t \qquad (5-4)$$

$\rho$ 为空间自回归系数，$W_i$ 为 $N * N$ 维经标准化的非负空间权重矩阵，$X_t$ 表示乡村产业升级影响因素，$\beta\lambda$ 又为空间计量模型待估计参数，$u_t$ 表示样本的个体特性，$\upsilon_t$ 表示存在广义空间回归模型的误差项，$W_2$ 是一个空间权重矩阵，可等于或不等于 $W_1$，$\varepsilon_{it}$ 是服从 $(0, \delta_\varepsilon^2 I_n)$ 正态分布的残差项。

（二）影响因素的变量选择

在变量选择方面，考虑到攀西民族地区乡村产业升级的层次差异以及其空间关联性，我们需要研究对乡村产业升级产生制约的因素，这些因素在攀西民族地区乡村产业发展中起着重要作用。总体而言，乡村产业升级的影响因素可以概括为供给、需求、农业技术进步和对外开放四个方面。

1. 供给

乡村产业升级的基础是乡村自然资源。攀西民族地区的乡村产业升级方向受到天然资源的赋予和自然条件的限制。资源丰富的地区更适宜发展绿色农业，以提高农产品的质量和附加值。例如，仁和杧果、盐源苹果、雷波脐橙、米易樱桃、盐边牛肉、木里花椒等品牌农产品是农业产业内部升级的典型案例。而拥有丰富矿产资源的乡村则更适合发展民营工业，打造以苴却砚台、红格康养、螺髻山温泉等为特色的小镇。另外，拥有独特自然和人文景观的乡村则更适宜发展旅游产业，建设美丽、主题文化和休闲度假的乡村，从而实现乡村产业之间的升级和互动。

供给因素主要涉及乡村的人力资本和农户的资本供给。乡村人力资本是最基本的生产要素，提高乡村劳动力的生产能力有助于促进产业结构的演变和变化。为此，可以采取提升乡村教育水平、加强技能培训和创新人才引进机制等措施，提高乡村劳动力的技能水平和知识水平。同时，农户的资本投资方向和投资规模也会对产业升级产生影响。在衡量乡村人力资本要素时，可以选取乡村企业职工的平均工资作为指标，以反映人力资本的质量和水平。而农户资本供给因素可以通过评估农村住户的固定资产投资总额来进行衡量，包括土地、房屋、设备等方面的投资。

综合考虑乡村自然资源和供给因素，我们可以更好地理解攀西民族地区乡村产业升级的现状和潜力，并为制定相应的发展策略和政策提供科学依据。在推动乡村产业升级的过程中，需综合考虑资源优势、人力资本的提升和农户资本的投入，以促进乡村经济的持续健康发展，推动乡村产业的转型升级，实现经济、社会和环境的可持续发展。

2. 需求

需求因素具有两个方面的含义。一方面是指对乡村农产品总需求量的影响，另一方面是指对乡村产品和服务需求结构的影响。首先，地区的人口总量、人均收入水平、经济社会发展水平以及技术水平都会对乡村农产品和服务的需求量产生影响。在发展中国家，人口增长可能对乡村产业结构的高度化形成阻碍。然而，对于发达国家来说，由于其产业结构基础较为牢固，适度增加人口有利于稳定乡村产业结构并促进其合理化发展。此外，人口的收入水平和消费习惯的变化也会对乡村农产品和服务的需求产生影响。随着收入水平的提高，人们对高品质、绿色、健康食品的需求也在增加，从而推动乡村农业产业的内部升级。其次，需求结构是影响乡村产业结构变化的主要因素之一，其中包括消费结构、投资结构以及消费与投资比例结构。消费者的偏好和需求变化会引导农民的生产决策，从而影响乡村产业的发展方向。举例来说，如果消费者更青睐口感出色的奶油草莓，农民就会大量投资于种植高品质的草莓，从而推动乡村农业产业的内部升级。同样地，如果消费者偏好乡村休闲度假，资本将会涌入乡村，将资金用于建设海滨或农业作业区的旅游基础设施，进而促进乡村产业的升级。需求结构的变化将引发农产品消费和投资的变化，这些都是影响乡村产业升级的重要因素。最后，市场需求结构和规模决定了产业升级的方向和速度。居民消费需求和政府消费需求是最终需求的主要组成部分。已有研究表明，政府消费需求对产业升级的促进作用不明显。因此，选择社会消费品零售总额作为衡量居民消费水平的指标，以反映乡村产业升级中居民消费需求的变化。此外，随着消费结构的升级和多样化，消费者对特色农产品、有机食品、休闲旅游等新兴产业的需求不断增加，这也推动了乡村产业升级。

因此，乡村产业升级的需求因素包括人口总量、人均收入水平、消费习惯的变化以及市场需求结构和规模的变化。这些因素综合作用于乡村产业，引导农民的生产决策和投资方向，推动乡村产业结构的升级和转型，实现经济、社会和环境的可持续发展。

3. 农业技术进步

农业技术进步是推动乡村产业结构优化的决定性因素。随着农业技术的提升，农村传统产业的生产方式发生了改变，大量农村剩余劳动力也得以解放，从而提高了农业生产效率。这使得乡村经济从以劳动密集型农业为主的产业结构转向了更加依赖资本和技术的密集型产业。此外，农业技术进步对需求结构也产生了影响。不断改进农业技术，可以开发出新型农产品并改善现有农产品的质量，从而改变消费者的需求结构，引发产业结构的变化。同时，农业技术进步还对供给结构产生了影响。它能够降低农业生产所需的投入成本，增加农民的收入。此外，通过教育和学习等方式，农业技术进步还可以提高农民的劳动力素质，改善劳动力的供给状况，进而促进乡村产业结构的调整和变动。

农业技术进步还有助于改善产业结构。它能够推动乡村社会分工的细化，从而促成新兴产业的形成。作为乡村经济发展的内生动力，农业技术的进步不仅可以改变农村传统产业的生产方式，解放大量农村剩余劳动力，提高农业生产效率，还有助于培育和发展新的产业。

4. 对外开放

产业结构的形成受到国内和国际因素的影响，主要包括国际贸易和国际投资两个方面。在国际贸易方面，充分利用各国的比较优势可以使攀西民族地区成为国际产业转移的目的地，因为该地区的劳动力成本较低。国际贸易对产业结构具有重要影响。一方面，进口外国农产品可以增加本国供给；另一方面，出口本国农产品可以刺激本国需求增长。这种双向的贸易往来引发了产业结构的调整。同时，引进国外的新产品和新技术对推动本国产业结构的升级能起到积极作用。

在国际投资方面，外国直接投资导致国外产业向内转移。例如，像沃尔玛这样的零售巨头进入攀西民族地区改变了当地对农产品的需求结构。外资企业对农产品品种和数量的变化也会对攀西民族地区乡村产业结构产生影响，而外资企业的技术创新则间接推动了乡村产业结构的发展。古典经济学和新古典自由贸易理论认为，由于国家之间存在比较优势，国际贸易有助于促进双方国内产业结构的良性发展。然而，国内关于贸易开放能否推动产业升级的研究存在争议，谢涓等和张平等的研究持有不同意见。因此，为了验证对外贸易规模增加能否促进产业升级，可以选取所在地区的出口总额作为检验指标。

## 二、攀西民族地区乡村产业升级影响因素的实证分析

（一）变量预处理

在研究中，我们选取了 2010—2020 年攀西民族地区的 22 个县（市、区）作为样本，并搜集了相关数据。数据的来源包括历年的《攀枝花统计年鉴》和《凉山州统计年鉴》。为了确定影响攀西民族地区乡村产业升级的因素，我们参考了武晓霞、张翠菊和张宗益在全社会产业升级因素研究方面的成果，并从供给要素、需求要素、技术进步和对外开放四个方面进行了分析。为了比较不同年份的数据，我们将所有变量调整为 2010 年的基准期，并以调整后的价格指数表示，所在地区的出口总额则采用当年的平均汇率折算为人民币。

（二）空间面板模型单位根检验

为了避免出现伪回归现象，我们对模型中的变量进行了单位根检验，采用了 LLC、IPS、ADF 和 PP 等检验方法。具体的检验结果请参见表 5-2。

表 5-2　面板数据的单位根检验

| 变量 | LLC | P 值 | IPS | P 值 | ADF | P 值 | PP | P 值 |
|---|---|---|---|---|---|---|---|---|
| lnuis | −14.18 *** | 0.00 | −11.12 *** | 0.00 | 225.58 *** | 0.00 | 209.40 *** | 0.00 |
| lnwage | −13.88 *** | 0.00 | −11.15 *** | 0.00 | 239.01 *** | 0.00 | 337.47 *** | 0.00 |
| lnexp | −7.84 *** | 0.00 | −6.37 *** | 0.00 | 152.08 | 0.80 | 183.14 | 0.80 |
| lntech | −17.01 *** | 0.00 | −14.84 *** | 0.00 | 304.77 *** | 0.00 | 310.53 *** | 0.00 |
| lnsale | −3.37 *** | 0.00 | 0.81 | 0.21 | 102.81 *** | 0.00 | 166.36 *** | 0.00 |
| lninvest | −15.88 *** | 0.00 | −13.25 *** | 0.00 | 265.20 *** | 0.00 | 265.82 *** | 0.00 |

注：*、**、*** 代表 10%、5%、1% 水平下的显著性，以上检验结果均在有截距的情况下得出。

检验结果表明，lnuis、lnwage、lntech 和 lninvest 在 LLC、IPS、ADF 和 PP 四种检验方法下均通过了 1% 的显著性水平检验。此外，lnexp 和 lnsal 也在至少两种检验方法（LLC、IPS、ADF 和 PP）下通过了 1% 的显著性水平检验。这一结果表明这些变量均为平稳性序列，因此可以直接进行回归估计分析，而不会出现伪回归现象。

（三）攀西民族地区乡村产业升级影响因素的空间面板计量模型分析

Hausman 检验的结果显示，$\chi^2 = 60.97$，在 1% 的显著性水平下拒绝原假设，因此本书选择使用固定效应模型进行估计。通过观察表 5-3，我们可以得知 lnwage、lnexp 和 lnsal 在混合面板数据模型、个体固定效应模型以及时间固定效应模型中的待估计参数均为正，并且通过了显著性水平检验。然而，在双边固定效应模型中，这些参数未通过检验，这说明双边固定效应模型的参数并不具有稳健性，因此不适合建立双边固定效应模型。

根据 LM 统计量的比较，我们可以分别比较个体固定效应模型和双边固定效应模型以及时间固定效应模型的优劣。LM 统计量分别为 168.25 和 1 482.49，在 1% 的显著性水平下通过了检验，因此拒绝了原假设（个体和时间固定效应模型嵌套在双边固定效应模型中）。此外，根据表 5-3，个体固定效应模型的拟合优度高于时间固定效应模型，因此适合建立个体固定效应模型。考虑到样本量 $N = 22$ 大于 $T = 17$，几乎包含了攀西民族地区所有的县（市、区），因此选择建立个体固定效应模型。

**表 5-3　非空间面板模型及空间自相关性检验**

| 变量 | 混合面板数据模型 | 个体固定效应模型 | 时间固定效应模型 | 双边固定效应模型 |
|---|---|---|---|---|
| lnwage | 0. 165 *** (0. 040) | 0. 054 *** (0. 019) | 0. 193 *** (0. 054) | 0. 027 (0. 017) |
| lnexp | 0. 050 *** (0. 013) | 0. 062 *** (0. 009) | 0. 032 ** (0. 017) | 0. 008 (0. 009) |
| lntech | −0. 118 *** (0. 026) | 0. 116 *** (0. 020) | −0. 131 *** (0. 027) | 0. 081 *** (0. 018) |
| lnsale | 0. 158 *** (0. 029) | 0. 094 *** (0. 016) | 0. 181 *** (0. 031) | 0. 034 (0. 042) |
| lninvest | 0. 007 (0. 024) | 0. 053 *** (0. 012) | 0. 017 (0. 025) | 0. 057 *** (0. 011) |
| R² | 0. 592 | 0. 592 | 0. 592 | 0. 592 |
| LM-Lag | R-LM Lag | LM Err | R-LM Err | LM SAC |
| 134. 15 *** | 1 043. 45 *** | 857. 99 *** | 1 799. 89 *** | 1 896. 75 *** |

注：*、**、*** 代表 10%、5%、1% 水平下的显著性，括号内为标准差。

表5-3展示了非空间固定效应面板模型的估计结果以及空间自相关性LM和稳健LM检验结果。LM检验和稳健LM检验的结果均通过了显著性检验，表明攀西民族地区的县（市、区）之间存在乡村产业升级的空间依赖性。检验统计量LMErr和LMLag分别为857.99和134.15，在1%的显著性水平下均通过了检验。稳健LMErr和LMLag的检验统计量分别为1 043.45和1 799.89，同样通过了显著性检验。这说明我们接受了存在空间滞后模型（SAR）和空间误差模型（SEM）的原假设。然而，根据表5-3，LM SAC检验统计量为2 026.12，我们拒绝了原假设。因此，静态空间杜宾模型（SDM）和动态空间杜宾模型（Dynamic SDM）的设定都不合适。

具体模型估计结果见表5-4。

**表5-4　空间计量模型估计结果**

| 变量 | SAR | Dynamic SAR | SDM | DynamicSDM | SEM | SAC |
|------|-----|-------------|-----|------------|-----|-----|
| lnwage | 0.040 ** (0.016) | 0.008 (0.010) | 0.046 *** (0.015) | 0.005 (0.011) | 0.048 *** (0.017) | 0.031 ** (0.013) |
| lnexp | 0.028 *** (0.009) | 0.021 ** (0.009) | -0.009 (0.010) | $-6.83 * 10^6$ (0.006) | 0.016 (0.012) | 0.031 *** (0.006) |
| lntech | 0.082 *** (0.018) | 0.032 (0.026) | 0.030 (0.021) | 0.007 (0.013) | 0.098 *** (0.021) | 0.052 *** (0.013) |
| lnsale | 0.043 *** (0.015) | 0.134 *** (0.026 1) | 0.001 (0.035) | -0.061 *** (0.046) | 0.149 *** (0.018) | -0.014 (0.011) |
| lninvest | 0.039 *** (0.011) | 0.015 (0.013) | 0.025 ** (0.010) | -0.008 (0.013) | 0.037 *** (0.012) | 0.038 *** (0.009) |
| L. 1lnuis | | 1.253 *** (0.139) | | 0.892 *** (0.029) | | |
| ρ | 0.437 | 0.461 *** | 0.29 | 0.178 *** | | 0.719 *** |
| λ | | | | | 0.408 *** | -0.620 *** |
| Log-like | 675.74 | 7.52 | 726.11 | 926.51 | 656.53 | 699.75 |
| Obs | 510 | 480 | 510 | 480 | 510 | 510 |
| $R^2$ | 0.85 | 0.90 | 0.88 | 0.95 | 0.83 | 0.87 |
| w×lnwage | | | 0.014 (0.027) | 0.022 (0.017) | | |

表5-4(续)

| 变量 | SAR | Dynamic SAR | SDM | DynamicSDM | SEM | SAC |
|------|-----|-------------|-----|------------|-----|-----|
| w×Inexp | | | 0.124 *** (0.014) | 0.028 *** (0.009) | | |
| w×Intech | | | 0.095 *** (0.036) | −0.017 (0.023) | | |
| w×Insale | | | −0.070 * (0.039) | −0.012 (0.027) | | |
| w×Ininvest | | | 0.09 *** (0.023) | 0.034 ** (0.015) | | |
| w×Inuis | | | | −0.075 (0.068) | | |

注：*、**、*** 代表10%、5%、1%水平下的显著性，括号内为标准差。

采用极大似然法估计固定效应的空间回归模型，广义空间回归模型（sac）估计 Rz 为0.87，根据模型的经济含义和参数估计值的稳健性，不适合选择动态 SAR，SDM 模型。由 LM 统计量检验结果可知，设定广义空间回归模型（SAC）较为合适，广义空间回归模型估计结果如下：

$$\ln(\mathrm{uis}_{it}) = 0.72\, w_i \ln(\mathrm{uis}_{it}) + 0.31\ln(\mathrm{wage}_{it}) + 0.031\ln(\exp_{it}) +$$
$$0.052\ln(\mathrm{tech}_{it}) + 0.038\ln(\mathrm{invest}_{it}) + \mu_i + v_{it} \qquad (5\text{-}5)$$
$$v_{it} = -0.620\, w_2\, v_{it} + \varepsilon_{it} \qquad (5\text{-}6)$$

广义空间回归模型的结果显示，在邻近的县（市、区）中，乡村产业升级对本县（市、区）的产业升级产生影响，呈现空间集聚效应。具体而言，产业升级表现出正向的空间自相关性，表示 $p = 0.698$。在随机变量之间存在负向的空间依赖关系，这意味着产业升级受到共同冲击的影响，例如，国家大规模城镇化对产业升级的影响。这导致误差具有负向的空间自相关性。邻近县（市、区）的城镇化建设吸引了本地农民工的迁移就业，从而减少了从事二三产业的农民工人数。这种"抢人"的经济效应对产业升级产生了影响。

其中，$\lambda = -0.620$ 度量了邻近个体关于产业升级的误差冲击对个体产业升级的影响程度。这意味着该地区发生的冲击会通过协方差结构 $w_2$ 传递到相邻区域，并且这种传递具有长期延续性且呈衰减趋势，也就是说空间影响具有高阶效应。

研究结果显示，乡村企业职工平均工资的系数显著为正，这意味着中国乡村企业劳动力工资的提高能够有效吸引农村劳动力从农业转移到二三产业。在攀西民族地区的中心城市，经济高速增长时期二三产业快速发展，城市职工享有更多就业机会，因此很少选择远离中心城市的乡村企业就业。然而，乡村工业和第三产业的迅速发展使得更多的农民选择在附近的乡村企业就业，从而获得额外的劳动收入。乡村企业的兴起提供了更多的就业机会，实现了农业人口向二三产业的转移就业，推动了乡村产业的升级。实证模型的估计结果表明，当乡村企业职工平均工资提高 1 个百分点时，产业升级系数提高 3.09 个百分点，这表明乡村企业职工平均工资对乡村产业升级产生了积极的影响。

在攀西民族地区，出口总额对产业升级具有显著的正向影响，这表明乡村产业升级依赖出口贸易的推动。自改革开放以来，攀西民族地区的乡村企业经济高速发展，其对外出口的产品主要包括低附加值小商品、廉价农产品和自然资源等。通过利用两国生产要素价格比较优势，攀西民族地区获得相应的经济收益，并将赚取的利润用作原始资本积累，不断投入乡村企业的扩大再生产过程中。这一过程推动了乡村二三产业的快速发展，并促进了产业结构的不断升级。

模型估计结果显示，所在地区出口总额对产业升级的估计参数值与乡村企业职工平均工资的影响程度相同，均为 0.030 9。这意味着出口总额和乡村企业职工平均工资对乡村产业升级的影响程度相当。

农用机械的总动力对乡村产业升级同样产生显著的正向影响，这说明攀西民族地区在农业科学技术进步方面取得的成就对乡村产业的发展起到了推动作用。农业科学技术进步主要表现为广泛应用农用机械，尤其是农用拖拉机等机械总动力的增加。这些技术进步解放了大量农村劳动力，提高了农业生产的效率和生产力。农村中的多余劳动力得以转移到乡村二三产业中进行专业化分工，而农业技术进步则为乡村企业提供了大量廉价而稳定的劳动力资源，进一步推动了乡村产业的升级。模型估计结果显示，每增加 1 个百分点的农用机械总动力，乡村产业升级系数将增加 5.2 个百分点。这表明乡村产业的升级主要受到农业技术进步的影响，而农业技术进步也被认为是最为重要的影响因素之一。

农户固定资产投资对产业升级也有显著的正向影响，这说明攀西民族地区乡村固定资产投资乡村企业扩大再生产拉动了乡村产业升级。攀西民族地区乡村固定资产投资资金绝大多数来源于乡村企业盈余利润和农村居民储蓄，与中国传统观念有关，居民有高储蓄、低消费的传统理财观念。乡村企业将赚取的经济利益留存企业内部扩大再生产，农村可支配收入通过高储蓄形式流向资本市场，参与乡村企业扩大建设，推动乡村产业升级。模型估计参数为0.037 9，这表明农村固定资产投资增加1个百分点，产业升级系数增加3.79个百分点，农村固定资产投资是影响乡村产业升级的第二大因素。

居民消费水平对产业升级的影响效果并不明显。固定效应面板模型、空间滞后模型和空间误差模型的结果都表明，人均居民消费水平对产业升级具有正向影响作用。然而，一般空间回归模型的结果显示，人均居民消费水平对产业升级的影响作用并不显著，甚至呈现负向影响。

人均居民消费水平的提高是否有利于乡村产业升级存在两方面的因素。一方面，随着居民消费水平的增加，其对农产品的消费数量也随之增加，城镇居民对乡村旅游等服务业的消费需求也随之增加；另一方面，由于农产品供给的质量相对较差，城镇高收入水平的家庭对有机农产品、绿色农产品和定制农产品的需求旺盛，而这些产品的供应与口感质量差、存在污染的农产品供应之间并不匹配，因此，许多国内消费者更倾向于食用进口粮食、水果、肉蛋奶类食品。这导致国内人均居民消费水平对乡村产业升级的影响效果不显著且为负。

综上，虽然居民消费水平对产业升级存在一定的正向影响，但由于农产品供给质量和城乡消费需求之间的不匹配，以及国内消费者对进口产品的偏好，人均居民消费水平对乡村产业升级的影响效果并不显著，甚至可能呈现负向影响。

### 三、攀西民族地区乡村产业升级影响因素的空间效应分析

詹姆斯·勒沙杰和凯利·佩斯[①]的研究指出，利用空间回归模型的点估计方法来检验变量是否存在空间效应会导致结果偏差，即影响因素的系数估计值并非真实的偏回归系数。为了解决这一问题，他们提出了一种使用求解偏微分方程的方法，将系数估计值分解为直接效应和间接效应，以反映不同影响因素对产业升级的不同影响来源。根据SAC模型参数结果，并结合上述研究方法，我们发现影响因素的变动对产业升级产生了直接效应、间接效应和总效应。表5-5展示了这些效应及其95%的置信区间。

---

① 詹姆斯·勒沙杰，凯利·佩斯. 空间计量经济学导论［M］. 肖光恩，杨勇，熊灵，等译. 北京：北京大学出版社，2013.

表 5-5　乡村产业升级影响因素的空间效应

| 类别 | 直接效应 | | | 间接效应 | | | 总效应 | | |
|---|---|---|---|---|---|---|---|---|---|
| | 系数 | P 值 | 95%的置信区间 | | 系数 | P 值 | 95%的置信区间 | | 系数 | P 值 | 95%的置信区间 | |
| lnwage | 0.038 7 | 0.017 9 | 0.007 | 0.071 | 0.075 | 0.028 | 0.005 | 0.147 | 0.117 | 0.024 | 0.017 | 0.212 |
| lnexp | 0.037 | 0.000 | 0.023 | 0.051 | 0.073 | 0.000 | 0.042 | 0.103 | 0.109 | 0.000 | 0.065 | 0.150 |
| lntech | 0.065 | 0.000 | 0.036 | 0.094 | 0.128 | 0.000 | 0.064 | 0.191 | 0.192 | 0.000 | 0.104 | 0.281 |
| lnsale | -0.019 | 0.179 | -0.045 | 0.008 | 0.038 | 0.218 | -0.098 | 0.022 | 0.056 | 0.203 | -0.142 | 0.030 |
| lninvest | 0.044 | 0.000 | 0.025 | 0.066 | 0.090 | 0.000 | 0.041 | 0.139 | 0.136 | 0.000 | 0.069 | 0.202 |

注：总效应＝直接效应+间接效应。

结果显示，对于变量"lnsale"，它在乡村产业升级中的直接效应、间接效应和总效应均呈现出不显著的负向影响。具体而言，存在以下两方面的原因解释这种影响：首先，绿色和有机农产品的保鲜期相对较短，高收入人群倾向于购买本地的绿色和有机农产品，这导致了邻近县（市、区）的绿色和有机农产品供应被"挤出"，从而抑制了邻近县（市、区）乡村产业升级。其次，人均居民消费收入的溢出效应主要在一定的地理空间范围内显著存在。随着地理空间距离的扩大，这种效应逐渐减弱并不再显著。对于变量"lnwage""lnexp""lntech"和"lninvest"，它们在乡村产业升级中的直接效应、间接效应和总效应都呈现出显著的正向影响，表明乡村企业职工平均工资、出口总额、技术进步和农村固定资产投资对乡村产业升级产生影响，并且在邻近地区之间存在空间效应。值得注意的是，各影响因素的间接效应强度均大于直接效应强度，这意味着攀西民族地区各县（市、区）乡村产业升级受相邻县（市、区）的乡村人力资本、对外贸易、技术进步和固定资产投资的影响要大于该县（市、区）自身因素的影响。例如，乡村企业职工平均工资对产业升级的直接效应为 0.038 7，在 5%的显著性水平检验下具有显著的影响。而其间接效应为 0.075，说明攀西民族地区各县（市、区）的乡村企业职工平均工资具有空间效应，既影响该县（市、区）自身的乡村产业升级，又影响相邻县（市、区）的乡村产业升级。而乡村企业职工平均工资对相邻县（市、区）的产业升级影响更大。

乡村产业升级受到乡村人力资本、出口贸易、农业技术进步和农户固定资产投资的重要正向影响。这些因素对乡村产业升级的直接效应、间接效应和总效应都表现出显著的积极影响。然而,居民消费水平对乡村产业升级的影响作用并不显著。无论是在直接效应、间接效应还是总效应上,居民消费水平都呈现出不显著且负向的影响。这表明居民消费水平对乡村产业升级没有明显的积极推动作用。

乡村经济产业的发展与市场经济的发展和对外开放程度密不可分。许多乡村企业利用国内廉价生产要素进行加工,并将产品出口到国外市场以得到利润。通过积累原始资本,乡村企业能够扩大再生产,提高劳动技术水平,从而呈现出良性发展的趋势。农业技术进步和农户固定资产投资是影响乡村产业升级的主要因素。在攀西民族地区,经济发展中的城乡二元体制导致城市和乡村之间的经济流通关系相对孤立。城市基础设施建设和建筑业等二三产业的投资已相对饱和,大量资金流向房地产行业。与此同时,乡村基础设施严重不足,农业生产力的提高和乡村企业的发展都需要大量的资金。因此,农业技术进步直接推动了农业和乡村企业生产效率的提高,解放了大量农业剩余劳动力并促进其转移到二三产业就业。

出口贸易对乡村经济发展的作用相对较弱,对乡村人力资本的影响也不甚显著。在攀西民族地区,早期加入世界贸易组织后,乡村企业主要依靠出口贸易获取利润,利用廉价生产资料进行加工。然而,在美国金融危机之后,攀西民族地区对外出口贸易受到影响,乡村企业的产品市场由国外市场转向国内市场。此外,近年来国内人口结构严重老龄化,这也对乡村企业的用工成本产生了一定影响,并对乡村经济的二三产业发展带来一定的挑战。

## 第四节　攀西民族地区乡村产业升级实现路径

攀西民族地区乡村产业升级的实现路径是一个综合性的战略过程,需要在多个方面进行协同努力,以提升产业的竞争力和可持续发展能力。

### 一、转向技术密集型是乡村产业升级的引擎

在攀西民族地区,刺绣、烟叶初加工、食品加工以及家具制造业被归类为劳动密集型产业。然而,随着民营产业面临转型的挑战,其向技术密集型转型的问题也逐渐浮现出来。民营企业所生产的工业产品缺乏品牌设

计、包装和销售渠道等方面的支持，往往仅停留在粗加工阶段。这些乡村劳动密集型产业对于低素质劳动力有着较高的依赖程度，技术含量较低。然而，民营企业在原材料成本和劳动力成本的低廉方面具有一定的竞争优势。随着外商对乡村劳动密集型产业的投资不断增加，乡村劳动密集型产业的规模也在不断扩大。在这个过程中，随着资本的积累，民营企业对劳动力的需求也随之增加。当引进先进设备的成本低于劳动力成本时，民营企业会自动转向技术密集型产业，以获取更高的利润。这种转型和升级过程推动了整个乡村产业的发展和升级，为乡村经济注入了新的活力。

### 二、产业集群布局是乡村产业升级的核心

在制定"一村一品"①的战略时，乡村产业依靠自身资源优势来形成产业集群布局特征，以此推动周边经济的发展。乡村产业充分发挥自身的优势资源，形成各自独特的产业集群。在攀西民族地区的大部分地方，乡村产业集群仍处于扩张阶段，通过内部竞争，乡村企业生产出多样化的产品，提升了特色产业的竞争力。

举例来说，位于攀西民族地区仁和区的农产品加工产业不仅带动了产业链上下游的协作配合，还吸引了众多具有明显产业优势的加工企业。通过打造地域特色鲜明、专业性强的农产品加工产业园区，乡村产业实现了集聚效应，推动了乡村经济的发展。

同时，乡村产业也积极探索新型农业合作社模式，加强集体经济，推进乡村产业向规模化、集中化和品牌化的方向发展。这一举措将促进乡村产业形成面向周边省份的辐射新格局，塑造出具有特色的"一村一品"乡镇。为了进一步拓展市场，乡村产业抓住当前农业发展的新机遇，支持乡村特色农产品进军国际市场，积极参与国际大宗农产品现货双向交易平台的竞争。同时，积极支持乡村产业在全国各地建立特色农产品流通枢纽节点，鼓励乡村本土领军企业展开跨境合作，在海外设立营销机构和国际合作园区，并提供相应补贴。

充分发挥地方特色产业集群的优势，乡村产业致力于打造区域品牌，以提升在国内外市场上的竞争力，实现乡村产品向高附加值的升级。这一

---

① "一村一品"是指在一定区域范围内，以村为基本单位，按照国内外市场需求，充分发挥本地资源优势，通过大力推进规模化、标准化、品牌化和市场化建设，使一个村（或几个村）拥有一个（或几个）市场潜力大、区域特色明显、附加值高的主导产品和产业。

系列的发展举措将为乡村产业注入新的活力，推动经济的繁荣与可持续发展。

### 三、延伸主导产业链是乡村产业升级的关键

在攀西民族地区的东部和中部地区，大部分乡镇企业仍停留在低端代加工和粗加工的阶段。然而，产业链在纵向上不断延伸，以乡村特色产业和龙头企业为主导，向上下游扩展产品。这一发展模式在多个领域得到了体现。

以乡村肉类食品加工业为例，乡村肉类食品加工业通过与畜牧业的紧密衔接，推动了畜牧业和养殖业的发展，并延伸至物流端和销售端，打造出精细加工的产品。这一过程助推了乡村运输业和批发零售贸易的繁荣，实现了乡村产品链的拓展，推进了乡村产业的升级。

产业链在横向上也得到了延伸。关键技术由核心龙头企业掌握，关键市场位于产业链的两端，而中间环节的加工企业相对分散。以四川濠吉和凉山州达达公司等龙头企业为例，它们的带动促使乡村农户养殖奶牛市场得到发展，进而提升了乡村奶制品行业的竞争力。随着规模和技术的逐步成熟，乡村的领军人物或村干部发起并成立了本地奶制品行业合作社，积极寻求社会资本的融资投资，塑造出了具有地方特色的奶制品品牌。同时，乡村产业引入外部金融资本市场和新型经营管理模式，建立了统一的线上线下销售模式，逐步夺取了一部分市场份额，并以本地客户为主要销售对象，形成了网络式的销售扩散。

充分利用主导优势产业链向两端延伸，乡村产业成功实现了升级目标。这一发展模式促进了乡村经济的繁荣，提高了乡村产业的竞争力和市场份额，为当地居民创造了更多的就业机会和经济效益。

### 四、培育循环经济是乡村产业升级的方向

攀西民族地区乡村产业转型升级的过程需要采用有效的循环经济发展模式。为此，乡村应培育循环农业模式，以粮经作物为草料和饲料基础。遵循"以养定种"的原则，攀西民族地区积极推进饲用粮生产，并发展饲用玉米、青贮玉米等作物，同时推动高质量牧草的种植，例如黑麦草和首蓿。此外，还需探索粮食与饲料的转换以及种养结合模式，促进粮食、经济作物和饲料作物的协调发展。

为实现这一目标，攀西民族地区可以积极示范并推广小麦与青贮玉米的轮作模式。该模式以延长玉米产业链为核心，推动全区青贮玉米种植面积增加，提升玉米的综合利用能力，进而促进养殖业的发展。这一模式不仅解决了玉米秸秆露天焚烧等环境污染问题，还为畜牧业提供了优质饲料，从而带来良好的社会效益和生态效益。

同时，畜牧业的粪污和厩肥可回收利用于粮经作物的种植，积极推动有机农产品和绿色农产品的转型升级。在具备条件的情况下，龙头企业还可探索实践"猪沼菜"循环和稻田养鱼（虾）等模式，以实现农牧渔共赢，有效推动农产品的转型升级，优化农业种养结构，促进生态循环农业的发展。

这些循环经济模式的推行将有效促进农业生产要素的合理利用和资源循环利用，以提高农产品的附加值和市场竞争力。同时，攀西民族地区通过提升乡村产业的生态效益和社会效益，也能实现经济发展与生态保护的良性循环，为可持续发展打下坚实基础。

# 第六章 攀西民族地区乡村振兴的产业融合发展实证分析

攀西民族地区的农业与二三产业融合发展起步较晚，目前仍处于起步阶段。当前，该地区农业内部已经出现了稻谷-鱼、玉米-土豆-薯-生姜等共生生态系统混合生产模式。与此同时，农村电子商务网络营销也呈现多元化的发展趋势，第三方平台（例如淘宝、微信、微博等）已开始进行农产品的在线交易。此外，攀西民族地区的旅居康养、乡村观光旅游业也呈现出良好的发展势头，包括旅居康养、古村落特色乡村民族文化、农业体验节等。

本章旨在深入分析攀西民族地区农业与二三产业融合发展中出现的乡村新产业和新业态现象。具体的研究内容包括：攀西民族地区乡村目前出现了哪些产业融合现象以及融合程度如何，哪些因素制约了乡村产业融合发展，攀西民族地区乡村一二三次产业融合发展的具体路径是什么。攀西民族地区农业与其他产业的融合程度相对较低，制约因素主要涉及技术、资金、市场和管理等方面。在技术方面，攀西民族地区缺乏现代化的农业生产技术和管理经验，这导致产量和品质无法满足市场需求。在资金方面，农业与其他产业的融合发展需要大量的投资，但由于投资风险较高，很少有投资者愿意承担。在市场方面，农产品的销售渠道相对较窄，农民难以直接面对市场，而且市场需求与供给之间存在不匹配的情况。在管理方面，由于乡村管理体制机制不完善，农业与其他产业的融合发展难以有效实施。这些问题是本章要解决的关键问题。

## 第一节　乡村产业融合与产业振兴的关系

乡村产业融合与产业振兴之间存在着紧密的联系和相互促进的机制。乡村产业融合指的是不同产业领域之间相互协调、协同发展的进程，其目标在于实现资源的优化配置，提高综合效益。而产业振兴则通过促进产业升级、创新和发展，推动整个经济体系增长。

这两者之间的关系可以理解为相互促进、相辅相成的关系。乡村产业融合通过在产业间建立紧密的联系和合作，促使资源的跨领域配置，使不同领域的优势得以互补。例如，农业与旅游业的融合可以创造农村旅游的新业态，增加农民的收入来源，同时也能为游客提供独特的农村生活体验。而产业振兴则强调了产业的创新和升级，通过引入新技术、新模式，提高产业的附加值和竞争力。这种产业的振兴能够为乡村带来新的发展动力，促进整体经济的增长。乡村产业融合和产业振兴的结合能够形成更加强劲的发展势头。产业融合可以为产业振兴提供更多的创新和合作机会，同时产业振兴可以为产业融合提供更加多样和有活力的产业基础。这种相互促进的机制有助于构建更加均衡和可持续的乡村经济结构，推动产业的多元发展。

在实际应用中，政府和企业可以共同合作，促进不同产业的融合与协同，同时加强技术创新、人才培养等方面的努力，以实现乡村产业融合与产业振兴的有机结合，为乡村经济的健康发展提供更强有力的支持。

### 一、乡村产业融合

产业融合是指不同产业相互渗透、融合、协同发展的过程，具有多维度、多层次的内涵。产业融合是指以现代化科技为基础，逐渐趋向融合、相互依存的新型产业发展。这种融合不仅是产业横向整合，而且是跨界整合和创新，将不同产业的技术、资源和要素融合在一起，形成新的产业链、价值链和生态链，推动经济增长和创新发展。

广义的产业融合包括技术融合、产业链融合、资源融合、区域融合、产城融合、产学研融合等多个方面。技术融合指的是不同技术领域之间的融合，例如互联网和传统产业的融合；产业链融合是指不同产业在价值链上的融合，例如农业和旅游、康养业的融合；资源融合是指不同资源领域之间的融合，例如能源和环保的融合；区域融合是指不同区域之间的融合，例如城市和乡村的融合；产城融合是指产业和城市之间的融合，例如农业科技创新和城市建设的融合；产学研融合是指产业、学术界和研究机构之间的融合，例如将产业需求与科研成果相结合。产业融合是一个不断发展、不断创新的过程，需要多方参与和支持。在实践中，我们需要不断探索和总结经验，加强政策引导和创新机制建设，推动产业融合向更高层次，更深、更广的方向发展。

根据植草益[①]的观点，产业融合是指技术进步和放宽管制等新经济现象，改变行业企业间的竞争合作关系，降低产业间的壁垒，使产业间的界限变得模糊。广义的产业融合不仅包含技术融合，还包括服务发展以及商务活动和社会相互影响的新产业融合。这种产业融合是由技术进步或放松管制等因素引起的产业界限动态变化的过程。在这个过程中，不同产业之间的交叉融合和协同发展将成为新的经济增长点，同时也将带来新的机遇和挑战。

近年来，国内学者提出了"农业产业融合"的概念。农业产业融合的目标是通过突出融合的理念，促进农业与其他产业在技术、产品、服务和市场等方面的上下游产业链相互融合，创造一种新型产业和新型业态。何立胜等[②]提出，农业产业融合应着重关注融合的业态，以农业为基础，将其与其他产业结合起来，实现在上下游产业链的互补与协同，从而实现新型产业和业态的创新。同时，王昕坤[③]和谭明交[④]等则强调了融合的对象，认为农业产业融合发生在农业产业内部或与农业联系密切的产业之间。在统一标准下，原本独立的农产品或服务会被重组为一个整体，实现更高效、更可持续的发展。

课题组认为，乡村产业融合具有两个层面的含义。首先，它包括了农业产业内部的融合，这种融合是基于低碳、绿色、生态循环经济模式的产业升级。农业内部的产业融合，可以生产更多的农业新产品，并为农民提

---

① 植草益. 信息通讯业的产业融合 [J]. 中国工业经济，2001 (2)：24-27.
② 何立胜，李世新. 产业融合与农业发展 [J]. 晋阳学刊，2005 (1)：37-40.
③ 王昕坤. 产业融合：农业产业化的新内涵 [J]. 农业现代化研究，2007 (3)：303-306，321.
④ 谭明交. 农村一二三产业融合发展：理论与实证研究 [D]. 武汉：华中农业大学，2016.

供更多的就业机会和增收渠道。其次，乡村产业融合也包括了农业与非农产业外部的融合。这种融合可以改变传统农业生产、经营、销售、物流等作业方式，创造更多的农业新产品、新服务和新商业模式。未来，这种融合的变化过程有可能独立形成一种新的产业形态。总之，乡村产业融合是一种将农业与非农产业相互融合的发展模式，为农村的可持续发展和经济繁荣提供新的动力。

## 二、乡村产业融合促进产业振兴

乡村产业融合与产业振兴之间存在着紧密的联系和相互促进的机制。实现产业融合的发展，需要在乡村范围内推进不同产业之间的融合，促进不同产业之间的相互协调，同时也要加强产业与环境之间的协同关系。在这个过程中，可以采取一系列策略来实现目标。首先，将乡村农业种植业、养殖业与农业以外的领域，如旅游和互联网等，进行有机的融合，创造新的产业形态和业态。其次，需要从生产、经营、销售到物流等各个环节扩展农产品的产业链。减少信息不对称性，可以降低交易成本，提高农村产业的附加值和农民的收入。这些措施将有助于实现资源的最优配置和整合。同时，也要充分发挥现代农业投入与农业劳动力之间的替代效应，从而解放更多的农村劳动力，使他们能够参与到优质农产品生产、农产品加工、乡村旅游等第二、第三产业中。这样一来，乡村产业结构将更加合理化，从而进一步提升农村经济和社会效益。

在实现这一目标的过程中，需要强化不同产业之间的协同合作，从而提高整体的竞争力。同时，还需要积极推动科技创新，加强人才培养和引进，以促进乡村产业的升级和发展。只有持续的产业融合发展，才能够实现农村经济的全面提升，进一步提高农村的生产力和生活水平，达到乡村产业振兴的目标。

产业融合不仅创造了新的产业和业态，例如农产品加工、乡村旅游和康养休闲等，还推动了乡村产业的繁荣发展。乡村产业融合的发展对于实现城乡融合发展具有关键作用。只有将农业、工业和服务业有机结合，打破传统的行业和地域界限，才能够实现产业的协同发展，提升乡村经济的核心竞争力。乡村产业融合的发展，不仅可以增加农民的收入和就业机会，还能提高他们的生活水平和生活质量；同时，也能促进城乡居民之间的交流与互动，推动城乡文化的融合和资源的共享，进一步实现乡村产业振兴的目标。

在这个进程中，加强不同产业之间的协同合作，可以提升整体竞争力，至关重要。只有在各产业之间建立紧密的合作关系，分享资源和信息，实现互利共赢，才能有效地推动乡村产业融合与发展。同时，科技创新、人才培养和引进也扮演着至关重要的角色，这些因素能够为乡村产业提供新的增长动力。引入先进的技术和知识，提升产业的生产效率和质量，推动创新型产业的涌现，可以实现乡村产业的升级和跨越发展。

持续的产业融合发展是实现农村经济全面提升的关键。通过促进不同产业的协同合作，实现资源的优化配置和互补，乡村产业结构将变得更加多元化和富有活力。这种结构的变革将为农村经济带来新的增长点和发展机遇，为农民提供更多的就业机会和提高收入的途径，进一步提高农村的生产力和生活水平。通过持续的产业融合发展，乡村经济将逐步实现更加全面、可持续的增长。综上所述，乡村产业融合与产业振兴之间的关系密切，通过各种措施和策略的结合，能够推动乡村经济实现更高水平的发展和繁荣。

产业融合的实践创造了涵盖农产品加工、机械制造、乡村旅游、康养休闲等多个新产业和业态，为乡村产业的繁荣发展注入了强大动力。乡村产业融合被视为实现城乡融合发展的关键要素。唯有将农业、工业和服务业紧密结合，跨越传统的行业和地域限制，才能实现产业的协同增长，从而提升乡村经济的核心竞争力。乡村产业融合，能够有效地提升农民的收入水平，增加就业机会，推动他们的生活水平和生活质量的提升。同时，这也有助于促进城乡居民之间的互动和交流，进一步推动城乡文化的融合，实现资源的共享，致力于乡村产业的全面振兴。

产业融合为乡村带来了新的增长机遇。乡村产业的多元化发展不仅使农村经济更加充满活力，还为农民提供了更广泛的就业选择。融合带来的产业发展也将提升乡村的经济增长率，挖掘乡村经济的发展潜力，使其在区域经济格局中扮演更重要的角色。与此同时，城乡之间的交流和互动也将促进城乡文化的融合，为乡村产业振兴创造有益的环境。

产业融合的效应在乡村产业中显著体现，其引入了新的产业形态和业态，推动乡村产业的繁荣增长。乡村产业融合是实现城乡融合发展的关键路径，通过紧密结合不同领域的产业，乡村经济将获得更为强大的发展动能。这种发展不仅能够提高农民的收入和生活水平，也将推动城乡文化的融合和资源的共享，为乡村产业的振兴奠定坚实的基础。

## 第二节 攀西民族地区乡村一二三产业融合现状分析

根据三次产业融合理论，我们可以从供给侧和需求侧两个方面来分析农业与其他产业的融合发展程度。通过供给侧的分析，我们可以考察农业与其他产业的融合程度，以及其对新产业的创造和推动作用。例如，攀西民族地区通过将现代信息技术与传统农业相结合，实现了农产品的线上销售和配送，创造了互联网农业这样的新产业形态。再者，旅居康养通过利用攀西自然资源、民族文化资源，开发乡村旅游资源和服务，推动了农业、服务业和旅居康养业的融合发展，形成了新型的乡村产业链。农业体验节和民宿也是一种农业与旅游业融合的新模式，该模式通过吸引游客前来采摘、观光和住宿，推动了当地农业和旅游业的发展，创造了新的收入来源和就业机会。从需求侧的角度来看，可以考察新产业和新业态带来的经济增长效益。例如，互联网农业可以提高农产品的品质和供应效率，满足消费者的多样化需求，从而创造更多的经济价值和就业机会。同样地，乡村旅游可以推动攀西民族地区旅游业的发展，增加消费需求，促进地方经济的增长和发展。而采摘节和民宿则可以吸引更多游客前来消费，从而增加当地的收入和就业机会。

通过运用三次产业融合理论进行分析，我们可以更好地了解攀西民族地区农业与其他产业融合的程度和发展趋势，进而推动攀西民族地区乡村产业的发展和产业振兴。

### 一、产业融合指标体系

产业融合度是对产业融合程度进行度量的一种指标，用于衡量不同产业之间的关系。通常，产业融合度涉及供给侧和需求侧两个方面。供给侧测算主要从生产要素和产业链等方面评估不同产业之间的融合程度。例如，农业与旅游产业之间的融合程度可以通过评估农家乐、采摘园等业态的数量和比例来衡量。需求侧测算主要从消费者需求和消费结构等方面评估不同产业之间的融合程度。例如，农业与互联网融合可以根据电商销售额、农产品电商平台数量等指标进行评估。产业融合度可以为决策者提供参考，帮助他们了解不同产业之间的融合情况，并制定相应的政策来促进产业融合。

一种常用的方法是利用综合指数法构建一个包含多个指标的指标体系，该指标体系用于评估乡村一二三产业之间的融合程度。这个指标体系通常包括经济、社会和环境等重要指标，如农业生产总值、工业增加值、社会消费品零售总额、人均可支配收入、城乡居民收入差距、环保指数等。然后，通过加权平均数等方法对这些指标进行加权和综合，得出一个反映产业融合度的综合指数。比较不同地区和不同时期的综合指数，可以判断其产业融合程度，以及产业发展的趋势和方向。

另一种方法是投入产出法，该方法用于分析各个产业之间的联系和相互作用。在产业融合测算中，从供给侧和需求侧分别计算产业融合度是投入产出法的一种应用方式。供给侧产业融合度计算基于直接消耗系数，该系数是一个矩阵，反映各个行业之间的直接输入和输出关系。需求侧产业融合度则基于需求率计算，反映不同行业之间的需求关系，即各个行业之间的相互依存程度。

计算供给侧和需求侧的产业融合度，可以更全面地了解不同行业之间的相互作用和融合程度，有助于推动产业结构升级和产业融合发展。例如，在农业产业中，使用投入产出法从供给侧和需求侧计算产业融合度，可以更好地了解农业与其他产业之间的联系，推动农业与相关产业的融合发展，提高农业的附加值和竞争力，促进农业经济的健康发展。

在当前乡村振兴的大背景下，乡村产业融合被认为是促进乡村产业振兴的重要途径之一。攀西民族地区作为一个多民族聚居地，拥有丰富的自然资源，以及独特的地理位置优势和民族文化，具备发展乡村产业融合的潜力和条件。然而，在当前攀西民族地区的乡村产业发展中，是否已经出现融合以及融合程度如何，是一个需要深入研究的课题。

从乡村产业的角度来看，传统农业是所有乡村产业的基础，而农业科技和技术的融合则是农业与其他产业融合的首要阶段。随着融合的深入，农业市场也逐渐融合，从而发展出农业新产业和新业态。这是乡村农业产业融合的基本过程。因此，乡村产业融合需要经历不同阶段的发展过程，以推动乡村经济的持续增长和产业振兴的实现。

以往产业融合测算方法的研究存在一些缺陷。第一种方法只能预测产业技术融合是否出现，而无法判断已经出现的产业融合程度的高低；第二种方法使用综合指数测度产业融合度，但所使用的无量纲化方法不同，可能导致不同的结论，并且不能区别不同类型的产业融合；第三种方法只能反映使用同种产品投入和投入不同种产品的相对量，无法反映投入产品之间的相关程度高低，即不能科学地表示产业融合度的内涵。

因此，在测算乡村产业融合度时，需要综合运用不同的方法，选取最适合的方法结合具体情况，并注意方法的局限性。另外，还需要通过调查研究、数据分析等手段，全面了解乡村产业融合的实际情况，为推动乡村产业融合发展提供科学的理论基础和实践指导。本章主要从供需双向视角测算乡村产业融合的程度。

根据 Wan 等人的研究思路，本章采用 2010—2020 年世界投入产出数据库（WIOD）的投入产出表，并利用投入产出法计算农业与二三产业的中间投入率和中间需求率。为了测量农业产业融合度，首先需要确定农业与哪些产业存在融合趋势，以及农业与哪些产业正在融合形成新业态或未来有望形成新业态。根据陈慈等人对农业新业态的分类，本章将乡村一二三次产业融合划分为五种类型：农业内部产业融合、农业与现代工业融合、高科技向农业渗透融合、农业与服务业融合以及农业与电子商务融合。具体而言，可以使用国际行业分类标准中的农牧业（$A_{01}$）、林业（$A_{02}$）和渔业（$A_{03}$）代表农业，并将其与机械设备制造业（$C_{28}$）、科学研究与开发（$M_{72}$）、住宿餐饮业（I）、仓储运输业（$H_{52}$）或软件信息技术服务业（$J_{62}$-$J_{63}$）等产业融合形成新业态。具体涉及农业及其关联产业的内容如表 6-1 所示。

表 6-1　攀西民族地区农业新业态、新产业涉及行业

| 代码 | 行业名称 |
|------|----------|
| $A_{01}$ | 农牧业 |
| $A_{02}$ | 林业 |
| $A_{03}$ | 渔业 |
| $C_{28}$ | 机械设备制造业 |
| $H_{52}$ | 仓储运输业 |
| I | 住宿餐饮业 |
| $J_{62}$-$J_{63}$ | 软件信息技术服务业 |
| $M_{72}$ | 科技研究与开发 |

由于国际 WIOD 数据库具有良好的时间连续性，在联合国统计委员会于 2007 年修订了《所有经济活动的国际标准行业分类》之后，农业及相关行业的分类基本保持不变，因此指标的前后口径具有一致性。本章使用了 2010—2020 年的数据，并按照国际标准行业分类对攀西民族地区的数据进行分类，以进行动态分析，并研究该地区乡村农业产业融合度的发展演变特征。

为了更深入研究攀西各地区乡村产业融合现象，本书采用了 2010—2020 年攀西民族地区每三年一次的投入产出表数据，并公开了 2013 年、2016 年、2019 年的数据。然而，由于攀西民族地区的国民经济行业分类标准在 2015 年和 2018 年发生了变化，前后行业口径不一致，因此这些连续年份之间并不具有可比性。针对农业与二三产业融合形成新产业、新业态的新经济现象特点，本书着重关注最新的农业与二三产业融合程度，选取了 2019 年各地区统计局数据进行研究，以分析各地区农村一二三产业融合的程度和类型。

由于各地区投入产出表的结构与 WIOD 世界联合国数据库的投入产出表的部门结构不同，因此分析农业与哪些二三产业形成新产业、新业态与攀西民族地区农村一二三产业测度涉及的行业存在一些差异。在分地区的投入产出表中，农林牧渔行业没有被细分，因此不再区别测度农牧业、林业和渔业的产业融合度。为了解决这个问题，本书将根据具体情况，综合使用多种数据，以更好地揭示攀西民族地区农村产业融合的发展趋势和演变特征。

计算攀西民族地区农业与现代工业技术融合度时，我们选择了机械设备制造业（$C_{28}$）作为代表行业。然而，在分县（市、区）投入产出表中，机械设备制造业进一步被细分，农用机械设备制造属于专用设备（$A_{17}$）行业。因此，为了代表现代工业技术，我们选取了专用设备（$A_{17}$）。对于其他相关行业的选取方式没有变化。根据农业产业融合的五种类型，各地区投入产出表中涉及农业新业态和新产业的行业如表 6-2 所示。

表 6-2　攀西民族地区分县（市、区）农业新业态、新产业涉及行业

| 代码 | 行业名称 |
|---|---|
| $A_{01}$ | 农林牧渔产品和服务 |
| $A_{17}$ | 专用设备 |
| $A_{30}$ | 交通运输、仓储和邮政 |

表6-2(续)

| 代码 | 行业名称 |
|------|----------|
| A$_{31}$ | 住宿和餐饮 |
| A$_{32}$ | 软件和信息传输技术服务 |
| A$_{36}$ | 科学研究和技术服务 |

产业融合的方法和类型在测度分县区和整个攀西民族地区农村一二三产业融合时保持一致。我们通过分析各县（市、区）的投入产出表来选择代表农业和相关产业的相应行业，并计算中间投入率和中间需求率。然后，我们利用这些指标的相关系数来计算产业融合度。具体而言，我们将每个县（市、区）的中间投入率和中间需求率与整个攀西民族地区的中间投入率和中间需求率进行比较，以计算供给侧和需求侧的产业融合度。

供给侧产业融合度指的是各县（市、区）生产环节中各产业之间的融合程度，而需求侧产业融合度则指的是各县（市、区）消费环节中各产业之间的融合程度。在计算融合度时，我们根据之前提到的五种农业产业融合类型对各县（市、区）的农业产业融合进行分类。虽然省略了分地区中间投入率和中间需求率的计算结果，但这些数据对于计算产业融合度非常重要，是计算过程中不可或缺的一部分。

首先，农业与二三产业的中间投入率是指在农业与二三产业之间的经济联系中，从二三产业到农业的投入比例。为了计算这个比例，我们需要使用直接消耗系数（$a_{ij}$）。直接消耗系数表示生产经营过程中，农产品部门（记为第 $j$ 部门）单位总产出所直接消耗的非农产品部门（记为第 $i$ 部门）货物或服务的价值量。直接消耗系数是衡量不同产业之间联系强度的重要指标之一，反映了一个产业在生产过程中所需的其他产业产品或服务的数量和价值。

通过计算农业与二三产业的中间投入率，我们可以更准确地评估不同产业之间的经济联系，为实现农业与二三产业的深度融合提供依据。需要注意的是，直接消耗系数还可用于计算其他指标，例如中间需求率和投入产出比例等，在经济研究中具有重要的应用价值。计算方法如下：将农产品（产业）部门的总产出 $X_j$ 除以农产品（产业）部门所直接消耗的农产品部门的货物或服务的价值量 $X_{ij}$，公式表示如下：

$$a_{ij} = \frac{X_{ij}}{X_j}(i, j = 1, 2, 3, \cdots, n) \tag{6-1}$$

$X_{ij}$表示农产品部门 $j$ 直接投入非农产品 $i$ 部分，$X_j$ 表示农产品部门 $j$ 总投入部分。供给侧产业融合是技术和市场融合的结果，直接消耗系数代表农产品（产业）部门与非农产品（产业）部门间产品和技术的关联性。

$$A = (A_1, A_2, \cdots, A_n) = \begin{pmatrix} a_{11} & a_{12} & \cdots & a_{1n} \\ \vdots & \vdots & \cdots & \vdots \\ a_{n1} & a_{n2} & \cdots & a_{nn} \end{pmatrix} \quad (6-2)$$

根据直接消耗系数法计算得出的农业与二三产业部门的中间投入率，我们得知不同年份直接消耗农产品的比例略有差异。就供给侧而言，农业与其他非农产业之间的联系可能相对较弱。然而，从需求侧来看，在农村地区尤其如此，农业对非农产业的需求是存在的。例如，农村地区需要大量的非农产品，如家电、建材等，这些产品需要通过非农产业供给。因此，农业与非农产业在需求侧是相互依存的。

其次，我们来介绍农业与二三产业之间的中间需求率，中间需求率用于计算它们之间的中间需求比例。计算中间需求率的过程涉及将非农部门中被农业部门直接使用的部分与非农部门总产出被自身部门居民消费的部分进行拆分。中间需求率用符号 $b_{ij}$ 表示，表示农产品部门（第 $j$ 部门）所需的价值量在非农部门（第 $i$ 部门）单位总产出中的比例。该比例可以从两个方面来描述：首先是农产品在非农产品中所占比例，其次是非农产品总产值在非农部门中的比例。具体计算中间需求率的公式如下所示：

$$b_{ij} = \left( \frac{x_{ij}}{X_i}, \frac{r_i}{X_i} \right) \quad (6-3)$$

其中 $r_i$ 为非农部门（第 $i$ 部门）的居民消费，$X_i$ 是非农部门（第 $i$ 部门）的总产出。需求系数反映农业和非农业部门的直接使用和最终消费需求。

$$B = (B_1, B_2, \cdots, B_n) = \begin{pmatrix} b_{11} & b_{12} & \cdots & b_{1n} \\ \vdots & \vdots & \cdots & \vdots \\ b_{n1} & b_{n2} & \cdots & b_{nn} \end{pmatrix} \quad (6-4)$$

根据农业与二三产业部门中间需求率的测算结果，进一步分析发现在不同年份中，农业与二三产业在直接使用和最终消费需求率方面存在较大差异。需要注意的是，这种差异普遍程度较小。为了科学地评估攀西民族地区农业与二三产业之间是否可能形成产业融合关系，我们需要详细计算它们的融合度。

通过计算，我们可以了解攀西民族地区农业与二三产业之间的具体产业融合度情况。该融合度受到多种因素的影响，包括资源共享程度、技术创新能力、市场竞争情况等。只有深入分析这些因素，才能更好地推动农业与二三产业的融合发展，进一步提升整个产业链的效益和竞争力。因此，测算和分析这种融合度具有十分重要的意义。

借鉴 Fai 等人 2001 年的研究方法，农业与二三产业的融合度可以通过计算显著性的相关系数来衡量。具体而言，可以分别计算农业与二三产业的中间投入率和中间需求率之间的相关系数，并将其作为衡量农业与二三产业融合度的指标。通过显著性判断相关系数，我们可以判断乡村一二三产业间是否形成融合，从而使测算结果更具科学性。

在进行相关系数测算过程中，可以使用相关系数矩阵来展示不同列间的相关性。为简化分析，可以选择研究 2010—2020 年攀西民族地区农业与二三产业直接消耗系数之间的相关性。具体而言，可以将非农部门（第 $i$ 行）和农业部门（第 $j$ 列）的元素作为原始矩阵，计算非农部门（第 $i$ 列）和农业部门（第 $j$ 列）之间的相关系数，以便分析它们之间的关联程度。通过这种方式，我们可以更深入地了解农业与二三产业之间的融合度，并制定更科学、有效的产业融合发展策略。

设（$A_1$，$A_2$，$A_3$，…，$A_n$）是一个 $n$ 维随机变量，求得任意 $A_i$ 与 $A_j$ 的相关系数 $\rho_{ij}^A$（$ij$=1，2，…，$n$）为供给侧产业融合度，将 $A_i$ 替换为 $B_i$，任意 $B_i$ 与 $B_j$ 的相关系数 $\rho_{ij}^B$（$ij$=1，2，…，$n$）为需求侧产业融合度，即

$$\rho_{ij}^A = \frac{cov(A_i, A_j)}{\sqrt{DA_i}\sqrt{DA_j}}$$

$$\rho_{ij}^B = \frac{cov(B_i, B_j)}{\sqrt{DB_i}\sqrt{DB_j}} \tag{6-5}$$

设定 $A_i$ 表示非农部门中间投入率中第 $i$ 个部门的比例，而 $A_j$ 代表农业部门中间投入率中第 $j$ 个部门的比例。我们使用 $P_{ij}$ 表示非农部门中间投入率与农业部门中间投入率之间的相关系数，该值越接近 $i$，说明非农部门与农业部门之间的产业融合程度越高。当中间投入率的相关系数均为正值时，表示农业与该非农行业为互补性产业融合；当中间投入率的相关系数均为负值时，表示二者为替代性产业融合。相关系数越高，说明生产不同农产品需要同一行业投入相似性越高。与中间投入率的相关系数测算方法相同，农业与二三产业中间需求率的相关系数也可以采用类似的计算方式。在这里，我们可以将 $A_i$ 替换为 $B_i$，以测算二三产业中间需求率中第 $i$

个部门与农业部门中间需求率之间的相关系数。不同的是,中间需求率的相关系数越高,说明在生产同一种产品时,使用不同的农业资料所需的产业类别越相似。

## 二、攀西民族地区农业内部产业融合现状分析

攀西民族地区农业内部产业融合度的分析指的是分析种植业、畜牧业、水产业等不同子产业之间形成的融合关系。这种融合关系的发展对于促进生物系统的发展以及推动低碳、循环、绿色农业具有重要意义。我们特别关注农牧业、林业和渔业的融合关系,因为它们在农业内部产业融合度的评估中占据重要地位。为了量化这种融合度,我们需要从供给和需求两个视角进行考虑,综合考虑不同子产业之间的相互依存和互补性,评估它们之间的关联性和协同作用,以此来测算它们之间的融合度。这样的测算可以为相关政策制定提供依据,促进农业内部的可持续发展,并为农业领域的生态文明建设做出贡献。

具体结果如表6-3所示。

表6-3 攀西民族地区农业内部产业融合度

| 年份 | 供给侧融合度 | | | 需求侧融合度 | | |
|------|------|------|------|------|------|------|
| | $A_{01}$&$A_{02}$ | $A_{01}$&$A_{02}$ | $A_{02}$&$A_{03}$ | $A_{01}$&$A_{02}$ | $A_{01}$&$A_{02}$ | $A_{02}$&$A_{03}$ |
| 2010 | 0.311 2 | 0.400 7 | −0.005 4 | −0.103 1 | −0.123 6 | −0.091 7 |
| 2011 | 0.310 1 | 0.389 1 | −0.009 8 | −0.104 9 | −0.139 8 | −0.092 3 |
| 2012 | 0.312 4 | 0.379 7 | −0.017 9 | −0.112 1 | −0.168 5 | −0.077 4 |
| 2013 | 0.320 3 | 0.507 3 | 0.000 2 | −0.118 2 | −0.169 3 | −0.063 8 |
| 2014 | 0.331 6 | 0.512 5 | 0.044 7 | −0.128 0 | −0.153 6 | −0.059 5 |
| 2015 | 0.332 1 | 0.511 3 | 0.052 6 | −0.137 5 | −0.142 8 | −0.069 4 |
| 2016 | 0.429 6 | 0.559 2** | 0.051 8 | −0.144 3 | −0.137 4 | −0.117 1 |
| 2017 | 0.427 1 | 0.567 3** | 0.061 3 | −0.142 0 | −0.100 6 | −0.123 1 |
| 2018 | 0.428 3 | 0.617 6** | 0.075 4 | −0.122 9 | −0.052 8 | −0.129 1 |
| 2019 | 0.502 8 | 0.637 9** | 0.115 6 | −0.132 7 | −0.062 7 | −0.130 2 |
| 2020 | 0.483 6 | 0.656 2** | 0.200 3 | −0.133 2 | −0.052 5 | −0.132 1 |

数据来源:历年 WIOD 国际标准行业分类投入产出表,以上数据通过计算获得。

根据供给侧和需求侧的测算结果（参见表6-3），我们可以得出攀西民族地区农业内部产业间的融合程度存在差异。从供给侧的角度来看，农牧业与林业以及林业与渔业之间并没有明显的融合现象。唯独农牧业与渔业之间的产业融合度具有一定的显著性，且为正值，表明这两个子产业之间存在一定程度的供给侧互补性融合关系。2016年，农牧业与渔业首次出现了产业融合（0.429 6），随后该值逐渐增大，并稳定在0.483 6左右。

从需求侧的角度来看，农业内部产业间并没有显著的产业融合现象，这表明农业内部尚未完成产业融合。特别是农牧业与渔业在供给侧和需求侧存在一定的错位现象，即消费者对于融合产品的需求并没有形成明显的趋势。这提醒我们在进一步推动农业内部产业融合的同时，还需要加强对消费者需求的研究和挖掘，以促进融合产品在市场上的需求和消费。

根据表6-4的结果，我们可以分析攀西民族地区农业与现代工业之间的融合现状。第五类产业融合指的是农业与现代工业技术之间的融合，即通过应用现代工业技术创造出新的农业业态。这种以工厂化农业为典型的新型农业形态旨在最大限度地减少农业遭受自然灾害的影响。机械制造业代表了现代农业技术。通过从供给和需求的双向视角测量农牧业、林业和渔业与现代工业之间的产业融合度，我们可以评估这种融合程度的高低。这类产业融合的目的是实现农业的现代化，通过应用现代工业技术提高农业的生产效率，实现可持续发展。具体结果详见表6-4。

表6-4　攀西民族地区农业与现代工业融合度

| 年份 | 供给侧融合度 | | | 需求侧融合度 | | |
|---|---|---|---|---|---|---|
| | $A_{01}$&$A_{02}$ | $A_{01}$&$A_{02}$ | $A_{02}$&$A_{03}$ | $A_{01}$&$A_{02}$ | $A_{01}$&$A_{02}$ | $A_{02}$&$A_{03}$ |
| 2010 | −0.135 2 | −0.063 2 | −0.005 4 | −0.301 2 | −0.205 7 | −0.209 8 |
| 2011 | −0.134 7 | −0.061 4 | −0.009 8 | −0.309 7 | −0.211 3 | −0.215 7 |
| 2012 | −0.140 5 | −0.051 2 | −0.017 9 | −0.292 9 | −02 205 | −0.221 3 |
| 2013 | −0.121 2 | −0.071 3 | 0.000 2 | −0.281 7 | −02 087 | −0.232 3 |
| 2014 | −0.135 1 | −0.082 5 | 0.044 7 | −0.254 9 | −02 125 | −0.241 2 |
| 2015 | −0.138 9 | −0.053 2 | 0.052 6 | −0.264 2 | −02 113 | −0.235 7 |
| 2016 | −0.130 1 | −0.032 2 | 0.051 8 | −0.219 7 | −02 212 | −0.216 8 |
| 2017 | −0.121 6 | −0.058 3 | 0.061 3 | −0.232 9 | −02 139 | −0.241 0 |

表6-4(续)

| 年份 | 供给侧融合度 | | | 需求侧融合度 | | |
|---|---|---|---|---|---|---|
| | $A_{01}\&A_{02}$ | $A_{01}\&A_{02}$ | $A_{02}\&A_{03}$ | $A_{01}\&A_{02}$ | $A_{01}\&A_{02}$ | $A_{02}\&A_{03}$ |
| 2018 | -0.119 5 | -0.084 1 | 0.075 4 | -0.243 1 | -02 317 | -0.171 3 |
| 2019 | -0.107 9 | -0.1 009 | 0.115 6 | -0.232 6 | -0.227 2 | -0.250 6 |
| 2020 | -0.122 1 | -0.106 9 | 0.200 3 | -0.229 6 | -02 167 | -0.241 1 |

数据来源：历年 WIOD 国际标准行业分类投入产出表，以上数据通过计算得到。

根据表 6-5 中的数据，我们可以得出农业与现代工业的融合度从供给和需求两个方面都不显著且为负值的结论。这说明农业和现代工业尚未出现明显的产业融合现象，可能未来会呈现替代性融合的趋势。目前，攀西民族地区的农业发展与现代农业生产方式的转变存在一定差距。现代农用机械生产制造业的发展较慢，农业机械化普及率较低，同时农机的设计和适用性还需改进。此外，在农业领域应用现代新材料和新技术的范围仍较有限。同时，攀西民族地区的农业发展仍较易受到自然灾害的影响，农业工厂化仍处于实验室研究阶段，这些因素对农业与现代工业的产业融合产生了重要影响。

农户对于现代农业工厂化发展的需求并不高，这可能与他们对农业工厂化的认知和接受程度有关。此外，农业劳动力成本、新技术材料成本和资本成本的替代弹性较小，使得大量农业劳动力仍未被资本要素替代。因此，从供需双向的视角观察，农业与现代工业的产业融合度均不明显。尽管现代农业技术和新材料的应用仍有不足之处，但其应用有助于提高农业生产效率和质量，减少对农业劳动力的依赖。未来，将不断推进农业与现代工业的产业融合，实现更高水平的现代化农业生产。

为了全面了解攀西民族地区各县（市、区）农业与现代工业的融合程度，需要采用相同的测算方法从供给侧和需求侧双向角度进行测算。通过这种测算，我们可以发现不同地区之间农业与现代工业的融合程度存在差异。有些地区的农业与现代工业的融合程度较高，而有些地区较低。这种差异可能源于不同地区的经济发展水平、自然资源禀赋和政策支持程度等因素。深入测算攀西民族地区各县（市、区）的农业与现代工业的融合程度，可以更好地指导地方政府在产业发展方面的决策，促进攀西民族地区的经济发展。具体结果详见表 6-5。

表6-5 分县（市、区）农业与工业融合度

| 县（市、区） | 供给侧 $A_{01}$ & $A_{17}$ | 需求侧 $B_{01}$ & $B_{17}$ | 县（市、区） | 供给侧 $A_{01}$ & $A_{17}$ | 需求侧 $B_{01}$ & $B_{17}$ |
|---|---|---|---|---|---|
| 会理 | -0.257 | -0.272 | 甘洛 | -0.219 | -0.514 |
| 会东 | -0.223 | -0.163 | 喜德 | -0.294 | 0.389 |
| 西昌 | -0.294 | -0.252 | 雷波 | -0.227 | -0.272 |
| 木里 | -0.285 | -0.196 | 德昌 | -0.195 | -0.101 |
| 盐源 | -0.247 | 0.979 | 冕宁 | -0.241 | -0.045 |
| 金阳 | -0.291 | -0.169 | 盐边 | -0.244 | -0.257 |
| 普格 | -0.261 | -0.297 | 宁南 | -0.259 | -0.294 |
| 美姑 | -0.238 | -0.135 | 米易 | -0.263 | -0.107 |
| 昭觉 | -0.279 | -0.164 | 仁和 | -0.146 | 0.964 |
| 越西 | -0.247 | -0.445 | 东区 | -0.284 | 0.566 |
| 布拖 | -0.272 | 0.307 | 西区 | -0.141 | 0.272 |

数据来源：2021年攀西民族地区投入产出表，以上数据通过计算获得。

供给侧数据显示，攀西民族地区的农业与现代工业以及农业与电子商务等领域的产业融合程度均不显著，表明这些领域的产业融合仍处于初级阶段。攀西民族地区尽管已经开始推动新型业态，如工厂化农业和电子商务农产品销售，但整体上仍缺乏先进技术和机械设备，如荷兰等国家的室内农业栽培技术，这在一定程度上制约了产业融合的发展。因此，攀西民族地区的农业与现代工业融合仍处于探索阶段，需要进一步引进和推广新技术和新模式，促进农业与现代工业的有机融合。

需求侧数据显示，德昌、冕宁、仁和和米易等地区存在明显的农业与现代工业融合现象，说明这些地区对工厂化农业的需求突出。值得注意的是，这些地区属于攀西民族地区的边疆地区，农业经济生产方式相对滞后。这与常见观点的"落后地区对农业新产业需求不足"不符。由于这些地区的耕地面积较小、土壤肥力较差，并且自然环境对农业产生较大影响，因此对于农业基础条件较差的地区来说，工厂化农业尤为重要。因此，较为偏远地区呈现明显的农业与现代工业技术的产业融合现象，其他县（市、区）在需求侧的农业与现代工业之间没有显著的融合现象。目前，攀西民族地区的耕地和园林面积已经能够满足农业经济的发展需求，因此并不存在明显的农业与现代工业的融合现象。

### 三、攀西民族地区农业与高新技术融合现状分析

高新技术对农业的渗透是一种产业融合方式。高新技术领域包括现代生物技术、信息技术等，这些技术在农业领域的运用可以改变传统农业的经营方式，提高农业的生产效率和质量。评估农牧业、林业、渔业与高新技术产业之间的融合程度，需要从供给侧和需求侧两个角度进行测量。高新技术产业代表科技研究与开发行业。从供给侧来看，高新技术产业能够为农牧业、林业、渔业提供新技术、新材料和新设备，推动农业现代化的发展。而从需求侧来看，农业生产对高新技术的需求也在逐步增加，促进了高新技术与农业的融合发展。因此，衡量农牧业、林业、渔业与高新技术产业之间的融合程度具有重要意义。具体的测量结果如表6-6所示。

表6-6　攀西民族地区农业与高新技术的融合度

| 年份 | 供给侧融合度 | | | 需求侧融合度 | | |
|------|------|------|------|------|------|------|
| | $A_{01}\&M_{72}$ | $A_{02}\&M_{72}$ | $A_{03}\&M_{72}$ | $A_{01}\&M_{72}$ | $A_{02}\&M_{72}$ | $A_{03}\&M_{72}$ |
| 2008 | 0.197 9 | 0.046 7 | −0.174 1 | −0.100 2 | −0.103 1 | −0.147 3 |
| 2009 | 0.260 2 | 0.124 2 | −0.142 0 | −0.045 2 | −0.083 7 | −0.114 0 |
| 2010 | 0.305 4 | 0.200 6 | −0.086 3 | 0.002 0 | −0.074 8 | −0.087 1 |
| 2011 | 0.363 0 | 0.289 2 | −0.023 3 | 0.038 3 | −0.057 8 | −0.066 6 |
| 2012 | 0.374 3 | 0.207 9 | 0.045 2 | 0.067 6 | −0.143 6 | 0.106 2 |
| 2013 | 0.348 0 | 0.163 4 | 0.097 2 | −0.134 4 | −0.223 7 | 0.274 1 |
| 2014 | 0.352 5 | 0.114 2 | 0.107 7 | −0.177 7 | −0.261 0 | 0.396 1 |
| 2015 | 0.378 6 | 0.125 2 | 0.098 0 | −0.200 7 | −0.295 2 | 0.454 2 |
| 2016 | 0.360 7 | 0.106 0 | 0.100 9 | −0.201 8 | −0.314 9 | 0.495 7 |
| 2017 | 0.369 5 | 0.118 3 | 0.091 2 | −0.206 8 | −0.318 9 | 0.493 3 |
| 2018 | 0.353 5 | 0.103 8 | 0.090 0 | −0.210 3 | −0.314 0 | 0.492 2 |
| 2019 | 0.357 3 | 0.105 9 | 0.091 7 | −0.200 9 | −0.312 7 | 0.462 1 |
| 2020 | 0.360 1 | 0.102 7 | 0.092 1 | −0.200 1 | −0.312 1 | 0.473 1 |

数据来源：历年 WIOD 国际标准行业分类投入产出表，以上数据通过计算获得。

根据表6-6的数据，从供需双向的视角观察，农业与高新技术的产业融合程度并不明显。具体而言，从需求侧分析农业与高新技术之间的相关系数大部分为负值，这意味着农牧业、渔业和高新技术的融合可能存在需求替代性融合，而非真正的产业融合。从供给侧来看，结果显示攀西民族地区农业和高科技的结合尚未达到理想状态，农业生产仍主要依赖传统的手工和半机械化生产方式，现代化农业生产方式的普及率并不高。从需求侧来看，可以观察到攀西民族地区农业和高科技融合仍存在一定的差距。目前，农业需求产品和服务主要集中在传统农产品和基础服务，如化肥、农药、种子等，对现代农业科技产品的需求并未明显增加。例如，农业无人机喷洒、农业大型机械化收割机等现代农业科技产品的需求并不普遍。这表明，攀西民族地区农户在农业和高科技融合的进程中，供应方面的现代化程度虽然有所提高，但需求方面的推动力度不足。因此，总体而言，攀西民族地区农业与高科技产业的融合程度在供需双方都不明显，需要进一步加强相关政策的推动和支持。

为了深入研究攀西民族地区各县（市、区）农业与高新技术产业融合程度的差异，以及哪些地区的融合程度较高或较低，我们采用了相同的方法，从供给侧和需求侧两个角度来测算农业与高新技术产业的融合程度。通过对数据的分析，我们可以更详细地了解不同地区之间的融合情况，为进一步推进农业与高新技术产业的融合提供指导和参考。具体测算结果如表6-7所示。

表6-7 攀西民族地区分县（市、区）农业与高新技术的融合度

| 县（市、区） | 供给侧 $A_{01}$&$A_{17}$ | 需求侧 $B_{01}$&$B_{17}$ | 县（市、区） | 供给侧 $A_{01}$&$A_{17}$ | 需求侧 $B_{01}$&$B_{17}$ |
|---|---|---|---|---|---|
| 会理 | 0.057 | −0.322 | 甘洛 | −0.261 | −0.241 1 |
| 会东 | −0.325 | −0.491 | 喜德 | −0.512 | −0.247 7 |
| 西昌 | 0.785 | −0.14 | 雷波 | −0.309 | −0.237 4 |
| 木里 | −0.45 | −0.403 | 德昌 | −0.324 | −0.180 8 |
| 盐源 | −0.501 | 0.106 2 | 冕宁 | −0.504 | −0.147 3 |
| 金阳 | −0.503 | −0.351 | 盐边 | −0.395 | −0.114 0 |
| 普格 | −0.354 | −0.458 | 宁南 | −0.328 | −0.087 1 |
| 美姑 | −0.481 | 0.09 | 米易 | −0.246 | −0.0 666 |

表6-7（续）

| 县（市、区） | 供给侧 $A_{01}$&$A_{17}$ | 需求侧 $B_{01}$&$B_{17}$ | 县（市、区） | 供给侧 $A_{01}$&$A_{17}$ | 需求侧 $B_{01}$&$B_{17}$ |
|---|---|---|---|---|---|
| 昭觉 | −0.353 | −0.348 | 仁和 | 0.907 ** | 0.832 ** |
| 越西 | −0.307 | −0.397 | 东区 | −0.468 | 0.274 1 |
| 布拖 | −0.096 | −0.184 | 西区 | −0.148 | 0.396 1 |

注：** 代表5%水平下显著。

数据来源：2021年攀西民族地区投入产出表，以上数据通过计算获得。

从供给侧观察，攀西民族地区的农业与高新技术产业的融合程度总体上并不显著。仅有仁和区和西昌两个地区的农业与高新技术融合度呈现出显著的正向趋势，分别为0.907和0.785。这表明在攀西民族地区中，这两个地区的农业与高新技术产业已经取得了较高程度的融合发展，而其他地区的农业与高新技术产业尚未明显融合。这可能是因为其他地区的农业生产方式仍然依赖传统的手工和半机械化生产方式，现代化农业生产方式的普及率不高。因此，攀西民族地区应进一步加强对农业与高新技术融合发展的引导和支持，提高农业生产的现代化程度和技术含量，推动农业和高新技术产业的深度融合发展。

盐源县的农业主要以山地农业和渔业为特点，其中蔬菜产品是主要的农业经济来源，尤其是杧果、石榴等多年生作物的产值较高。为推动盐源县的农业发展，四川省农业农村厅实施了"育繁推一体化"种子企业和省级重点种子企业计划，并为此提供了300万元和140万元的补贴资金。此外，针对种业创新和产业化工程，省级财政每年还安排了137万元用于优质、专用良种重大科研育种攻关、良种繁育与产业化开发以及种业公共服务平台建设等。2020年，财政对农林水事务的支出达到了127.31万元，占农业总产值的9.25%。此外，2018年农、林、牧、渔业发展的技术市场合同金额总数为10 965.79万元，这说明攀西民族地区在科技支农方面取得了较大的成果①。

仁和区高度重视农业科技的支撑作用，并采取了多种措施促进农业科技的发展。一方面，相关部门鼓励企业自主投资建立研发机构，并与研究所、高等院校联合开展农业关键和共性技术的研发，以提高农业生产的效率和质量；另一方面，企业还积极引进国外先进技术设备，学习国外先进

---

① 根据攀枝花、凉山州统计年鉴（2010—2021）计算而来。

技术和核心工艺，通过集成创新计划来推动农业科技的发展。此外，针对优秀企业的农业科技升级计划得到支持，同时农业科技园区等项目的建设也获得支持，为农业科技的创新和推广提供了更优越的环境和条件。这些措施的实施不仅提高了农业生产的水平和效益，也为区域经济的发展注入了新动力。

从需求侧来看，攀西民族地区大部分县（市、区）的农业与高新技术产业融合度较低，这意味着该地区尚未形成新的产业形态，如智慧农业和科技支农。仅有仁和区表现出明显的需求互补性融合，该地区支持企业建立研发机构并与高等院校联合进行农业技术开发，同时支持优秀企业实施农业科技升级计划和建设农业科技园区等。然而，在越西地区，农业与高新技术产业的融合度显著为负，这意味着存在需求替代性融合，可能存在农业和高新技术产业之间的竞争关系，需要寻找更有效的合作模式以促进双方的发展。

不同地区的农业和高新技术产业发展程度和需求不同，导致融合类型的差异。在仁和地区，农业与高新技术产业存在互补性需求，高新技术可以为农业提供更多技术支持和智能化生产手段，而农业可以为高新技术提供更多应用场景和市场需求。而在越西地区，可能存在高新技术产业对农业的替代效应，即高新技术产业的发展导致农业的生产和销售更多地依赖技术，而不是传统农业生产方式。

高新技术产业与农业之间是替代性融合还是互补性融合，可能取决于具体情况。在某些情况下，高新技术产业可以为农业提供更多的技术支持，促进农业的生产效率和农产品品质的提高，因此二者之间存在互补性融合。而在另一些情况下，高新技术产业的发展可能会取代传统的农业生产方式，导致农业对技术的依赖度提高，因此二者之间存在替代性融合。总的来说，二者之间的融合类型是复杂的，需要根据具体情况进行分析。

### 四、攀西民族地区农业与服务业交叉融合现状分析

农业与服务业的融合产生了一种新型产业，该新型产业主要满足人们对休闲、度假、亲子等消费的需求，推动农业向服务业产业链延伸和拓展。其中，服务业以住宿餐饮业为代表，用 I 表示，在供需的双向视角下，量化农牧业、林业和渔业与服务业的产业融合程度。这种融合模式具有广泛适用性和灵活性，可以满足不同消费需求和市场变化。通过建立乡村旅

游、休闲农业、生态农业等产业，将传统农业生产与现代服务业结合起来，创造出更具特色和魅力的旅游景区和产品。此外，还可以深度挖掘农业资源和农村文化，打造多元化和具有差异化特色的服务产品，进一步促进农业的发展和服务业的壮大。农业与服务业的融合将带来更多机遇和发展空间，成为未来产业发展的重要趋势之一。

攀西民族地区农业与服务业的融合度如表6-8所示。

表6-8　攀西民族地区农业与服务业的融合度

| 年份 | 供给侧融合度 | | | 需求侧融合度 | | |
|------|------------------|------------------|------------------|------------------|------------------|------------------|
| | $A_{01}$&I | $A_{02}$&I | $A_{03}$&I | $A_{01}$&I | $A_{02}$&I | $A_{03}$&I |
| 2010 | 0.461 8 | −0.045 9 | −0.204 3 | −0.301 2 | −0.158 7 | 0.984 5 *** |
| 2011 | 0.520 7 | −0.018 8 | −0.174 9 | −0.309 7 | −0.149 3 | 0.993 5 *** |
| 2012 | 0.580 8 * | 0.039 7 | −0.161 4 | −0.292 9 | −0.140 5 | 0.995 3 *** |
| 2013 | 0.594 0 * | 0.040 8 | −0.154 9 | −0.281 7 | −0.133 4 | 0.996 5 |
| 2014 | 0.607 1 | 0.068 8 | −0.149 2 | −0.254 9 | −0.130 4 | 0.997 7 *** |
| 2015 | 0.621 9 * | 0.092 9 | −0.146 1 | −0.264 2 | −0.123 9 | 0.998 1 *** |
| 2016 | 0.623 1 * | 0.100 0 | −0.122 1 | −0.219 7 | −0.127 5 | 0.998 7 *** |
| 2016 | 0.614 5 * | 0.152 2 | −0.099 2 | −0.232 9 | −0.138 2 | 0.999 0 |
| 2017 | 0.605 9 * | 0.132 4 | −0.090 2 | −0.243 1 | −0.138 9 | 0.998 8 *** |
| 2018 | 0.589 6 * | 0.121 4 | −0.083 9 | −0.232 6 | −0.142 3 | 0.998 3 *** |
| 2019 | 0.585 6 * | 0.138 6 | −0.075 8 | −0.229 6 | −0.145 8 | 0.998 0 *** |
| 2020 | 0.584 7 | 0.135 9 | −0.081 6 | −0.226 9 | −0.139 5 | 0.987 9 *** |

注：*** 代表10%水平下显著。

数据来源：历年WIOD国际标准行业分类投入产出表，以上数据通过计算所得

根据表6-8的数据，可以观察到农牧业、渔业和服务业之间存在互补性的融合关系。从供给侧的产业融合度结果来看，林业和服务业之间的融合并不明显，暗示着攀西民族地区的林业资源开发受到限制，这可能与封山育林等林业政策有关。然而，在2020年农牧业、渔业和服务业之间的产业融合度分别为0.584 7、0.135 9、−0.081 6，表明这些产业之间在供给方面存在互补性的融合。

具体来说，2010—2013年，并没有明显的农牧和服务业融合迹象。

然而，2013—2016 年，农牧业和服务业的融合度呈现出倒 U 形的变化趋势，逐年增加，但近年来有所下降。这主要是因为攀西民族地区最近对农家乐项目进行了整改，旅游和环保相关部门也加强了对农家乐的监管力度，发现大量管理不规范、服务质量差和虚假收费等问题，进而导致农家乐的停业整顿。因此，为了促进农牧业、渔业和服务业之间的产业融合，需要加强政策支持和资源整合，打破行业壁垒，提升服务质量和管理水平，加强对农家乐等旅游服务行业的监管，推动产业的转型升级和可持续发展，为攀西民族地区的经济发展注入新的动力。

攀西民族地区的渔业和服务业在 2013 年首次出现明显的产业融合迹象。随后，渔业和住宿餐饮业之间的融合度从 2013 年的-0.154 9 增加到 2020 年的-0.081 6，显示出渔业与服务业的产业融合状态不好。这表明，在攀西民族地区，渔业和服务业之间的合作关系并不密切，推动当地旅游业的发展还需要加大两者之间合作力度。

需要指出的是，攀西民族地区的渔业资源主要分布在金沙江、雅砻江、安宁河地区。然而，随着人们收入的增加，当地渔业农家乐的服务和管理水平相对发展较快。这一情况表明，农业和服务业的产业融合不仅取决于资源分布，而且取决于行业间的合作和创新能力。因此，攀西民族地区可以借鉴长江沿岸地区的经验，通过加强合作和提升管理水平，进一步促进渔业和服务业的融合，推动当地经济的发展。

根据需求侧结果分析，攀西民族地区的农牧业、林业和服务业并未呈现明显的产业融合关系。这表明消费者对于农牧业、林业和服务业融合产品的需求量不足，尚未形成独立的农业新业态。与此不同的是，渔业和服务业形成了一种新的业态，其产业融合度明显为负值，从 2010 年的-0.204 3 增加到 2020 年的-0.081 6。这表明消费者对于渔业和服务业融合产品的需求量较大，产业融合度逐年提升，形成了一种渔业新业态。

从供需双向匹配度的角度来看，农牧业和服务业的供给侧融合产品未能在需求侧占有显著的消费市场。这说明农牧业和服务业的融合产品供给过剩，产品质量和服务质量差，不能满足市场上日益增长的消费需求。而渔业和服务业的供需市场呈现均衡状态，形成了一种渔业新业态。总的来说，产业融合对于满足消费者需求起着至关重要的作用。只有满足了消费者的需求，才能形成可持续发展的新业态。

为了深入了解攀西民族地区各县（市、区）农业和服务业融合程度的差异，需要采用相同的方法从供给侧和需求侧的双向角度进行测算。从供给侧来看，需要考虑农业和服务业的产业融合度，即各县（市、区）农业和服务业在供给侧的融合程度是否高。同时，还需要考虑农业和服务业的结构协调度，即两个行业的生产和经营结构是否协调一致，是否存在相互补充的关系。

从需求侧来看，需要考虑消费者对融合产品的需求量和满意度，即各县（市、区）消费者对农业和服务业融合产品的接受程度和满意程度。这一方面需要考虑消费者的消费习惯和消费心理，另一方面也需要考虑各县（市、区）的文化和旅游资源，以及农业和服务业的发展水平等因素的影响。

通过以上双向测算，可以了解到各县（市、区）农业和服务业融合程度的具体情况，找到农业和服务业融合程度高的地区和农业和服务业融合程度低的地区，为进一步推进攀西民族地区农业和服务业的融合提供有力的依据和指导。

具体结果如表 6-9 所示。

表 6-9　攀西民族地区分地区农业与服务业的融合度

| 县(市、区) | 供给侧 $A_{01}$&$A_{17}$ | 需求侧 $B_{01}$&$B_{17}$ | 县(市、区) | 供给侧 $A_{01}$&$A_{17}$ | 需求侧 $B_{01}$&$B_{17}$ |
|---|---|---|---|---|---|
| 会理 | 0.997*** | 0.890** | 甘洛 | 0.997*** | 0.885** |
| 会东 | 0.986*** | 0.999*** | 喜德 | 0.999*** | 0.992*** |
| 西昌 | 0.998*** | 0.969*** | 雷波 | 0.981*** | 0.41 |
| 木里 | 0.998*** | 0.982*** | 德昌 | 0.996*** | 0.931*** |
| 盐源 | 0.986*** | 0.893** | 冕宁 | 0.979*** | −0.11 |
| 金阳 | 0.992*** | 0.928*** | 盐边 | 0.992*** | 0.771* |
| 普格 | 0.999*** | 0.933*** | 宁南 | 0.989*** | 0.920*** |
| 美姑 | 0.987*** | 0.975*** | 米易 | 0.988*** | 0.73 5* |
| 昭觉 | 0.999*** | 0.975*** | 仁和 | 0.919*** | 0.998*** |
| 越西 | 0.984*** | 0.519 | 东区 | 0.995*** | 0.798** |
| 布拖 | 0.995*** | 0.925*** | 西区 | 0.951*** | 0.999*** |

数据来源：2019 年攀枝花、凉山州投入产出表，以上数据通过计算获得。

从供给侧来看，2019年攀西民族地区的22个县（市、区）农业与服务业的融合度明显超过0.984，表明这些地区的农业和服务业融合发展程度最高。这意味着农业和服务业在生产过程中相互补充，通过融合可以提高效益并降低成本。具体而言，农业和服务业的融合在休闲农业的发展上得到了体现。休闲农业是指基于自然环境和乡村文化，为消费者提供休闲、旅游、度假等服务的农业活动。休闲农业不仅能增加农民收入，而且具有巨大的发展潜力。推动农业与服务业的融合，可以促进休闲农业的发展，进一步提高农业效益和促进乡村经济发展。

目前，休闲农业已经从仅销售农产品转变为涉及就业增收、生态疗养、观光旅游、文化休闲等多个领域。这种发展方式有利于当地乡村农产品的深加工、交通运输、建筑和文化等产业的发展，同时也为传统农业注入了新的增长动力。休闲农业的发展不仅促进了乡村生态环境、乡风文化和特色农业资源的联合发展，也推动了乡村振兴战略的实施计划。这种全面发展的方式不仅为当地居民带来了更多就业机会和收入来源，而且丰富了人们的生活方式和文化体验。因此，休闲农业在未来的发展中具有巨大的潜力。

需要注意的是，冕宁县的农业和服务业之间的产业融合程度较低。这可能是因为该地区的消费者对农业与服务业的融合产品需求较低，或者农业和服务业的供给侧产品质量和服务水平不够高。然而，在攀枝花市的其他地区，休闲观光农业却得到了快速发展，成为促进农民增收的新亮点。据统计，截至2018年年底，攀枝花市共有2 390个休闲观光农业区，从业人员达到11.2万人，接待休闲观光游客总人次达到3 327.6万人次，实现总产值160.4亿元①。这些数据充分说明了休闲观光农业的重要性和发展前景。

从需求侧来看，大多数县（市、区）农业与服务业的融合程度明显大于0.7，表明农业和服务业在满足居民日常生活需求方面存在较强的互补性。然而，个别地区（如木里、普格、宁南、布拖、喜德、甘洛和雷波）从需求侧分析农业和服务业之间不存在明显的产业融合。这说明一些地区的居民对休闲农业、观光旅游等消费需求不高。近年来，休闲农业、观光采摘旅游等新项目活动不断丰富，城市居民以休闲减压等目的返回乡村度

---

① 根据攀枝花、凉山州国民经济和社会发展公报（2018）计算而来。

假的人数逐年增加。这是因为大多数县（市、区）的居民对休闲农业、观光旅游等消费需求较高。然而，一些地区的居民对休闲农业、旅游观光等项目的需求不高。原因有两点：一是地区人口密度大，多数家族成员居住在农村，休闲农业吸引力较低；二是消费者偏好存在差异，低收入群体无法承担休闲农业的消费能力，而高收入群体则更倾向于消费国内或海外高档休闲农业项目。

### 五、分析攀西民族地区农业与电子商务融合的现状

农业与电子商务产业的融合是当前重要的发展趋势。近年来，随着电子商务应用的兴起，农业组织方式发生了显著变革，其中订单农业和众筹等新型方式改变了农产品的流通和销售模式。这种变化得益于软件信息技术服务业和仓储运输业等配套产业的发展。农业与电子商务产业的融合有助于直接向消费者销售农产品，提高农产品的附加值和市场竞争力，同时也推动了电子商务产业的发展，创造了更多就业机会，促进了地方经济的繁荣。

举例来说，通过电商平台，农民能够直接向消费者销售农产品，摆脱了传统的中间商和批发商，从而降低了销售成本，提高了收益。此外，利用电商配套的物流和仓储体系，农产品的配送和仓储环节也能提高效率和服务质量。

评估农业与软件信息技术服务业的产业融合程度，可以从农业信息化、智能农业和电商等方面进行考察。在农业信息化方面，信息化建设已成为提升农业现代化水平的必然趋势。大数据、云计算、物联网等技术在农业生产和经营的各个环节得到广泛应用。信息化手段可以提高农业生产效率和质量，降低生产成本，增加农产品的附加值，提高农民的收入。智能农业方面，农业物联网、无人机和机器人等技术的应用可以实现对农田和牲畜的远程监测和精准管理，提高农业生产效率和质量，降低劳动力成本。至于电商方面，农产品电商的快速发展使农产品销售渠道更加多样化和便捷化，为农民创造了新的收入机会。

同时，还需要评估农业与仓储运输业的产业融合程度。订单农业、众筹等新型农业组织方式的出现，需要配套的仓储和运输等服务支持，这要求农业与仓储运输业之间进行更紧密的融合。通过与仓储运输企业合作，农产品可以更加便捷快速地运往市场，避免农产品滞销。同时，农产品的

仓储管理也需要运用信息技术手段进行管理，以提高管理效率和减少损耗。

农业与软件信息技术服务业、仓储运输业的产业融合可以提升农业的现代化水平，促进农业增效和增收，进一步推动农业产业的升级。在这一过程中，政府、企业和农民等各方应加强合作，共同推动产业融合的发展，为农业的可持续发展和乡村振兴注入新的动力。具体结果如表6-10所示。

表6-10　攀西民族地区农业和软件信息技术服务业的融合度

| 年份 | 供给侧融合度 | | | 需求侧融合度 | | |
|---|---|---|---|---|---|---|
| | $A_{01}\&J_{62}-J_{63}$ | $A_{02}\&J_{62}-J_{63}$ | $A_{03}\&J_{62}-J_{63}$ | $A_{01}\&J_{62}-J_{63}$ | $A_{02}\&J_{62}-J_{63}$ | $A_{01}\&J_{62}-J_{63}$ |
| 2010 | -0.333 3 | -0.433 3 | -0.358 3 | -0.440 1 | -0.251 6 | -0.314 4 |
| 2011 | -0.350 6 | -0.457 7 | -0.444 3 | -0.424 2 | -0.271 9 | -0.328 6 |
| 2012 | -0.285 8 | -0.386 4 | -0.389 4 | -0.377 8 | -0.270 0 | -0.320 8 |
| 2013 | -0.238 3 | -0.317 4 | -0.319 1 | -0.341 2 | -0.256 8 | -0.302 1 |
| 2014 | -0.222 9 | -0.298 7 | -0.298 7 | -0.308 3 | -0.246 0 | -0.278 4 |
| 2015 | -0.212 2 | -0.285 0 | -0.290 5 | -0.288 0 | -0.231 9 | -0.259 6 |
| 2016 | -0.233 6 | -0.333 5 | -0.331 0 | -0.259 9 | -0.262 5 | -0.291 6 |
| 2017 | -0.241 9 | -0.363 1 | -0.339 4 | -0.271 1 | -0.261 6 | -0.280 1 |
| 2018 | -0.247 8 | -0.371 2 | -0.349 0 | -0.305 8 | -0.259 9 | -0.283 1 |
| 2019 | -0.249 5 | -0.376 3 | -0.353 9 | -0.331 0 | -0.260 1 | -0.286 4 |
| 2020 | -0.244 7 | -0.369 1 | -0.337 3 | -0.336 6 | -0.259 9 | -0.284 8 |

数据来源：历年WIOD国际标准行业分类投入产出表，以上数据通过计算获得。

根据表6-10的数据，我们可以观察到从供需双方的角度来看，农业与软件信息技术服务业的产业融合程度并不明显，甚至呈现负数值，这表明农业与软件信息技术服务业尚未出现产业融合现象。预计未来可能会呈现替代性融合的趋势。这与我们通常认为的"互联网促进农业生产和需求"的观点存在差异，两者呈反向关系。

从供需双方的角度来看，农业电子商务营销体系的构建尚不完善。农产品在网络营销系统中供应的品种相对单一，缺乏多样化和质量保证，未能充分发挥互联网农产品规模效应的优势。此外，消费者对订单农产品的消费方式转变也存在一定困难。由于购买农产品等行为主要由老年人等观念守旧的人群决策，这类人群的特点是较难接受新鲜事物，对新兴的互联网农业销售方式的接受程度较低，因此，在供需双方之间，并未明显出现农业与软件信息技术服务业的产业融合现象。对农牧业、林业和渔业分别与仓储运输业的产业融合程度进行测度，具体结果如表6-11所示。

表6-11 攀西民族地区农牧业、林业、渔业和仓储运输业的融合度

| 年份 | 供给侧融合度 | | | 需求侧融合度 | | |
|---|---|---|---|---|---|---|
| | $A_{01}\&H_{52}$ | $A_{02}\&H_{52}$ | $A_{03}\&H_{52}$ | $A_{01}\&H_{52}$ | $A_{02}\&H_{52}$ | $A_{03}\&H_{52}$ |
| 2010 | 0.856 6*** | 0.140 7 | 0.330 1 | 0.610 2 | −0.103 4 | −0.014 7 |
| 2011 | 0.926 0*** | 0.200 3 | 0.423 | 0.347 0 | −0.148 3 | −0.102 8 |
| 2012 | 0.941 3*** | 0.257 6 | 0.499 1 | 0.311 6 | −0.178 2 | −0.142 8 |
| 2013 | 0.929 3*** | 0.246 | 0.531 5 | 0.330 7 | −0.198 6 | −0.162 3 |
| 2014 | 0.914 9*** | 0.281 7 | 0.584 5* | 0.360 3 | −0.226 2 | −0.186 7 |
| 2015 | 0.906 5*** | 0.306 5 | 0.648 5** | 0.408 1 | −0.249 8 | −0.201 1 |
| 2016 | 0.889 7*** | 0.291 2 | 0.631 7** | 0.325 1 | −0.230 1 | −0.172 5 |
| 2017 | 0.883 3*** | 0.368 8 | 0.622 6* | 0.297 3 | −0.212 5 | −0.160 6 |
| 2018 | 0.871 8*** | 0.322 3 | 0.608 3* | 0.252 3 | −0.138 9 | −0.144 1 |
| 2019 | 0.845 1*** | 0.307 2 | 0.584 6* | 0.217 9 | −0.194 4 | −0.131 |
| 2020 | 0.855 8*** | 0.329 7 | 0.586 2* | 0.205 5 | −0.190 6 | −0.126 8 |

注：*、**、***表示在10%、5%、1%水平上显著。

数据来源：历年WIOD国际标准行业分类投入产出表，以上数据通过计算获得。

根据表6-11的数据，我们可以得出以下结论：林业和仓储运输业之间并没有明显的融合现象。从供给侧的角度来看，农牧业、渔业和仓储运输业之间存在一定程度的互补性融合，因为它们的产业融合度均呈正值。在2011—2018年，农牧业和仓储运输业的产业融合度呈现倒U形的变化趋势，尤其在2018年达到了0.871 8的高水平。这种趋势产生的原因主要是近年来国际农产品对攀西民族地区农业市场造成了较大的冲击，该地区的农业和仓储运输业融合程度较低。相反，渔业和仓储运输业直到2016年才首次出现产业融合现象，之后呈下降趋势，从2016年的0.649下降到2020年的0.586 2。这可能与攀西民族地区渔业资源日益减少有关。

从需求侧的角度来看，农牧业和林业与仓储运输业之间并没有明显的

融合现象。尽管农牧业和仓储运输业在 2010—2012 年出现了短暂的产业融合现象，但之后很快消失。从供需双向的匹配度来看，农牧业和仓储运输业的供需市场存在不平衡，这导致融合产品的供需不对称。这也解释了它们之间融合程度不高的原因。

为了深入了解各县（市、区）农业与电子商务融合程度的差异，我们需要使用相同的方法从供给侧和需求侧的角度测算农业与电子商务的融合程度，并考虑农业与仓储运输业以及软件和信息传输服务业的融合度。通过这些指标，我们可以确定哪些地区的农业与电子商务融合程度较高，哪些地区则较低。

从供给侧来看，我们需要考虑农业与仓储运输业以及软件和信息传输服务业的融合度，以确定农产品的生产和销售流通是否得到了充分的支持和促进。从需求侧来看，我们需要考虑电子商务平台的使用情况以及消费者对农产品的需求，以确定电子商务在推动农业产业升级和消费升级方面的作用。

通过综合测算这些方面，我们可以比较不同地区的农业与电子商务融合程度，找出融合程度较高的地区以及可能影响融合程度的因素。这样的分析可以为农业产业升级和电子商务发展提供重要的参考和指导。具体结果如表 6-12 所示。

表 6-12 攀西民族地区县市农业与电子商务融合度

| 县（市、区） | $A_{01}\&A_{30}$ | $B_{01}\&B_{30}$ | $A_{01}\&A_{32}$ | $B_{01}\&B_{32}$ | 县（市、区） | $A_{01}\&A_{30}$ | $B_{01}\&B_{30}$ | $A_{01}\&A_{32}$ | $B_{01}\&B_{32}$ |
|---|---|---|---|---|---|---|---|---|---|
| 会理 | 0.259 | −0.135 | −0.257 | −0.321 | 甘洛 | −0.128 | −0.201 | −0.339 | −0.476 |
| 会东 | 0.201 | −0.243 | −0.358 | −0.327 | 喜德 | −0.041 | −0.220 | −0.441 | −0.429 |
| 西昌 | 0.109 | −0.462 | −0.386 | −0.408 | 雷波 | −0.057 | −0.692 | −0.340 | −0.384 |
| 木里 | −0.137 | −0.078 | −0.223 | −0.244 | 德昌 | −0.114 | −0.301 | −0.268 | −0.299 |
| 盐源 | 0.193 | −0.259 | −0.231 | −0.23 | 冕宁 | −0.314 | −0.386 | −0.331 | −0.276 |
| 金阳 | −0.212 | −0.247 | −0.241 | −0.211 | 盐边 | −0.019 | −0.081 | −0.363 | −0.335 |
| 普格 | −0.131 | −0.134 | −0.321 | −0.386 | 宁南 | −0.293 | −0.633 | −0.355 | −0.374 |
| 美姑 | −0.127 | 0.243 | −0.248 | 0.428 | 米易 | −0.227 | −0.486 | −0.328 | −0.541 |
| 昭觉 | −0.173 | −0.322 | −0.257 | −0.265 | 仁和 | −0.125 | −0.231 | −0.250 | −0.244 |
| 越西 | −0.129 | −0.271 | −0.249 | −0.307 | 东区 | 0.031 | −0.292 | −0.321 | −0.422 |
| 布拖 | −0.168 | 0.152 | −0.269 | −0.325 | 西区 | 0.178 | −0.188 | −0.275 | −0.208 |

数据来源：2020 年攀西民族地区投入产出表，以上数据通过计算得到。

从供给侧来看，我们可以观察到 2020 年攀西民族地区电子商务农产品营销正处于萌芽发展阶段。当时，社交媒体平台如微信刚刚出现，农产品在这些平台上的营销还未普及。因此，可以认为 2020 年农业与电子商务的融合尚未形成。随着电子商务的不断发展和普及，农业与电子商务的融合程度逐渐加深，电商平台成为农产品营销的重要渠道之一。

从需求侧来看，我们可以发现 2020 年农业与电子商务之间尚未出现明显的产业融合现象。特别是在攀西民族地区的各县（市、区），农产品的电子商务营销方式相对较少，仍然是传统农业产业链上下游的延伸融合。此时，消费者对服装、日用品等消费品的采购偏好刚刚建立起来，对农产品的需求并不明显。另外，物流运输速度、农产品供应链的完整度、农户销售方式等传统因素的影响，使各地区对农产品的网络营销等横向延伸融合并不显著。这些因素导致 2020 年农业与电子商务之间的融合程度相对较低。随着时间的推移和技术的创新，电子商务渠道对农产品的营销渗透率不断提高，未来农业与电子商务之间的融合程度有望加深。

未来的发展中，攀西民族地区应着力发展智慧农业、电子商务农业、工厂化农业等新兴业态，推动农业和服务业的融合发展。智慧农业可以通过应用先进的技术手段，如物联网、大数据等，提高农业的生产效率和管理水平；电子商务农业可以拓宽农产品的销售渠道，打破地域限制，实现农业与电子商务的深度融合；工厂化农业则可以通过规模化、标准化、集约化的生产模式，提高农业的效益和产能，为农业和服务业的融合提供更多支持和保障。这些新兴业态的发展可以有效解决攀西民族地区乡村经济衰落、农业效益低下、乡村经济活力丧失等问题，推动农业和服务业的融合升级，实现乡村振兴和可持续发展。

## 第三节　攀西民族地区乡村产业融合影响因素分析

产业融合是提升产业竞争力、实现产业升级和转型的关键。它涵盖了整合和融合不同产业，包括产业内部和产业之间的融合。学者们从多个角度研究了产业融合的影响因素，其中包括全球产品组件市场的分散情况、跨行业技术解决方案、建立创新合作项目、满足顾客全面解决问题的服务需求以及政府管理制度的变化。

全球产品组件市场的分散指的是由于各个产业在生产工艺和环节上存在差异，它们之间形成了相互依赖的关系。跨行业技术解决方案则指不同产业采用相同的技术和方法来解决各自问题。建立创新合作项目可以促进产业间的合作和交流，从而提升产业整体水平。同时，满足顾客全面解决问题的服务需求也是产业融合的重要因素，各产业需要提供综合性服务以满足消费者的需求。最后，政府管理制度的变化对于产业融合也具有重要影响，政府需要制定相关政策来促进产业合作和融合，推动整个产业的发展。本章将乡村产业融合的影响因素总结为以下三点：

## 一、技术创新和外溢的影响因素分析

随着技术的创新和外溢，农业和相关科研机构得以提高研制新产品和新工艺的能力。新的技术能为市场带来更多新型和高质量的农产品。农业技术的外溢使得其他乡村竞争者能够复制技术，并在此基础上进行改造和升级，从而形成新技术。产业融合的实现需要供需两侧的融合。因此，技术创新对于乡村产业融合具有重要的影响因素。

举例来说，种植业和畜牧业的融合发展可以形成循环经济，通过畜牧业粪污的处理再还田，实现资源的循环利用。虽然一般小农户现在不具备该技术条件，但当周边的先进农户成功发展种植业和养殖业后，其他小农户可以通过技术外溢学习，从而实现乡村种植养殖循环经济的普及。这样既能够保护生态环境，又能够发展生态农业，从而保证农产品的质量和安全。

## 二、政府管理体制的影响因素分析

在产业融合过程中，政府扮演着至关重要的角色。政府放宽管制能够激发乡村民营经济的活力，推动乡镇民营企业在技术和商业经营模式上的创新，进而模糊市场边界，实现乡村产业融合。政府可以适度降低农业市场准入壁垒，推动乡村开发新型农产品、乡村旅游项目以及创新农产品经营模式。这些举措对农业产业内部和外部的融合都具有重要影响。

在新形成的市场结构中，充分利用已有技术也可以推动产业融合取得突破性进展。政府可以制定有针对性的政策，鼓励企业加大在技术创新和市场拓展方面的投入。此外，政府还可以在财政和税收政策上提供一定的支持，为企业的技术创新和市场拓展提供必要的资金和资源保障。

在实现产业融合的过程中，政府还应加强监管，防范不法分子滥用权力进行欺诈，维护市场的公正和公平。只有在政府的正确引导和支持下，产业融合才能实现良性循环，推动乡村经济的稳步发展。

政府减少农业管制后，乡村农产品市场经济将迸发活力。此时，农民可以购买附近村庄的农产品原料，并进行统一加工处理，生产高质量的农产品。随后，他们可以通过互联网平台进行销售。这种模式不仅有助于提高农民的收入，还能改善他们的生产和生活条件，推动乡村经济发展。

为促进农业市场发展，政府可以制定政策，降低农业市场准入壁垒，鼓励农产品加工和流通。同时，政府还可以通过财政和税收政策给予支持，为农产品加工和销售提供必要的资金和资源保障。

随着互联网技术的发展，农产品的销售渠道也变得更加多样化。农民可以通过互联网平台直接将加工生产的农产品销售给消费者，从而降低销售成本，提高销售效率。这种模式的出现不仅能增加农民的收入，还能改善农产品的销售状况，提高农产品的知名度和市场占有率。

政府放宽农业管制有助于促进乡村农产品市场的发展，激活乡村经济。农民加工生产高质量的农产品，将其销售到更广阔的市场中，从中获得更高收益和更好的生活条件。

### 三、商业模式创新影响因素分析

商业模式创新在产业融合中具有关键意义。其核心在于采用新的商业逻辑和技术手段，改变传统产业的商业运营方式和组织形式，从而引发产业生态系统的重大变革。商业模式创新可以同时实现价值创造和获取的双重功能，通过重新定义产业价值链和利益分配机制，促进产业内外的融合。以"互联网+农业"为例，商业模式创新注重互联网在价值创造和获取的四个关键要素上的作用，包括效率、互补、锁定和创新。通过优化供应链、拓宽销售渠道、提高市场竞争力、降低成本和提高效率等手段，"互联网+农业"实现了农产品生产、加工、流通和销售的数字化和智能化，提升了农业产业的竞争力和创新能力，推动了农业产业的融合和升级。商业模式创新对产业融合产生了深远影响，能够推动传统产业向新的增长领域转移，创造更多的经济效益和社会价值。

商业模式创新和技术创新相互促进，推动新技术的发展和市场应用。商业模式创新能够推动技术应用和实施，实现技术价值的最大化。以农业和信息行业融合为例，商业模式创新可以拓宽农产品的销售渠道和提高农产品的效率，降低成本，增加利润。互联网平台等新的商业模式，能够使农民更高效地销售农产品，获取市场信息，更好地满足市场需求。商业模式创新还能促进产业链的协同，形成更完整的产业生态系统。

商业模式创新还能超越技术本身，创造更高级的新技术。例如，一些公司通过新的商业模式和转型，开发出更高效、安全、环保的新技术，从而获得市场竞争优势。商业模式创新还能降低市场不确定性，为技术推广和应用提供稳定的市场环境。当技术外溢到其他竞争者时，这种商业模式创新能够为企业带来稳定的市场回报和竞争优势，形成产业融合的良性循环。

## 第四节　攀西民族地区乡村产业融合实现路径

### 一、产业融合的根本在于科技交叉渗透

在乡村产业融合过程中，科技的渗透发挥着关键作用。以攀西民族地区为例，该地区已在超级水稻、生物育种和禽流感疫苗等领域取得世界先进水平的农业技术，为当地农业经济做出了巨大贡献。然而，国内其他地区的农业科技水平相对滞后 10~15 年，农业科学创新能力较弱。因此，加强科技的研发和应用、推广先进的农业技术和管理经验是促进乡村产业融合的关键之一，能提高全国范围内的农业科技水平和创新能力，实现农业现代化和产业融合。

为推动农业科技创新和乡村产业融合，需要采取一系列必要的举措，即增加对农业科研机构的研发经费投入。以德昌县为例，2010—2020 年，攀西民族地区农业科研机构的财政投入仅增加了 300 万元，年均递增速度仅为 5.1%[①]。这一增速远低于其他行业的投入增速，从而限制了农业科研机构的技术创新和能力提升。因此，地方财政应更加重视对农业科研机构的研究经费投入，特别是应关注耕地保育、设施农业工程、生态环境等学科的研究经费。只有通过这样的投入，才能有效推动攀西民族地区的乡村产业融合，促进农业现代化的实现。

---

① 数据来源于德昌科技局平台。

另外，合理配置科研装备结构也是促进农业科研的另一个重要方面。我们需要增加对重大科学工程（装置）、试验基地和配套设施、核心前沿和高精尖仪器设备的投入，以提高农业科研的基础条件和技术水平。同时，需要合理规划试验基地，建设温室、网室等多功能设施，实现对光照、温度、水、气、肥等多因素的动态化检测和网络远程调控，为智慧农业的建设提供基础条件。这样做不仅可以提高农业科研的效率和成果，还能提升农业生产的质量和效益。

## 二、技术知识的外溢是产业融合的动因

技术知识的外溢是推动乡村产业融合的一种方式。传统的科研管理体制限制了科研创新能力的提高。为了优化科研管理体制，我们应合理配置区域和学科间的科研设施装备，共享资源，并有效利用有限的科研资金进行高水平、集中的科研建设，加强多学科之间的联系。技术知识的外溢加速了新技术的联合，模糊了不同学科之间的界限，从而也模糊了产业之间的界限。这种推动促使乡村农业内部与其他产业融合。科研机构应该在具有农产品优势的乡村设立试验基地，将农业科研创新的新技术应用到实际的乡村产业发展中。高校和科研机构可以定期下乡开展讲座，为农民传授农业新知识、农产品加工技术和新的经营管理理念。通过技术知识的外溢作用，推动乡村农业内部产业和农业外部产业的融合发展。

## 三、放松政府管制是产业融合的前提

政府对市场经济的管制在一定程度上限制了产业融合的发展。政府机关通过法律、许可、认可等方式规定企业的进入、退出和价格行为。然而，乡村产业融合的发展首先受交易成本的影响。放松政府的经济管制在一定程度上降低了乡镇企业的进入成本。政府放松对乡村金融资本进入以及乡村电信业务进驻的经济管制，能够为中国乡村旅游文化产业、乡村电子商务平台、智慧农业等新产业、新业态的形成创造一个交易成本较低的前提条件。在当前乡村基础设施相对落后的情况下，政府可以通过放松社会资本流向乡村的管制，引导社会资本共同建设乡村基础设施，形成乡村的新产业和新业态，激发乡村产业融合发展的活力。

## 四、适应市场需求是产业融合的方向

顺应市场需求是推动乡村产业融合不可或缺的路径。如今，消费者对

农产品的喜好和偏好不断变化，对高品质生活的追求日益增强，这直接影响了农产品市场的演变。从农产品市场需求的角度来看，现代消费者更趋向于购买绿色、有机、安全的农产品。为适应这种消费趋势，农户逐渐改变所种植农产品的种类，转向生产质量有保障的农产品。这种趋势推动了农业向绿色有机化肥种植方式的转变，从而在农业内部促进了种养融合发展。同时，来自非农产品市场的需求也持续稳定。以光伏发电为例，它作为一种可再生能源利用方式，不仅能有效地利用太阳能，还能解决养殖和畜牧业所需的草料问题。这进一步促进了乡村的一、二产业融合发展。另外，随着大量人口向城市迁移，人们对大自然新鲜空气和独特人文景观的需求不减，这反映在乡村特色文化、农场采摘节等乡村观光旅游项目的兴起上。此外，基于遥感技术的地理空间信息科学技术在现代农业中的应用也具有重要意义，它能够全面收集农作物相关的气候、温度、面积、光照、土壤、病虫害等田间信息。这种 3S 技术[①]的应用保障了粮食供应总量的安全，直接推动了乡村一、三产业的融合发展。

对市场需求的灵敏洞察与调整能够有效地推动乡村产业融合的进程。适应市场的变化趋势，调整农产品的类型和生产方式，开发绿色有机农业和多元化的产业形态，将产业与市场的需求相融合，不仅促进了乡村的经济增长，还提高了乡村产业的适应性和竞争力，从而实现了乡村产业融合与振兴的目标。

---

① 3S 技术是遥感技术（remote sensing，RS）、地理信息系统（geography information systems，GIS）和全球定位系统（global positioning systems，GPS）的统称，是空间技术、传感器技术、卫星定位与导航技术和计算机技术、通信技术相结合，多学科高度集成的对空间信息进行采集、处理、管理、分析、表达、传播和应用的现代信息技术。

# 第七章 攀西民族地区乡村产业振兴之农业现代化实证分析

在前面的章节中，我们提到了实现农村产业振兴的四条基本路径。因此，本章将专注于探讨攀西民族地区农业现代化与乡村振兴之间的关系，并评估攀西民族地区农业现代化的发展水平。我们将从影响农业现代化水平提高的因素进行分析，并提出实现攀西民族地区农业现代化的具体路径。

需要首先明确农业现代化与乡村振兴之间的关系，因为农业现代化是乡村振兴的基础和关键。只有实现了农业现代化，才能推动乡村产业振兴和农民收入增加。因此，我们需要加快农业现代化的进程，以促进攀西民族地区农业现代化水平的提高。

测量攀西民族地区农业现代化的发展水平需要综合考虑生产、管理、科技、机械化和市场等多个方面的指标。通过对这些方面进行评估，可以确定当前攀西民族地区农业现代化的发展水平以及存在的问题。同时，我们还将分析影响农业现代化水平提高的多个因素，包括政策、技术、资金、人才和市场等方面。只有解决这些问题，才能促进攀西民族地区农业农村现代化水平的提高。

为实现攀西民族地区农业现代化的目标，我们需要提出具体的路径。这个路径涵盖了加强政策引导、提升农业科技水平、加强资金和人才支持、推进农业机械化、推动农业产业集约化和标准化、优化农业生产结构、打造农产品品牌以及加强市场开发等方面。通过采取这些措施，我们可以实现攀西民族地区乡村振兴和农业现代化的目标，促进乡村产业振兴和农村经济发展。

## 第一节　农业现代化与产业振兴的关系

农业现代化和产业振兴是紧密相连的两个概念，它们之间存在着深刻的关系和相互促进的作用。农业现代化是指通过引入先进的科技、技术和管理方法，提高农业生产效率、质量和可持续性的过程。而产业振兴则强调通过产业结构的优化、升级和创新，推动整个产业体系的发展，从而实现经济增长和竞争力的提升。

### 一、农业现代化

为了确立乡村农业现代化的发展方向，需要深入了解农业现代化的内涵。梁荣提出，农业现代化包括农业生产力、生产关系以及上层建筑的现代化。具体而言，农业生产力的现代化包括新技术的推广与应用、农业生产效率的提高以及农业生产环境的改善。农业生产关系的现代化主要涉及土地制度、农村金融、农业保险等方面的改革。上层建筑的现代化则包括农业科技创新、法规制度建设以及农业社会化服务的进步。傅晨对人类农业文明的发展历程进行了研究，该发展经历了原始农业、传统农业和现代农业的漫长历程。原始农业主要存在于原始社会的新石器农耕时代，是农业发展的早期阶段；传统农业出现在原始社会末期，相较于原始农业，传统农业的生产力水平有一定提高，随后经历了漫长的奴隶制度、封建制度和资本主义工业化。现代农业的发展以英国的工业革命为基础，始于18世纪末期。

早期学者认为将工业技术、电气设备、化学肥料和水利等应用到农业领域就是农业现代化，然而在20世纪80年代的改革后，学者们普遍认为农业现代化的含义扩大了，不仅包括技术的进步，还包括现代农业经营管理内容的增加，如市场化经营、品牌化建设和农业信息化等。因此，现代农业不仅是技术的进步，还包括生产方式、管理模式和组织形式等方面的现代化。

在20世纪90年代，有学者进一步从农业主体范围、农业市场化和农业可持续性三个方面对中国特色农业现代化的发展进行了解释。国务院发展研究中心农村经济研究部课题组、中国科学院中国现代化研究中心、蒋和平、辛岭、王国敏以及中国农业科学院农业经济与发展研究所等的代表性观点构建了各自的农业现代化指标体系，并阐述了各自对农业现代化内涵的认识。本章参考了以上观点，并兼顾了全国农业现代化区域特点的差异，认为农业现代化的内涵是在保护农业生产环境可持续发展的前提下，运用现代科技、现代经营管理方式和现代物质投入改造农业，提高农业工业化和信息化水平，提高农业生产率、资源利用率和竞争力等。

### 二、农业现代化与产业振兴的关系

党的十九大提出了乡村振兴战略，旨在通过推进农业现代化、促进农村经济发展来实现乡村振兴。因此，我们需要探讨农业现代化与产业振兴之间的关系。

农业现代化是实现产业振兴的重要途径，它不仅可以提高农业生产效率、降低劳动力成本，还能提高农民的生活水平。此外，农业现代化还能推动农村产业升级和转型，促进农村经济的发展。举例来说，应用现代化的种植技术、肥料和农药等，可以提高农产品产量和质量，增加农民的收入。这些额外的收入可以用于支持农村旅游、乡村采摘等多元化产业的发展，从而提升乡村经济的发展水平和乡村居民的生活质量。

产业振兴需要依赖农业现代化的支持，农业现代化是实现产业振兴的不可或缺的重要环节。它可以提高农业产量和生产效率，推动农村产业结构的转型升级。同时，农业现代化还能提升农村劳动力素质和创新能力，促进人才流动，提高乡村的吸引力。在现代化的农业生产方式下，农村居民可以有更多的时间和精力参与其他产业的发展，从而推动整个乡村经济的发展。

实现农业现代化和产业振兴需要政策和市场的双重推动。政府需要制定有利于农业现代化和产业振兴的政策和计划，为农村经济的发展提供有力的政策支持。同时，市场也是推动农业现代化和产业振兴的重要因素。政府应该促进农村市场的发展，鼓励农民利用市场机制参与农业生产和经营活动，提高农业的市场化水平。

农业现代化是推动产业振兴的关键。通过引入现代化的生产技术和管理方法，加强科技创新，提高农产品的质量和安全性，可以促进乡村经济的发展和农民收入的增加，推动乡村社会和文化的进步和发展，实现产业振兴的战略目标。因此，政府和社会各界应加大对农业现代化的支持和投入，为农业现代化提供更好的政策环境和发展条件，实现农业现代化与产业振兴的良性互动。

## 第二节　攀西民族地区农业现代化发展水平实证分析

农业现代化与产业振兴密切相关，要对农业现代化的发展水平进行评估，需要采用适当的方法。杨宏力[1]指出，衡量农业现代化发展水平的方法有几种，如多指标综合指数法、参数比较法、模型法、DEA 方法、人工神经网络法、空间关联法和达标率法等。其中，多指标综合指数法被广泛应用，也被认为是最合理的评价方法之一。

因此，本节构建适用于攀西民族地区的农业现代化指标体系，并采用多指标综合指数法对攀西民族地区的农业现代化水平进行测度。多指标综合指数法是一种综合考虑多个指标的方法，通过将各项指标加权求和来得到综合评价结果。在该方法中，我们选择了一系列与农业现代化密切相关的指标，如农业技术水平、农产品质量与安全、农业产业结构、农民收入水平等，通过赋予不同权重，对这些指标进行综合评估。

通过采用多指标综合指数法，我们能够更全面地了解攀西民族地区农业现代化的发展水平。通过评估各项指标的得分，我们可以得出一个综合的农业现代化指数，从而对攀西民族地区的农业现代化水平进行测度和比较。这样的评估结果可以为制定和调整农业现代化政策提供重要依据，推动攀西民族地区农业的进一步发展，促进乡村振兴战略的实施。采用多指标综合指数法对攀西民族地区的农业现代化水平进行测度，我们可以全面评估其农业现代化的发展情况，为农业发展和乡村振兴提供科学依据，促进攀西民族地区农业的可持续发展和乡村经济的繁荣。

推动农业现代化需要借助现代农业生产资料和技术，以提高农业生产效率和产品质量，增加农民收入，促进农村经济的发展。同时，农业现代化还能减少农户从事农业劳动的时间，使农民有更多时间和精力投入其他产业，如循环经济、乡村旅游、体验农业、电子商务等，进一步推动乡村振兴战略的实施。因此，农业现代化和乡村振兴相互促进、相互依存。农业现代化不仅是乡村振兴的必要条件，也是其重要保障。现代农业生产资料和技术发挥着关键作用。通过引进先进的农业生产设备、工具和技术，

---

① 杨宏力. 农村社区建设工作中存在的问题及对策：基于山东、河北两省的调研数据 [J]. 山东工商学院学报，2014，28（4）：53-57.

农业生产效率得以提高，从而增加农产品的产量，提高农产品的质量。这不仅有助于满足不断增长的人民对食品和农产品的需求，还能带动农村经济的发展。同时，农业现代化还借助现代农业科技创新，推动农业生产方式的转变，促进绿色、可持续的农业发展，符合人民对安全、健康食品的需求。

农业现代化的另一个重要影响是减少农户从事农业劳动的时间。通过引入自动化设备和先进技术，许多农业生产活动得以实现机械化和自动化，大大降低了农民的劳动强度。这使农民有更多的时间和精力投入其他产业的发展中。乡村经济的多元化发展，如循环经济、乡村旅游、体验农业和电子商务等，不仅为农户提供了额外的收入来源，也促进了乡村经济的繁荣。通过农业现代化的推动，乡村产业振兴战略的实施得以加速，为农村地区的可持续发展提供了有力支撑。

## 一、攀西民族地区农业现代化评价指标体系

### （一）基本原则的设定

在构建新时代农业现代化指标体系时，需要遵循一些基本原则。第一，代表性原则，即所选指标要能全面准确地反映攀西民族地区农业现代化的发展水平，具有代表性；第二，独立性原则，即所选指标之间相互独立，不存在重叠和冲突，能够单独评价；第三，易获取原则，即所选指标数据容易获取，能够及时更新和发布；第四，系统性原则，即所选指标能够体现农业现代化的多方面内容和各个环节；第五，可比性原则，即所选指标能够跨时间、空间和区域进行比较，具有可比性。此外，考虑到未来时代发展和现阶段新内涵，崔惠玲等人在以上基本原则的基础上增加了现实性和趋势性原则。即所选指标应符合当前农业现代化的实际情况，同时具有指导未来发展的作用。

综合考虑上述因素，本章构建了新时代攀西民族地区农业现代化指标体系，以全面衡量农业现代化的发展水平。

### （二）指标体系的构建

课题组在研究其他学者选择的指标内容的基础上，发现大多数学者所选择的指标主要包括农业生产投入条件、农业综合产出水平、农民生活质量和农业资源环境四个方面。为了构建更加全面准确的农业现代化指标体系，课题组经过层层筛选，最终确定了 9 项指标。构建攀西民族地区农业

现代化水平的具体指标解释如下：

耕地有效灌溉率（$X_{11}$）：该指标反映农业生产中耕地实际灌溉面积与农作物总播种面积之比例。具体计算方法为，将实际灌溉面积除以农作物总播种面积，得到一个小数，再乘以100，得到一个百分比数值。

农业机械化水平（$X_{12}$）：该指标反映单位播种面积的农用机械动力水平。具体计算方法为，将农用机械总动力除以农作物总播种面积，得到单位面积上的机械动力水平。

单位播种面积用电量（$X_{13}$）：该指标反映单位播种面积的用电水平。具体计算方法为，将农村用电量除以农作物总播种面积，得到单位面积上的用电量。

农民收入水平（$X_{21}$）：该指标反映农村居民人均纯收入水平，为衡量农村经济发展和农民生活水平的重要指标。

农业劳动生产率（$X_{22}$）：该指标反映农村劳动生产率水平，具体计算方法为，第一产业增加值与从业人数的比值，反映农村劳动力的生产效益。

农村居民食品支出占比（$X_{31}$）：该指标反映农民家庭食品消费在家庭消费中所占的比例，具体计算方法为，农村居民食品支出除以农村居民家庭消费支出。

农村居民消费水平（$X_{32}$）：该指标反映农民人均消费水平，具体计算方法为，农村居民家庭消费支出除以农村居民人口。

森林覆盖率（$X_{41}$）：该指标反映该地区的森林覆盖比例。

农业灾害率（$X_{42}$）：该指标反映单位播种面积农作物发生灾害的比例，具体计算方法为，农作物灾害面积除以农作物总播种面积。

（三）权重的设置

权重设置是农业现代化指标体系计算综合指数的关键环节。在指标权重的设定中，每个指标的权重都会对最终的农业现代化综合指数产生影响。早期的研究多采用主观赋权法，例如德尔菲专家打分法、AHP法等。尽管这些方法简单且具有合理性，但由于主观性较强，存在争议。刘海清等[1]为了提高指标权重设置的客观性，一些学者开始采用客观权重法，如因子分析法、变异系数法等。

---

① 刘海清，刘恩平. 海南省土地资源综合承载力研究 [J]. 热带农业科学，2013，33（11）：85-87.

尽管客观权重法不依赖人的主观性，但研究发现使用变异系数法的结果存在较大偏差，而熵值法设置权重时不同年份的权重不同，会导致各年之间存在可比性差的问题。因此，本研究采用主观权重 AHP 层次分析法进行指标权重设置。综合专家咨询及已有学者的研究成果，对各指标进行两两比较，构造判断矩阵，进行一致性检验，得出通过检验的权重系数。具体的权重系数如表7-1、表7-2、表7-3、表7-4、表7-5所示。最终权重系数如表7-6所示，共涉及9个指标。

表7-1　攀西民族地区农业现代化的判断矩阵及权重

| AM | $X_1$ | $X_2$ | $X_3$ | $X_4$ | $W_i^1$ | CR |
|---|---|---|---|---|---|---|
| $X_1$ | 1 | 1/2 | 1 | 3 | 0.251 6 | 0.007 5 |
| $X_2$ | 2 | 1 | 2 | 4 | 0.441 8 | |
| $X_3$ | 1 | 1/2 | 1 | 3 | 0.240 7 | |
| $X_4$ | 1/3 | 1/4 | 1/3 | 1 | 0.079 6 | |

表7-2　农业投入水平的判断及权重

| $X_1$ | $X_{11}$ | $X_{13}$ | $X_{12}$ | $W_i^1$ | CR |
|---|---|---|---|---|---|
| $X_{11}$ | 1 | 1/2 | 1/3 | 0.170 3 | 0.007 9 |
| $X_{13}$ | 2 | 1 | 1/2 | 0.289 5 | |
| $X_{12}$ | 3 | 2 | 1 | 0.541 7 | |

表7-3　农业产出水平的判断矩阵及权重

| $X_2$ | $X_{21}$ | $X_{22}$ | $W_i^1$ | CR |
|---|---|---|---|---|
| $X_{21}$ | 1 | 1/2 | 0.329 8 | 0 |
| $X_{22}$ | 2 | 1 | 0.675 9 | |

表7-4　乡村社会发展的判断矩阵及权重

| $X_3$ | $X_{31}$ | $X_{32}$ | $W_i^1$ | CR |
|---|---|---|---|---|
| $X_{31}$ | 1 | 2 | 0.675 9 | 0 |
| $X_{32}$ | 1/2 | 1 | 0.329 8 | |

表 7-5　农村社会资源环境的判断矩阵及权重

| $X_4$ | $X_{41}$ | $X_{42}$ | $W_i^1$ | CR |
|---|---|---|---|---|
| $X_{41}$ | 1 | 1/2 | 0.329 8 | 0 |
| $X_{42}$ | 2 | 1 | 0.675 9 | |

根据以上 AHP 权重设定确定各三级指标对总目标的最终权重，最终权重系数结果如表 7-6 所示。

表 7-6　农业现代化指标体系及权重

| 一级指标 | 二级指标 | $W_i^1$ | 三级指标 | $W_i^2$ |
|---|---|---|---|---|
| 农业现代化水平 | 农业投入水平 $X_1$ | 0.23 | 耕地有效灌溉率 $X_{11}$ | 0.06 |
| | | | 农业机械化水平 $X_{12}$ | 0.15 |
| | | | 单位播种面积用电量 $X_{13}$ | 0.05 |
| | 农业产出水平 $X_2$ | 0.36 | 农民收入水平 $X_{21}$ | 0.11 |
| | | | 农业劳动生产率 $X_{22}$ | 0.09 |
| | 农村社会发展 $X_3$ | 0.19 | 农村居民恩格尔系数 $X_{31}$ | 0.36 |
| | | | 农村居民消费支出 $X_{32}$ | 0.15 |
| | 农村资源环境 $X_4$ | 0.11 | 森林覆盖率 $X_{41}$ | O.07 |
| | | | 农村成灾率 $X_{42}$ | 0.09 |

注：$W_i^1$ 表示一级指标权重，$W_i^2$ 表示二级指标权重。

数据来源：由历年攀枝花、凉山州统计年鉴整理而来。

## 二、攀西民族地区农业现代化发展水平综合评价

### (一) 数据预处理

农业现代化指标体系包括 9 项指标，其中农村居民恩格尔系数为逆指标，其他 8 项指标均为正向指标。为了使数据具有可比性，在计算综合指数之前，需要对数据进行预处理。针对农村居民恩格尔系数和农业成灾率指标，本书采用减法一致化方法，将其转化为正向指标，并将其上限设为 1，然后从每个指标的原始数据中减去这些值。由于原始数据量纲不同，因此需要对其进行标准化处理。本书采用规范标准化方法进行数据标准化处理：

$$X'_{ij} = (X_{ij} - \min X_{ij}) / (\max X_{ij} - \min X_{ij}) \qquad (7\text{-}1)$$

攀西民族地区农业投入水平 $X_1$、农业产出水平 $X_2$、农村社会发展 $X_3$

和农村资源环境 $X_4$ 共四个二级指标的计算公式如下：

$$X'_i = \sum_{i=1}^{n} w_i^2 X'_{ij}(i = 1,2,3,4; j = 1,2,3,\cdots,k,k \text{ 分别取 } 3,2,2)$$

$$(7-2)$$

攀西民族地区农业现代化发展水平综合指数 $X$ 的计算公式如下：

$$X = \sum_{i=1}^{n} W_i^2 X'_i(i = 1, 2, 3, 4) \qquad (7-3)$$

根据公式（7-3）计算得出的攀西民族地区 22 个县（市、区）的农业现代化综合指数是该地区农业现代化发展水平的一个客观衡量标准。这些县（市、区）的指数值代表了它们各自农业现代化发展水平的高低。为了更好地了解攀西民族地区东、中、西部地区的农业现代化发展水平，我们根据地区划分标准，将这 22 个县（市、区）分为东部、中部、西部三个区域，并分别计算出这些区域内县（市、区）的农业现代化综合指数平均值。最终的计算结果如图 7-1 所示，图中清晰地展示了攀西民族地区各个地区的农业现代化发展水平，并可供进一步的研究和分析使用。

（二）数据分析

数据分析结果显示，攀西民族地区东中西部地区的农业现代化发展水平呈现稳定上升趋势，且各地区之间差异明显。攀西民族地区农业现代化平均综合指数从 2010 年的 0.031 5 上升至 2020 年的 0.078 3，年均增长率达 4.68%。这一增长速度表明该地区取得了可喜的农业现代化发展成果。然而，分析指出，小农户土地碎片化问题严重，限制了农业现代化的进一步发展，无法达到理想的农业规模效益。同时，西部地区的农业现代化综合指数从 2010 年的 0.047 4 上升至 2020 年的 0.116 7，年均增长率为 6.01%。这表明西部地区在 2010 年已具备较好的农业现代化基础，发展速度较慢，但处于稳定上升阶段。此外，西部地区的农村乡镇经济发展领先于中东部地区，并且在改革开放初期积累了一定的资本。进入 21 世纪后，小作坊等小农经济的发展进一步推动了东部地区农业现代化水平的提高。因此，攀西民族地区的农业现代化发展存在明显差异，为进一步规划和实施农业现代化提供了重要的参考依据。

攀西民族地区东部、中部、西部地区的农业现代化发展水平呈现稳定上升趋势，且差异明显。攀西民族地区的农业现代化综合指数从 2008 年的 0.041 4 上升至 2020 年的 0.098 1，年均增长率为 4.68%。分析显示，小规模农民零散的土地管理问题阻碍了农业现代化的发展，限制了规模效益的实现。相比之下，东部地区的农业现代化综合指数从2008年的0.0474上升至2020年的0.1167，年均增长率为6.01%。这表明东部地区在2008年已具备较好的农业现代化基础，发展速度快于攀西其他地区，但保持稳定上升。东部地区乡村经济发展领先于中西部地区，小型车间等小规模农业经济发展推动了东部地区的农业现代化。

中部地区的农业现代化综合指数从2008年的0.0405上升至2020年的0.1104，年均增长率为6.25%。这表明中部地区在2008年的农业现代化水平一般，年均增速略高于东部地区，处于稳定上升阶段。中部地区的乡村经济发展依赖于附近城市经济的发展，并与全省农业经济市场化进程发展一致。

攀西民族地区西部地区的农业现代化综合指数从2008年的0.0504上升至2020年的0.1365，年均增长率为7.53%。这表明西部地区的农业现代化水平明显高于东中部地区，西部地区2008年已具备较好的农业现代化基础，年均增速远高于整个省份，处于快速发展阶段。西部地区受益于政府实施的西部大开发战略，政策偏向西部地区以及良好的工业基础，促进了西部地区农业经济发展。

表7-7的数据显示，攀西民族地区的西部地区在2008—2020年农业现代化水平持续上升，而各县（市、区）之间的差异也逐渐扩大。这是因为西部地区的乡镇经济基础良好，民营企业蓬勃发展，对农产品生产和加工环节进行了大量的资本投入，加速了西部乡村从传统农业向现代农业的转型。在农业现代化发展水平方面，2008年仁和和米易处于领先地位，而到了2020年，东区和德昌的农业现代化水平超过了盐边和会理，分别达到了0.1565和0.0640。相反，盐边、会理和会东等地的农业现代化水平相对较低，2020年的指数分别为0.0692、0.0743和0.1315。在农业现代化发展趋势方面，德昌在2012—2014年呈现短期波动，而西区在2015年后的农业现代化水平出现下降趋势。

表7-7　攀西民族地区西部地区农业现代化综合指数

| 年份 | 东区 | 西区 | 仁和 | 米易 | 盐边 | 德昌 | 会理 | 会东 |
|------|------|------|------|------|------|------|------|------|
| 2008 | 0.0677 | 0.0497 | 0.0538 | 0.0569 | 0.0526 | 0.0639 | 0.0513 | 0.0534 |
| 2009 | 0.0679 | 0.1041 | 0.0544 | 0.0581 | 0.0717 | 0.0683 | 0.0831 | 0.0545 |

表7-7(续)

| 年份 | 东区 | 西区 | 仁和 | 米易 | 盐边 | 德昌 | 会理 | 会东 |
|------|------|------|------|------|------|------|------|------|
| 2010 | 0.068 0 | 0.111 1 | 0.057 6 | 0.060 2 | 0.084 4 | 0.076 5 | 0.091 7 | 0.058 7 |
| 2011 | 0.083 0 | 0.117 8 | 0.063 0 | 0.066 1 | 0.088 3 | 0.080 7 | 0.095 3 | 0.064 8 |
| 2012 | 0.081 7 | 0.112 6 | 0.072 1 | 0.069 1 | 0.100 1 | 0.090 1 | 0.101 7 | 0.070 5 |
| 2013 | 0.086 5 | 0.146 3 | 0.078 5 | 0.075 5 | 0.115 8 | 0.101 9 | 0.118 7 | 0.076 8 |
| 2014 | 0.096 7 | 0.156 5 | 0.085 4 | 0.083 4 | 0.125 5 | 0.109 3 | 0.129 7 | 0.084 8 |
| 2015 | 0.104 1 | 0.171 7 | 0.095 5 | 0.088 6 | 0.134 3 | 0.114 2 | 0.146 0 | 0.092 6 |
| 2016 | 0.111 1 | 0.197 9 | 0.102 0 | 0.094 3 | 0.148 2 | 0.128 3 | 0.157 3 | 0.098 1 |
| 2017 | 0.117 8 | 0.207 5 | 0.112 0 | 0.104 2 | 0.157 6 | 0.134 7 | 0.165 1 | 0.104 8 |
| 2018 | 0.133 8 | 0.220 8 | 0.126 7 | 0.115 8 | 0.169 0 | 0.145 1 | 0.177 7 | 0.116 2 |
| 2019 | 0.146 3 | 0.096 7 | 0.139 5 | 0.123 7 | 0.176 0 | 0.149 5 | 0.183 7 | 0.125 4 |
| 2020 | 0.156 5 | 0.104 1 | 0.149 0 | 0.133 8 | 0.069 2 | 0.064 0 | 0.074 3 | 0.131 5 |

表 7-8 的数据显示，2008—2020 年攀西民族地区东部地区的农业现代化发展水平总体呈稳定上升趋势，并展现了趋同分布的现象。通过分析，我们可以发现东部地区的工业基础建设较为薄弱，这导致了该地区的农业现代化发展相对滞后。然而，近年来，随着工业农用机械设备成本的降低，东部地区地广人稀的土地规模效益得到发挥，用现代农业机械化和规模化作业取代了昂贵的人力成本，促进了东部农业机械化的快速发展。此外，东部地区的人口密度相对较高，市场需求旺盛，也为该地区的农业现代化提供了动力。

在攀西民族地区中，甘洛县在农业现代化方面处于领先地位，2020 年农业现代化综合指数为 0.138 5。相比之下，金阳县和美姑县在农业现代化方面相对滞后，分别为 0.084 7 和 0.131 4。这三个县的耕地主要集中在山地和沙化土地，与平原地区相比，在这类耕地上进行规模化作业更具挑战性，这可能是导致它们发展相对滞后的原因之一。从农业现代化发展趋势来看，雷波县的农业现代化发展水平在 2015 年后呈下降趋势。虽然出现下降趋势的具体原因尚不清楚，但可以考虑一些可能的影响因素，如自然灾害、经济形势不佳、技术创新不足等。这些因素都可能对该县的农业现代化发展产生负面影响。

表 7-8　攀西民族地区东部地区农业现代化综合指数

| 年份 | 甘洛 | 美姑 | 雷波 | 金阳 |
|------|------|------|------|------|
| 2008 | 0.032 5 | 0.045 2 | 0.037 2 | 0.049 2 |
| 2009 | 0.033 6 | 0.047 5 | 0.038 9 | 0.054 5 |
| 2010 | 0.036 6 | 0.051 5 | 0.043 4 | 0.061 5 |
| 2011 | 0.035 0 | 0.057 2 | 0.045 2 | 0.066 5 |
| 2012 | 0.038 5 | 0.061 9 | 0.046 4 | 0.075 6 |
| 2013 | 0.041 5 | 0.065 7 | 0.051 6 | 0.084 7 |
| 2014 | 0.047 1 | 0.073 1 | 0.055 9 | 0.091 3 |
| 2015 | 0.054 1 | 0.083 6 | 0.061 7 | 0.113 3 |
| 2016 | 0.056 8 | 0.085 4 | 0.066 8 | 0.119 0 |
| 2017 | 0.063 5 | 0.096 7 | 0.078 4 | 0.129 8 |
| 2018 | 0.072 0 | 0.109 9 | 0.086 3 | 0.140 2 |
| 2019 | 0.080 9 | 0.117 9 | 0.094 9 | 0.144 5 |
| 2020 | 0.138 5 | 0.131 9 | 0.051 6 | 0.084 7 |

　　根据表 7-9 的数据，可以得知攀西中部地区的农业现代化水平存在差异，并且呈现扩大的趋势。中部地区具有土地耕地面积较大、土壤条件优越、气候环境适宜等优势，为农业现代化的发展提供了良好的基础条件。然而，近年来中部地区的农业现代化进展缓慢，这可能是因为当前的土地制度不适应中部地区农业现代化发展的需要。具体来看，在农业现代化发展水平方面，西昌市和德昌县是领先的地区，2020 年的农业现代化综合指数分别为 0.109 3 和 0.129 7，而木里和喜德则是相对滞后的地区，其 2020 年的综合指数分别为 0.158 5 和 0.123 7。这些地区的耕地主要位于平原地带，规模化作业相对较容易。从农业现代化发展趋势来看，昭觉和布托是在 2015 年之后农业现代化发展水平呈下降趋势的地区。越西县的农业现代化从 2015 年的 0.147 7 下降到 2017 年的 0.133 7。

　　综合来看，表 7-9 的数据显示，攀西民族地区的整体农业现代化水平在过去 12 年中稳步提高，从 2008 年的 0.100 6 增长到 2020 年的 0.167 4，这表明攀西民族地区在农业现代化方面已经取得了显著的进展。然而，自 2015 年以来，攀西民族地区的农业现代化增长速度有所放缓，其中 2015

年的增速为 4.69%，这可能表明该地区的农业现代化进程已经面临了一些障碍和挑战，其山地地貌限制了农业现代化水平的提升。

**表7-9　攀西民族地区中部现代化综合指数**

| 年份 | 木里 | 德昌 | 西昌 | 冕宁 | 喜德 | 普格 | 普格 | 宁南 | 布拖 | 昭觉 | 越西 |
|------|------|------|------|------|------|------|------|------|------|------|------|
| 2008 | 0.082 4 | 0.053 3 | 0.049 1 | 0.044 8 | 0.054 4 | 0.053 9 | 0.047 6 | 0.070 4 | 0.049 6 | 0.059 1 | 0.066 5 |
| 2009 | 0.089 5 | 0.056 0 | 0.048 8 | 0.045 3 | 0.056 2 | 0.057 8 | 0.050 9 | 0.074 8 | 0.053 2 | 0.064 3 | 0.070 8 |
| 2010 | 0.094 5 | 0.057 4 | 0.051 3 | 0.048 6 | 0.058 5 | 0.062 3 | 0.054 4 | 0.079 9 | 0.054 5 | 0.068 0 | 0.077 2 |
| 2011 | 0.099 0 | 0.060 5 | 0.053 3 | 0.051 9 | 0.060 2 | 0.063 7 | 0.057 6 | 0.083 2 | 0.058 7 | 0.074 7 | 0.083 0 |
| 2012 | 0.102 3 | 0.065 2 | 0.056 7 | 0.057 3 | 0.066 1 | 0.071 2 | 0.063 0 | 0.090 3 | 0.064 8 | 0.079 6 | 0.055 7 |
| 2013 | 0.104 9 | 0.068 8 | 0.061 2 | 0.058 7 | 0.070 1 | 0.076 8 | 0.073 2 | 0.094 8 | 0.071 4 | 0.086 5 | 0.095 5 |
| 2014 | 0.102 5 | 0.074 3 | 0.064 0 | 0.069 2 | 0.075 5 | 0.085 2 | 0.078 5 | 0.099 8 | 0.076 8 | 0.096 7 | 0.109 9 |
| 2015 | 0.112 8 | 0.083 1 | 0.068 3 | 0.071 7 | 0.083 4 | 0.097 5 | 0.085 4 | 0.102 0 | 0.084 8 | 0.104 1 | 0.112 6 |
| 2016 | 0.119 8 | 0.091 7 | 0.076 5 | 0.084 2 | 0.088 6 | 0.109 5 | 0.095 5 | 0.105 6 | 0.092 6 | 0.111 1 | 0.122 9 |
| 2017 | 0.128 8 | 0.095 3 | 0.080 7 | 0.088 3 | 0.094 3 | 0.119 0 | 0.102 0 | 0.108 2 | 0.098 1 | 0.117 8 | 0.131 7 |
| 2018 | 0.135 6 | 0.103 9 | 0.089 9 | 0.101 8 | 0.104 2 | 0.132 3 | 0.112 0 | 0.119 7 | 0.104 8 | 0.133 8 | 0.155 4 |
| 2019 | 0.147 4 | 0.118 7 | 0.101 9 | 0.115 8 | 0.115 8 | 0.158 1 | 0.126 7 | 0.135 7 | 0.116 2 | 0.146 3 | 0.167 7 |
| 2020 | 0.158 5 | 0.129 7 | 0.109 3 | 0.125 5 | 0.123 7 | 0.177 2 | 0.139 5 | 0.142 8 | 0.125 4 | 0.156 5 | 0.153 1 |

　　进一步地分析，我们可以看到攀西民族地区的东部和中西部地区在农业现代化方面的差异非常显著。东部地区的农业现代化水平远高于全国平均水平，但其年均增长速度却低于全国平均增速。这表明，虽然东部地区在农业现代化方面已经取得了很大的进展，但该地区的后续动力相对较弱。

## 第三节　攀西民族地区农业现代化的影响因素分析

　　攀西民族地区农业现代化的影响因素涵盖了人力资本、工业化水平、固定资产投资和基础设施建设等多个方面，这些因素相互交织影响着该地区农业现代化的推进和发展。

　　人力资本因素及其影响。人力资本是农业现代化的重要支撑。攀西民族地区的人力资源教育水平和技能水平相对较低，农民的科技知识和现代农业技能需要进一步提升。加强农村教育培训，提升农民的科技和管理素质，培养现代农业从业人员，可以增强对农业现代化的人才支持，促进农业生产模式的升级。

工业化水平因素及其影响。工业化水平对于农业现代化具有重要影响。攀西民族地区工业化水平相对滞后，这可能导致农村劳动力的流失，进而影响到农业生产和农村经济的发展。提升工业化水平，吸引农村劳动力返乡创业，发展农村产业，将有助于提升农村经济整体水平，推动农业现代化的发展。

固定资产投资的影响因素及其影响。固定资产投资是对农业现代化建设的重要支持。投资的规模和方向直接影响到农业生产设施的更新换代、农业科技的引入以及农业产业链的升级。增加固定资产投资，改善农业生产条件，推动农业设施的现代化建设，将有助于提高农业生产效率和质量。

基础设施建设因素及其影响。基础设施建设是农业现代化的基础。攀西民族地区基础设施建设相对滞后，农村交通、水利、电力、通信等方面存在一定不足。缺乏现代化的基础设施限制了农业现代化的推进。加强基础设施建设，改善农村基础设施条件，将有助于提升农村生产生活水平，促进农业现代化的发展。

## 一、农业现代化的影响因素理论分析

### （一）农业现代化的影响因素理论模型分析

Yang 和 Zhu 对传统两部门模型进行校准，假定某一时期 $t$ 土地为 $M_t$、劳动力为 $L_t$，$R_t$ 和 $W_t$ 分别是地租成本和劳动工资，市场上有农业商品和非农商品（工业商品），假设农业商品价格为单位货币，$P_t$ 是非农商品的价格，个人家庭收入 $Y_t$ 以购买农业商品数量 $\bar{C}$ 和非商品数量 $(y_t - \bar{C}) / P_t$ 的速度增长，此处 $Y_t$ 代表家庭购买农产品的能力，通常计算为名义收入与商品价格比率。非农商品生产符合线性函数 $y_{nt} = A_{nt} L_{nt}$，$A_{nt}$ 代表非农部门全要素生产率 TFP。

农业部门分成传统农业部门和现代农业部门，传统农业部门生产仅有土地 $M_t$ 和劳动 $L_{at}$ 投入，具体生产函数形式如下：

$$Y_{at}^T = M_t^{1-\delta} (A_{at} - L_{at}), \quad 0 < \sigma < 1 \qquad (7-4)$$

上角标 T 表示传统农业，$A_{at}$ 表示传统农业的全要素生产率 TFP，$\sigma$ 表示劳动份额。

现代农业部门生产使用工业商品投入 $X_t$、土地 $M_t$ 和劳动 $L_{at}$ 的投入函数形式如下:

$$Y_{at}^M = \left[ M_t^{1-\sigma} (A_{at} L_{at}) \right]^{1-\alpha} X_t^\alpha, \ 0 < \alpha < 1 \tag{7-5}$$

上角标 $M$ 代表现代农业,现代农业投入 $X_t$ 在非农部门生产,$X_t$ 要素份额为 $\alpha$,主要包括农具、加工机械和运输设备以及化肥、农药和高产种子等投入。

假设农业和非农部门各有一个代表性公司的产出和要素价格在给定情况下是完全竞争的,并且两部门均选择要素投入追求利润最大化。非农部门利润最大化函数为

$$\max \Pi_{nt} = p_t A_{at} L_{nt} - W_t L_{nt} \tag{7-6}$$

农业部门的利润最大化函数为

$$\max \Pi_{nt} = (M_t^T)^{1-\sigma} (A_{at} L_{at})^\sigma + \left[ M_t^M (A_{at} L_{at})^\sigma \right]^{1-\alpha} X_t^\alpha - p_t X_t - r M_t - W_t L_{at} \tag{7-7}$$

其中

$$W_t^T + M_t^M = M_t, \ L_{at}^T + L_{at}^M = L_{at}$$

由公式(7.7)可知,如果农业部门要实现利润最大化的目标,则需要现代农业投入最优量:

$$X_t = (\alpha/p_t)^{1/(1-\alpha)} (M_t^M)^{1-\sigma} (A_{at} L_{at}^M)^\sigma$$

现代农业技术生产的增加值为

$$Y_{at}^{1M} = Y_{at}^M - p_t X_t = (1-\alpha)(\alpha/p_t)^{\alpha/(1-\alpha)} (M_i^M)^{1-\alpha} (A_{at} L_{at})^\sigma \tag{7-8}$$

而如果传统农业投入同样的土地和劳动要素,则产出 $(m_t^M)^{1-\delta}$ $(A_{nt} L_{at}^M)^\delta$ 且当仅当 $(1-\alpha)(\alpha/p_t)^{\alpha/(1-\alpha)} \geq 1$ 时,农户会选择现代农业。当不等式取等号时,农户有可能使用传统技术、现代技术或两者都使用;只有在非农商品相对价格 $p_t$ 低于特定阈值情况下,即不等式大于 1 时,农户会选择现代农业技术,非农部门生产率提高导致非农商品相对价格 $p_t$ 下降。

为了确定农户选择现代农业的准确条件,该模型假设适用于一般均衡路径,并通过公式(7-8)表达了相对价格 $p_t$ 对农户选择现代农业路径的影响。为了确定农户选择现代农业的具体条件,我们需要确定均衡相对价格 $p_t$ 所处的均衡点。根据经济学理论框架,我们可以从劳动力市场、产品市场以及货币市场等方面进行分析,以确定影响均衡相对价格 $p_t$ 的主要因素。例如,劳动力市场的供求关系和生产率提高可以对相对价格 $p_t$ 产生影

响；产品市场的需求和供给条件也会影响相对价格 $p_t$ 的水平；货币市场可以通过影响实际利率水平和汇率水平来影响相对价格 $p_t$。因此，只有全面分析这些因素，才能准确确定农户选择现代农业的条件和均衡相对价格 $p_t$ 的水平。

（二）农业现代化的影响因素理论定性分析

1. 人力资本因素及其影响

人力资本是攀西民族地区农业现代化发展的重要因素之一。攀西民族地区的乡村劳动人口总量与人口自然增长率、人口年龄结构密切相关。然而，部分乡村在工业化发展过程中受到环境污染，成年劳动力的身体素质令人担忧，乡村人口老龄化问题比较严重。同时，在城镇化进程中，大量乡村年轻劳动力进城务工，而从事种植业、养殖业等相当规模的农民多为50 岁以上的。这些农民几乎没有受过良好的教育，缺乏操作现代农业机械设备和现代无人机的能力。此外，乡村的公共基础教育水平较低，乡村留守儿童多由老人看管，无法学习先进知识和熟悉操作环境。

这些因素导致乡村劳动力缺乏现代农业生产所需的技能和知识，从而阻碍了农业现代化的推进。因此，应重视发展乡村教育，加强对农民的职业培训，提高其技能和知识水平，并重视农民的健康保健工作，以提高攀西民族地区农业现代化的人力资本素质。

2. 工业化水平因素及其影响

农业生产需要依赖工业产品，比如农业生产需要依赖农机和化肥等。农机和化肥的价格变化对于农民是否采用机械替代劳动力投入具有直接影响，而这些价格变化的根源在于工业产品市场的均衡价格。工业化水平的高低取决于工业产品的质量和作业效率等方面。工业产品的供应量主要受加工技术和效率水平的制约，而加工技术和效率又与科学研究的前沿进展相关。当工业产品市场的生产效率提高时，农用机械和化肥的价格也会相应下降到一定的阈值，从而促使农民更多地采用价格更低的农用机械和化肥，替代成本更高的劳动力投入。

因此，随着工业化水平的提高，工业产品的价格也会相应降低，这对农民来说是有利的，有助于推动农业现代化的进程。

3. 固定资产投资的影响因素及其影响

现代农业生产资料的购买是通过农户进行固定资产投资来实现的。农户的投资行为直接影响农用机械和化肥等市场的变化。在完全竞争市场下，农户使用自有资金购置现代农业生产资料，从而间接影响市场需求的变化，并进而导致厂商之间的激烈竞争。这种竞争推动厂商应用先进技术降低成本，生产更适合农业作业的高质量产品。因此，农户通过对现代农业产品需求市场的影响间接促进了农业现代化的推进。

固定资产投资还对农业现代化产生其他重要影响。首先，农户的固定资产投资能够提升农业生产的生产力水平。通过引入现代农业生产资料，如高效农机设备和先进的肥料，农户能够提高生产效率，降低劳动力成本，并增加农产品的产量，提高农产品的质量。其次，固定资产投资对农民收入和经济发展具有积极影响。随着农户投资现代农业生产资料，农业生产效益提高，农产品产量增加，市场竞争力增强，从而带动农民的收入增长。同时，农业现代化的推进也促进了农村经济的发展，创造了更多的就业机会和经济增长点，提升了农村地区的整体经济水平。最后，固定资产投资还对环境可持续发展产生影响。农业现代化的推进需要农户采用更科学、环保的农业生产方式，减少化肥和农药的使用量，提高资源利用效率，降低对环境的负面影响。因此，固定资产投资不仅是农业现代化的重要手段，而且是实现农业可持续发展的关键因素。

固定资产投资对农业现代化具有重要影响。农户通过投资现代农业生产资料间接促进了农业现代化的推进，提升了农业生产力和经济效益，同时也对环境可持续发展起到了积极作用。因此，政府和相关部门应该鼓励和支持农户进行固定资产投资，为农业现代化提供更好的条件和机会。

4. 基础设施建设因素及其影响

提高乡村公共基础设施建设水平是推动农业现代化的关键因素之一。乡村道路的质量直接影响农用机械顺畅到达农田的程度。在一些山区和乡村地区，由于道路未经硬化，农用机械无法通过泥泞狭窄的村道到达农田，将极大地降低农用机械的使用效率，阻碍农业现代化进程，因此，改善乡村道路的质量和硬化程度至关重要。

随着农村电子商务和数字农业的兴起，攀西民族地区乡村通信基础设施的建设也变得至关重要。一些乡村地区缺乏通信宽带接入，而另一些乡村地区存在通信宽带带宽过小或移动网络信号差等问题。这些问题阻碍了农村电子商务的发展，同时也减缓了农业现代化的进程。实施智慧农业需要依托于3S遥感技术，然而，如果没有相应的服务网络支持，这也将减缓农业现代化的进程。因此，应该加强乡村通信基础设施的建设，提供稳定的宽带网络和良好的移动信号覆盖，以支持农村电子商务和数字农业的发展，推进农业现代化。

乡村公共基础设施建设对于农业现代化具有重要影响。改善乡村道路的质量和硬化程度可以提升农机的运输效率，促进农业生产的现代化。同时，加强乡村通信基础设施的建设是推动农村电子商务和数字农业发展的关键，其能为农业现代化提供必要的技术支持和基础设施条件。政府和相关部门应该加大投资力度，优先建设乡村基础设施，以推动农业现代化进程，实现农村经济的可持续发展。

## 二、农业现代化的影响因素实证分析

### （一）变量选择与计量模型构建

本书旨在分析攀西民族地区各县（市、区）农业现代化发展水平，并参考了国内学者谢杰等[①]、钟阳等[②]、陈江涛[③]的研究，选取以下变量：

（1）人力资本因素。乡村人口教育水平（education）以高中或中专以上学历占比表示，城镇化率（urban）以城镇人口占常住总人口的比例表示。

（2）工业化水平因素。工业化程度（manu）以人均工业增加值（单位：元/人）表示，财政支农力度（fiscal）以地方财政农林水事务支出占比表示。

（3）固定资产投资因素。人均农业固定资产投资（invest）以农村农户固定资产投资除以乡村人口的比例表示（单位：元/人）。

（4）基础设施建设因素。乡村互联网水平（computer）以农村每百户计算机拥有数量表示，等外公路占比（road）以等外公路里程除以等级公路里程的比例表示。本书将采用对数形式构建农业现代化影响因素的计量模型，具体模型如下：

$$LnAM_{it} = \beta LnX_{it} + C_{it} + \mu_{it} \qquad (7-9)$$

其中 $i$ 代表不同地区，$t$ 代表不同时间，$AM_{it}$ 代表农业现代化水平，$X_{it}$ 为外

---

① 谢杰，刘学智. 直接影响与空间外溢：中国对非洲农业贸易的多边阻力识别 [J]. 财贸经济，2016，37（1）：119-132.

② 钟阳，丁一兵，赵素娟. 财政支农、税收、惯性效应与地区农业现代化发展 [J]. 华南农业大学学报（社会科学版），2012，11（2）：7-13.

③ 陈江涛. 新型农业经营主体视角下我国大学农技推广供需对接机制研究 [D]. 广州：华南农业大学，2018.

生解释变量农业现代化影响因素，$\beta$ 表示解释变量待估计的参数，$C_{it}$ 代表常数项，$\mu_{it}$ 为随机扰动项。

构建农业现代化影响因素的对数形式模型，具体模型形式如下：

$$\mathrm{LnAM}_{it} = \beta_1\mathrm{LnComputer}_{it} + \beta_2\mathrm{LnEducation}_{it} + \beta_3\mathrm{LnFiscal}_{it} + \beta_4\mathrm{LnUrban}_{it} +$$
$$\beta_5\mathrm{LnRoad}_{it} + \beta_6\mathrm{LnInvest}_{in} + \beta_7\mathrm{LnManufactory}_{it} + C_{it} + \varepsilon_{it} \quad (7\text{-}10)$$

其中：$\mathrm{AM}_{it}$ 代表农业现代化水平，$i = 1, \cdots, 30$，$t = 2002, \cdots, 2017$，$\beta_1, \cdots, \beta_7$ 为待估计参数，Computer 等为解释变量，$C_{it}$ 为常数项，$\varepsilon_{it}$ 为随机扰动项。

（二）数据预处理与描述性统计分析

数据来源包括 2008—2020 年攀枝花和凉山州的统计年鉴以及各县（市、区）的统计年鉴。在数据收集的过程中，我们发现木里地区存在较多的数据缺失情况。因此，我们只统计了攀西民族地区的 22 个县（市、区）的农业相关数据。对于中间存在的缺失数据，我们采用了平均值法进行了补充。在计算人均农业固定资产投资和人均工业增加值时，我们以 2008 年为基准，并使用固定资产投资价格指数和第二产业增加值指数进行了调整。这样可以更准确地反映数据的实际变化情况，并避免了价格等因素引起的误差。

根据观察变量的描述性统计分析结果，计算机占比作为乡村互联网水平的代表变量，其取值范围为 0.1~75，标准差为 15.63。这说明近年来乡村互联网水平在普及程度方面得到了快速提升，也表明现代农业的发展基础日益健全。同时，教育水平的取值范围为 0.24~43.90，这显示乡村高等教育接受人口的比例不断增加，为攀西民族地区乡村现代农业的发展提供了源源不断的优秀人才。未来，现代农业需要培养一批新型农民，以提供人力保障。此外，等外公路占比的取值范围为 0~175.32，说明乡村道路建设逐渐完善，一些城市如北京、上海、天津等已实现了村内公路的等级公路化，其他地区的等外公路占比也逐渐减小。城镇化率的取值范围为 18.82~89.61，说明攀西民族地区的城镇化率存在较大差距，一线城市已经完全实现了城镇化发展转型，而其他西部偏远地区仍有 80% 以上的人口居住在乡村。最后，农村人均固定资产投资和工业增加值的取值范围分别为 1 490~27 825 和 1 031~46 665。对攀西民族地区 22 个县（市、区）的财政支农比例进行描述性统计分析，结果显示其取值范围为 1.05~18.97。这表明地方财政在支持农业现代化发展方面的政策倾向存在差异，不同地区在农业、林业、水利、农业综合开发等方面的财政支出力度也存在一定差异。

财政对攀西民族地区某些地区农业现代化的发展提供了更大的支持和资金投入，而对其他地区的财政支持程度相对较低。这种差异可能与各地的经济、社会和环境背景等因素密切相关，因此在实际工作中需要进行综合考虑和分析，制定更科学、合理的政策和措施，以促进攀西民族地区农业现代化的全面、协调和可持续发展。

接下来，我们将进行多元线性回归分析，以研究各个解释变量对农业现代化水平的影响。在进行多元线性回归分析时，还需要计算方差膨胀因子（VIF），以排除解释变量之间可能存在的多重共线性问题。多重共线性的存在会影响回归系数的准确性，降低模型的可解释性和预测准确性。因此，检验多重共线性是进行多元线性回归分析的必要步骤。具体结果如表 7-10 所示。

表 7-10　攀西民族地区农业现代化的影响因素实证结果

| Variables | 1 | 2 | 3 | 4 | 5 | 6 | 7 |
|---|---|---|---|---|---|---|---|
| 1. lncomputer | 1.000 | | | | | | |
| 2. lneducation | 0.518 | 0.518 | | | | | |
| 3. lnfiscal | 0.234 | 0.234 | 0.234 | | | | |
| 4. lnurban | 0.613 | 0.613 | 0.613 | 0.613 | | | |
| 5. lnroad | -0.399 | -0.399 | -0.399 | -0.399 | -0.399 | | |
| 6. lninvest | 0.578 | 0.578 | 0.578 | 0.578 | 0.578 | 0.578 | |
| 7. lnmanufactory | 0.341 | 0.341 | 0.341 | 0.341 | 0.341 | 0.341 | 0.341 |

表 7-10 显示，大部分变量间的相关系数都在 0.5 以上，这表明变量之间存在一定的相关性。但是，相关系数在 0.8 以上的变量并不多，因此不存在高度相关的情况。为了更准确地观察变量之间是否存在相关性较低的多重共线性，我们需要进一步运用方差膨胀因子法进行检验。检验结果表明，解释变量之间的方差膨胀因子（VIF）在 1~3，这表明变量之间不存在严重的多重共线性问题。

为避免出现伪回归现象，我们对变量进行单位根检验，单位根检验结果表明变量均为平稳时间序列，主要采用 LLC，Breitung，IPS，ADF 和 PP 检验方法，具体检验结果见表 7-11。

表 7-11  面板数据的单位根检验

| Variables | LLC | Breitung | IPS | ADF | PP |
|-----------|-----|----------|-----|-----|-----|
| lnAM | −32.68 *** | | | 615.06 *** | 695.00 *** |
| lncomputer | −9.25 *** | | −1.35 *** | 84.74 *** | 131.28 *** |
| lneducation | −5.68 *** | | −3.84 *** | 107.48 *** | 156.90 *** |
| lnfiscal | −5.80 *** | | | 101.12 *** | 95.27 *** |
| lnurban | −39.35 *** | | | 438.70 *** | 540.25 *** |
| lnroad | −85.52 *** | −3.43 *** | −15.68 *** | 105.09 *** | 1 19.08 *** |
| lninvest | −7.38 *** | | −1.36 * | 77.18 * | 66.23 |
| lnmanufactory | −4.98 *** | | −1.51 * | 79.66 ** | 99.18 *** |

注：*、**、*** 代表 10%、5%、1%水平下的显著性。

检验结果显示，在1%显著性水平下，lnAM、lncomputer、lneducation、lnfiscal、lnurban 和 lnroad 的单位根检验和不同单位根均通过检验。而 lninvest 和 lnmanufactory 在 10%显著性水平下也通过了相同单位根和不同单位根检验。这表明以上解释变量都是平稳序列，可以直接进行回归估计分析。

我们使用了混合面板数据回归模型进行建模，并在表7-12中展示了模型（1）的具体回归结果。模型结果显示，财政支农比例的增加（用于农林水利建设的资金增加）与农业现代化程度的下降呈现出与实际经济意义不符的情况。预期乡村的教育水平对农业现代化具有推动作用，然而在该模型中，教育水平的系数并不显著，并且呈负相关，这说明该模型并不适用。

在进行豪斯曼检验之前，我们需要确定是采用固定效应模型还是随机效应模型。豪斯曼检验可用于检验固定效应模型和随机效应模型之间的差异，以确定应采用哪种效应来建立面板数据回归模型。如果差异不显著，那么我们应该选择使用随机效应模型，因为它具有更广泛的适用性。如果差异显著，那么我们应选择使用固定效应模型，因为它具有更高的统计显著性。

通过进行豪斯曼检验，我们得到了卡方值为 22.35，P 值为 0.00 的结果，从而拒绝了原假设，说明个体固定效应模型比随机效应模型更适合。接下来，我们对个体固定效应模型的回归结果进行观察模型（2），并与混合模型进行比较，发现乡村教育水平的影响方向和显著性发生了变化。具体来说，乡村教育水平从之前不显著的负向关系变成了显著的负向关系。这一结果进一步证实了乡村教育水平对农业现代化的抑制作用，与我们通常的认知不同。因此，我们需要进一步研究城镇化对该变量的影响。财政支出比例对农业现代化的影响呈现显著正值，说明该变量的系数不稳定。但其他变量的估计回归系数结果均显著且基本稳定。从模型拟合优度来看，模型（2）的拟合优度为 0.96，高于模型（1），说明模型（2）的拟合程度更好。综合考虑，模型（2）相比模型（1）表现更优。因此，在后续研究中，我们将采用个体固定效应模型（2）来探究农业现代化的影响因素。

接下来，我们将构建一个带有时间效应的面板数据模型。根据豪斯曼检验的结果，卡方值为 92.30，$P$ 值为 0.00，同样拒绝了原假设，表明时间固定效应是适用的。个体固定效应模型的回归结果如模型（3）所示。与模型（2）相比，乡村教育水平对农业现代化的影响进一步显著负向，而财政支农占比则再次呈显著负向关系。这也表明变量系数的稳定性存在问题，而其他变量的系数方向基本保持不变。模型（3）的拟合优度为 0.93，低于模型（2），说明模型（2）的拟合效果更好。

最后，我们建立了一个个体和时间双向固定效应模型，其回归结果如模型（4）所示。结果显示，大多数解释变量都不显著，同样不适合模型（4）。综合考虑模型（4）的检验结果，除了财政支农占比的待估计参数不稳定外，其他变量的回归系数正负关系及 $P$ 值均显著。

为了解决这个问题，我们对模型（2）进行了调整。首先，剔除了乡村教育水平这一变量，得到了模型（5）。结果显示，财政支农占比与现代农业之间存在显著的正向关系，而其他变量的系数保持稳定。然而，考虑到财政支农占比的稳健性无法确定，我们进一步删除了该变量，得到模型（6）。在该模型中，其他变量的结果保持稳定，而乡村教育水平的回归系数表现出稳定的负向关系。这与我们通常对教育提高农业现代化水平的认知不符。我们推断这可能是乡村地区受高等教育的人才流失到城镇生活的结果。同时，考虑到城镇化进程，乡村人才流失和城镇化共同对现代农业产生影响。因此，我们构建了模型（7），结果显示乡村教育水平仍然对农业现代化具有正向影响，而乡村教育水平与城镇化的交互作用对农业现代化的影响不显著。通过比较模型（7-7）的结果，我们发现个体固定效应模型（6）是最优模型。

表 7-12　农业现代化影响因素的回归模型

| lnAM | 1 | 2 | 3 | 4 | 5 | 6 | 7 |
|---|---|---|---|---|---|---|---|
| lncomputer | 0.084*** (0.010) | 0.073*** (0.009) | 0.023** (0.010) | -0.003 (0.007) | 0.075*** (0.009) | 0.076*** 0.009 | 0.076*** (0.009) |
| lneducation | -0.009 (0.022) | -0.090*** (0.023) | -0.069** (0.020) | -0.003 (0.015) | — | -0.083*** (0.024) | -0.060 (0.067) |
| lnfiscal | -0.051** (0.024) | 0.094*** (0.023) | -0.127*** (0.023) | 0.003 (0.016) | 0.088*** (0.023) | — | — |
| lnurban | 0.377*** (0.035) | 0.525*** (0.068) | 0.377*** (0.031) | 0.104** (0.047) | 0.517*** (0.069) | 0.515*** (0.069) | 0.450** (0.190) |
| lnroad | -0.016** (0.007) | -0.049*** (0.007) | -0.010 (0.007) | -0.003 (0.006) | -0.048*** (0.007) | -0.046*** (0.007) | -0.045*** (0.007) |
| lninvest | 0.231*** (0.024) | 0.138*** (0.024) | 0.182*** (0.023) | 0.041** (0.017) | 0.129*** (0.024) | 0.151*** (0.024) | 0.151*** (0.024) |
| lnmanufactory | 0.135*** (0.021) | 0.175*** (0.027) | 0.155*** (0.019) | 0.127*** (0.021) | 0.170*** (0.028) | 0.188*** (0.028) | 0.187*** (0.028) |
| Lneducation* | | | | | | | 0.026 |
| lnurban | | | | | | | 0.071 |
| -cons | -5.24 | -4.37 | -4.37 | -4.37 | -4.37 | -4.37 | -4.37 |
| $\bar{R}^2$ | 0.896 | 0.896 | 0.896 | 0.896 | 0.896 | 0.896 | 0.896 |
| F 统计量 | 540 | 540 | 540 | 540 | 540 | 540 | 540 |
| P 值 | 0.00 | 0.00 | 0.00 | 0.00 | 0.00 | 0.00 | 0.00 |

注：括号内为标准差，*** $p<0.01$，** $p<0.05$，* $p<0$。

（1）乡村教育水平与现代农业呈负相关关系。乡村教育水平与现代农业存在负相关关系，这与一般认知不符。具体而言，研究结果显示乡村教育水平的系数显著为负值（-0.083），即提高乡村教育水平1%会导致农业现代化下降8.3%。这一结果有多种解释。首先，从人口迁移的角度来看，研究表明接受高中以上教育的乡村人口更倾向于迁移到城市工作和生活，这导致乡村人口老龄化和留守儿童问题加剧，乡村人才流失严重，人才储备不足，从而抑制了现代农业的发展。其次，从教育投资角度来解释，某些乡村地区教育资源匮乏和政府投入不足，乡村教育水平无法有效提升，这也减缓了农业现代化的进展。

可以看出，乡村教育水平对现代农业的发展具有复杂而深远的影响。因此，我们需要采取更有效的政策措施，加大对乡村地区的教育投资，提高教育水平，吸引优秀人才回流乡村，推动现代农业的发展。

（2）城镇化率与现代农业呈正相关关系。从人力资本影响因素分析可知，城镇化率与现代农业存在正向关系，城镇化对农业现代化起到显著的促进作用。模型（6）的回归系数为 0.515，意味着城镇化提高 1%，农业现代化水平将提高 51.5%。这一较大的回归系数表明，在攀西民族地区，城镇化进程强有力地推动了乡村农业的现代化发展。大批乡村农民转移到城市就业和生活，释放了大量耕地。不同的土地流转形式使得实际农户家庭的耕种土地面积增加，有利于碎片化土地的集中生产、经营和收割等。这为大规模土地机械化创造了条件，推动了现代农业的快速发展。

（3）乡村教育水平与城镇化交叉以及农业现代化呈不显著的正相关关系。模型（6）的结果显示，乡村教育水平与农业现代化呈负相关关系，城镇化率与现代农业呈正相关关系，而乡村教育水平与城镇化交叉作用与农业现代化呈不显著的正相关关系。具体而言，乡村教育水平的系数显著为负值，这说明乡村教育水平越高，越会抑制现代农业的发展。这可能是因为随着乡村受教育人数占比增加，优秀人才流失的问题更加严重，乡村人口老龄化和留守儿童问题加剧。相反，城镇化率的系数较大，表明城镇化对农业现代化具有显著的正向促进作用。城镇化进程推动了大批乡村农民工转移到城市就业和生活，释放了大量耕地，有利于土地的集中生产、经营和收割等，从而推动了现代农业的快速发展。最后，乡村教育水平与城镇化的交叉作用与农业现代化之间的关系不显著。乡村优秀人才和进城务工农民通过城镇化进程对农业现代化产生了共同的交叉影响。一方面，乡村优秀人才和青年新型农民流失抑制了农业现代化的发展；另一方面，城镇为乡村转移人口提供了大量就业岗位，为农业现代化的发展提供了支持。综合来看，这三个因素共同作用，对农业现代化的促进和抑制程度各不相同。

模型分析的结果显示，人均工业增加值与农业现代化呈正相关关系。这表明攀西民族地区的制造业发展对农业现代化起到重要的促进作用。具体而言，提高人均工业增加值可以直接推动制造业的发展。在市场竞争机制的作用下，制造业产品的质量不断提高，价格不断下降。基于本章理论模型的分析，当工业产品相对价格下降到一定阈值时，农户有动力使用价格更低的资本来替代价格较高的劳动要素。这进而可以广泛应用乡村农业机械化设备，拓宽通信服务网络的覆盖范围，更好地推进现代农业的生产、经营和管理。因此，提升人均工业增加值水平能够有效促进攀西民族地区的农业现代化发展。

农村财政支农占比与农业现代化的关系存在一定的不确定性。财政支农对于乡村农业现代化的促进作用是一个复杂的问题。一方面，水利灌溉工程建设、精准滴灌和喷灌节水技术等措施，可以提高农业生产效率，节约水资源，从而促进乡村农业现代化水平的提升；另一方面，实际情况可能受到气候变化、水利设施建设的合理性以及政府寻租行为等因素的影响，这会导致财政支农投入对乡村农业现代化的促进作用并不持久。同时，财政支农资金的投入方向和效率也存在问题。例如，如果资金主要用于修建不必要的水利设施，可能会造成资源浪费，从而难以推动现代农业的发展。因此，需要制定更科学的财政支农政策，将资金重点投入能够真正促进乡村农业现代化的领域，并建立监管机制，确保财政支农资金使用的透明度和效率。只有这样，财政支农才能成为促进乡村农业现代化的有效手段。

从固定资产投资的影响因素分析来看，人均农业固定资产投资与农业现代化呈正相关关系。在农业现代化的进程中，农业固定资产投资是关键因素之一。它可以为农业提供先进的生产工具、基础设施和先进技术，从而促进农业生产力、效率和收益的提高。实证结果显示，人均农业固定资产投资对农业现代化具有显著的正向促进作用，人均农业固定资产投资每提高1%，农业现代化可提高15.1%。这表明增加人均农业固定资产投资可以直接促进农业现代化的发展。此外，农业固定资产投资还可以提高农民的收入水平，使他们有更多资金购买农业机械、农业生产资料和技术服务，进一步推动现代农业的进步。

增加人均农业固定资产投资可以带来多重效益。具体而言，农业固定资产投资的增加能够产生以下几个方面的正面影响。首先，它有助于提高农业生产的劳动生产率，减少农民从事农业劳动的时间，提高劳动效率和效益。其次，农业固定资产投资能够改善农业生产环境，提高土地利用效率，减少农业生产的损耗和浪费。最后，农业固定资产投资能够提高农民的收入水平，提高他们的消费能力和生活质量，从而推动现代农业消费市场的扩大。因此，加大农业固定资产投资的力度有利于促进乡村经济的发展和农业现代化水平的提高。

从基础设施建设的影响因素分析结果来看，农村计算机普及率与农业现代化呈正相关关系。农村计算机普及率指的是农村家庭中拥有计算机的比例。研究结果表明，农村计算机普及率对农业现代化具有显著的正向促进作用。随着互联网的普及和乡村电商的发展，越来越多的农户开始了解市场需求和农产品的价格，这有助于改善传统的农产品销售渠道，提高农产品的附加值和市场竞争力。此外，通过互联网和计算机技术，农民可以更方便地获取信息和技术支持，如种植技术、肥料使用、病虫害防治等，有助于提高农业生产效率和产品质量。同时，农村计算机普及率的提高也为农村金融、教育、医疗等方面的服务带来了便利，为农民提供了更便捷和高效的公共服务，促进农村全面发展。

因此，政府应该重视提高农村计算机普及率，加强互联网基础设施建设和信息技术普及，帮助农民了解市场需求和生产技术，促进农业现代化的发展；同时，也需要引导和培育农民积极参与互联网和电子商务，发掘农村市场潜力，提高农民收入和生活水平。

（5）等外公路占比与农业现代化存在负相关关系。等外公路对农业现代化的影响是复杂的。虽然等外公路的存在可以提高临时农用机械的使用效率，但在长期发展过程中，与等级公路相比，等外公路对农业现代化的促进作用较弱。较差的道路条件会限制现代化规模农业的发展，使农民面临更大的耕作难度，降低作业效率，也限制了现代农业技术的应用。此外，等外公路的建设和维护成本相对较高，不利于长期发展。

因此，政府应加大对乡村公路的投入，加快将等外公路升级改造为等级公路，以提升乡村基础设施水平，促进现代农业的发展。同时，可通过技术手段提高农民的耕作效率，如推广农业机械自动化，减少对等外公路的依赖，推进农村交通基础设施的全面升级。

（三）稳健性检验

为了检验模型的稳健性，我们将模型（6）的面板数据时期缩短至2007—2017年，并建立回归模型（8），表7-13显示缩短面板数据时期后，各解释变量的系数正负关系保持稳定，系数大小变化不大。虽然人均农户固定资产投资的系数仍为正数，但 $P$ 值不显著，这可能是短面板数据估计过多参数导致的。总体而言，各变量的回归系数结果具有稳健性。

表 7-13  农业现代化影响因素模型稳健性检验

| 1nAM | 8 | 9 |
|---|---|---|
| lncomputer | 0.062 ***<br>(0.013) | — |
| lntel | | 0.005<br>(0.016) |
| lneducation | −0.223 ***<br>(0.056) | −0.089 ***<br>(0.026) |
| lnurban | 1.289 ***<br>(0.106) | 1.289 ***<br>(0.075) |
| lnroad | −0.072 ***<br>(0.014) | −0.072 ***<br>(0.008) |
| lninvest | 0.025<br>(0.025) | 0.209 ***<br>(0.025) |
| lnmanufactory | 0.155 ***<br>(0.034) | 0.155 ***<br>(0.029) |
| cons | −2.757 | −2.757 |
| $\overline{R}^2$ | 0.95 | 0.94 |
| $F$ 统计量 | 186 | 216 |
| $P$ 值 | 0.00 | 0.00 |

注：\*、\*\*、\*\*\* 分别表示在 10%、5%、1% 水平下显著。

综合以上分析得出结论，模型（6）为最佳模型，该模型可用于描述农业现代化发展与各因素之间的关系。其中，提升乡村教育水平对现代农业发展产生抑制作用，而城镇化则显著促进农业现代化。财政对农业的支持占比与农业现代化之间的关系尚不确定，需要进一步研究和探讨。另外，增加人均农业固定资产投资有助于推动现代农业的发展。同时，提高农村计算机普及率也是促进现代农业发展的关键因素。最后，等外公路占比与农业现代化呈负相关关系，这表明乡村道路状况对现代农业发展具有重要影响。因此，将乡村道路升级为等级公路是推动乡村农业现代化发展的必要措施之一。

## 第四节　农业现代化实现路径

### 一、实施土地制度创新是农业现代化的先决条件

在农业现代化进程中，完善农村承包地的"三权分置"制度是非常重要的一步。这意味着我们需要特别关注所有权的削弱，并将重点放在保障土地使用权和经营权上。为了实现这个目标，我们应该加快推进土地承包经营权的确权登记颁证工作，确保每块承包土地的权益得到明确和保护。同时，还应该建立农用耕地的"三权分置"制度，确保土地使用、经营和收益权的分离。

这样的改革将带来一系列好处。首先，建立土地流转市场将有利于促进土地资源的优化配置。农民可以根据自身的实际情况，选择适合自己经营能力和发展需求的土地规模，从而提高农业生产效益和经济效益。同时，农村承包地流转平台市场的建立也将促进农村经济的发展和农民收入的增加。其次，这种改革可以保护农民的权益。在"三权分置"制度下，农民依然保有土地的使用权，不会因土地流转而失去基本的生产保障。大户租赁和业主经营等土地流转方式可以为那些希望扩大经营规模的农民更多的机会，同时也为那些不愿意或不能直接参与农业生产的农民提供租赁土地的机会。最后，推动土地适度规模经营的发展将为农用机械化和数字农业现代化奠定基础。随着土地流转和规模经营的推进，农民更容易采用现代农业技术和设备提高农业生产的效率和质量。数字农业技术的应用也将成为现代农业发展的重要支撑，帮助农民实现智能化管理和精细化生产。

因此，应该坚定推进农村承包地的"三权分置"制度改革，加快登记颁证工作，确保土地权益的明确和保护。同时，建立土地流转市场和农用耕地的"三权分置"制度，可以促进土地资源的优化配置和农业现代化的发展。这将为农民提供更多发展机会，为农业的可持续发展奠定坚实基础。

### 二、农业技术应用是农业现代化的推动力量

解决攀西民族地区人口众多、资源紧缺等问题，需要促进以现代工业

和科学技术为基础的现代集约技术发展，以实现农业高产、优质、高效、低耗。这意味着要革新现代农业技术，采用轮作、秸秆再利用、有机化肥及生物防治病虫害等方法，保持土壤肥力和农作物生长所需的供给，实现农业的可持续发展。此外，还应采用生态经济循环方式，通过利用畜牧业废弃物和厩肥参与农作物种植，将种植业、畜牧业和农产品加工业有机结合起来，实现农业的生态化、产业化和市场化。

另外，还要进一步提高农业生产的效率，利用现代农业技术调节光照、水分、矿质营养、空气等外部条件，为农业生产提供良好的环境，从而突破传统农业的天气因素限制。农民通过现代技术手段，可以提高农业生产的数量、质量和效益。因此，攀西民族地区，应加大对现代农业技术研究和应用的投入，使之成为推动农业现代化的重要力量，为当地农业的可持续发展提供有力支持。

### 三、适度推进城镇化

一些地方政府过分追求城镇化速度，这种做法虽然可以短期内迅速推进农耕土地规模化运营，但却侵犯了农民的根本利益，加剧了农民与当地政府之间的矛盾，并引发了社会治安等新问题。

因此，在推进城镇化的过程中，应确保农民自愿流转土地。这样既能保障农民自身利益，又能为他们在城市寻求新的工作机会提供可能。将耕地流转给少数人或合作社进行集中经营管理，有利于为农业实现规模化、机械化和现代化生产创造有利的条件。

在适度推进城镇化的过程中，城市和乡村需要融合发展，将从农业规模化进程中转移出来的农民安置到城镇生活。城镇应该为进城务工的农民工提供与市民相同的社会保障和福利待遇，使进城务工的农民能够在城市安心定居，实现乡村农业现代化的推进。适度推进城镇化不仅可以提供必要的就业岗位配套支持，还可以促进城乡融合发展，为农业现代化创造有利的条件。

### 四、培育乡村人才是实现农业现代化的关键

经过对农业现代化制约因素的分析，我们发现乡村教育水平与农业现代化存在负相关关系，出现这一现象的主要原因是乡村人才的流失。为了解决这一问题，需要采取一系列措施。其中之一是培养志愿在乡村生活和

生产的新型农民和骨干农民，同时加强中青年农民的培训，提升他们在现代农业生产中的技能水平。他们可以学习并掌握操作农用植保无人机、农田地理信息平台和农技服务平台等先进技术，从而提高农业生产的效率和质量。

应推行"技术和资本换人"政策，积极引导和吸引城市人才到乡村发展。通过投资、创业和就业等方式，将城市人才引入乡村，增加乡村的人口和提高乡村的活力。这不仅能缓解当前乡村老龄化和空心化问题，还能实现乡村劳动力的少投入、大产出。这种人才流动将推动农业的规模化、机械化和现代化进程，为未来乡村的发展奠定良好的基础。

这些措施的实施，可以有效缓解乡村教育水平与农业现代化之间的负相关关系，并为乡村发展提供人才支持。这将推动农业向着更加规模化、机械化和现代化的方向发展，实现乡村的繁荣与可持续发展。

## 五、工业化与农业互动是实现农业现代化的支柱

攀西民族地区的工业发展与农业发展长期以来一直处于"农业辅助工业发展"的阶段。然而，当今中国已经转向了工业反哺农业的发展阶段。通过借鉴发达国家的历史经验，研究工业化和农业现代化之间的互动关系，我们可以发现，工业发展是农业机械化和大规模组织化的必经之路。现代农业的发展必须依赖工业部门提供的农用机械设备、动力、化肥、贮藏设备和农业运输工具。

随着工业化水平的不断提高，农用机械设备、动力、化肥等现代农业生产资料的质量越来越好，价格也越来越低。工业化带来的新型农业生产方式取代了传统农业作业方式，激发了制造业的创新和创造力。农业机械行业和化工行业的发展带动了产业链上下游的整体发展，生物化学技术的进步为农业提供了优质种子和化肥，提高了农产品的数量和质量。高附加值、高科技含量和高质量的农产品生产，不仅为市场提供消费品，也为工业提供原材料，占据产业链的高端。这种转变推动了现代农业和工业的良性循环发展，逐步实现农业现代化。

因此，促进攀西民族地区工业和农业的协同发展，需要进一步加大对工业反哺农业的支持力度。首先，我们应加快工业化进程，促进工业部门的发展，提高农业生产所需的农用机械、设备和技术水平。同时，还要加强农业机械化、现代化和科技化的发展，推动农业生产效率和产品质量的

提升。其次，我们应优化农业产业结构，支持农业龙头企业和农民合作社的发展，通过集约化、规模化的经营模式，提高农业生产效益和竞争力。此外，我们还应加大农产品市场的扩大力度，加强农产品的营销和品牌建设，提高产品附加值和市场竞争力。最后，我们应加强科技创新和技术支持，推广先进的农业技术和管理经验，提供农业生产的技术指导和培训，帮助农民掌握现代农业生产技术和管理知识，提高农业生产水平。

攀西民族地区工业和农业的良性互动，能促进农业现代化的全面发展，为攀西民族地区农民增加收入，推动农村经济的持续健康发展。

# 第八章　国外农业产业振兴发展模式与经验借鉴

　　在攀西民族地区，农业产业的发展是一个与时俱进、历史悠久的概念，既体现了抽象的理论观念，也具体于微观实体。观察发达国家农业产业发展历程，我们可以发现，实现农业现代化主要包括两个方面：首先是农业生产物质条件和技术手段的现代化，即通过应用先进科技和生产要素，实现农业机械化、电气化、信息化、生物化和化学化。其次是农业组织管理的现代化，即实现农业生产专业化、社会化、区域化和企业化的管理模式。

　　在农业生产物质条件和技术手段的现代化方面，攀西民族地区应充分运用最新科技手段和生产工具，推进农业机械化和自动化技术的应用，采纳智能化的农业生产工具和设备，以提高农业生产效率和质量。同时，也需要关注农业生产过程中的环保和可持续发展，采用生态友好型的农业生产方式，如生物农药和有机肥料，以保护土壤资源和生态环境。

　　在农业组织管理的现代化方面，攀西民族地区应推行农业产业化、规模化、品牌化和集约化的经营模式，建立现代农业产业链，促进农业与工业、商业和服务业的深度融合，以提升农业产业附加值和综合效益。同时，也需要关注农村社会建设和农民素质提升，推进农村教育、卫生、文化、旅游等领域的发展，促进农村社会进步和稳定。

　　尽管攀西民族地区在农业产业发展方面已取得显著进展，但与发达国家相比，仍存在一定差距。在农业法规和制度、农业社会化服务组织、农业高科技技术等领域，需要进一步加强改革和创新，以逐步实现农业现代化的目标。

　　展望未来，攀西民族地区将全面推动乡村振兴战略，进一步推进农业产业的现代化发展。同时，需要借鉴国外先进的农业产业发展模式和技术特点，以创新发展路径，提高农业产业的竞争力和可持续发展能力。在这一进程中，需要政策引导、技术支持和产业协同，以确保农业产业发展能够为当地经济发展和社会进步注入新的动力。

借鉴国外先进的农业产业发展模式和技术特点对于攀西民族地区农业产业的现代化发展具有重要意义。在实践中，我们需要结合自身情况，积极探索符合攀西民族地区农业发展特点的创新路径，加强制度建设和政策支持，推动农业产业结构调整，促进农村经济的全面发展。

## 第一节　美国农业产业振兴及模式借鉴

随着全球农业竞争的加剧和自然资源的逐渐枯竭，美国农业产业面临巨大挑战。为适应新形势并保持在国际农业市场上的竞争力，美国政府和农业企业采取了一系列措施促进农业产业的振兴和升级。

### 一、美国农业产业振兴

美国农业产业经过多年发展，已构建了完善的产业体系，并采取了以下主要措施促进产业振兴：

（一）加强农业科技创新及应用

美国在农业技术方面进行了长期研究和探索，取得了显著成果。各种新技术、新材料和新工具被广泛应用于农业生产，极大提高了农业生产效率，同时也改善了农业生产环境，并提高了农业可持续性发展能力。

信息技术在农业中的应用也变得越来越重要。农业生产需要获取和处理大量数据，信息技术帮助农民管理和分析这些数据，以更好地控制和优化农业生产过程。新的农业生产技术、作物品种以及农药和肥料等产品不断推陈出新。这些新技术和产品能更有效地控制病虫害，提高作物产量和品质，增加土地利用效率和农业生产的可持续性。

科技在美国农业生产中的应用成为农业发展的重要特点。随着科技的进步，农业生产将不断创新，推动农业向更高效、可持续和环保的方向发展。

1. 新技术的应用极大提高了农业生产效率

现代农业生产广泛应用各种新技术，如 GPS 导航、卫星遥感、精准施肥、精准浇水和自动化机器人等。这些新技术使农民更准确地了解土地状况，优化农业生产流程，提高农产品产量和质量。

农业生产中的自动化和机器人技术得到广泛应用。机器人可以完成诸多重复性任务，例如播种、收割、运输和包装，以减轻人工劳动负担，提高生产效率和质量。此外，精准施肥和浇水技术得到大力推广，通过精确测量土壤和植物需求，减少浪费，提高资源利用效率，并减少对环境的污染。农业生产中的遥感技术也日益成熟，通过对农作物生长情况的实时监测和分析，为农业生产提供精确的信息支持。此外，基因编辑技术和无土栽培技术等新兴技术不断发展，为实现更高效、更持续的农业生产提供了新的可能。

科技在农业生产中的应用不仅提高了生产效率和产品质量，也有助于实现农业的可持续发展。通过不断创新和应用新技术，农业生产更精细化、智能化和绿色化，可以更好地满足社会对农产品安全、优质和可持续的需求。

2. 科技的应用改善了农业生产的环境和可持续性

现代农业生产中，科技在改善农业生产环境和可持续性方面发挥着关键作用。例如，通过科技手段，农民能够更加精确地控制农业生产流程，包括土壤管理、农作物生长控制和病虫害防治等。这种精确控制的科技方式不仅提高了农业生产效率，还有助于降低化肥和农药的使用，减少污染物排放，保护土地和水资源，促进农业的可持续发展。

科技应用于农业生产还能减少能源浪费，提高能源利用效率。例如，在温室大棚中，通过自动化技术和智能控制系统等手段，进行精细管理和能源利用，将有效减少能源浪费，提高能源利用效率。科技的应用还有助于减少土地开垦和水资源消耗。利用遥感技术和地理信息系统等高科技手段，农民能够更准确地评估土地利用价值和水资源分配，从而减少不必要的土地开垦和水资源消耗，保护生态环境。

总的来说，科技的应用已成为推动农业可持续发展的重要手段。利用科技手段，不仅可以提高农业生产效率，还可以改善农业生产环境，促进农业的可持续发展。

3. 科技在农业生产中的应用为农产品的质量和安全提供了保障

农产品质量和安全直接关系到农业是否可持续发展，科技的应用为农产品的质量和安全提供了保障，这也是农业产业可持续化的必由之路。

一方面，现代科技可通过信息融合传输技术、互联网技术、传感器感知技术等构建农业生态环境的网络监控体系，实现农产品全程标准化产出与智能管理，将农产品生产、销售、流通等全过程进行协调整合，为农产品质量保驾护航；另一方面，现代科技可以对农产品相关数据进行可视化、数据化分析，建立安全监测管理平台，运用各种科技设备追溯农产品质量，建立农产品数据档案，对农业土地、气候等自然资源进行精准监控，实现农产品产出查证与责任定位，提高农产品的安全水平。

科技在农业生产中的应用已成为美国农业发展的重要特征之一。科技的应用不仅提高了农业生产效率，还改善了农业生产环境和可持续性，为农民提供了更优质的生产环境和生活条件，同时也为农产品的质量和安全提供了保障。可以预见，随着科技的不断发展，农业科技的应用将继续为美国农业的现代化和可持续发展注入新的活力。

（二）发展多样化的农业经营模式

美国的农业经营模式多样化，为农业产业的发展提供了多种选择。一方面，大型集团化农场模式通过规模化和专业化的管理提高了农业生产效率，同时也降低了生产成本；另一方面，小型农户种植模式可以更好地满足消费者对有机、绿色和健康食品的需求，同时也有利于保护农村社区的生态环境和农业遗产。社区支持农业模式是一种让消费者和农民直接联系的模式，通过消费者的订购和支付，支持农民生产有机、绿色的食品。该模式通过增加农民的收入改善了农村居民的生活条件，同时提高了消费者对农产品的认可和信任度。精细化农业模式利用各种现代化技术和设备，实现对土壤、气候、水资源等环境的精准监测和管理，以提高农产品的质量和效益，保护了土地和水资源，促进了农业生产和农村经济的可持续发展。

多样化的农业经营模式不仅提高了农业生产效率和产品质量，还促进了农村地区的发展和就业。大型农场模式通过规模效应带动了周边地区的经济发展和就业。小型农户种植模式通过发展乡村生态旅游吸引了大量游客和消费者，创造了就业机会。

（三）健全农业配套服务体系

为了支持农业生产和促进农业产业升级，美国已建立了一套完善的农业配套服务体系，包括农业技术推广、农业培训、农业保险和金融支持等。这些服务体系为农业生产者提供了技术支持和金融保障，促进了农业产业的发展。

首先，农业技术推广是美国农业配套服务体系的重要组成部分。农业技术推广部门通过向农业生产者提供技术指导和培训，促进农业技术的普及和应用，提高农业生产者的技术水平和生产效率。其次，美国的农业培训体系也非常完善。农业培训机构为农业生产者提供专业的培训课程，课程内容包括农业生产管理、市场营销、财务管理等方面的知识，帮助农业生产者提高管理水平和经营效益。再次，美国的农业保险体系也比较健全完备。农业保险种类多样，包括收成保险、灾害保险、生命保险等，为农业生产者提供了保障，使得他们可以更加放心地从事农业生产。最后，美国的金融支持体系也为农业产业提供了强有力的支持。农业金融机构，如农业信贷银行和联邦住房抵押贷款银行，为农业生产者提供贷款、融资等多种金融服务，促进了农业生产的发展。

（四）拓展农产品国际贸易

美国农业产业在国际市场上具有一定的竞争力，因此拓展农产品的国际贸易对于促进农业产业振兴至关重要。美国政府采取了一系列措施，加强了对外农产品贸易的开放和促进，拓展了农产品的出口市场，提高了美国农产品在国际市场的占有率。

随着全球化和经济全球化的深入发展，国际贸易对于各个国家的经济发展越来越重要，美国农业产业也不例外。为了拓展农产品的出口渠道，美国政府采取了多种措施。首先，美国政府积极推动农产品自由贸易协定的签订，扩大了美国农产品的出口市场。其次，美国政府通过贸易谈判和对外投资，帮助美国农产品进入更多国家市场，增加了农产品的出口量。此外，美国政府还通过贸易保护措施保护农产品出口，确保农产品在国际市场上公平竞争。总之，拓展农产品的国际贸易是促进美国农业产业振兴的重要途径，也是提高农民收入和促进农村经济发展的关键。

（五）农业生产高度机械化

美国农业以其高度机械化的生产方式和卓越的生产力水平在全球处于领先地位。这种机械化生产方式使农业更加高效、规模化和具备竞争力，为农民和整个国家带来了巨大的经济收益。

在美国，农业机械化的水平被形容为"农业的机械化，农村的机械化"。从收割机、拖拉机到喷雾器、灌溉器，从种植、管理、收获到运输、加工、销售，几乎所有农业生产环节都可以依靠机械化设备完成。这种高度机械化的生产方式不仅提高了农业生产效率，还显著降低了劳动成本。美国农业已经有一百多年的机械化历史。从 19 世纪末 20 世纪初的手推拖拉机，到现代化的 GPS 自动驾驶拖拉机；从原始的打谷机、割草机，到今天高效的收割机、种植机，每一次技术进步都离不开机械化设备的应用。机械化的农业生产方式不仅提高了生产效率、降低了成本，还能更好地保护农民的身体健康。传统的手工劳动方式容易导致劳动者长时间面临高强度的体力劳动，从而有害健康。而机械化设备的应用能够使农民更加便捷地完成各项农业生产工作，降低体力劳动强度，提高生产效率。

然而，机械化农业生产方式也面临一些问题。例如，机械化农业生产需要大量的投资成本，这对于一些小规模的家庭农场来说可能难以承受。同时，机械化设备对环境也会造成一定的影响，例如机械化操作会对土壤质量和生态环境造成一定程度的污染。因此，在机械化农业生产的过程中，还需要加强环境保护，减少对生态环境的不利影响。

总之，机械化农业生产方式是美国农业成功的关键因素之一。农业机械化不仅提高了农产品生产效率，还为农业提供了良好的技术基础，推动了农业技术的快速发展。随着科技的不断进步，机械化农业生产方式也将不断升级，更加智能、高效和环保，为美国农业带来更多的发展机遇。

（六）农业产销一体化

农业产销一体化是指将农产品的生产、流通和销售环节有机地结合在一起，形成一个完整的产业链条。在美国，农业产销一体化已经形成了一套相对完善的机制，并成为美国农业发展的重要特点之一。

首先，美国的农产品市场极为发达，拥有完善的市场体系。美国农产品市场分为本土市场和国际市场两部分。在本土市场上，农产品销售渠道众多，包括农产品批发市场、零售市场、超市、餐饮等各个环节。同时，农产品出口也至关重要，美国的农产品出口量居世界前列。因此，在市场方面，美国农业的产销一体化体现在完善的市场体系和丰富的销售渠道上。其次，美国农业的产销一体化还表现在农业生产与贸易之间的紧密关系上。美国的农产品生产不仅满足国内市场需求，还有一部分出口到其他国家。在这个过程中，美国政府发挥着重要作用，通过贸易协议、补贴政策等手段促进农产品出口，并加强对国内农业市场的保护，确保国内农产品的竞争优势。最后，美国农业的产销一体化也受益于现代信息技术的应用。随着科技的发展，信息技术已经深度渗透到各个产业领域，农业也不例外。如今，农民可以通过互联网获取市场信息、发布销售信息、进行在线交易等，这些技术手段极大地增进了农业生产和市场的联系，提高了农产品的销售效率和市场价值。

美国农业产销一体化的特点主要体现在市场体系的完善、农业生产与贸易的有机结合以及现代信息技术的应用等方面。这种产销一体化的模式不仅有助于提高农产品的生产效率和质量，也推动了农业现代化进程和农业的可持续发展。

（七）注重农业的可持续发展

美国农业发展的另一个主要特点是专注于农业的可持续发展。可持续农业是一种农业生产方式，旨在保护环境和自然资源的同时提高农业生产效率和质量，并促进农村经济发展和农民生活质量。可持续农业的发展需要关注多个方面，包括合理利用资源、保护土地、保护生态系统以及优化农业产业链等。

美国农业的可持续发展历程可以追溯到20世纪初。当时，美国的农业生产方式主要是粗放式耕作，对土地的使用、农药和化肥的使用量均没有限制，这引发了环境破坏和资源浪费的问题。20世纪50年代，随着环境和资源保护意识的提高，美国政府开始制定一系列政策和法规，推动农业的可持续发展。

其中一个重要的政策是1965年通过的资源保护法（Resource Conservation Act），该法旨在通过促进土地保护和恢复、改善土壤质量和保持肥力、保护水源和野生动植物、减少土壤侵蚀和水土流失等措施，提高美国农业的可持续发展水平。美国农业的生产方式也在不断改进，采用更环保的农业技术和工具，如有机农业、精准农业、生物技术等，可以减少对环境的不利影响。同时，农业产业链也在不断完善，实现了农业的可持续发展与农村经济的有机结合。

## 二、美国农业产业振兴模式借鉴

随着经济全球化的推进，各国农业产业面临新的机遇和挑战。美国的农业发展模式为我们提供了借鉴和学习的宝贵经验。

（一）美国农业产业注重市场导向发展

在美国，农业生产已经转变为以企业为主体、规模化和产销一体化的模式。农民通常以承包和租赁的方式参与农业生产，而农产品的销售和分配则由市场机制决定。这种市场导向的生产方式促进了农业产业链的优化和农产品质量的提高，为农民提供了更广阔的市场空间和多元的收入来源。

（二）美国农业产业依赖技术创新

美国一直处于农业技术的全球领先地位，科技创新是其农业产业发展的重要推动力。美国将机械化、自动化、数字化和精准化的技术手段广泛应用于农业生产中。例如，精准农业技术能够有效减少农药和化肥的使用，提高农产品质量和产量，同时减少对环境的不利影响。此外，美国还广泛采用基因改良技术，不断提升作物品质和产量，这些技术创新支撑了美国农业产业的快速发展。

（三）美国农业产业注重可持续性

在美国，政府和农民一直关注农业生产与环境保护、资源利用之间的平衡问题。政府制定了一系列政策和法规，推动农业可持续发展，保护土地、水源和生态系统等自然资源。农民也在不断探索和实践环保的农业生产方式，如有机农业和生态农业等，通过降低对环境的不利影响，实现农业生产和环境保护的良性循环。

（四）美国注重农业品牌建设和推广

美国通过品牌营销，提高消费者对农产品品牌价值的认知，提高消费者购买意愿，提升农产品的附加值。例如，华盛顿州的"华盛顿苹果"是该地区独特气候和土壤条件下种植的高品质苹果，其通过品牌推广成为美国苹果的代表品牌之一。

美国农业产业的成功经验对我们具有借鉴和学习的意义。虽然中国农业产业面临许多问题，如落后的生产方式、农民收入不高以及农产品质量和安全等问题。但是通过借鉴美国的经验，我们可以在生产方式、品牌建设、科技创新等多个方面提升农业产业的竞争力和可持续发展水平。同时，中国也应根据自身国情和发展阶段，找到适合自己的农业产业振兴路径，推进乡村振兴，促进农村经济发展和农民增收。

## 第二节 以色列农业产业振兴及模式借鉴

干旱的土地、恶劣的气候和水资源的缺乏是制约以色列农业发展的重要因素之一。针对这些因素，以色列政府积极发展高效利用水资源的技术，并致力于滴灌、喷灌等节水灌溉技术的研发和推广，取得了令人瞩目的农业产业发展。尽管以色列的农业产业曾面临生产力低下、水资源缺乏和土地荒漠化等严峻挑战，但通过不断的技术创新和政策支持，以色列的农业产业实现了快速的发展和壮大。

### 一、以色列农业产业振兴

#### （一）技术创新和研发

以色列农业领域的技术创新和研发主要是为了应对严重的水资源短缺环境。以色列利用科技手段开发了许多高效的水资源管理技术，如滴灌技术、微喷灌技术和土壤水分监测技术等，有效解决了水资源短缺问题。此外，以色列还注重育种技术的研发和应用，针对当地的气候条件和土壤特性，开发了多种抗旱、耐盐、耐热和高产的新品种，提高了农产品的产量和质量。同时，以色列还注重施肥技术和植物保护技术的研究，采用精准化的施肥方法和无污染的植物保护技术，确保了农产品的质量和安全。这些技术的应用提高了以色列农业生产的效率和品质。

#### （二）发展生物技术

以色列在生物技术领域处于世界领先地位，其技术研发水平和商业应用都十分出色。在农业领域，以色列的生物技术应用主要体现在基因编辑、农业微生物应用和作物品种改良等方面。通过基因编辑技术，以色列的研究人员可以精确编辑特定基因，实现农作物的快速改良，提高农作物的产量和抗病性。此外，以色列的生物技术企业还开发了一系列微生物产品，如生物农药和生物肥料，这些微生物产品可以有效防治病虫害并提高作物生长质量。这些技术的应用不仅推动了农业产业的发展和可持续性，也为全球带来了巨大的经济效益。

#### （三）建立创新生态系统

以色列政府积极推动农业科技与商业之间的合作，鼓励农业企业家和科技公司共同合作，建立创新的生态系统。这种创新生态系统不仅有利于农业技术的转化和应用，也促进了农业产业的发展。政府还采取了一系列措施，如税收减免和研发资金支持，鼓励民间企业在农业科技领域进行创新和投资。以色列在农业科技园区和孵化器的建设方面也取得了显著进展，这些园区和孵化器促进了科技公司和农业企业共同开发新技术和新产品，提高了农业产业的创新能力和竞争力。这种创新和科技应用推动了以色列农业产业的转型和升级，推动了经济增长和社会发展。

以色列的政策环境和法规体系也有利于农业产业的发展。政府制定了一系列有利于农业企业的政策，包括税收优惠、贷款支持和知识产权保护等。同时，以色列的法规体系也非常健全，这确保了农业生产的安全和质量，为农业产业的发展提供了有力保障。这些因素共同作用，使得以色列的农业产业在全球具有很高的竞争力和影响力。

（四）提高农业产业的国际竞争力

以色列农业技术的国际市场应用和认可得益于该国的技术出口政策。政府采取了一系列措施，如技术转移和培训支持、技术合作和技术示范中心的建立，积极推动以色列农业技术在国际市场的推广和应用。此外，政府还通过税收减免和资金扶持等措施，鼓励农业企业积极参与国际市场竞争，拓宽农产品的出口市场。以色列的农业企业通过创新的营销手段和品牌建设，拓展了海外市场，树立了良好的国际形象和声誉。这些措施和努力使得以色列的农业技术和产品在国际市场上得到广泛的认可和应用，为农业产业开辟了更广阔的发展空间。

以色列的农业产业振兴得益于政府和企业的大力支持，以及科技的持续创新和应用。其他国家可以借鉴以色列在农业发展方面的经验和模式，通过加强科技创新、提高水资源利用效率和拓展国际市场等措施，提升农业产业的竞争力和可持续发展能力。

## 二、以色列农业产业振兴模式借鉴

以色列是一个典型的"沙漠之花"，具备世界领先的农业科技和高效率的农业生产模式。作为干旱地区的国家，以色列的农业产业发展经历了漫长而辛苦的过程。在政府的大力支持下，以色列的农业产业实现了快速发展，并形成了一系列成功的经验和模式。以下是可以借鉴的几个方面：

（一）强化科技创新，推动农业现代化

以色列政府高度重视科技创新，将科技创新作为农业产业发展的核心。政府在农业领域投入巨资，促进科技创新，并推广高新技术在农业生产中的应用。在以色列的农业中，广泛应用的技术包括滴灌技术、无土栽培技术和气调技术等。这些技术极大地提高了农业生产的效率和质量。以色列政府在政策上给予科技创新更多的支持，鼓励民间企业进行科技投入和创新，并加强技术交流和国际合作，推动农业现代化进程。

除了政府的重视，以色列的农业产业发展还受益于良好的创新生态系统。以色列拥有众多农业科技企业和初创企业，它们通常与农民、研究人员和政府机构合作，为解决农业生产中的各种难题提供创新性的解决方案。有时，这些企业还与国外合作伙伴共同推动农业创新和技术转移，以帮助更多国家提高农业生产效率，改善农民生活质量。此外，以色列的高等院校和研究机构在农业科技的研究和创新方面也发挥着重要作用，为农业科技提供了良好的学术环境和人才支持。

（二）提高水资源利用效率

以色列是全球水资源最紧缺的国家之一，政府非常重视水资源的管理和利用。政府实行高效率的水资源管理政策，例如提供免费的水资源利用方案和制定水资源管理法规。此外，以色列还采用了先进的水资源利用技术，如滴灌和渗灌等节水技术，实现了水资源的高效利用。

除了政府的政策和法规支持，以色列还采用了一些创新的技术来管理和利用水资源。例如，以色列引领全球的滴灌技术，这是一种高效的节水灌溉技术。通过在土壤表面滴流的方式，滴灌技术将水直接输送到植物根系，使得植物能够更好地吸收水分和养分，同时减少了水的流失和浪费。此外，以色列还采用渗灌技术，它是一种将水通过微小的孔洞缓慢渗入土壤的技术。渗灌技术可以减少水的流失和浪费，同时提高植物的生长速度和产量。

以色列政府还采取措施鼓励人们节约用水。例如，政府对超出定量用水的用户进行收费，并采用废水回收和再利用技术将回收利用的水用于浇灌植物和冲洗马桶等。这些措施不仅提高了人们对水资源节约的意识，也大大减少了水资源的浪费。

我国应加强水资源的管理和利用，探索节水技术，提高水资源利用效率，促进农业可持续发展。

（三）推行有机农业和农业生态化

以色列政府在农业生态化方面的努力不仅局限于鼓励有机肥料的使用

和减少化学农药的使用量，政府还积极推广农业生态化的概念，倡导生态化种植和生产模式，并注重保护生态环境和生态系统。政府出台一系列政策措施，鼓励农民采取更环保、更可持续的农业生产方式。政府通过培训和指导提高农民对生态化种植和生产的认识，加强农业生态环境监管，规范农业生产活动，促进农业可持续发展。此外，政府还支持生态农业的研究和创新，推进生态农业技术的应用和推广，为生态农业的发展奠定坚实基础。这些措施和政策的实施不仅有利于保护生态环境、提高农产品的品质和安全性，也有助于提高农业的经济效益和可持续发展水平。

（四）科技创新和研发投入

以色列农业产业振兴的另一个成功因素是科技创新和研发投入。以色列在科技创新和研发方面拥有较完善的体系，并在全球范围内享有盛誉。在农业领域，以色列的科技创新主要集中在节水灌溉技术、精准农业技术、农业机器人等方面。

以色列农业产业在实践中积极引入先进技术和创新，以提高生产效率、减少资源浪费和改善产品品质。例如，以色列开发了一种智能节水灌溉系统，这种灌溉系统能根据土壤湿度、气象数据和作物需水量等因素实现自动化控制和优化灌溉。这项技术不仅可以减少水资源浪费，还能提高农作物的产量和品质。

此外，以色列还在农业机器人方面进行了大量研究和开发。这些机器人能完成自动化种植、喷洒农药、采摘等任务，提高生产效率、降低人工成本，并减少对化学农药的依赖。机器人还能监测作物生长情况，及时发现病虫害等问题，提高农作物的品质和产量。

以色列农业产业振兴的经验表明，科技创新和研发投入是促进农业产业升级和发展的重要因素。在中国农业产业发展中，也需要加大科技创新和研发投入，积极引进国外先进技术，推动农业生产方式的升级和改进。例如，在种植技术方面，中国可以引入以色列的节水灌溉技术和精准农业技术等先进技术。在农机化方面，中国可以加大对农业机器人等智能化设备的研发和推广力度，提高生产效率和产品品质。同时，中国还需要鼓励企业加大科技创新投入，加大科技成果转化和推广力度，不断提高农业产业的科技含量和附加值。

## 第三节　日本农业产业振兴及模式借鉴

日本农业产业振兴的成功经验为其他国家提供了有益的借鉴。日本在农业现代化和产业振兴方面采取了一系列创新性的模式和策略。

### 一、日本农业产业振兴

日本是一个岛国，土地资源非常有限，而且大部分是山地。因此，农业产业的发展一直面临着巨大的挑战。然而，日本政府和农业企业通过多种方式实现了农业产业的振兴，取得了显著的成果。下面将介绍一些日本农业产业振兴的措施。

（一）强化农业科技创新

日本政府对农业科技的投资可以追溯到二战后。在追求快速经济发展的过程中，政府高度重视科技创新，希望通过科技创新来提高农业生产的效率和质量。随着时间的推移，日本政府的农业科技投资规模不断扩大，涵盖的领域也不断拓展。智能化农业技术是近年来日本政府重点推广的一项农业科技。该技术利用无人机、传感器、机器人等先进设备对农作物进行监测和管理，可以实现全自动化的农业生产。此外，高效节水灌溉技术也是日本农业科技的一个亮点。在水资源紧缺的情况下，这项技术可以最大限度地利用水资源，提高灌溉效率。除了技术创新，日本政府还注重培养人才。政府鼓励农民接受农业生产管理、农作物栽培、农业机械维护等方面的培训，以提高农民的农业生产水平。此外，政府还鼓励大学和科研机构与农业企业合作，共同开展农业科技研究，促进科技成果的应用和转化。

日本政府在农业科技方面的投资和政策推动起到了重要作用，为日本农业的发展注入了新的活力。

（二）注重品牌建设

日本的农业产品因其高品质、高附加值而广受欢迎。例如，日本的高端水稻品牌"越光米"和"五百川米"等备受消费者喜爱。这些品牌的建立离不开日本政府、企业和农民的共同努力。政府为农业企业提供品牌推广的支持，农民加强了生产质量控制和营销管理，企业则致力于市场拓展和品牌建设。通过品牌建设，日本的农业产品得到了更多的认可和市场份额。

（三）多元化发展

除了农业生产，日本的农业企业还在农村旅游、休闲、文化、教育等领域进行多元化的发展，这是日本农业产业振兴成功的另一个关键。在农业旅游方面，日本农业企业通过提供农家乐、乡村旅游、体验农事活动等服务，将本地的自然风光和农村文化融入旅游行程中，吸引了众多游客前来参观。在农业休闲方面，一些农业企业将自己的农场打造成为一个旅游景点，提供丰富的娱乐活动，如采摘水果、观赏花卉等，让游客在享受休闲娱乐的同时，也能够了解农业生产的过程和技术。在农业文化方面，日本的农业企业通过宣传本地文化和历史，推广传统农业产业，加深人们对日本农业文化的了解和认可。此外，一些农业企业还利用互联网等新媒体平台，通过网上销售农产品等方式，将农业产业与现代科技相结合，打造出具有竞争力的农业品牌，实现多元化经营发展。

（四）推动市场开拓与国际化

日本政府在市场开拓和国际化方面采取了多种措施，包括积极参加各种国际展览会、农业交流活动、农产品展销会等，向全球展示日本的农业产业和产品，提升日本农产品的国际影响力。此外，政府还通过农产品出口补贴、税收优惠等政策措施，支持农业企业参与国际市场竞争。同时，政府还加强了对农业质量和标准的监管，确保日本农产品在国际市场上的竞争力和品质。此外，日本政府还积极推动农业技术合作，与其他国家分享先进的农业科技和经验，促进全球农业可持续发展。例如，日本政府签署了"东亚农业合作倡议"，旨在促进区域内农业科技合作和交流，共同应对粮食安全和气候变化等挑战。此外，日本还积极参与联合国粮食及农业组织的项目和计划，为全球农业发展贡献力量。

总之，日本政府在农业领域实施了一系列政策和措施，从多个角度推动了农业产业的发展和现代化。通过投入大量资金和资源，加强科技创新和国际合作，推动农业可持续发展，日本的农业产业正逐步向着更加现代、高效、多元化和国际化的方向发展。

## 二、日本农业产业振兴模式借鉴

日本的农业产业振兴经验，主要包括加强政策支持、鼓励创新发展、推进产业集聚、推动市场开拓和国际化等方面。这些措施的实施，有助于提升农业生产效率和产品质量，促进农业产业转型升级，提升农业的可持续发展能力。同时，这些措施的成功实施，也为其他国家农业产业振兴提供了借鉴和参考。

作为一个国土面积有限的岛国，日本农业一直面临着多重挑战。为了克服这些困难，日本农业采用了一种多功能的发展模式，通过开发生态、体验和休闲等多种功能，实现了农业的综合发展和经济增长。其中，实施"一村一品"多功能农业模式，根据各地的特点开发出独特的农产品，大大提高了其产品的国际竞争力。日本农业将多功能农业作为重点发展方向，多功能农业涵盖设施农业、加工农业、观光休闲农业和多样化农业等多个领域。这种创新型农业注重综合功能的发展，致力于推动绿色、环保、体验、休闲和示范功能的农业，打造高新技术产业和多功能的"绿岛农业"，以提高农业的生产效率和附加值。

随着日本农业人口的老龄化，以及国内市场需求的减弱，日本政府积极推动农业产业的振兴，并扩大农产品的出口市场。这种振兴模式为其他国家提供了借鉴和参考。

首先，日本政府在推动农业产业振兴方面发挥了积极作用。政府不仅制定了一系列政策和措施来支持农业发展，还鼓励各地区政府和企业开展农业产业振兴计划。政府在提高农民收入、增加就业机会和改善农村生态环境等方面提供了大力支持。其次，日本农业生产实现了较高程度的专业化，通过种植、养殖等专业化经营，提高了生产效率。在科技创新方面，日本农业采用了先进的农业技术和设备，如自动化技术、智能设备和农业生产管理软件等，提高了生产效率和产品质量。再次，日本农业产业具有较强的国际竞争力。通过提高产品质量、规模化生产、品牌建设和创新营销等举措，日本农业产业积极开拓海外市场，不断提升出口水平。此外，日本农业注重开发高附加值的农产品，如高品质葡萄酒和特色食品，打造出独特的农业品牌。最后，日本农业注重可持续发展。日本政府采取了一系列措施，如农田保护政策、水资源保护政策和环境保护政策，以确保农业的可持续发展。同时，日本还推广生态农业，鼓励农民采用环保的生产方式，保护生态环境，提高土地利用率和产出效益。

日本农业产业振兴模式在政府的引导下，通过采取提高专业化水平、推广科技创新、拓展国际市场和注重可持续发展等多方面的措施，成功促进了农业的发展和产业升级。其他国家可以借鉴这些经验，在政策、技术和市场等多个方面推动农业产业的振兴。

# 第四节　法国农业产业振兴及模式借鉴

法国是欧洲重要的农业大国之一，其农业产业对于国家的经济和社会发展起着举足轻重的作用。然而，在过去几十年中，法国的农业产业受到了市场竞争、环保法规、人口老龄化等多方面因素的影响，面临诸多挑战。因此，农业产业的振兴成为摆在法国面前的紧迫问题。

## 一、注重科技创新，提升产业附加值

（一）法国政府大力支持农业技术研发和创新

法国政府不仅加大对农业科研机构的投资，还鼓励企业与科研机构合作，推动农业科技的转化和应用。通过引入新技术和创新产品，法国农业产业在提高生产力和降低成本方面取得了显著进展。强化农业科研机构的投资和与企业合作，法国政府还通过多种方式推动农业科技的应用和转化。其中一项重要措施是支持农业数字化和智能化发展，包括提供数字化农业技术培训、资金支持等。通过应用数字化技术，法国农业产业实现了信息化管理，提高了生产效率和农产品质量。此外，法国还鼓励有机农业的发展，推动有机农业生产技术的研究与应用，提高了农产品的质量和安全性。法国也注重推广绿色农业和可持续农业，采用生态友好型的农业生产方式，减少对环境的污染和破坏。这些措施和政策的实施，不仅促进了法国农业的可持续发展，也提高了法国农产品的竞争力和市场份额。

（二）法国政府注重提升农业产业的附加值

在农业生产的基础上，加工业和服务业的发展成为法国农业产业振兴的新动力。政府支持农业企业开展加工、包装、销售等环节的业务，鼓励企业开展农产品加工及制成品的研发和生产，使农产品附加值提高，为农业产业的可持续发展打下坚实基础。

（三）采取了一系列政策鼓励农民创业创新，推动农业产业转型升级

法国政府为了鼓励农民兴办小农场，不仅提供了丰厚的补贴，而且加强了对农民的培训和技能提升，让他们能够更好地应对市场变化和挑战。政府通过支持农民开展农业生产和农产品加工，推广农业生产中的新技术和新理念，提高农业产业的效益并降低成本。此外，政府也加大了对有潜力的农业企业的支持力度，引导企业扩大规模、提高效益，进一步推动农业产业的升级和转型。同时，政府鼓励农民通过多种途径拓展收入来源，比如发展农业旅游、生态养殖、农产品电商等业务。通过多种方式的支持和鼓励，法国农业产业得到了快速发展，农民们的收入和生活水平也得到了显著提高。

（四）积极参与国际合作

除了国内市场，法国政府还致力于拓展其农产品的国际市场。为此，政府与欧盟和其他国家签署了自由贸易协定，降低了农产品的贸易壁垒，促进了法国农业产业的发展。通过与其他国家合作，法国农业企业可以进入其他国家的市场，拓宽销售渠道，提高企业收入和市场份额。同时，国际合作还可以促进技术交流和创新，为法国农业产业的升级和转型提供更多机会。除了自由贸易协定，法国政府还积极推动农业技术的国际合作。政府通过国际组织和项目向其他国家提供农业技术援助，分享法国农业产业的先进经验和技术。这种技术援助可以帮助其他国家提高农业生产效率和产品质量，提高农产品的附加值，促进农业产业的发展。同时，技术援助也可以带来商业机会，为法国农业企业在其他国家市场上拓展业务提供支持。

## 二、法国农业产业振兴模式借鉴

法国作为全球第二大农产品出口国，在农业发展方面位居欧洲前列，农业产量和产值均名列前茅。法国的农业以生态环保为主导，采用较大规模的专业化农场生产方式替代小型农场，实现了农业产业升级。巴黎是法国第三大玉米产区，也是法国水果、蔬菜和鲜花的主要产区。这些农业产区不仅提供了新鲜食品，还能将高速公路、工厂等有污染的地区与居民分隔开，营造宁静、清洁的生活环境。在一些城市，人们利用农业来美化城市景观，种植居民需要的新鲜水果、蔬菜、花卉等，这些地方有些甚至成为市民的运动休闲场所，还有的成为青少年的教育基地。此外，法国的葡

萄园和酿酒作坊也吸引了众多游客，游客可以参与农业体验，参与到葡萄酒的酿制全过程中，亲手制作葡萄酒并带回家，享受别样的乐趣。

（一）技术创新和数字化转型

随着技术的不断进步，法国农业产业的数字化转型正在积极推进。政府持续加大对农业科技的投入，促进农业科技的不断创新和发展。除了传统的科技应用，如生物技术、农业机械化等，法国还不断引入新的技术和创新成果，如物联网、云计算和区块链等，以提高农业生产的效率和质量。此外，政府鼓励和推动数字化转型，提供数字化技术的培训、建设数字化平台等，为农业企业提供数字化解决方案。这些措施不仅为法国农业产业提供了更多的发展机遇，也为全球农业产业的数字化转型提供了借鉴和启示。

（二）增强农产品品牌价值

法国的农产品以其独特的品质和风味在全球范围内受到广泛的认可和赞誉。法国政府注重提高农产品的生产效率，同时也积极推动品牌战略，为农产品赋予更高的附加值。政府通过一系列政策和标准，在产品质量控制、品牌推广、商标保护、地理标志认证等方面进行规范和管理。此外，法国的农民也在提高产品质量和种植技术的基础上，积极打造自己的品牌，提升农产品的附加值和市场竞争力。

为吸引更多的外资和技术，法国政府持开放态度，鼓励农业企业引进外资和技术，以提高生产效率和竞争力。政府对外国投资企业提供税收减免和其他优惠政策，为外资企业的发展提供便利。同时，法国也积极吸引高科技农业企业，以提升农业生产的质量和效率。例如，法国的农业技术园区设立了许多研发中心，为农业企业提供创新技术和产品。在数字化转型方面，法国还积极引入大数据和人工智能等技术，以提高种植、养殖和销售的效率，并改善供应链管理。

（三）建立完善的农业产业链

法国的农业产业链条相对完整，由农民、食品加工企业、流通企业和零售商组成的农业产业生态系统相互合作，形成了紧密的产业链关系。农民作为整个产业链的起点，根据市场需求种植农作物或养殖家禽、畜牧等，然后将农产品销售给食品加工企业。食品加工企业将农产品加工成各种成品食品，如奶酪、葡萄酒、香槟等，并将成品销售给流通企业和零售商。流通企业是连接生产和消费环节的纽带，负责将成品食品从生产地运输到各地，然后销售给零售商，零售商将成品食品出售给消费者。

为提高农业产业链的协调性和经济效益，法国政府采取了一系列措施。首先，政府积极鼓励农民参与农业产业链的各个环节，从而推动生产、加工、销售等环节之间的紧密衔接。其次，政府鼓励食品加工企业和流通企业采用先进的技术和管理模式，提高生产效率和产品质量，以增加附加值和提高市场竞争力。此外，政府还制定了一系列政策和标准，如品牌推广、质量控制、商标保护、地理标志认证等，为整个产业链提供保障和支持。最后，政府还鼓励企业间的合作，促进农业产业链上下游企业之间的合作和交流，推动整个农业产业生态系统的良性循环和可持续发展。

### （四）支持小农户和有机农业

法国农业产业振兴的另一个特点是支持小农户和有机农业。法国政府以资金和税收优惠等方式，鼓励小农户和有机农业的发展，提高其市场竞争力和生存能力。此外，法国政府还通过制定相关政策和标准，加强有机农产品的认证和监管，提高消费者对有机农产品的信任度，从而促进有机农业的发展。引进外资和技术的同时，法国政府也注重保护本土的小农户和有机农业，以维护农业生态环境和食品安全。法国的有机农业发展较早，在欧洲有着领先的地位，有机农产品的质量也备受消费者青睐。法国政府通过向小农户提供财政支持、技术培训、市场推广等手段，帮助其扩大规模和提高生产效率。同时，法国政府还通过购买政策和定价政策等措施，保障有机农产品的销售和价格，从而鼓励更多的农民加入有机农业行列，推动农业产业的可持续发展。

### （五）积极推进农业转型

为了适应市场需求和环保要求，法国的农业企业正在进行转型。农业企业从传统的粗放型农业向科技化、生态化、品牌化、服务化等多元化方向转型。例如，农业企业通过运用新技术，实现了种植环境的精细化管理，大幅提高了农作物的品质和产量。同时，一些农业企业也开始发展休闲农业和观光农业，提供农场游、采摘、品尝等服务，增加农业企业的附加值。法国的农业企业还在积极探索可持续发展的道路，通过采用更环保的农业技术和种植方式，减少农业活动对环境的影响。例如，法国的农业企业通过采取推广有机农业、农业生态工程、农业资源综合利用等措施，提高土壤质量，减少化肥和农药的使用，减少污染排放，保护生态环境。此外，农业企业也在积极参与农产品质量安全监管，强化农产品的质量管控和溯源体系，为消费者提供更加安全、健康的农产品。这些措施不仅有助于满足市场需求和环保要求，还有助于提高农业企业的市场竞争力和可持续发展能力。

（六）积极参与国际贸易

法国积极参与国际贸易，扩大农产品出口市场，提高农业企业的国际竞争力。法国政府采取了一系列措施，如加强农产品的品牌建设和推广，提高产品的质量和安全标准，以及改善农产品的供应链管理等。此外，法国政府也大力支持农产品的国际营销，为出口企业提供资金、信息、技术和市场情报等服务。同时，法国也注重保护本国农业企业和农民的利益，通过制定出口补贴、反倾销措施等政策，确保本国农产品在国际市场的竞争地位。例如，对农产品出口实行出口补贴政策，对不公平贸易行为采取反倾销措施，以及保障国内市场和消费者的利益等。此外，法国也在国际贸易谈判中积极争取本国农产品的利益，促使各国采取公平的贸易政策。

总的来说，法国农业产业振兴的经验为其他国家提供了许多借鉴。政府的扶持政策、引进外资和技术、农业转型和国际贸易等方面的措施都对法国农业产业振兴产生了积极影响。当然，不同国家的农业资源禀赋、市场需求和政策环境有所不同，因此需要根据实际情况制定相应的振兴计划和政策。

## 第五节　荷兰农业产业振兴及模式借鉴

荷兰农业产业的成功经验得益于其多方面的优势。首先，荷兰地势低平，除天然气和石油外，自然资源较为缺乏，荷兰凭借其温和的气候条件和靠海的地理优势，开展农林牧渔的交换与出口，成为世界第三大农产品出口国。其次，荷兰政府长期以来致力于农业产业的发展，通过投资研发和推广新技术，提高农业生产的效率和质量。最后，荷兰农业企业之间的合作紧密，形成了完整的产业链，从种植到加工、流通、销售都相对紧密衔接，有利于提高整个产业的效率和竞争力。荷兰的农业企业也积极开拓国际市场，以其高品质、可持续和环保的农产品赢得了全球消费者的青睐。此外，荷兰农业企业还在保护环境和生态方面做出了很多努力，实现了农业和环保的良性循环。

### 一、荷兰农业产业振兴

荷兰是一个自然资源匮乏的国家,其领土大部分位于北海和河口区域。荷兰自然条件恶劣,土地肥沃程度低,但是荷兰人民十分勤劳和勇于创新,他们利用先进技术,开辟河网和排水设施,改变了大片的沼泽地和海洋,创造出肥沃的土地,并在这片土地上发展了农业产业。荷兰的土地改造和农业生产方式是世界上的一个奇迹。荷兰政府在过去几百年一直在致力于土地治理和农业生产的发展。荷兰政府采用了许多先进技术,如土地固化、水利工程和新型肥料等,使荷兰成为现代化、高效率和可持续的农业生产代表国家之一。荷兰农业的特点之一是高度机械化和自动化,包括自动化温室、自动化牧场、自动化肥料喷洒等。这种先进技术的使用大大提高了荷兰农业的效率和质量,使其成为全球领先的农业产业之一。

（一）先进技术和科学研究的支持

荷兰农业拥有先进的技术和科学研究的支持,其中以土地改造和种植技术最为突出。荷兰农民利用各种工具、设备和先进的生产技术,使得农业生产成为高度自动化和智能化的产业;通过引进先进的科学技术,以及开展与大学和科研机构的合作,不断推进科技创新,为农业的可持续发展提供了坚实的技术基础。

荷兰农业产业的科技应用和研究也推动了农业生产的可持续发展。荷兰农业领域的科学家和研究人员长期以来致力于研究如何在保证农业生产效率的同时,最大限度地减少对环境的污染和资源的浪费。荷兰农业采用了一系列环保措施,包括利用植物和昆虫控制害虫和病害,循环利用农业废弃物等,实现了农业生产的可持续,保护了环境和生态系统。同时,荷兰农业企业也将绿色环保理念融入产品品牌建设中,这一策略在国际市场上得到了广泛的认可和支持。

（二）完备的农业生产体系

荷兰农业产业具有完备的生产体系,其中包括种植、养殖、温室种植、花卉种植等各个领域,形成了完善的农业产业链和市场体系。荷兰拥有世界领先的花卉种植业,也是世界上最大的番茄、辣椒和黄瓜种植国家之一。

除了花卉种植、番茄、辣椒和黄瓜种植,荷兰的农业产业还包括水果种植、乳制品生产、肉类加工等多个领域。荷兰的水果种植业以种植苹果、梨和草莓等为主，其中苹果产量在欧洲排名第三。荷兰的乳制品生产技术也十分先进，奶制品是荷兰的重要农业出口产品之一，其乳制品生产过程中对于食品安全和环境保护的要求也十分严格。此外，荷兰的肉类加工业也十分发达，荷兰的火腿、熟肉制品等产品在国际市场上拥有很高的知名度和市场占有率。荷兰的农业产业链和市场体系的完善，使得荷兰农产品在国际市场上拥有较强的竞争力和较大市场话语权。

（三）深入推动农业可持续发展

荷兰农业行业积极致力于推动农业可持续发展，不断提高生产效率，同时注重环境保护和生态效益。荷兰农业领域充分利用再生能源，如太阳能和风能，对农业生产中产生的废弃物和污染物进行处理和借鉴。

此外，荷兰农业行业在农产品质量安全、食品卫生和农业生态环境保护等方面确立了较高的标准和要求。严格的质量管理体系、食品安全检测和环境保护措施，确保荷兰农业企业生产出优质、安全、环保的农产品。

荷兰农业资源有限，然而，在有限的土地上，荷兰人民能够实现高效的农业生产，并充分利用有限资源。这得益于荷兰人民长期以来在农业生产方面的努力和创新，例如在育种、节水和土壤保护等方面的技术创新，使得荷兰农业产业在效益和环保方面取得了良好的平衡。荷兰农业企业也积极参与国际农业可持续发展合作，推动全球农业产业的可持续发展，为人类提供更健康、可持续和环保的食品。

（四）积极参与国际合作

荷兰政府积极鼓励本国农业企业和机构开展国际合作，在全球农业领域提升竞争力。政府采取了多项措施，如提供财政支持、制定有利的投资政策和降低贸易壁垒，吸引了越来越多的外国企业和投资者进入荷兰农业市场。

荷兰政府积极支持本国农业企业开展国际贸易活动，为本国农业企业提供贸易信息和咨询服务，促进荷兰农产品的出口和市场拓展。荷兰与其他国家建立了广泛的农业合作伙伴关系，积极参与国际农业交流活动，促进各国在农业技术、农业管理和农业政策等方面的交流，共同推进全球农业的发展。

**二、荷兰农业产业振兴模式借鉴**

荷兰农业的科技含量在世界上处于领先水平。凭借发达的设施农业和精细农业基础,荷兰集约生产高附加值的温室作物和园艺作物,拥有完整的创意农业生产体系。荷兰将花卉产业视为核心优势,并实施了精品化的产业发展战略。在荷兰经济社会发展过程中,花卉产业扮演着举足轻重的角色。

（一）高科技农业

荷兰是在农业科技创新方面取得巨大成功的国家。荷兰农业产业不断探索和引进现代化的科技手段,使得其农业生产过程更加智能化和自动化。其中,先进的温室设施是荷兰农业技术创新的一大特点。这些设施能够控制光照、温度、湿度和 $CO_2$ 浓度等环境因素,为植物提供最适宜的生长环境,从而提高植物的产量和品质。水培种植技术也是荷兰农业科技创新的一个亮点,通过在水中添加营养液,植物能够充分吸收养分,大大提高了植物的生长速度和产量。此外,荷兰农业机械化程度高、自动化程度高,极大地提高了农业生产的效率和质量。通过不断的技术创新和实践,荷兰农业产业成了世界上高科技农业的典范之一,并为全球农业科技发展做出了重要贡献。

（二）产业协同发展

荷兰农业产业的协同发展主要体现在以下几个方面:首先,荷兰政府大力支持农业企业和研究机构之间的合作,鼓励产学研之间的技术交流和合作研发。其次,荷兰农业企业之间建立了紧密的产业联盟和协作网络,共同研究解决农业生产中的难题,提高农业生产效率和质量。最后,荷兰农业企业积极参与国际性的农业产业合作和交流活动,扩大了国际农业合作的广度和深度。总之,荷兰农业产业的协同发展为农业现代化和产业转型升级提供了坚实的支撑。

（三）农业生态化发展

荷兰的农业产业在追求高产量和高效益的同时,注重保护环境和实现可持续发展。为了实现绿色、有机和环保型农业,荷兰政府积极采取节能减排、降低农业资源消耗、开展生态修复等举措,实现农业可持续发展。例如,荷兰农业利用科技手段降低农业化肥、农药和能源的使用量,开发环保型农业技术和绿色农业产品,并推广有机农业等。同时,荷兰政府加强对农业污染的治理和监管,通过采取优化农业结构和开展生态修复等手段,实现农业生态化的发展,为农业可持续发展奠定了坚实的基础。

（四）国际化经营

荷兰的农业企业在国际市场上享有盛誉,其成功的经验和做法为全球的农业产业树立了标杆。荷兰的农业企业坚持在产品设计、生产和销售等方面不断创新和注重品质的经营理念，推出符合市场需求和消费者口味的高品质产品，不断提高产品的竞争力和附加值，从而在国际市场上占据领先地位。荷兰农业企业在市场营销、品牌建设和质量管理等方面也表现出色，采用严格的质量控制体系，确保产品符合国际标准和消费者的期望，通过多种渠道和方式宣传自己的品牌和产品，树立了良好的品牌形象和口碑，赢得了全球消费者的信任和认可。其产品广泛出口全球，涉及的领域包括种子、花卉、蔬菜、水果、畜禽养殖等各个方面。

# 第九章　攀西民族地区乡村产业振兴路径及政策支持体系

攀西民族地区的产业振兴路径涉及多方面。针对地区的自然资源特点、人口结构、产业基础等因素，制定并实施一系列有针对性的政策是实现产业振兴的关键。

## 第一节　攀西民族地区乡村产业振兴路径

课题组采用微观和宏观、静态和动态、定性和定量相结合的研究方法对攀西民族地区乡村产业的振兴问题进行了深入探讨。在研究过程中，我们首先探讨了产业振兴与乡村振兴之间的关系，随后对攀西民族地区产业振兴的四个方面进行了特别关注与详细分析。这四个方面包括农业全要素生产率的发展水平和程度、乡村产业升级、乡村产业融合以及农业现代化以及各自的具体实现路径。

攀西民族地区拥有多样的自然风光和深厚的民族文化。然而，长期以来，由于地理、气候等多重因素的影响，该地区存在产业结构较为单一、发展不均衡的问题。

攀西民族地区，坐落于中国西南腹地，拥有得天独厚的自然资源和丰富的民族文化。然而，长期以来，由于地理、气候等多重因素的制约，该地区的产业结构相对单一，经济发展相对滞后。在新的历史时期，如何在尊重民族文化的基础上，推动攀西民族地区产业的全面振兴，实现经济的可持续增长，是摆在我们面前的重要课题。

## 一、促进科技与农业融合，驱动攀西民族地区农村产业升级

为实现攀西民族地区乡村产业的融合发展，必须在科技创新的引领下，赋能农业科研机构，使其成为产业升级的关键驱动力。这需要政府加大研发经费的投入，确保科研活动有稳定的资金支持。同时，为了确保科研取得更具前瞻性的成果，需要精心配置先进的科研装备。这将为科研人员提供优越的实验和研究条件，进而催生更多创新性成果。

科研基地和试验基地的建设也至关重要。这些基地不仅是科研人员展开实际操作和试验的场所，更是各种创新理念的孵化地。在这些基地中，各类创新技术可以得到验证和完善，最终为推动农业现代化提供可靠的技术支撑。同时，科研基地和试验基地的建设还可以促进科研人员之间的合作和交流，形成一个良好的创新生态系统。而要让科技成果真正为产业发展所用，必须加强科技人才的培养和引进。通过设立奖学金、科研项目资助等方式，吸引更多有志于农业科研的人才投身其中。同时，要建立科研人员与农业生产者的紧密联系机制，使科研成果能够快速转化为实际生产力。这种紧密联系将确立科研的实际问题导向，确保科技成果能够真正解决农业生产中的瓶颈问题。

在科技政策的发力下，科学技术将逐渐渗透到攀西民族地区的农业领域，为智慧农业的建设提供稳固的科研基础。科技升级也将成为乡村产业融合发展的重要引擎，推动产业链的提升和延伸。这种融合将不仅是技术上的结合，而且是创新思维和实践的深度融合，能为攀西民族地区的乡村振兴注入源源不断的活力。

## 二、利用农业技术外溢效应，优化资源配置

研究发现，农业技术知识对农业发展具有明显的外溢效应。农业技术知识所带来的积极外溢效应，使得政府在农村产业振兴中有了更为清晰的方向。政府作为推动者和引导者，应当着力提升农业技术知识的传播和应用水平，以最大限度地释放技术创新的潜能。

为实现这一目标，攀西民族地区地方政府需采取一系列有力的措施。首先，加强对科学技术知识的普及。政府通过举办培训、研讨会等形式，将最新的农业技术知识传递给广大农户。同时，建立科技知识服务网络，使农民能够随时获取到解决实际问题的科技支持。其次，优化农业科技资

源的配置，确保科技资源能够高效地服务于乡村产业融合发展。政府可以设立科技基地和科技示范园，将先进的农业技术应用到实际生产中，以便农民学习和模仿。此外，加大农业科技研究的专项转移支付力度，将研究成果转化为可供实际应用的技术方案，进而推动产业升级。

提高农产品加工比例也是一个关键步骤，这可以增加附加值，促使农业从传统的原始生产向加工和市场导向的方向转变。政府可以推行农产品加工补贴政策，鼓励农民将生产的农产品进行加工和深加工，从而降低风险，提高收益。

在政府的引导下，这些举措将逐步促进农村地区科技水平的整体提升。技术外溢效应也将在不断的知识交流中变得更加显著，这使得科技成果可以更广泛地为农村产业发展所用。这将为攀西民族地区的产业振兴提供强有力的支撑，同时也为农村地区的可持续发展奠定坚实基础。

### 三、减少政府干预，推动产业协同发展

乡村产业融合发展是一个需要多方共同支持的复杂过程，其中政策、资金和市场等各个方面都扮演着关键角色。政府在这一进程中应当发挥引导和推动的作用，通过制定明确的支持政策，构建适应乡村产业融合的法规体系，为产业融合提供有力保障。

政府支持政策的制定应当注重协同发展，将农业、工业和服务业有机地结合起来。这可以通过建立跨部门协调机制，推动不同领域的合作与互补，从而形成产业链的完整闭环。此外，政府还可以鼓励创新和创业，为乡村产业融合提供更多的发展机会，促使产业结构的优化和升级。

资金投入是产业融合发展的重要支撑，尤其在科技和人才方面的投入更是不可或缺。政府应当加大对乡村产业融合的资金投入，特别是应加大对科技创新和人才培养方面的资金投入。这有助于推动科技在产业融合中的应用，提升产业发展的创新能力和竞争力。此外，政府还可以鼓励金融机构加大对乡村产业融合项目的融资支持，为产业融合的实际落地提供资金保障。

建立完善的市场机制同样至关重要，这有助于拓展乡村产业融合的市场空间，提升产业的竞争力。政府可以推动市场准入和流通体系的优化，降低市场准入门槛，鼓励各类市场主体参与到乡村产业融合中来。同时，政府还可以引导企业加强技术创新，提升产品和服务质量，以满足市场的

多样化需求。这样市场将成为乡村产业融合的有效推动者，促使产业融合向更高水平迈进。

政策、资金和市场的支持是乡村产业融合发展的重要保障和推动力量。政府应当在这些方面发挥积极作用，为产业融合创造良好的环境和条件，从而实现攀西民族地区乡村产业振兴的全面发展。

### 四、市场需求驱动，实现产业升级

随着经济社会的发展，消费者对于绿色、有机、安全农产品的需求不断增加，这为攀西民族地区的农户带来了新的机遇和挑战。农户们需要灵活调整种植结构，以适应市场的不断变化，同时也要不断提升农产品的附加值，使其更加符合消费者的期望和需求。为此，推动农业内部的产业融合变得尤为重要，将不同的农业产业有机地结合起来，实现资源的共享与协同，从而提高整体产业的效益和竞争力。

能源需求和农产品加工业的需求一直相对稳定，因此可以借助这一需求推动光伏发电和养殖业的融合发展。在农田中布设光伏发电设施不仅可以为农田提供持续稳定的能源，还可以为农户增加额外的收入来源。同时，将农产品加工与农业生产紧密结合，提高农产品的附加值，将有助于提升农业经济的效益和可持续发展能力。此外，农业机械设备制造业的升级也是产业融合的重要一环，引入先进的农业机械设备，可以提高农业生产的效率和质量，从而更好地满足市场需求。

农业与旅游业的融合也是攀西民族地区产业振兴的重要方向之一。现代人对于大自然和人文景观的渴望不断增加，因此将农业产业与旅游业相结合，可以为乡村地区带来新的发展机遇。开发农田旅游、农家乐等项目，吸引城市居民前来休闲度假，这样不仅可以提升农村地区的知名度，还可以为当地农户创造更多的收入来源。

在推动乡村产业的融合发展中，地理信息技术也发挥着重要作用。应用地理信息技术的3S（遥感、地理信息系统和全球导航卫星系统）技术，可以更好地了解土地利用情况、资源分布等信息，为乡村产业的融合发展提供科学依据。这种技术的应用可以帮助农业生产更加精准，提高农产品的产量和质量，同时也为乡村产业的发展提供更多的发展方向和可能性。

乡村产业融合的发展需要不断地创新和实践，而在农业内部的产业融合以及与非农产业的融合，农业与旅游业的结合，以及地理信息技术的应用等方面，都为攀西民族地区产业的振兴提供了广阔的前景和机会。这些努力不仅将推动乡村经济的升级，也将为地区的可持续发展注入新的活力。

## 五、科技引领，制度保障推动农业农村现代化

以科技引领和制度保障为双轮驱动，推动攀西民族地区农业农村现代化已成为当下亟待解决的任务。在这一进程中，以现代科学技术作为突破口，逐步实现该地区农业的现代化显得尤为迫切。其中，建立现代农业生产模式被认为是至关重要的一环。这涉及引入先进的种植技术和设备，以提高农业生产的效率和产量。通过推广集约化、高产低耗的农业生产方式，农民得以更充分地利用有限的土地资源，从而实现更丰富的农产品产出。同时，资源的循环再利用也成为农业现代化进程中不可或缺的部分。采用有机肥料和生物防治病虫害等方法，能够提高土地的利用效率，同时减少对环境的污染和破坏。这种做法不仅有助于保护生态环境，而且能够提升农产品的质量和安全性，满足当代消费者对于健康食品的需求。

在推进农业现代化的过程中，发展设施农业也显示出重要的意义。通过引入现代农业技术，为设施农业提供有利的生产环境，农民能够克服传统农业常常受到天气限制的难题，从而实现全天候、全季节的农业生产。这将有助于提高农产品的供应稳定性，从而更好地满足市场需求。

在土地制度方面，弱化土地所有权的重要性，更加注重土地使用权和经营权的保障。建立土地流转市场，为农民提供更多发展机会，可以实现土地资源的更优化配置。同时，也鼓励农民将土地用于更高效的农业经营模式，从而提升整体农业生产水平。

生产模式、资源利用、设施发展和土地制度等多个方面，需要进行全面的努力和改革。这不仅可以提升农业生产效率和产品质量，还能够为地区的乡村振兴和可持续发展注入强大的推动力。

## 六、制造业支撑，推动现代农业

制造业的发展在农业现代化的进程中具有关键性的支持作用。它为农业现代化提供了必要的先进农用机械设备，这些设备可以显著提高农业生产的效率和产量。农用机械的广泛应用不仅减轻了农民的体力劳动负担，还使得农业生产可以更加规模化、集约化，从而有效应对人口众多、土地资源有限等问题。

制造业的发展不仅停留在提供农用机械的层面，还对整个农业产业链的升级和拓展产生积极影响。从农业生产到加工、储存、运输等各个环节，制造业的发展都能够提升效率和质量，进一步推动农业现代化的进程。此外，制造业的发展也为农业现代化带来了更多的选择和机会。随着新兴技术的不断涌现，智能制造技术、工业机器人等先进技术逐渐应用于农业领域。这些技术的应用不仅可以进一步提升农业机械化水平，而且可以降低生产成本，提高产品的质量和市场竞争力。这种技术的引入也将为农民提供更多的培训和就业机会，推动农村的全面发展。

制造业的发展在农业现代化进程中扮演着不可或缺的角色。通过提供先进的农用机械设备、推动产业链升级、引入新兴技术等方式，制造业为农业现代化注入了强大的动力，为攀西民族地区农业的可持续发展创造了更加有利的条件。

### 七、规模经营，加速农业现代化

在推进城镇化的进程中，强化农村承包地"三权分置"制度显得尤为重要。这一制度的加强能够保障农民的土地经营权和使用权，为促进土地流转和集约化利用提供有力支持，从而推动农业现代化的进程。为了实现这一目标，建立起土地流转市场是必不可少的一步。通过灵活的土地流转机制，农地可以更加有效地流转和集约化利用，同时还能够确保农民的合法权益不受损害。

在这一进程中，重要的是要保障农民的权益，特别是土地经营权和使用权。农民作为土地的所有者，他们的权益应得到充分尊重和保护。因此，任何土地流转和集约化利用的政策和措施都应当确保农民在经济利益和土地权益方面不会受到损失，确保他们在发展中有稳定的基础。同时，也需要关注进城务工的农民工群体。他们为城市的发展作出了重要贡献，因此应当得到与市民平等的社会保障和福利待遇。这样的做法不仅能够提高农民工的社会地位和生活水平，还能够促进城乡经济的共同发展，从而为攀西民族地区现代化建设打下坚实的基础。

推进城镇化的同时，加强农村承包地"三权分置"制度是实现农业现代化的关键一环。通过建立土地流转市场、保障农民权益以及为进城务工农民提供保障，攀西民族地区可以实现城乡经济的协同发展，为该地区的现代化建设提供坚实支撑。

### 八、提高攀西民族地区农业全要素生产率

要着力提高攀西民族地区农业的全要素生产率，以实现农业现代化的更大跨越。全要素生产率是衡量农业生产综合效益的重要指标，通过综合考虑劳动、资本、土地、技术等各要素的综合效用，该指标可以更好地评估农业的生产效率和经济效益。

为提高全要素生产率，可以采取一系列策略和举措。首先，需要推广先进的农业技术和科学种植管理方法，以确保农作物的高产、优质和稳定产量。科技创新在农业领域具有巨大潜力，例如应用遥感技术、无人机等现代技术，可以实现精准施肥、病虫害监测等，提高农业生产效率。其次，要优化农业资源配置，提高土地利用效率。科学合理地规划土地利用，合理配置耕地、林地、草地等资源，可以实现土地的高效利用和综合效益最大化。再次，通过发展设施农业，可以克服季节和气候的限制，实现全天候的农业生产，从而提高农业全要素生产率。此外，要加强农业科技人才的培养和引进，建立科研机构与农业生产者的深度合作机制。科研人员可以根据农业生产的实际需求，开展针对性的科研和技术创新，为农业生产提供科学支持和技术指导，从而提高生产效率和全要素生产率。最后，政府应当制定支持政策，鼓励农业产业结构的优化和升级。政府应引导农民转向种植高附加值的农产品，开展农业产业链的延伸，加工和销售，提高农产品的附加值，从而提高农业全要素生产率。

提高攀西民族地区农业的全要素生产率是农业现代化进程中的关键环节。推广先进技术、优化资源配置、加强科技创新、政策支持等多方面的努力，可以实现农业生产效率的持续提升，为攀西民族地区的农业振兴和现代化建设注入新的活力。

在攀西民族地区产业振兴的道路上，科技创新、政策支持、市场需求、农业现代化和制造业发展将共同助力，构建融合发展新格局。通过这些路径，攀西民族地区的产业将焕发新的活力，实现繁荣昌盛的新图景。

## 第二节　攀西民族地区乡村产业振兴的政策体系建设

实现攀西民族地区产业振兴目标，政策供给是必不可少的，需要各方面统筹兼顾，形成合力。首先，需整合各项政策资源，加大对攀西民族地

区企业和项目的支持力度，推动当地经济发展。需要创新支持方式，采取更灵活、多样化的措施，助力攀西民族地区企业和项目应对市场变化和挑战，提升政策实效。其次，要积极吸引重点企业和项目，注入新动力和活力，推动攀西民族地区产业发展。同时注重促进本地产业的壮大，为经济发展奠定坚实基础。为此，需要加快优化营商环境，为企业提供便捷高效的服务和支持，降低经营成本和风险。最后，加快发展攀西民族地区乡村经济，为农业、旅游、文化等领域提供有力支持。这需要进一步建设政策支持体系，提供全面、精准、有效的政策支持和引导，推动农业、旅游、文化等领域快速发展，促进乡村振兴和民族团结。

## 一、攀西民族地区乡村产业振兴政策供给的指导思想

实现攀西民族地区产业振兴，应确立乡村产业振兴理念，建立以乡村产业为引领的农业现代产业格局，促进产业协同发展。通过乡村产业引领，推动现代农业产业之间的协同发展，进而形成强大的经济实力，推进攀西民族地区产业的快速发展。

为实现产业振兴，需要建立指导清晰、竞争有力、执行高效的乡村产业振兴发展政策体系。该政策体系包括财政资金支持、税收优惠政策、技术创新支持和市场拓展支持等多个方面，以提升攀西民族地区产业发展的能力和水平。同时，还需推动优势产业规模的扩大、重点产业的壮大以及乡村新兴产业的快速培育，不断提高攀西民族地区产业的整体竞争力和核心竞争力。

在实施产业振兴的过程中，需重视乡村产业的环境保护和生态建设。在推动产业发展的同时，应注重保护生态环境和资源，促进可持续发展。因此，还需推广新能源和环保技术，推动生态文明建设和绿色发展。这些措施能为攀西民族地区的产业振兴提供有力支持，推动经济社会的可持续发展。

## 二、攀西民族地区乡村产业振兴的原则

攀西民族地区作为我国的少数民族聚居地区，拥有独特的民族文化和自然资源优势。然而，在过去的发展中，由于多种原因，该地区的经济发展缓慢，产业结构单一，基础设施不完善，生态环境受到严重破坏。为推动攀西民族地区的经济社会发展，实现产业振兴，我们应遵循以下原则：

（一）坚持以人民为中心的发展思想

在乡村产业振兴的道路上，应当把增进人民福祉作为发展的根本目的。民族地区的一切发展举措都应以满足人民的基本生活需求为出发点和落脚点，确保民族地区人民的生活质量不断提升，让每一个人都能够分享经济发展的红利。

保障人民基本的生活需求是产业振兴的核心任务之一。这意味着在发展过程中，不仅要注重经济增长，而且要关注人民的物质生活水平和社会福利。加强社会保障体系建设，提供医疗、教育、住房等基本公共服务，以及加强就业创业支持，可以让每个人都感受到产业振兴实实在在的好处。

然而，人民福祉不仅关乎物质生活的满足，还包括身心健康和环境质量。在产业振兴的进程中，要保护人民的合法权益，切实防止不良产业对人民身体健康和生活环境造成负面影响。采取严格的环保措施，控制产业排放，防止污染和环境破坏，是保护人民福祉的重要保障。

此外，要加强对产业的监管和规范，确保生产过程安全无害，产品质量优良。消费者权益的保护也应得到足够的重视，防止不良产品对人民健康和利益造成损害。只有建立健全的监管机制，强化法律法规的实施，才能确保产业振兴。

在产业振兴的征程中，人民福祉是不可或缺的指引。保障人民的基本生活需求，提高生活质量，切实保护人民的合法权益，可以确保产业振兴的成果惠及每一个人，实现经济发展和人民福祉的双赢局面。

（二）着力培育壮大特色产业原则

攀西民族地区作为一个拥有得天独厚的自然景观和丰富人文底蕴的民族地区，应充分利用这些独特优势，以培育壮大特色产业为方向，进一步提升产业的集聚度和竞争力。在这一过程中，注重发挥地域特色和民族文化优势将是至关重要的，以促进产业的可持续发展和地方经济的繁荣。

第一，攀西民族地区应深入挖掘其丰富的自然资源。攀西民族地区拥有得天独厚的自然景观，如雄伟的山脉、多样的生态系统和独特的地貌。当地通过发展生态旅游和户外体验等产业，可以吸引更多游客前来欣赏自然美景，同时也为当地居民创造就业机会和经济收益。在保护环境的前提下，开发绿色旅游和生态农业，结合原生态资源，将有助于形成特色鲜明的产业，为地方经济增添新动力。

第二，攀西民族地区的民族文化独特丰富，这些资源应成为产业发展的重要依托。当地通过挖掘本地的民俗文化、手工艺品、传统美食等，可以打造出独特的文化产品和体验，吸引游客前来体验和购买。此外，将民族文化元素融入当地的现代产业中，可以增加产品的附加值，提升竞争力，同时，也有助于传承和弘扬本地的民族文化，为地区的文化多样性和社会和谐做出贡献。

第三，攀西民族地区应充分发展与现代科技相关的特色产业。随着科技的不断进步，数字经济、智能制造等领域具有巨大的发展潜力。地方政府可以鼓励创业创新，培养科技人才，吸引高新技术企业入驻，推动产业升级和创新发展。将科技与地方资源相结合，可以打造出独特的产业优势，推动地区产业的多元化和高质量发展。

（三）注重发挥市场机制的作用原则

市场机制是促进产业发展和提高经济效益的重要手段。政府应通过建立健全的市场机制，推动市场化经营，提高企业效益；同时，应建立完善的产业链和供应链，优化资源配置，实现产业集约化和规模化。

（四）加强政策扶持和资金保障原则

攀西民族地区的产业振兴迫切需要政府的有力政策支持和充足的资金保障。政府在这个过程中扮演着至关重要的角色，应当制定一系列有针对性的扶持政策，以鼓励企业积极投身产业发展、推动产业升级，并为其提供必要的优惠税收政策和融资支持。

第一，政府可以针对不同产业领域制定针对性的扶持政策，以满足不同产业的发展需求。提供技术支持、市场拓展、人才培训等多方位的政策支持，可以激发企业的创新活力和竞争力，推动产业持续壮大。此外，针对新兴产业和高新技术产业，政府还可以设立科技创新基金，为企业提供融资支持，促进科技成果转化和产业化。

第二，优惠税收政策是激发企业投资积极性的有效手段。政府可以通过降低企业税负、减免税收、奖励技术创新等方式，为企业创造更加宽松的经营环境，鼓励其加大投入，提高产业的研发和生产水平。同时，还可以为符合特定条件的产业和项目提供税收优惠，引导资金流向重点领域。

第三，资金也是产业发展的重要保障。政府应当加强资金管理，提高资金使用效率，确保资金真正流向产业发展的关键领域。在资金分配方面，政府可以根据产业的战略重要性和市场前景，将资金重点倾斜到产业链的薄弱环节，以实现产业的全面升级和整体提升。

（五）注重生态环境保护原则

攀西民族地区作为生态环境脆弱的地区，其在产业振兴过程中必须高度重视生态环境保护。在实现经济繁荣的同时，应坚决采取措施保护独特的生态系统。为此，应积极采用环保技术，以减少产业发展对生态环境的负面影响。这包括推广清洁生产技术，减少污染物排放，优化资源利用，从而最大限度地降低对环境的损害。

环境监管也是确保生态环境安全的关键。政府应强化监管体系，建立严格的环境标准和监测体系，确保企业遵守环保法规，不违规排放污染物。通过建立实时监测系统，政府可以及时发现和处理环境问题，防止环境污染事故的发生，维护生态平衡。

环境治理也是保障生态安全的重要手段。政府可以加大对环境治理设施的投资，推动污水处理、废弃物处理等环保设施的建设与运营。此外，加强生态恢复工程建设，如植被恢复、水源涵养等，有助于修复受损的生态系统，提升区域生态质量。

产业振兴和生态环境保护应实现良性循环。政府通过在产业发展中引入环保理念和技术，不仅可以减少环境压力，还可以培育生态友好型产业，形成经济发展和生态保护的双赢局面。此外，还可以探索循环经济模式，最大限度地实现资源的再利用，减少资源浪费，从而实现经济和生态的可持续发展。

（六）促进创新驱动发展原则

在产业振兴的道路上，创新被认为是攀西民族地区迈向成功的关键。该地区应当深刻认识到创新驱动发展的重要性，积极倡导并落实创新理念，以科技创新和人才引进为核心，引领传统产业向高新技术产业的升级转型。

第一，地区政府和企业应该共同努力，加大科技创新的投入。政府建立科技创新基金，鼓励企业加大自主研发投入，支持科研机构开展前沿技术研究。通过创新平台的建设，政府可以促进不同领域的交叉融合，激发出更多的创新思维和创意。

第二，人才引进和培养也是创新驱动发展的关键要素。地区政府应当制定吸引人才的政策，为优秀的科技人才提供良好的研究和发展环境。引进海内外的优秀人才，特别是高科技领域的专业人才，将有助于提升地区的科技水平和产业竞争力。

创新还能够支撑地区经济的发展，提高企业的自主创新能力和核心竞争力。通过推动研发和创新，企业可以不断推出更具市场竞争力的产品和服务，从而在激烈的市场竞争中脱颖而出。政府可以设立创新奖励和支持计划，激励企业在创新方面做出更大努力。

（七）加强国际合作和开放发展原则

攀西民族地区应当积极融入国际合作和开放发展的大潮。地区应该充分利用其独特的地理位置和资源优势，积极拓展国际市场，吸引外资和尖端技术，以此推动国际合作与交流，不断提升地区的国际竞争力。

积极参与国际合作是地区产业振兴的重要战略。通过参与国际贸易和合作项目，地区可以更好地引入国际先进技术、管理经验和市场资源，为本地产业发展注入新的活力。积极融入共建"一带一路"，争取更多的合作机会，有助于推动地区经济的跨越式发展。

同时，地区应当在拓展国际市场方面发挥主动性。地区可以加强对国际市场的了解和研究，量身定制符合当地特色的产品和服务，以满足国际市场的需求。通过推动本土特色产业的国际化，地区能够更好地吸引国际客户，拓展销售渠道，提升产品竞争力。

为吸引外资和技术，地区可以出台一系列优惠政策和措施。建立外资营商环境友好的政策体系，为外资企业提供投资便利和经济支持，将有助于吸引更多的外资流入，推动地区经济发展。同时，鼓励本地企业与国际合作伙伴合作，共同进行技术研发和创新，可以提升本地产业的技术水平和创新能力。

综合协调是产业振兴的重要原则之一。地区应充分利用政府、企业、科研机构和社会各界的力量，形成合力，实现经济社会发展的全面协调和可持续发展。通过多方合作，地区可以有效整合资源，避免资源浪费，推动地区的综合发展。

## 三、重点支持方向

（一）支持攀西民族地区产业专项发展

政府应采取一系列措施，促进攀西民族地区文化旅游产业的发展。首先，攀西民族地区将专注于吸引一批具有高成长性和独特优势的文化旅游类企业落户，通过税收、资金和土地政策优惠，为企业提供更良好的创业和发展环境。其次，政府应支持文化旅游产业基础设施建设，加大对景区、古镇、文化村落等项目的投资，提升文化旅游的品质和吸引力。政府还应鼓励企业组建文旅产业联盟和产业园区，促进企业间的合作和交流，推动整个文化旅游产业的协同发展。最后，政府将加强对文化旅游从业者的培训和引导，提高他们的专业素养和服务水平，为游客提供更高质量的旅游服务。通过这些措施，政府将全力支持攀西民族地区文化旅游产业的健康发展，打造更加优美、丰富多彩的旅游目的地。

支持攀西民族地区农村商业商务产业的发展，政府应采取一系列措施。首先，政府应大力支持新零售业态的发展，致力于吸引一批新零售企业落户，通过提供税收和土地等优惠政策，为企业创造更有利的发展环境。同时，政府还将鼓励建设新零售特色街区和步行街，推动攀西民族地区传统商贸零售行业向新零售快速转型。其次，政府将大力发展夜经济，培育多元化夜间消费模式，鼓励建设餐饮型和文体消费型夜经济集聚区，提升夜间消费的品质和体验。最后，政府还将加大对商业商务企业的扶持力度，通过提供创业扶持和培训等服务，鼓励企业扩大规模、增强核心竞争力。通过这些措施，政府将全力支持攀西民族地区农村商业商务产业的发展，促进农村经济的繁荣，为攀西民族地区的经济发展注入新的动力。

为支持攀西民族地区信息科技产业的发展，政府需要采取一系列措施。首先，吸引一批 5G 技术创新机构落户攀西民族地区乡村，建立 5G 技术研究中心、5G 产业孵化器等创新平台，提升攀西民族地区乡村的信息化水平。同时，加强 5G 基础设施建设，优化网络覆盖，打造高速、智能、安全、便捷的 5G 网络环境，提高网络运行效率和服务质量。其次，鼓励建设 5G 街区、5G 智慧楼宇等示范应用项目，推进 5G 产业与智能化、数字化产业的融合发展，为攀西民族地区的信息科技产业发展注入新的活力。加强人才引进和培养，打造高素质、高水平的 5G 信息科技人才队伍，提升攀西民族地区乡村的技术创新能力和竞争力。最后，支持企业承担国家级科技重大项目，加大对孵化器和新型研发机构的专项扶持力度，鼓励企业增加科研投入和技术创新，促进科技成果转化，加速攀西民族地区信息科技产业的发展。

为支持攀西民族地区智慧数据产业的发展，政府需要采取一系列措施。首先，政府应着力吸引一批大数据产业龙头企业落户攀西民族地区。政府可通过提供税收优惠、土地优惠、租金优惠等激励措施，吸引这些企业入驻攀西民族地区。其次，政府应支持攀西民族地区高等院校、科研院所和重点企业建设大数据中心。政府可以提供资金和技术支持，帮助这些机构建设大数据中心，从而支持智慧数据产业的发展。政府还可以鼓励物联网、云计算、人工智能、信息安全等领域的应用示范项目先行先试。政府可提供资金支持和政策倾斜，鼓励企业在这些领域进行创新和实践，推动智慧数据产业的发展。最后，政府应加强相关产业的人才培养。政府可通过加大投入、提供奖励和制定激励政策等方式，吸引更多人才投身于智慧数据产业，为产业的发展提供有力的人才支持。

为促进攀西民族地区的产业振兴，政府必须着力支持金融服务产业的发展。在这方面，政府可以采取多种措施，鼓励更多金融机构进入攀西民族地区，提供更多金融服务。首先，政府可以通过各种政策和措施，吸引一批持牌法人金融机构落户攀西民族地区。这些金融机构可以包括银行、证券公司、保险公司等各种类型的金融机构。政府应为这些机构提供税收优惠、用地等政策支持，吸引它们进入攀西民族地区，为当地居民提供更加便捷、高效的金融服务。其次，政府也可支持符合条件的境外投资者依法设立各类金融机构。这些境外投资者可以是来自亚洲、欧洲或美洲等各地区的投资者，他们可在攀西民族地区设立各类金融机构，如外汇交易中心、离岸金融机构等。政府可为这些投资者提供一系列优惠政策，以吸引更多境外投资者到攀西民族地区投资。再次，政府还应扶持做大新兴金融业态。随着金融科技的发展，一些新兴金融业态，如移动支付、互联网金融等，已成为金融服务的重要组成部分。政府应加大对这些新兴金融业态的扶持力度，鼓励更多企业进入这个领域，为这些企业提供更加便捷、高效的金融服务。最后，政府应促进金融产业集聚发展。通过鼓励金融机构、投资者等进入攀西民族地区，政府可推动金融产业的集聚发展，形成规模效应。这不仅可以提高攀西民族地区的金融服务水平，还可以带动其他相关产业的发展，促进当地经济的全面发展。

（二）支持政策的配套措施

促进产业振兴，支持攀西民族地区的人才创新创业至关重要。政府需要采取一系列措施，以确保吸引和培养高层次人才和紧缺人才。一方面，政府可以通过提供高薪、住房、教育、医疗等福利，吸引来自海内外的各类人才到攀西民族地区定居；另一方面，政府可以建立人才培养机制，培养各类符合攀西民族地区发展需求的人才，包括农业技术、旅游服务、新能源技术等方面的人才。同时，政府还应该鼓励高校毕业生进行创新创业，为其提供政策支持和资金保障，鼓励他们在攀西民族地区创立企业并找到就业机会。

对于重点支柱产业、优势产业和新兴产业，政府可以采取以企业为主、政府为辅的模式，引导和扶持创新创业人才在科研开发、成果转化和创新创业方面提供资金、用房等支持，帮助他们在攀西民族地区茁壮成长，同时也推动攀西民族地区产业的发展。

此外，政府还应加强人才培训和交流，建立攀西民族地区的人才交流平台，促进企业与人才之间的交流与合作，推动攀西民族地区人才培养与产业发展的协同。只有充分发挥人才的作用，才能推动攀西民族地区产业振兴的快速发展。

## 四、保障机制

### （一）统筹政策工作以增强协调性

推动攀西民族地区产业振兴，必须建立协调机制和政策服务机制。其中，产业协调机制由攀西民族地区发改局主导，其负责全区产业发展的整体协调、相关规划和战略研究，并明确部门产业分工，以促进现代产业体系的构建。资金使用管理和绩效考核由区财政局牵头，财政局监督资金使用情况，进行动态跟踪和中期绩效评估，确保财政资金充分支持产业和企业发展。政策服务机制由攀西民族地区企业和人才服务中心主导，企业人才服务中心协调宣传政策、兑现政策等，确保政策顺利实施，为企业和人才提供优质服务。建立攀西民族地区乡村产业协调机制和政策服务机制也有助于推进乡村产业发展。这些机制将加强农村产业整体规划和协调。为落实这些机制，我们还需制定相关政策和法规，确保机制有效运行。同时，建立有效的监督和评估机制，确保这些机制真正发挥作用，推动攀西民族地区产业振兴和乡村产业发展。

### （二）加强发展要素支持

加快推进攀西民族地区乡村新产业、新业态基金的投资运作，进一步增加基金对新兴产业和高成长性企业的资金支持。同时，鼓励和引导各类金融机构和社会资本优先为潜力大、前景好的高科技企业和新兴产业企业提供融资支持。加强初创企业的孵化和支持力度，提高其创新能力和核心竞争力，为攀西民族地区乡村产业的创新创业提供稳健的资金和政策支持。

（三）建立政策评估机制

加强对产业发展资金使用效率的管理，需要定期开展政策绩效和服务效率的评估工作。这需要全面了解资金使用情况，及时发现和解决问题。同时，政府要广泛听取企业的意见和建议，了解他们的需求和痛点，以更好地优化和完善产业发展政策体系。

政府应根据实施情况和政策效果进行科学合理的调整，确保政策措施发挥更大实效。为此，政府还需建立健全的政策监督机制，跟踪评估政策实施效果，并对政策存在的问题进行分析研究，及时调整和优化政策，以保障产业发展政策的质量和效果。

**四、完善财政支持政策**

加强财政支农惠农工作，进一步加快农业农村现代化进程。攀西民族地区政府将农业农村发展项目置于优先地位，确保支农惠农资金投入逐年增加。在此基础上，重点支持农村基础设施建设、高标准农田改造和乡村人居环境改善。为提高资金利用效率，攀西民族地区政府将高效整合支农惠农资金及相关税收优惠政策，充分利用不同渠道的支农资金来解决乡村产业发展问题；同时，深化精准补贴农业政策，将补贴与国家农业结构调整密切关联，提高对攀西民族地区政府生态产业振兴计划、有机产业振兴计划相关联的补贴标准，扩大绿色农业、生态农业补贴范围，引导农户发展绿色循环农业经济，并加强对生态环境的保护。

（一）加强财政支农惠农资金监管

（1）建立健全财政资金使用全过程监管机制，确保农业农村发展项目的资金使用情况公开透明，严防资金滥用、挪用、截留等行为。

（2）加强资金使用情况的检查和审计，对违规行为进行严厉打击和查处。

（3）提高农业农村发展项目的审批效率，缩短资金拨付时间，确保资金及时到位，加快项目落地和产生效益。

（4）加强对农业农村发展项目的跟踪评估和绩效考核，及时发现问题和不足，为今后政策调整和优化提供依据。

（二）财政将适度向农村公共设施建设倾斜

（1）以财政资金或村集体投资、社会各界参与为主要方式，建设农村基础设施的民生工程，包括农村公路、电网、互联网等公共基础设施项目。

（2）健全攀西农村基础设施建、管、护、修等规划，明确公共设施管理责任，鼓励地方使用财政资金划拨管护费。

（3）推进农产品物联网、大数据、云平台等新兴产业基础建设，夯实乡村产业繁荣发展的基础。

这些措施将有助于提升攀西民族地区农村的基础设施水平，提高农村生产力和农民收入，促进攀西民族地区农村经济持续健康发展。

（三）保障农村地区的科教文卫体事业健康有序发展

将更多资源投入攀西民族地区的农村社保、养老等民生基础工程中，确保农村居民能够享受与城市居民相当的公共服务。同时，采取适度均等化策略，缩小城乡收入差距，确保农村居民能够获得与城市居民相当的公共保障标准。具体措施包括：

（1）建立健全农村教育、医疗、文化等公共服务体系，提高农村居民的科学文化素质，提高其综合素质和发展潜力。

（2）采取提高农村教育经费比例，完善农村医疗保险制度，加强文化设施建设等政策措施，促进农村社会事业的全面发展。

通过以上措施，我们可以优化和完善财政支持政策，加强对农业农村发展项目的监管，促进农村基础设施建设和工程维护，推动农村公共服务体系的健康发展。这将有助于提高农民收入、促进农村经济的持续健康发展，并加快攀西民族地区农业农村现代化进程的深入推进。

# 第三节　农业产业现代化发展路径下的综合改革措施

根据陈压颖等人的研究，实现乡村产业振兴需要从五个方面入手。这包括围绕市场需求发展产业、利用技术进步推动产业发展、坚持绿色导向培育产业、坚持创新经营体制推进产业发展以及依靠新型农民培育产业。同时，陈定洋[①]认为，要实现乡村产业的繁荣，必须建立现代农业产业体系、现代农业生产体系和现代农业经营体系三大体系。张光辉等[②]则从农

---

① 陈定洋. 生态文明视角下的安徽美好乡村建设模式与路径 [J]. 理论建设，2015（3）：99-102.

② 张光辉，邓建辉，麦静，等. 农村宅基地流转现状、问题与对策研究：基于梅州市的调查分析 [J]. 南方农村，2015，31（2）：11-16.

村土地制度改革、农村人口合理流动、创新探索农业融资模式以及推进农村产业融合发展四个方面，深入研究了实现产业振兴的路径。黄季焜认为，乡村产业振兴的关键在于进行农业供给侧结构性改革的政策改革、完善市场价格机制以及解决食品质量安全等市场失灵问题。本书提出的农业产业化发展路径下的综合改革措施如下：

## 一、建立现代农业经营体系

实现农业化的多种途径中，引导乡村建立农民专业合作经济组织是一个重要措施。具体操作可以由县镇级政府或乡村领袖牵头，成立农民专业合作经济组织，充分利用攀西民族地区资源和农业龙头企业的优势，打造本地农产品品牌文化。同时，建立土地经营权入股制度，对农民土地入股部分采取特殊保护，确保农业龙头企业和农户的共同利益。在家庭经营基础上，发展多种适度规模的集体和合作经营模式，以规模经营形式提高农业的集约化、专业化和社会化程度，推动家庭小农户的发展。

为提高农业生产效率和农民收入，需要提高农村经营主体的组织化程度，培育新型适度规模经营的农业主体。其中，提高个体农户的组织化经营程度是关键，可通过鼓励适度规模经营主体与小农户建立合同和股权关系，促进小农户向专业化生产转型。此外，也应积极发展家庭农场、股份合作农场等形式，加强农垦国有企业的培育和发展，打造一批现代化农垦企业。同时，应培育新型适度规模经营农业主体，鼓励社会资本进入农村产业，规模化经营现代农业项目，与当地农民形成利益共同体，激发农民发展专业股份制、合作社等现代企业形式的积极性。为帮助农业产业链延伸，协助农村经营主体搭建生产、经营、销售等延伸农业产业链的经营体系，获取国家支农惠农的财政、金融、税收、土地、保险等政策支持。同时，还应加强集体经济的产权制度改革，完善农民对集体资产收益、占有、抵押、继承等管理制度，发挥好集体资产对农民的引导带动作用，防止集体资产被私自占用等不当行为。

加强农田的监管和保障小农户的权益是实现乡村产业振兴的基础。政府应当加强对农田的规划和管理，避免过度开发和滥用农田，确保粮食生产的基本需求。同时，还需要加强对小农户的扶持和保护，确保他们能够顺利地参与到农业生产中，并从中获得合理的利益。

推进农村农产品大数据网络销售渠道建设是农村产业振兴的必经之

路。在信息技术的帮助下，农民可以更方便地了解市场需求和农产品价格，同时也可以更高效地销售农产品，降低销售成本。因此，政府应当加大对农村信息技术的投入和支持，推动信息技术在农业中的广泛应用。

特色农产品的开发和销售也是农村产业振兴的重要内容。政府应当鼓励农民发展特色农业，培育具有地方特色的农产品品牌，充分利用网络销售平台进行销售，提高农产品的附加值和市场竞争力。同时，还应当加强农产品质量和安全的监管，确保消费者的健康和安全。

攀西民族地区由于其独特的自然和人文环境，农业发展的潜力巨大。政府应当加快现代农业经营体系的建设，引导农民发展特色农业和现代农业，提高农产品质量和产量，促进当地农村经济的发展和社会的稳定。

## 二、攀西民族地区土地产权制度改革的深化

目前，攀西民族地区的小农家庭经营模式已不适应现代农业的发展，成为乡村产业发展的瓶颈。因此，攀西民族地区需要加强农村土地要素的有效配置，实现土地要素的灵活流转，推进农村土地承包制的"三权分置"改革政策的执行。

为解决这一问题，政府应制定具体政策和措施，促进农村土地要素的有效配置和流转。政府可加强土地资源的管理和监管，通过科学的土地利用规划和调整，确保土地资源的合理利用和保护。此外，政府还可探索多种形式的土地流转方式，鼓励土地要素的市场化流转，提高农村土地的利用效率和经济效益。在推进农村土地承包制"三权分置"改革方面，政府可采取多种方式，鼓励实现土地承包经营权、土地管理权和土地所有权的分离，使农民真正成为土地的主人，提高农民的积极性和创造性。政府还可制定相应政策，鼓励农民加强土地要素的整合，实现规模化经营，提高农业生产的效益和质量。

攀西民族地区政府要不断完善集体所有权、农户承包权和土地经营权分置的整体政策体系。这将有利于确保农民对土地的占有权、经营权、使用权和流转权等权益，鼓励农民利用承包经营权参股入社，以此发展农业，保障农民的切身利益，并共享土地流转带来的增值收益，提高农民的土地资源收入。攀西民族地区政府需制定并推广使用攀西民族地区统一的土地流转合同范本，监控工商企业租赁农地用途，指导地方建立租赁资格审查、项目审核和风险控制等制度，以确保农民的土地权益不受侵害；同

时，还应妥善解决农地纠纷问题，加强确权登记颁证工作，建立攀西民族地区农地确权登记颁证的信息化数据库平台，推动农村土地管理现代化，保障农民的合法权益。

政府应采取一系列措施，加强攀西民族地区农村集体资产的管理，确保资产保值增值并激发乡村产业经济活力；确保各种产权流转交易公开规范运行，以保障乡村集体资产的合法权益。在满足攀西民族地区乡村建设发展用地需求的前提下，优先支持发展乡村新产业新业态项目，如新能源、文化创意、信息技术等，推动乡村经济的多元化发展。同时，支持乡村旅游、养老、康复等产业的发展，为乡村经济注入新的活力。此外，政策适当向特色农产品采摘、仓储、物流等基础设施建设倾斜，帮助乡村农产品更好地融入市场，以提高其附加值和竞争力。通过采取以上措施，政府将全力支持攀西民族地区农村经济的可持续发展，为农民增加收入、提高生活水平做出贡献。

政府应优先选择一些农村试点地区推行宅基地"三权分置"改革，以完善攀西民族地区农村的宅基地集体所有权、农民房屋所有权、宅基地和房屋使用权等，利用农村闲置的宅基地和农房资源。政府可以建立土地产权交易平台，引导土地流转和推广规模经营等现代管理模式，以促进乡村产业升级和提高全要素生产率。

政府应大力支持将农房开发成乡村旅游特色民宿，为当地农民提供新的致富途径。同时，政府也将探索将闲置的宅基地转变成新增的建设用地，满足攀西民族地区乡村建设发展的需求。对于没有合适条件的宅基地，攀西民族地区政府还将探索采用恢复农垦耕地的方式，推进攀西民族地区农业产业的发展。

为确保农村土地管理更加规范，政府还应制定规范的农村土地管理办法，并组织开展攀西民族地区农村土地全面勘察。在完成家庭承包地确权登记颁证后，政府将依次开展农村土地确权登记颁证，并同步建立攀西民族地区农村土地所有权、使用权等信息大数据平台建设，提高农村土地管理的效率和透明度。通过以上措施，政府将加强对攀西民族地区农村土地的管理，推进土地"三权分置"改革，促进农村土地的规范利用和合理流转，进一步推动乡村经济的发展，提高农民的生活水平。

### 三、农业科学技术进步的推进

实现攀西民族地区乡村产业振兴，必须提升数字化农业水平和农业信息化普及度，这是农业数字化进程中的关键一环。我们需要改变依靠传统农业粗放投入物质要素来获取高产出的生产方式，而转向依靠农业数字化进步来提高农业生产率。数字化创新是农业发展的重要支撑，因此，我们应将种业培育和推广置于首要位置，提高优质品种的覆盖比例，并推广优质高产的新品种。同时，政府鼓励有能力进行繁育和推广的一体化企业竞争研发先进优良种苗技术，以提升农作物的品质和产量。

推进攀西民族地区的现代化和高科技农业发展，应加强产学研合作。科研机构、高校、企业和乡村应共同推进农业技术员特派项目，共同研究和推广先进的农业技术。同时，应加快农业科技成果的转化和应用，鼓励高校和科研机构建立面向农业的网络服务系统，促进科技成果的转化应用。为了加强农业科学技术在基层的推广，政府还需要健全相应的推广渠道，鼓励社会力量参与农业技术的推广工作。这些措施的实施有助于推动攀西民族地区的农业现代化和高科技化发展，提高农业生产效率和农民收入水平。

要提高乡村经济的发展效益和竞争力，还需同时升级畜牧业生产、养殖技术和养殖环境等方面。我们应根据不同地区和养殖对象的特点，进行技术研发和推广，并引进先进的技术和设备，以提高养殖效益、增加畜产品的产量和质量。同时，我们也要加强畜牧业的环境保护和绿色发展，建立科学的畜牧生产体系，实现畜牧业的可持续发展。为此，我们需要加强畜牧业信息化建设，推广信息技术的应用，提升信息共享和流通的能力，并优化信息服务体系，为畜牧业产业升级提供更加精准的服务和支持。可以利用互联网、物联网、大数据等技术手段，加强畜牧业信息化平台的建设和应用，优化畜牧生产流程，提高畜牧业的生产效率和质量。畜牧业的信息化将成为促进乡村产业升级和转型的重要推动力。

实现乡村产业振兴的关键在于提高畜牧业的科技水平和信息化普及度，这需要政府、企业和社会各方的共同努力。我们要加强投入和引导，建立健全的政策体系和市场机制，促进畜牧业现代化的加速发展。

（一）深入推广健康绿色养殖、病虫害防治、配方施肥等精准技术

实现乡村产业振兴，需要深入推广健康绿色养殖、病虫害防治以及配方施肥等精准技术，以适应未来农业发展的规模化、集约化、生态化和产业化趋势。为此，应积极运用现代农用机械和生产设备来提高生产效率。同时，也需重视农作物种子和畜禽水产遗传资源的保护，建立健全的资源

保护管理监管机制，并加强遗传改良工作，培育适合当地条件、高产稳产、绿色生态、适宜机械化的优质新品种。此外，还要深化农业科技成果产权改革试点，明确科技成果的所有权归属于科研人员，保障科技人才流动机制、评价体系的合理完善，明确科技成果权益分配等政策和具体实施办法。

政府可以通过农民专业合作经济组织平台来加强科研人员与农民之间的联系，集中解决村民在实际耕作中反馈的问题，推动科研成果的应用和推广；同时，应加强对科研人员的培训和支持，提高他们的科研能力和水平，使他们能够更好地服务于农业产业发展。科技创新可以提高农业生产效率和产品质量，推动乡村产业的升级和乡村振兴战略的全面实施。

**（二）大力推进农村互联网信息化基础设施建设，加快建立数字乡村步伐**

为推动攀西民族地区农村产业振兴，需要采取加强信息化建设的措施。首先，应实施网络宽带基础设施和数字信息化体系的建设，确保农村地区具备与城市相同水平的数字基础设施。其次，需组织采取入户信息工程行动，使更多的农民从信息化建设中受益。

加强数字农业农村规划的落实，还需要建设乡村大数据平台和农产品延伸产业链的信息中心，优化农业生产和农产品销售流程，并为农民提供更多的信息服务。同时，建设乡村农业互联网信息服务云平台，推进农产品电子商务市场经济的发展，有助于提高农产品销售效率，增加农民的收入。

推动数字化农业和智能化农业的发展，需要加强农业信息库和云平台的建设，完善农业信息化服务体系，扩大乡村信息网络的覆盖面，实现信息化的全面覆盖。此外，应鼓励家庭农场、合作社和股份制企业参与"互联网+农产品"销售，推广绿色优质农产品的网络销售渠道，提高农产品的市场竞争力，增加农民的收入来源。信息化建设对农村地区的发展至关重要。加强数字基础设施建设、优化农业生产和销售、提高信息化服务水平等措施，可以有效推动现代农业的发展，为攀西民族地区农村地区的繁荣和发展做出贡献。

### 四、引导乡村产业融合发展

支持乡村产业融合发展，发展循环经济，需要在多个方面采取措施。

首先，应注重调整农牧业结构，将农产品资源转化为畜牧品和水产品，实现农牧业与水产业的有机融合。还可探索开发绿色、有机的农畜水产综合种养模式，优化农牧水产业生产体系，推进产业融合发展。其次，延伸农产品产业链，通过精深加工和品牌推广增加产品的附加值，提高市场竞争力。要提高科技创新和加工能力，促进农产品加工业和品牌建设的发展，同时建立完善的销售渠道，拓展市场。此外，创建农业资源循环利用系统，促进再生资源和副产品的利用，实现资源的最大化利用和经济的可持续发展。鼓励开展生态旅游业，推进农业旅游产业发展，促进农业和旅游业的互动。

通过精加工和深加工提高农产品附加值。精加工方面，将农产品加工成各种食品、调料和饮料等，为客户提供更多样化的选择。深加工方面，可对水果进行果脯加工、果汁加工，对蔬菜进行腌制、干燥等，便于保存并提高产品的附加值。

加强攀西民族地区城乡间物流和仓储能力的建设，打通公共基础设施，加强物流和信息流的沟通，实现城乡农产品的无缝对接，缩短供应链，提高效率，满足消费者需求。同时，加快跨区域农业冷链物流工程的建设，提高农产品的质量和保鲜度，拉长农产品价值链，提高附加值。

促进现代农业产业发展，挖掘农业与旅游、教育、康养等第三产业的潜力。在旅游方面，整合农村旅游资源，提高乡村旅游的吸引力和质量，打造多样化和个性化的乡村旅游产品，提升档次和趣味性。鼓励村民参与乡村文化活动和民俗旅游项目，推动乡村全面发展，成为农民增收的新增长点。在教育方面，积极发展农业教育，加强农业科技人才培养，推广现代农业技术和管理模式，提高农业生产效率和质量。引进现代教育理念，开发农村教育资源，建立多层次、多形式的农村教育体系，提高农民素质和文化水平，促进人才培养和流动。在康养方面，发展以农业康养为核心的康养旅游业，结合自然生态和农业文化，打造有特色和有品质的康养农业景区，为相关人群提供优质、便捷的康养服务和设施，满足老年人和残疾人的康养需求。

发展休闲、创意等农业新业态和融合一二三产业的特色产业，以提高农产品附加值和农民收入。推动农业与第三产业的融合发展，形成污染少、效益好、价值高的现代农业产业，可以为农民增收和乡村振兴做出积极贡献。

### 五、乡村大众创新创业的鼓励

推动农民创新创业，需要创造良好的创新创业环境，完善创新创业激励机制，并支持攀西民族地区农民创办企业。

首先，应加大涉农财政支持力度，为攀西民族地区乡村创业者提供税收减免、信贷担保、建设用地等政策支持。其次，需要加强农村人才培养和引进工作，制定具体的政策措施，吸引人才回流乡村，加大对乡村人才的培训、资助和支持，激发他们的创新创业热情。再次，建立健全科技人才和农村企业家的人才库，促进科技成果在农村的应用和推广。最后，需要优化乡村营商环境，加快农业农村领域的"放管服"政策改革，简化审批手续，提高行政效率，解决资金、土地、人才等方面的困难，为乡村创新创业提供更加便捷的环境和条件。

针对攀西民族地区乡村老龄化、空心化和留守儿童等问题，政府需要采取一系列措施。首先，需要培育适应现代化农业经营的新型农民，通过推广农民手机网络培训等方式，提高他们的农业技能和创业能力。其次，应建立农产品电子商务营销渠道，拓展农产品销售渠道，提高农产品附加值。鼓励和支持高校毕业生返乡创业，整合社会、政府和企业等资源，依托当地农业产业链，引入现代经营管理理念和现代发展模式，促进乡村新产业新业态的发展。最后，还应完善乡村公共服务体系，吸引城市离退休干部到攀西民族地区乡村安度晚年，发挥智慧余热，推动乡村社会进步。这些措施可以推动攀西民族地区乡村振兴，实现城乡共同发展。

### 六、完善农产品质量监管制度

推动攀西民族地区绿色农业的发展，需要优化和调整农业供给侧结构，特别注重在建设特色农业种植和养殖基地方面进行重点投资。这些基地旨在提高绿色农产品和生态农产品的质量和安全性，并完善农产品质量品牌排名监管体系，以满足城市居民对高品质农产品的消费需求。同时，应适度减少低质、非优势产区的玉米和水稻种植，加强油料作物的供给保障。

在农产品生产方面，推进攀西民族地区粮食转化为青贮饲料，开发更多优质的草料，降低畜牧业成本，并减少兽用抗菌药物的使用。此外，应实施奶制品行业振兴计划，积极发展奶农家庭农场，支持有条件的企业建立乳制品生产线，培育壮大民族奶业，提高婴幼儿奶粉的质量和安全，并在攀西民族地区中小学推广饮用奶计划。这些措施有助于提高农产品的产量和质量，推动攀西民族地区农业产业的绿色发展。

推进攀西民族地区特色农业和健康农业的同步发展，需要提高畜禽粪污处理的综合利用能力。针对大规模养殖场，应实现 100% 的粪污回收利用，并推进中小养殖场和个别散户的粪污处理，以减少化肥和农药的使用。为了生产更多的绿色农产品，鼓励使用有机肥料、农家肥料等替代化肥。同时，还要做好秸秆综合利用工作，恢复农用土壤质量。此外，开展农用薄膜、塑料垃圾等回收行动，处理农牧业产生的有机废弃物并实现循环再利用。加快发展循环农业经济，推行生态农业循环经济发展模式，以实现农业的可持续发展和生态环保目标。

为推动绿色水产养殖的发展，应制定滩涂水域管理意见，建立和完善水产养殖场的环境保护标准和技术规范，促进水产养殖的生态化和智能化。同时，加强对水产渔业的综合管理，实现对水产养殖业全过程的监管；加强对水产养殖环境的监测和评估，并制定完善水产养殖的法律法规。

为提高攀西民族地区农产品的质量和安全性，需要采取多种有效措施。其中之一是建立禽兽药物残留检测标准，对农业产业园、国家龙头企业、家庭牧场和合作社进行检测，以保障农产品的质量和安全。此外，也需强化农产品质量安全的检测和监管，建立农产品供应方信用数据库，并建立有效的进出管理机制，确保农产品的生产、加工、储藏、运输和销售过程的信息追溯。同时，创建国家农产品安全品牌示范县，推动农产品的品牌化和产业化发展。

为积极培育攀西民族地区农业的国家级品牌，政府应继续致力于打造有特色、绿色、知名的攀西农产品品牌。在这一过程中，政府将充分利用信息管理技术，加强对国家级农业品牌的动态管理，以提升攀西民族地区农产品品牌的国际竞争力。为降低农业生产经营成本，政府可以采取多项措施，提高农业生产效率，推广新技术和新模式，加强农业产业链的整合和协同，推进现代农业的发展。此外，政府还应对国外以较低销售价格倾销的农产品采取适当的保护政策，以促进农产品市场实现供需均衡。

同时，政府应继续支持农业生产经营主体的发展，特别是小农户和农民合作社，通过优化土地资源利用、提高农业生产效益和可持续性等措施，促进农业的发展。此外，政府还应加强对农产品质量安全的监管和检测，建立完善的信用评价和监管机制，创建国家农产品安全品牌示范县，确保农产品的安全和质量。

# 参考文献

## 一、学术专著

[1] 马克思, 恩格斯. 马克思恩格斯选集: 第二卷 [M]. 北京: 人民出版社, 2012.

[2] 列宁. 列宁全集: 第八卷 [M]. 北京: 人民出版社, 2017.

[3] 邓小平. 邓小平文选: 第三卷 [M]. 北京: 人民出版社, 1993.

[4] 江泽民. 江泽民文选: 第一卷 [M]. 北京: 人民出版社, 2006.

[5] 中共中央文献研究室. 建国以来重要文献选编: 第四册 [M]. 北京: 中央文献出版社, 1993.

[6] 中央档案馆、中共中央文献研究室. 中共中央文件选集: 第十四册 [M]. 北京: 人民出版社, 2013.

[7] 中共中央文献研究室. 十六大以来重要文献选编: 中 [M]. 北京: 中央文献出版社, 2006.

[8] 中共中央文献研究室. 十八大以来重要文献选编: 上、中、下 [M]. 北京: 中央文献出版社, 2016.

[9] 钱先国. 乡村产业振兴概论 [M]. 北京: 新华出版社, 2022.

[10] 蒋辉, 吴永清. 乡村产业振兴研究 [M]. 北京: 社会科学文献出版社, 2021.

[11] 张孝德. 乡村振兴专家深度解读 [M]. 北京: 东方出版社, 2021.

[12] 程冠军. 脱贫攻坚为什么能: 案例解读精准扶贫 [M]. 北京: 东方出版社, 2020.

[13] 刘鹏. 决战决胜脱贫攻坚十二讲 [M]. 北京: 东方出版

社，2020.

[14] 程勤. 决胜全面建成小康社会九讲 [M]. 北京：东方出版社，2020.

[15] 何建明. 那山，那水：美丽中国从这里开始 [M]. 北京：红旗出版社，2017.

[16] 徐剑. 金青稞：西藏精准扶贫纪实 [M]. 北京：北京联合出版公司，2020.

[17] 朱朝敏. 百里洲纪事：一线脱贫攻坚实录 [M]. 北京：北京联合出版公司，2020.

[18] 顾保国，崔友平. 产业振兴：绿色安全、优质高效的乡村产业体系建设 [M]. 北京：红旗出版社，2020.

[19] 渠涛，邵波. 生态振兴：建设新时代的美丽乡村 [M]. 郑州：中原农民出版社，2019.

[20] 易赛键. 城乡融合发展之路：重塑城乡关系 [M]. 郑州：中原农民出版社，2019.

[21] 刘儒. 乡村善治之路：创新乡村治理体系 [M]. 郑州：中原农民出版社，2019.

[22] 崔华泰. 中国特色减贫之路：打好精准脱贫攻坚战 [M]. 郑州：中原农民出版社，2022.

[23] 王颜齐. 乡村文化产业 [M]. 北京：中国农业出版社，2022.

[24] 蔡竞. 产业兴旺与乡村振兴战略研究 [M]. 成都：四川人民出版社，2018.

[25] 国务院发展研究中心产业经济研究部课题组. 中国产业振兴与转型升级 [M]. 北京：经济科学出版社，2010.

[26] 朱华友，庄远红，李静雅. 浙江省乡村产业振兴的理论与实践 [M]. 北京：经济科学出版社，2022.

[27] 波特. 国家竞争优势 [M]. 李明轩，邱如美，译. 北京：华夏出版社，2002.

二、学位论文

[1] 胡伟强. 脱贫攻坚与乡村振兴的政策衔接研究 [D]. 湘潭：湘潭大学，2021.

［2］陈剑.民族地区"村寨镇化"与乡村振兴协同发展研究［D］.武汉：中南民族大学，2021.

［3］周芳.乡村振兴战略下村落体育表演的发展路径研究［D］.曲阜：曲阜师范大学，2021.

［4］徐腊梅.基于乡村振兴的产业兴旺实现路径实证研究［D］.沈阳：辽宁大学，2019.

［5］田世野.中国农村产业融合发展共享机制构建研究［D］.成都：西南财经大学，2019.

［6］汤姚楠.东北振兴中的辽中南城市群区域产业结构优化升级研究［D］.大连：东北财经大学，2017.

［7］司晴川.文化产业管理体制比较研究［D］.武汉：武汉大学，2014.

［8］修远.中国东北地区文化产业发展研究［D］.长春：吉林大学，2012.

［9］戴鹏.我国产业调整和发展的财税政策研究［D］.成都：西南财经大学，2012.

［10］戴钰.文化产业空间集聚研究［D］.武汉：武汉理工大学，2012.

［11］姜周.基于区域经济合作的东北老工业基地产业振兴战略研究［D］.大连：东北财经大学，2006.

［12］王旭东.中国实施可持续发展战略的产业选择［D］.广州：暨南大学，2001.

## 三、中文报纸

［1］殷博华.以产业之"笔"绘就乡村振兴新画卷［N］.各界导报，2023-07-17（2）.

［2］陈薇，邵一弘，彭琳.激荡产业振兴新活力［N］.南方日报，2023-07-11（A03）.

［3］邓俐.重庆：鲜食玉米领"鲜"产业振兴［N］.农民日报，2023-07-05（3）.

［4］王看，韩玉洁.产业振兴强体 生态振兴塑形 文化振兴铸魂［N］.黑河日报，2023-07-03（3）.

[5] 何榕, 谭文盛, 刘乐成, 等. 变"输血"为"造血"助力大新产业振兴 [N]. 江门日报, 2023-07-03 (A07).

[6] 史进. 特色模式"接地气"奏响发展"最强音" [N]. 兵团日报(汉), 2023-06-27 (6).

[7] 张明月, 张熙琳. "双链工程"构建农村市场竞争新优势 [N]. 中国邮政报, 2023-06-17 (1).

[8] 彭鑫云, 蒋敏, 石恒尉, 等. 桂林: 如何以移动支付"一键式"助力农村产业振兴 [N]. 金融时报, 2023-06-15 (5).

[9] 毛晓雅, 龙成. 抓好产业振兴这个"重中之重" [N]. 农民日报, 2022-12-29 (1).

[10] 章治国, 周红南. 以产业振兴引领乡村振兴 [N]. 襄阳日报, 2022-12-21 (3).

[11] 胡彦思. 当好乡村产业振兴生力军 [N]. 南昌日报, 2022-12-20 (7).

[12] 孙振星, 王斌. 以产业振兴开启乡村治理"密码" [N]. 华兴时报, 2022-12-19 (8).

[13] 殷鹏, 钟帆. 振兴产业拼经济, 老区注入新动能 [N]. 四川日报, 2022-12-18 (1).

[14] 向相辉, 吴鹏, 谭嫣. "党建+"助力乡村产业振兴 [N]. 恩施日报, 2022-12-16 (5).

[15] 贺艳. 以产业振兴引领乡村振兴 [N]. 经济日报, 2022-12-15 (5).

[16] 肖亮升. 让产业成为乡村振兴强大引擎 [N]. 人民政协报, 2022-11-30 (2).

[17] 崔昊, 李达. 助乡村产业振兴, 江苏上市农企各展硬招 [N]. 新华日报, 2022-09-26 (12).

[18] 张宝训, 王森. 为产业振兴赋能添彩 [N]. 恩施日报, 2022-09-24 (3).

[19] 王煜宇, 刘欣语, 杨树. 产业振兴绘"丰"景 [N]. 甘肃日报, 2022-09-09 (10).

[20] 韩长赋. 构建三大体系 推进农业现代化: 学习习近平总书记安徽小岗村重要讲话体会 [N]. 人民日报, 2016-05-18 (15).

［21］张宝训，王森.为产业振兴赋能添彩［N］.恩施日报，2022-09-24（3）.

［22］王煜宇，刘欣语，杨树.产业振兴绘"丰"景［N］.甘肃日报，2022-09-09（10）.

［23］崔昊，李达.助乡村产业振兴，江苏上市农企各展硬招［N］.新华日报，2022-09-26（12）.

### 四、中文学术期刊

［1］廖彩荣，陈美球.乡村振兴战略的理论逻辑、科学内涵与实现路径［J］.农林经济管理学报，2017，16（6）：795-802.

［2］李周.全面建成小康社会决胜阶段农村发展的突出问题及对策研究［J］.中国农村经济，2017（9）：17-25.

［3］韩长赋.以新的发展理念引领现代农业发展［J］.农村实用技术，2016（10）.

［4］黄祖辉.科学把握乡村振兴战略的内在逻辑与建设目标［J］.决策咨询，2018（3）：27，29.

［5］宋洪远.实施乡村振兴战略紧扣几个关键词［J］.农民科技培训，2018（1）：33-34.

［6］叶兴庆.振兴乡村首先要振兴乡村产业［J］.中国乡村发现，2018（3）：60-62.

［7］李国祥.乡村产业兴旺必须正确认识和处理的重大关系［J］.西部大开发，2018（4）：97-102.

［8］孔祥智.培育农业农村发展新动能的三大途径［J］.经济与管理评论，2018（9）.

［9］朱启臻.乡村振兴背景下的乡村产业：产业兴旺的一种社会学解释［J］.中国农业大学学报（社会科学版），2018，35（3）：89-95.

［10］张伟.乡村振兴视角下的旅游经济发展探究［J］.江苏商论，2019（7）：54-55，81.

［11］梁子龙，李瑞鹏，黄玉清."灵台模式"的理论思考与实践探索［J］.发展，2020（12）.

［12］吴海峰.乡村产业兴旺的基本特征与实现路径研究［J］.中州学刊，2018（12）：35-40.

[13] 董小君，完颜通. 供应链金融服务乡村产业振兴的机制、模式与路径研究 [J]. 中州学刊，2022（11）：56-62.

[14] 孙继国，孙尧. 共同富裕目标下金融科技是否促进了乡村产业振兴 [J]. 财经论丛，2022（11）：51-60.

[15] 柳颖，陈静. 乡贤能人带动乡村产业振兴的效应分析与问题规避：基于乌兰察布市和兴安盟的田野调查 [J]. 内蒙古社会科学，2022，43（6）：16-18.

[16] 彭开丽，李晴. 农地产权安全性对乡村产业振兴的激励效应 [J]. 西北农林科技大学学报（社会科学版），2022，22（6）：75-86.

[17] 庞庆明. 试论社会主要矛盾变化下的乡村产业振兴成效评价标准 [J]. 青海社会科学，2022（5）：123-130.

[18] 邢昭. 数字经济赋能乡村产业振兴的路径 [J]. 经济研究导刊，2022（30）：25-27.

[19] 宋晓华，尹德斌，李慧. 产业振兴视域下农村产业融合的创新模式 [J]. 农业经济，2022（10）：43-45.

[20] 陈锋. 金融支持乡村产业振兴模式探索 [J]. 中国金融，2022（19）：92-94.

[21] 周林洁. 以产业振兴推动乡村振兴 [J]. 理论导报，2022（9）：34-35.

[22] 徐宇明，周浩. 乡村产业振兴对农村居民消费升级的影响 [J]. 江西财经大学学报，2022（5）：103-115.

[23] 朱煜明，刘才宏，穆炳旭. 经济可持续发展视角下政策导向型乡村产业振兴模式与保障体系研究 [J]. 农村经济，2022（9）：33-41.

[24] 李登科，姜波. 乡村振兴战略下金融支持欠发达地区特色产业发展的路径探索：以锡林郭勒盟绿色畜产品加工产业为例 [J]. 北方金融，2022（9）：104-109.

[25] 赵培，郭俊华. 产业振兴促进农民农村共同富裕：时代挑战、内在机理与实现路径 [J]. 经济问题探索，2022（9）：1-11.

[26] 唐剑，杨竟. 民族地区涉农科技人才助推乡村产业振兴长效机制研究：以阿坝藏族羌族自治州为例 [J]. 贵州民族研究，2022，43（4）：69-75.

[27] 陈纪. 乡村旅游产业振兴的多元主体共治模式：对河北省三个

民族乡镇的民族志考察 [J]. 西北民族研究, 2022 (4)：127-135.

[28] 朱菁, 马思琪, 洪尉凯. 全域土地综合整治导向下村庄产业振兴发展路径探析：以甘肃省显胜乡蒲河村为例 [J]. 西北大学学报 (自然科学版), 2022, 52 (4)：602-616.

[29] 韩建民, 潘从银, 黄倩倩. 新发展阶段脱贫地区产业振兴的现实困境与对策研究 [J]. 甘肃行政学院学报, 2022 (3)：89-99, 127.

[30] 邢中先. 乡村产业振兴应对多重堕距现象的核心思路 [J]. 北京社会科学, 2022 (6)：91-100.

[31] 章文光, 倪大钊. 多重制度逻辑下产业扶贫和振兴政策的效率提升 [J]. 新视野, 2022 (3)：59-65.

[32] 张琦, 薛亚硕. 关于促进乡村产业振兴的思考与建议 [J]. 中国经济评论, 2022 (5)：60-63.

[33] 徐雅婷. 乡镇企业主导下产业振兴的发展途径：基于消费者隐性需求挖掘视角 [J]. 经济研究导刊, 2022 (13)：7-9.

[34] 何广文. 金融精准发力乡村产业振兴 [J]. 中国金融, 2022 (8)：55-56.

[35] 完世伟, 汤凯. 数字经济促进乡村产业振兴的机制与路径研究 [J]. 中州学刊, 2022 (3)：29-36.

[36] 曾广录, 秦小珊. 湖南乡村产业振兴模式与农村资源的耦合 [J]. 湖湘论坛, 2022, 35 (2)：94-106.

[37] 孙晓, 罗敬蔚. 金融科技赋能乡村产业振兴的核心优势与基本模式研究 [J]. 学习与探索, 2022 (2)：136-143.

[38] 张其仔, 伍业君. 乡村振兴与脱贫攻坚衔接的理论基础及实现路径：基于产品空间理论的产业发展视角 [J]. 江西财经大学学报, 2022 (1)：98-110.

[39] 袁银传, 康兰心. 论新时代乡村振兴的产业发展及人才支撑 [J]. 西安财经大学学报, 2022, 35 (1)：98-107.

[40] 闫玉静. 乡村振兴战略背景下乡村产业发展探析 [J]. 经济研究导刊, 2022 (1)：4-6.

[41] 霍启龙. 西南地区资源贫乏型村镇产业振兴中的政府角色探析：以云南省 W 县为例 [J]. 云南农业大学学报 (社会科学), 2022, 16 (3)：29-35.

[42] 刘燕舞，姚巧华. 乡村振兴背景下乡村产业发展的微观社会结构研究：基于四个村庄案例的分析 [J]. 贵州社会科学，2021（12）：143-150.

[43] 蒋雨东，廖小舒，王德平. 少数民族贫困地区科技创新与乡村产业振兴协同发展的理论与实证：以四川凉山彝族自治州为例 [J]. 四川民族学院学报，2021，30（6）：62-70.

[44] 许汉泽. 产业进园：欠发达地区乡村产业振兴的新趋向：对 H 县"镇园产业联盟"模式的考察 [J]. 南京农业大学学报（社会科学版），2021，21（6）：152-163.

[45] 简冠群，邓首华. 激发企业参与乡村产业振兴的长效路径探索：基于关系投资视角的双案例研究 [J]. 金融发展研究，2021（9）：72-78.

[46] 林俐. 产业发展视角下西藏巩固拓展脱贫攻坚成果与乡村振兴有效衔接的路径探讨 [J]. 西藏民族大学学报（哲学社会科学版），2021，42（5）：123-128.

[47] 史作廷，李冠霖. 以行政区品牌建设为重要突破口 引领推进脱贫地区乡村产业振兴 [J]. 宏观经济管理，2021（9）：70-80.

[48] 胡高强，孙菲. 新时代乡村产业富民的理论内涵、现实困境及应对路径 [J]. 山东社会科学，2021（9）：93-99.

[49] 陈爽. 乡村产业振兴的发展路径分析 [J]. 山西农经，2021（14）：46-47.

[50] 于乐荣. 产业振兴中小农户与现代农业衔接的路径、机制及条件：以订单农业为例 [J]. 贵州社会科学，2021（2）：156-162.

[51] 安晓明. 新时代乡村产业振兴的战略取向、实践问题与应对 [J]. 西部论坛，2020，30（6）：38-47.

[52] 曹立，薛世斌. 基于弹性理念的乡村产业振兴策略研究 [J]. 扬州大学学报（人文社会科学版），2020，24（6）：41-50.

[53] 王兴国，樊祥成. 消费、供给与乡村产业振兴 [J]. 农村经济，2020（11）：11-19.

[54] 王舫，保虎. 文化自信与民族地区乡村产业振兴：以曼夕布朗族茶业复兴实践为例 [J]. 广西民族大学学报（哲学社会科学版），2020，42（3）：111-118.

[55] 贾沁怡. 农村产业振兴与生态文明发展路径探索 [J]. 甘肃理论学刊，2020（1）：110-115.

［56］程玉伟，张慧君. 论实施乡村产业振兴的六大抓手［J］. 哈尔滨市委党校学报，2019（6）：17-20.

［57］植草益. 信息通讯业的产业融合［J］. 中国工业经济，2001（2）：24-27.

［58］谭明交，冯伟林. 精准扶贫政策下农旅文融合发展助推乡村振兴模式与经验［J］. 山西农业大学学报（社会科学版），2019，18（4）：65-70.

［59］陈慈，陈俊红，龚晶，等. 农业新产业新业态的特征、类型与作用［J］. 农业经济，2018（1）：3-5.

［60］孔祥智，谢东东. 中国式农业现代化：探索历程、基本内涵与实施路径［J］. 浙江工商大学学报，2023（，2）：82-91.

［61］朱喜，史清华，盖庆恩. 要素配置扭曲与农业全要素生产率［J］. 经济研究，2011，46（5）：86-98.

# 附录一 乡村振兴战略规划
## （2018—2022 年）（节选）

**前言**

党的十九大提出实施乡村振兴战略，是以习近平同志为核心的党中央着眼党和国家事业全局，深刻把握现代化建设规律和城乡关系变化特征，顺应亿万农民对美好生活的向往，对"三农"工作作出的重大决策部署，是决胜全面建成小康社会、全面建设社会主义现代化国家的重大历史任务，是新时代做好"三农"工作的总抓手。从党的十九大到二十大，是"两个一百年"奋斗目标的历史交汇期，既要全面建成小康社会、实现第一个百年奋斗目标，又要乘势而上开启全面建设社会主义现代化国家新征程，向第二个百年奋斗目标进军。为贯彻落实党的十九大、中央经济工作会议、中央农村工作会议精神和政府工作报告要求，描绘好战略蓝图，强化规划引领，科学有序推动乡村产业、人才、文化、生态和组织振兴，根据《中共中央、国务院关于实施乡村振兴战略的意见》，特编制《乡村振兴战略规划（2018—2022 年）》。

本规划以习近平总书记关于"三农"工作的重要论述为指导，按照产业兴旺、生态宜居、乡风文明、治理有效、生活富裕的总要求，对实施乡村振兴战略作出阶段性谋划，分别明确至 2020 年全面建成小康社会和 2022 年召开党的二十大时的目标任务，细化实化工作重点和政策措施，部署重大工程、重大计划、重大行动，确保乡村振兴战略落实落地，是指导各地区各部门分类有序推进乡村振兴的重要依据。

**第一篇　规划背景**

党的十九大作出中国特色社会主义进入新时代的科学论断，提出实施乡村振兴战略的重大历史任务，在我国"三农"发展进程中具有划时代的里程碑意义，必须深入贯彻习近平新时代中国特色社会主义思想和党的十九大精神，在认真总结农业农村发展历史性成就和历史性变革的基础上，准确研判经济社会发展趋势和乡村演变发展态势，切实抓住历史机遇，增强责任感、使命感、紧迫感，把乡村振兴战略实施好。

## 第一章 重大意义

乡村是具有自然、社会、经济特征的地域综合体，兼具生产、生活、生态、文化等多重功能，与城镇互促互进、共生共存，共同构成人类活动的主要空间。乡村兴则国家兴，乡村衰则国家衰。我国人民日益增长的美好生活需要和不平衡不充分的发展之间的矛盾在乡村最为突出，我国仍处于并将长期处于社会主义初级阶段的特征很大程度上表现在乡村。全面建成小康社会和全面建设社会主义现代化强国，最艰巨最繁重的任务在农村，最广泛最深厚的基础在农村，最大的潜力和后劲也在农村。实施乡村振兴战略，是解决新时代我国社会主要矛盾、实现"两个一百年"奋斗目标和中华民族伟大复兴中国梦的必然要求，具有重大现实意义和深远历史意义。

实施乡村振兴战略是建设现代化经济体系的重要基础。农业是国民经济的基础，农村经济是现代化经济体系的重要组成部分。乡村振兴，产业兴旺是重点。实施乡村振兴战略，深化农业供给侧结构性改革，构建现代农业产业体系、生产体系、经营体系，实现农村一二三产业深度融合发展，有利于推动农业从增产导向转向提质导向，增强我国农业创新力和竞争力，为建设现代化经济体系奠定坚实基础。

实施乡村振兴战略是建设美丽中国的关键举措。农业是生态产品的重要供给者，乡村是生态涵养的主体区，生态是乡村最大的发展优势。乡村振兴，生态宜居是关键。实施乡村振兴战略，统筹山水林田湖草系统治理，加快推行乡村绿色发展方式，加强农村人居环境整治，有利于构建人与自然和谐共生的乡村发展新格局，实现百姓富、生态美的统一。

实施乡村振兴战略是传承中华优秀传统文化的有效途径。中华文明根植于农耕文化，乡村是中华文明的基本载体。乡村振兴，乡风文明是保障。实施乡村振兴战略，深入挖掘农耕文化蕴含的优秀思想观念、人文精神、道德规范，结合时代要求在保护传承的基础上创造性转化、创新性发展，有利于在新时代焕发出乡风文明的新气象，进一步丰富和传承中华优秀传统文化。

实施乡村振兴战略是健全现代社会治理格局的固本之策。社会治理的基础在基层，薄弱环节在乡村。乡村振兴，治理有效是基础。实施乡村振兴战略，加强农村基层基础工作，健全乡村治理体系，确保广大农民安居乐业、农村社会安定有序，有利于打造共建共治共享的现代社会治理格局，推进国家治理体系和治理能力现代化。

实施乡村振兴战略是实现全体人民共同富裕的必然选择。农业强不强、农村美不美、农民富不富，关乎亿万农民的获得感、幸福感、安全感，关乎全面建成小康社会全局。乡村振兴，生活富裕是根本。实施乡村振兴战略，不断拓宽农民增收渠道，全面改善农村生产生活条件，促进社会公平正义，有利于增进农民福祉，让亿万农民走上共同富裕的道路，汇聚起建设社会主义现代化强国的磅礴力量。

第二章 振兴基础

党的十八大以来，面对我国经济发展进入新常态带来的深刻变化，以习近平同志为核心的党中央推动"三农"工作理论创新、实践创新、制度创新，坚持把解决好"三农"问题作为全党工作重中之重，切实把农业农村优先发展落到实处；坚持立足国内保证自给的方针，牢牢把握国家粮食安全主动权；坚持不断深化农村改革，激发农村发展新活力；坚持把推进农业供给侧结构性改革作为主线，加快提高农业供给质量；坚持绿色生态导向，推动农业农村可持续发展；坚持在发展中保障和改善民生，让广大农民有更多获得感；坚持遵循乡村发展规律，扎实推进生态宜居的美丽乡村建设；坚持加强和改善党对农村工作的领导，为"三农"发展提供坚强政治保障。这些重大举措和开创性工作，推动农业农村发展取得历史性成就、发生历史性变革，为党和国家事业全面开创新局面提供了有力支撑。

农业供给侧结构性改革取得新进展，农业综合生产能力明显增强，全国粮食总产量连续5年保持在1.2万亿斤以上，农业结构不断优化，农村新产业新业态新模式蓬勃发展，农业生态环境恶化问题得到初步遏制，农业生产经营方式发生重大变化。农村改革取得新突破，农村土地制度、农村集体产权制度改革稳步推进，重要农产品收储制度改革取得实质性成效，农村创新创业和投资兴业蔚然成风，农村发展新动能加快成长。城乡发展一体化迈出新步伐，5年间8000多万农业转移人口成为城镇居民，城乡居民收入相对差距缩小，农村消费持续增长，农民收入和生活水平明显提高。脱贫攻坚开创新局面，贫困地区农民收入增速持续快于全国平均水平，集中连片特困地区内生发展动力明显增强，过去5年累计6800多万贫困人口脱贫。农村公共服务和社会事业达到新水平，农村基础设施建设不断加强，人居环境整治加快推进，教育、医疗卫生、文化等社会事业快速发展，农村社会焕发新气象。

同时，应当清醒地看到，当前我国农业农村基础差、底子薄、发展滞后的状况尚未根本改变，经济社会发展中最明显的短板仍然在"三农"，现代化建设中最薄弱的环节仍然是农业农村。主要表现在：农产品阶段性供过于求和供给不足并存，农村一二三产业融合发展深度不够，农业供给质量和效益亟待提高；农民适应生产力发展和市场竞争的能力不足，农村人才匮乏；农村基础设施建设仍然滞后，农村环境和生态问题比较突出，乡村发展整体水平亟待提升；农村民生领域欠账较多，城乡基本公共服务和收入水平差距仍然较大，脱贫攻坚任务依然艰巨；国家支农体系相对薄弱，农村金融改革任务繁重，城乡之间要素合理流动机制亟待健全；农村基层基础工作存在薄弱环节，乡村治理体系和治理能力亟待强化。

第三章　发展态势

从 2018 年到 2022 年，是实施乡村振兴战略的第一个 5 年，既有难得机遇，又面临严峻挑战。从国际环境看，全球经济复苏态势有望延续，我国统筹利用国内国际两个市场两种资源的空间将进一步拓展，同时国际农产品贸易不稳定性不确定性仍然突出，提高我国农业竞争力、妥善应对国际市场风险任务紧迫。特别是我国作为人口大国，粮食及重要农产品需求仍将刚性增长，保障国家粮食安全始终是头等大事。从国内形势看，随着我国经济由高速增长阶段转向高质量发展阶段，以及工业化、城镇化、信息化深入推进，乡村发展将处于大变革、大转型的关键时期。居民消费结构加快升级，中高端、多元化、个性化消费需求将快速增长，加快推进农业由增产导向转向提质导向是必然要求。我国城镇化进入快速发展与质量提升的新阶段，城市辐射带动农村的能力进一步增强，但大量农民仍然生活在农村的国情不会改变，迫切需要重塑城乡关系。我国乡村差异显著，多样性分化的趋势仍将延续，乡村的独特价值和多元功能将进一步得到发掘和拓展，同时应对好村庄空心化和农村老龄化、延续乡村文化血脉、完善乡村治理体系的任务艰巨。

实施乡村振兴战略具备较好条件。有习近平总书记把舵定向，有党中央、国务院的高度重视、坚强领导、科学决策，实施乡村振兴战略写入党章，成为全党的共同意志，乡村振兴具有根本政治保障。社会主义制度能够集中力量办大事，强农惠农富农政策力度不断加大，农村土地集体所有制和双层经营体制不断完善，乡村振兴具有坚强制度保障。优秀农耕文明源远流长，寻根溯源的人文情怀和国人的乡村情结历久弥深，现代城市文明导入融汇，乡村振兴具有深厚文化土壤。国家经济实力和综合国力日益增强，对农业农村支持力度不断加大，农村生产生活条件加快改善，农民收入持续增长，乡村振兴具有雄厚物质基础。农业现代化和社会主义新农村建设取得历史性成就，各地积累了丰富的成功经验和做法，乡村振兴具有扎实工作基础。

实施乡村振兴战略，是党对"三农"工作一系列方针政策的继承和发展，是亿万农民的殷切期盼。必须抓住机遇，迎接挑战，发挥优势，顺势而为，努力开创农业农村发展新局面，推动农业全面升级、农村全面进步、农民全面发展，谱写新时代乡村全面振兴新篇章。

## 第二篇　总体要求

按照到 2020 年实现全面建成小康社会和分两个阶段实现第二个百年奋斗目标的战略部署，2018 年至 2022 年这 5 年间，既要在农村实现全面小康，又要为基本实现农业农村现代化开好局、起好步、打好基础。

### 第四章　指导思想和基本原则

#### 第一节　指导思想

深入贯彻习近平新时代中国特色社会主义思想，深入贯彻党的十九大和十九届二中、三中全会精神，加强党对"三农"工作的全面领导，坚持稳中求进工作总基调，牢固树立新发展理念，落实高质量发展要求，紧紧围绕统筹推进"五位一体"总体布局和协调推进"四个全面"战略布局，坚持把解决好"三农"问题作为全党工作重中之重，坚持农业农村优先发展，按照产业兴旺、生态宜居、乡风文明、治理有效、生活富裕的总要求，建立健全城乡融合发展体制机制和政策体系，统筹推进农村经济建设、政治建设、文化建设、社会建设、生态文明建设和党的建设，加快推进乡村治理体系和治理能力现代化，加快推进农业农村现代化，走中国特色社会主义乡村振兴道路，让农业成为有奔头的产业，让农民成为有吸引力的职业，让农村成为安居乐业的美丽家园。

#### 第二节　基本原则

——坚持党管农村工作。毫不动摇地坚持和加强党对农村工作的领导，健全党管农村工作方面的领导体制机制和党内法规，确保党在农村工作中始终总揽全局、协调各方，为乡村振兴提供坚强有力的政治保障。

——坚持农业农村优先发展。把实现乡村振兴作为全党的共同意志、共同行动，做到认识统一、步调一致，在干部配备上优先考虑，在要素配置上优先满足，在资金投入上优先保障，在公共服务上优先安排，加快补齐农业农村短板。

——坚持农民主体地位。充分尊重农民意愿，切实发挥农民在乡村振兴中的主体作用，调动亿万农民的积极性、主动性、创造性，把维护农民群众根本利益、促进农民共同富裕作为出发点和落脚点，促进农民持续增收，不断提升农民的获得感、幸福感、安全感。

——坚持乡村全面振兴。准确把握乡村振兴的科学内涵，挖掘乡村多种功能和价值，统筹谋划农村经济建设、政治建设、文化建设、社会建设、生态文明建设和党的建设，注重协同性、关联性，整体部署，协调推进。

——坚持城乡融合发展。坚决破除体制机制弊端，使市场在资源配置中起决定性作用，更好发挥政府作用，推动城乡要素自由流动、平等交换，推动新型工业化、信息化、城镇化、农业现代化同步发展，加快形成工农互促、城乡互补、全面融合、共同繁荣的新型工农城乡关系。

——坚持人与自然和谐共生。牢固树立和践行绿水青山就是金山银山的理念，落实节约优先、保护优先、自然恢复为主的方针，统筹山水林田湖草系统治理，严守生态保护红线，以绿色发展引领乡村振兴。

——坚持改革创新、激发活力。不断深化农村改革，扩大农业对外开放，激活主体、激活要素、激活市场，调动各方力量投身乡村振兴。以科技创新引领和支撑乡村振兴，以人才汇聚推动和保障乡村振兴，增强农业农村自我发展动力。

——坚持因地制宜、循序渐进。科学把握乡村的差异性和发展走势分化特征，做好顶层设计，注重规划先行、因势利导、分类施策、突出重点，体现特色、丰富多彩。既尽力而为，又量力而行，不搞层层加码，不搞一刀切，不搞形式主义和形象工程，久久为功，扎实推进。

第五章 发展目标

到 2020 年，乡村振兴的制度框架和政策体系基本形成，各地区各部门乡村振兴的思路举措得以确立，全面建成小康社会的目标如期实现。到 2022 年，乡村振兴的制度框架和政策体系初步健全。国家粮食安全保障水平进一步提高，现代农业体系初步构建，农业绿色发展全面推进；农村一二三产业融合发展格局初步形成，乡村产业加快发展，农民收入水平进一步提高，脱贫攻坚成果得到进一步巩固；农村基础设施条件持续改善，城乡统一的社会保障制度体系基本建立；农村人居环境显著改善，生态宜居的美丽乡村建设扎实推进；城乡融合发展体制机制初步建立，农村基本公共服务水平进一步提升；乡村优秀传统文化得以传承和发展，农民精神文化生活需求基本得到满足；以党组织为核心的农村基层组织建设明显加强，乡村治理能力进一步提升，现代乡村治理体系初步构建。探索形成一批各具特色的乡村振兴模式和经验，乡村振兴取得阶段性成果。

第六章 远景谋划

到 2035 年，乡村振兴取得决定性进展，农业农村现代化基本实现。农业结构得到根本性改善，农民就业质量显著提高，相对贫困进一步缓解，共同富裕迈出坚实步伐；城乡基本公共服务均等化基本实现，城乡融合发展体制机制更加完善；乡风文明达到新高度，乡村治理体系更加完善；农村生态环境根本好转，生态宜居的美丽乡村基本实现。

到 2050 年，乡村全面振兴，农业强、农村美、农民富全面实现。

### 第三篇　构建乡村振兴新格局

坚持乡村振兴和新型城镇化双轮驱动，统筹城乡国土空间开发格局，优化乡村生产生活生态空间，分类推进乡村振兴，打造各具特色的现代版"富春山居图"。

#### 第七章　统筹城乡发展空间

按照主体功能定位，对国土空间的开发、保护和整治进行全面安排和总体布局，推进"多规合一"，加快形成城乡融合发展的空间格局。

##### 第一节　强化空间用途管制

强化国土空间规划对各专项规划的指导约束作用，统筹自然资源开发利用、保护和修复，按照不同主体功能定位和陆海统筹原则，开展资源环境承载能力和国土空间开发适宜性评价，科学划定生态、农业、城镇等空间和生态保护红线、永久基本农田、城镇开发边界及海洋生物资源保护线、围填海控制线等主要控制线，推动主体功能区战略格局在市县层面精准落地，健全不同主体功能区差异化协同发展长效机制，实现山水林田湖草整体保护、系统修复、综合治理。

##### 第二节　完善城乡布局结构

以城市群为主体构建大中小城市和小城镇协调发展的城镇格局，增强城镇地区对乡村的带动能力。加快发展中小城市，完善县城综合服务功能，推动农业转移人口就地就近城镇化。因地制宜发展特色鲜明、产城融合、充满魅力的特色小镇和小城镇，加强以乡镇政府驻地为中心的农民生活圈建设，以镇带村、以村促镇，推动镇村联动发展。建设生态宜居的美丽乡村，发挥多重功能，提供优质产品，传承乡村文化，留住乡愁记忆，满足人民日益增长的美好生活需要。

##### 第三节　推进城乡统一规划

通盘考虑城镇和乡村发展，统筹谋划产业发展、基础设施、公共服务、资源能源、生态环境保护等主要布局，形成田园乡村与现代城镇各具特色、交相辉映的城乡发展形态。强化县域空间规划和各类专项规划引导约束作用，科学安排县域乡村布局、资源利用、设施配置和村庄整治，推动村庄规划管理全覆盖。综合考虑村庄演变规律、集聚特点和现状分布，结合农民生产生活半径，合理确定县域村庄布局和规模，避免随意撤并村庄搞大社区、违背农民意愿大拆大建。加强乡村风貌整体管控，注重农房单体个性设计，建设立足乡土社会、富有地域特色、承载田园乡愁、体现现代文明的升级版乡村，避免千村一面，防止乡村景观城市化。

第八章　优化乡村发展布局

坚持人口资源环境相均衡、经济社会生态效益相统一，打造集约高效生产空间，营造宜居适度生活空间，保护山清水秀生态空间，延续人和自然有机融合的乡村空间关系。

第一节　统筹利用生产空间

乡村生产空间是以提供农产品为主体功能的国土空间，兼具生态功能。围绕保障国家粮食安全和重要农产品供给，充分发挥各地比较优势，重点建设以"七区二十三带"为主体的农产品主产区。落实农业功能区制度，科学合理划定粮食生产功能区、重要农产品生产保护区和特色农产品优势区，合理划定养殖业适养、限养、禁养区域，严格保护农业生产空间。适应农村现代产业发展需要，科学划分乡村经济发展片区，统筹推进农业产业园、科技园、创业园等各类园区建设。

第二节　合理布局生活空间

乡村生活空间是以农村居民点为主体、为农民提供生产生活服务的国土空间。坚持节约集约用地，遵循乡村传统肌理和格局，划定空间管控边界，明确用地规模和管控要求，确定基础设施用地位置、规模和建设标准，合理配置公共服务设施，引导生活空间尺度适宜、布局协调、功能齐全。充分维护原生态村居风貌，保留乡村景观特色，保护自然和人文环境，注重融入时代感、现代性，强化空间利用的人性化、多样化，着力构建便捷的生活圈、完善的服务圈、繁荣的商业圈，让乡村居民过上更舒适的生活。

第三节　严格保护生态空间

乡村生态空间是具有自然属性、以提供生态产品或生态服务为主体功能的国土空间。加快构建以"两屏三带"为骨架的国家生态安全屏障，全面加强国家重点生态功能区保护，建立以国家公园为主体的自然保护地体系。树立山水林田湖草是一个生命共同体的理念，加强对自然生态空间的整体保护，修复和改善乡村生态环境，提升生态功能和服务价值。全面实施产业准入负面清单制度，推动各地因地制宜制定禁止和限制发展产业目录，明确产业发展方向和开发强度，强化准入管理和底线约束。

第九章　分类推进乡村发展

顺应村庄发展规律和演变趋势，根据不同村庄的发展现状、区位条件、资源禀赋等，按照集聚提升、融入城镇、特色保护、搬迁撤并的思路，分类推进乡村振兴，不搞一刀切。

第一节　集聚提升类村庄

现有规模较大的中心村和其他仍将存续的一般村庄，占乡村类型的大多数，是乡村振兴的重点。科学确定村庄发展方向，在原有规模基础上有序推进改造提升，激活产业、优化环境、提振人气、增添活力，保护保留乡村风貌，建设宜居宜业的美丽村庄。鼓励发挥自身比较优势，强化主导产业支撑，支持农业、工贸、休闲服务等专业化村庄发展。加强海岛村庄、国有农场及林场规划建设，改善生产生活条件。

## 第二节　城郊融合类村庄

城市近郊区以及县城城关镇所在地的村庄，具备成为城市后花园的优势，也具有向城市转型的条件。综合考虑工业化、城镇化和村庄自身发展需要，加快城乡产业融合发展、基础设施互联互通、公共服务共建共享，在形态上保留乡村风貌，在治理上体现城市水平，逐步强化服务城市发展、承接城市功能外溢、满足城市消费需求能力，为城乡融合发展提供实践经验。

## 第三节　特色保护类村庄

历史文化名村、传统村落、少数民族特色村寨、特色景观旅游名村等自然历史文化特色资源丰富的村庄，是彰显和传承中华优秀传统文化的重要载体。统筹保护、利用与发展的关系，努力保持村庄的完整性、真实性和延续性。切实保护村庄的传统选址、格局、风貌以及自然和田园景观等整体空间形态与环境，全面保护文物古迹、历史建筑、传统民居等传统建筑。尊重原住居民生活形态和传统习惯，加快改善村庄基础设施和公共环境，合理利用村庄特色资源，发展乡村旅游和特色产业，形成特色资源保护与村庄发展的良性互促机制。

## 第四节　搬迁撤并类村庄

对位于生存条件恶劣、生态环境脆弱、自然灾害频发等地区的村庄，因重大项目建设需要搬迁的村庄，以及人口流失特别严重的村庄，可通过易地扶贫搬迁、生态宜居搬迁、农村集聚发展搬迁等方式，实施村庄搬迁撤并，统筹解决村民生计、生态保护等问题。拟搬迁撤并的村庄，严格限制新建、扩建活动，统筹考虑拟迁入或新建村庄的基础设施和公共服务设施建设。坚持村庄搬迁撤并与新型城镇化、农业现代化相结合，依托适宜区域进行安置，避免新建孤立的村落式移民社区。搬迁撤并后的村庄原址，因地制宜复垦或还绿，增加乡村生产生态空间。农村居民点迁建和村庄撤并，必须尊重农民意愿并经村民会议同意，不得强制农民搬迁和集中上楼。

## 第十章　坚决打好精准脱贫攻坚战

把打好精准脱贫攻坚战作为实施乡村振兴战略的优先任务，推动脱贫攻坚与乡村振兴有机结合相互促进，确保到2020年我国现行标准下农村贫困人口实现脱贫，贫困县全部摘帽，解决区域性整体贫困。

## 第一节　深入实施精准扶贫精准脱贫

健全精准扶贫精准脱贫工作机制，夯实精准扶贫精准脱贫基础性工作。因地制宜、因户施策，探索多渠道、多样化的精准扶贫精准脱贫路径，提高扶贫措施针对性和有效性。做好东西部扶贫协作和对口支援工作，着力推动县与县精准对接，推进东部产业向西部梯度转移，加大产业扶贫工作力度。加强和改进定点扶贫工作，健全驻村帮扶机制，落实扶贫责任。加大金融扶贫力度。健全社会力量参与机制，引导激励社会各界更加关注、支持和参与脱贫攻坚。

第二节　重点攻克深度贫困

实施深度贫困地区脱贫攻坚行动方案。以解决突出制约问题为重点，以重大扶贫工程和到村到户到人帮扶为抓手，加大政策倾斜和扶贫资金整合力度，着力改善深度贫困地区发展条件，增强贫困农户发展能力。推动新增脱贫攻坚资金、新增脱贫攻坚项目、新增脱贫攻坚举措主要用于"三区三州"等深度贫困地区。推进贫困村基础设施和公共服务设施建设，培育壮大集体经济，确保深度贫困地区和贫困群众同全国人民一道进入全面小康社会。

第三节　巩固脱贫攻坚成果

加快建立健全缓解相对贫困的政策体系和工作机制，持续改善欠发达地区和其他地区相对贫困人口的发展条件，完善公共服务体系，增强脱贫地区"造血"功能。结合实施乡村振兴战略，压茬推进实施生态宜居搬迁等工程，巩固易地扶贫搬迁成果。注重扶志扶智，引导贫困群众克服"等靠要"思想，逐步消除精神贫困。建立正向激励机制，将帮扶政策措施与贫困群众参与挂钩，培育提升贫困群众发展生产和务工经商的基本能力。加强宣传引导，讲好中国减贫故事。认真总结脱贫攻坚经验，研究建立促进群众稳定脱贫和防范返贫的长效机制，探索统筹解决城乡贫困的政策措施，确保贫困群众稳定脱贫。

## 第四篇　加快农业现代化步伐

坚持质量兴农、品牌强农，深化农业供给侧结构性改革，构建现代农业产业体系、生产体系、经营体系，推动农业发展质量变革、效率变革、动力变革，持续提高农业创新力、竞争力和全要素生产率。

第十一章　夯实农业生产能力基础

深入实施藏粮于地、藏粮于技战略，提高农业综合生产能力，保障国家粮食安全和重要农产品有效供给，把中国人的饭碗牢牢端在自己手中。

第一节　健全粮食安全保障机制

坚持以我为主、立足国内、确保产能、适度进口、科技支撑的国家粮食安全战略，建立全方位的粮食安全保障机制。按照"确保谷物基本自给、口粮绝对安全"的要求，持续巩固和提升粮食生产能力。深化中央储备粮管理体制改革，科学确定储备规模，强化中央储备粮监督管理，推进中央、地方两级储备协同运作。鼓励加工流通企业、新型经营主体开展自主储粮和经营。全面落实粮食安全省长责任制，完善监督考核机制。强化粮食质量安全保障。加快完善粮食现代物流体系，构建安全高效、一体化运作的粮食物流网络。

第二节　加强耕地保护和建设

严守耕地红线，全面落实永久基本农田特殊保护制度，完成永久基本农田控制线划定工作，确保到2020年永久基本农田保护面积不低于15.46亿亩。大规模推进高标准农田建设，确保到2022年建成10亿亩高标准农田，所有高标准农田实现统一上图入库，形成完善的管护监督和考核机制。加快将粮食生产功能区和重要农产品生产保护区细化落实到具体地块，实现精准化管理。加强农田水利基础设施建设，实施耕地质量保护和提升行动，到2022年农田有效灌溉面积达到10.4亿亩，耕地质量平均提升0.5个等级（别）以上。

第三节　提升农业装备和信息化水平

推进我国农机装备和农业机械化转型升级，加快高端农机装备和丘陵山区、果菜茶生产、畜禽水产养殖等农机装备的生产研发、推广应用，提升渔业船舶装备水平。促进农机农艺融合，积极推进作物品种、栽培技术和机械装备集成配套，加快主要作物生产全程机械化，提高农机装备智能化水平。加强农业信息化建设，积极推进信息进村入户，鼓励互联网企业建立产销衔接的农业服务平台，加强农业信息监测预警和发布，提高农业综合信息服务水平。大力发展数字农业，实施智慧农业工程和"互联网+"现代农业行动，鼓励对农业生产进行数字化改造，加强农业遥感、物联网应用，提高农业精准化水平。发展智慧气象，提升气象为农服务能力。

第十二章　加快农业转型升级

按照建设现代化经济体系的要求，加快农业结构调整步伐，着力推动农业由增产导向转向提质导向，提高农业供给体系的整体质量和效率，加快实现由农业大国向农业强国转变。

第一节　优化农业生产力布局

以全国主体功能区划确定的农产品主产区为主体，立足各地农业资源禀赋和比较优势，构建优势区域布局和专业化生产格局，打造农业优化发展区和农业现代化先行区。东北地区重点提升粮食生产能力，依托"大粮仓"打造粮肉奶综合供应基地。华北地区着力稳定粮油和蔬菜、畜产品生产保障能力，发展节水型农业。长江中下游地区切实稳定粮油生产能力，优化水网地带生猪养殖布局，大力发展名优水产品生产。华南地区加快发展现代畜禽水产和特色园艺产品，发展具有出口优势的水产品养殖。西北、西南地区和北方农牧交错区加快调整产品结构，限制资源消耗大的产业规模，壮大区域特色产业。青海、西藏等生态脆弱区域坚持保护优先、限制开发，发展高原特色农牧业。

第二节　推进农业结构调整

加快发展粮经饲统筹、种养加一体、农牧渔结合的现代农业，促进农业结构不断优化升级。统筹调整种植业生产结构，稳定水稻、小麦生产，有序调减非优势区籽粒玉米，进一步扩大大豆生产规模，巩固主产区棉油糖胶生产，确保一定的自给水平。大力发展优质饲料牧草，合理利用退耕地、南方草山草坡和冬闲田拓展饲草发展空间。推进畜牧业区域布局调整，合理布局规模化养殖场，大力发展种养结合循环农业，促进养殖废弃物就近资源化利用。优化畜牧业生产结构，大力发展草食畜牧业，做大做强民族奶业。加强渔港经济区建设，推进渔港渔区振兴。合理确定内陆水域养殖规模，发展集约化、工厂化水产养殖和深远海养殖，降低江河湖泊和近海渔业捕捞强度，规范有序发展远洋渔业。

第三节　壮大特色优势产业

以各地资源禀赋和独特的历史文化为基础，有序开发优势特色资源，做大做强优势特色产业。创建特色鲜明、优势集聚、市场竞争力强的特色农产品优势区，支持特色农产品优势区建设标准化生产基地、加工基地、仓储物流基地，完善科技支撑体系、品牌与市场营销体系、质量控制体系，建立利益联结紧密的建设运行机制，形成特色农业产业集群。按照与国际标准接轨的目标，支持建立生产精细化管理与产品品质控制体系，采用国际通行的良好农业规范，塑造现代顶级农产品品牌。实施产业兴村强县行动，培育农业产业强镇，打造一乡一业、一村一品的发展格局。

第四节　保障农产品质量安全

实施食品安全战略，加快完善农产品质量和食品安全标准、监管体系，加快建立农产品质量分级及产地准出、市场准入制度。完善农兽药残留限量标准体系，推进农产品生产投入品使用规范化。建立健全农产品质量安全风险评估、监测预警和应急处置机制。实施动植物保护能力提升工程，实现全国动植物检疫防疫联防联控。完善农产品认证体系和农产品质量安全监管追溯系统，着力提高基层监管能力。落实生产经营者主体责任，强化农产品生产经营者的质量安全意识。建立农资和农产品生产企业信用信息系统，对失信市场主体开展联合惩戒。

第五节　培育提升农业品牌

实施农业品牌提升行动，加快形成以区域公用品牌、企业品牌、大宗农产品品牌、特色农产品品牌为核心的农业品牌格局。推进区域农产品公共品牌建设，擦亮老品牌，塑强新品牌，引入现代要素改造提升传统名优品牌，努力打造一批国际知名的农业品牌和国际品牌展会。做好品牌宣传推介，借助农产品博览会、展销会等渠道，充分利用电商、"互联网+"等新兴手段，加强品牌市场营销。加强农产品商标及地理标志商标的注册和保护，构建我国农产品品牌保护体系，打击各种冒用、滥用公用品牌行为，建立区域公用品牌的授权使用机制以及品牌危机预警、风险规避和紧急事件应对机制。

第六节　构建农业对外开放新格局

建立健全农产品贸易政策体系。实施特色优势农产品出口提升行动，扩大高附加值农产品出口。积极参与全球粮农治理。加强与"一带一路"沿线国家合作，积极支持有条件的农业企业走出去。建立农业对外合作公共信息服务平台和信用评价体系。放宽农业外资准入，促进引资引技引智相结合。

第十三章　建立现代农业经营体系

坚持家庭经营在农业中的基础性地位，构建家庭经营、集体经营、合作经营、企业经营等共同发展的新型农业经营体系，发展多种形式适度规模经营，发展壮大农村集体经济，提高农业的集约化、专业化、组织化、社会化水平，有效带动小农户发展。

第一节　巩固和完善农村基本经营制度

落实农村土地承包关系稳定并长久不变政策，衔接落实好第二轮土地承包到期后再延长 30 年的政策，让农民吃上长效"定心丸"。全面完成土地承包经营权确权登记颁证工作，完善农村承包地"三权分置"制度，在依法保护集体所有权和农户承包权前提下，平等保护土地经营权。建立农村产权交易平台，加强土地经营权流转和规模经营的管理服务。加强农用地用途管制。完善集体林权制度，引导规范有序流转，鼓励发展家庭林场、股份合作林场。发展壮大农垦国有农业经济，培育一批具有国际竞争力的农垦企业集团。

第二节　壮大新型农业经营主体

实施新型农业经营主体培育工程，鼓励通过多种形式开展适度规模经营。培育发展家庭农场，提升农民专业合作社规范化水平，鼓励发展农民专业合作社联合社。不断壮大农林产业化龙头企业，鼓励建立现代企业制度。鼓励工商资本到农村投资适合产业化、规模化经营的农业项目，提供区域性、系统性解决方案，与当地农户形成互惠共赢的产业共同体。加快建立新型经营主体支持政策体系和信用评价体系，落实财政、税收、土地、信贷、保险等支持政策，扩大新型经营主体承担涉农项目规模。

第三节　发展新型农村集体经济

深入推进农村集体产权制度改革，推动资源变资产、资金变股金、农民变股东，发展多种形式的股份合作。完善农民对集体资产股份的占有、收益、有偿退出及抵押、担保、继承等权能和管理办法。研究制定农村集体经济组织法，充实农村集体产权权能。鼓励经济实力强的农村集体组织辐射带动周边村庄共同发展。发挥村党组织对集体经济组织的领导核心作用，防止内部少数人控制和外部资本侵占集体资产。

第四节　促进小农户生产和现代农业发展有机衔接

改善小农户生产设施条件，提高个体农户抵御自然风险能力。发展多样化的联合与合作，提升小农户组织化程度。鼓励新型经营主体与小农户建立契约型、股权型利益联结机制，带动小农户专业化生产，提高小农户自我发展能力。健全农业社会化服务体系，大力培育新型服务主体，加快发展"一站式"农业生产性服务业。加强工商企业租赁农户承包地的用途监管和风险防范，健全资格审查、项目审核、风险保障金制度，维护小农户权益。

第十四章　强化农业科技支撑

深入实施创新驱动发展战略，加快农业科技进步，提高农业科技自主创新水平、成果转化水平，为农业发展拓展新空间、增添新动能，引领支撑农业转型升级和提质增效。

第一节　提升农业科技创新水平

培育符合现代农业发展要求的创新主体，建立健全各类创新主体协调互动和创新要素高效配置的国家农业科技创新体系。强化农业基础研究，实现前瞻性基础研究和原创性重大成果突破。加强种业创新、现代食品、农机装备、农业污染防治、农村环境整治等方面的科研工作。深化农业科技体制改革，改进科研项目评审、人才评价和机构评估工作，建立差别化评价制度。深入实施现代种业提升工程，开展良种重大科研联合攻关，培育具有国际竞争力的种业龙头企业，推动建设种业科技强国。

第二节　打造农业科技创新平台基地

建设国家农业高新技术产业示范区、国家农业科技园区、省级农业科技园区，吸引更多的农业高新技术企业到科技园区落户，培育国际领先的农业高新技术企业，形成具有国际竞争力的农业高新技术产业。新建一批科技创新联盟，支持农业高新技术企业建立高水平研发机构。利用现有资源建设农业领域国家技术创新中心，加强重大共性关键技术和产品研发与应用示范。建设农业科技资源开放共享与服务平台，充分发挥重要公共科技资源优势，推动面向科技界开放共享，整合和完善科技资源共享服务平台。

第三节　加快农业科技成果转化应用

鼓励高校、科研院所建立一批专业化的技术转移机构和面向企业的技术服务网络，通过研发合作、技术转让、技术许可、作价投资等多种形式，实现科技成果市场价值。健全省市县三级科技成果转化工作网络，支持地方大力发展技术交易市场。面向绿色兴农重大需求，加大绿色技术供给，加强集成应用和示范推广。健全基层农业技术推广体系，创新公益性农技推广服务方式，支持各类社会力量参与农技推广，全面实施农技推广服务特聘计划，加强农业重大技术协同推广。健全农业科技领域分配政策，落实科研成果转化及农业科技创新激励相关政策。

第十五章　完善农业支持保护制度

以提升农业质量效益和竞争力为目标，强化绿色生态导向，创新完善政策工具和手段，加快建立新型农业支持保护政策体系。

第一节　加大支农投入力度

建立健全国家农业投入增长机制，政府固定资产投资继续向农业倾斜，优化投入结构，实施一批打基础、管长远、影响全局的重大工程，加快改变农业基础设施薄弱状况。建立以绿色生态为导向的农业补贴制度，提高农业补贴政策的指向性和精准性。落实和完善对农民直接补贴制度。完善粮食主产区利益补偿机制。继续支持粮改饲、粮豆轮作和畜禽水产标准化健康养殖，改革完善渔业油价补贴政策。完善农机购置补贴政策，鼓励对绿色农业发展机具、高性能机具以及保证粮食等主要农产品生产机具实行敞开补贴。

第二节　深化重要农产品收储制度改革

深化玉米收储制度改革，完善市场化收购加补贴机制。合理制定大豆补贴政策。完善稻谷、小麦最低收购价政策，增强政策灵活性和弹性，合理调整最低收购价水平，加快建立健全支持保护政策。深化国有粮食企业改革，培育壮大骨干粮食企业，引导多元市场主体入市收购，防止出现卖粮难。深化棉花目标价格改革，研究完善食糖（糖料）、油料支持政策，促进价格合理形成，激发企业活力，提高国内产业竞争力。

第三节　提高农业风险保障能力

完善农业保险政策体系，设计多层次、可选择、不同保障水平的保险产品。积极开发适应新型农业经营主体需求的保险品种，探索开展水稻、小麦、玉米三大主粮作物完全成本保险和收入保险试点，鼓励开展天气指数保险、价格指数保险、贷款保证保险等试点。健全农业保险大灾风险分散机制。发展农产品期权期货市场，扩大"保险+期货"试点，探索"订单农业+保险+期货（权）"试点。健全国门生物安全查验机制，推进口岸动植物检疫规范化建设。强化边境管理，打击农产品走私。完善农业风险管理和预警体系。

## 第五篇　发展壮大乡村产业

以完善利益联结机制为核心，以制度、技术和商业模式创新为动力，推进农村一二三产业交叉融合，加快发展根植于农业农村、由当地农民主办、彰显地域特色和乡村价值的产业体系，推动乡村产业全面振兴。

第十六章　推动农村产业深度融合

把握城乡发展格局发生重要变化的机遇，培育农业农村新产业新业态，打造农村产业融合发展新载体新模式，推动要素跨界配置和产业有机融合，让农村一二三产业在融合发展中同步升级、同步增值、同步受益。

第一节　发掘新功能新价值

顺应城乡居民消费拓展升级趋势，结合各地资源禀赋，深入发掘农业农村的生态涵养、休闲观光、文化体验、健康养老等多种功能和多重价值。遵循市场规律，推动乡村资源全域化整合、多元化增值，增强地方特色产品时代感和竞争力，形成新的消费热点，增加乡村生态产品和服务供给。实施农产品加工业提升行动，支持开展农产品生产加工、综合利用关键技术研究与示范，推动初加工、精深加工、综合利用加工和主食加工协调发展，实现农产品多层次、多环节转化增值。

第二节　培育新产业新业态

深入实施电子商务进农村综合示范，建设具有广泛性的农村电子商务发展基础设施，加快建立健全适应农产品电商发展的标准体系。研发绿色智能农产品供应链核心技术，加快培育农业现代供应链主体。加强农商互联，密切产销衔接，发展农超、农社、农企、农校等产销对接的新型流通业态。实施休闲农业和乡村旅游精品工程，发展乡村共享经济等新业态，推动科技、人文等元素融入农业。强化农业生产性服务业对现代农业产业链的引领支撑作用，构建全程覆盖、区域集成、配套完备的新型农业社会化服务体系。清理规范制约农业农村新产业新业态发展的行政审批事项。着力优化农村消费环境，不断优化农村消费结构，提升农村消费层次。

第三节　打造新载体新模式

依托现代农业产业园、农业科技园区、农产品加工园、农村产业融合发展示范园等，打造农村产业融合发展的平台载体，促进农业内部融合、延伸农业产业链、拓展农业多种功能、发展农业新型业态等多模式融合发展。加快培育农商产业联盟、农业产业化联合体等新型产业链主体，打造一批产加销一体的全产业链企业集群。推进农业循环经济试点示范和田园综合体试点建设。加快培育一批"农字号"特色小镇，在有条件的地区建设培育特色商贸小镇，推动农村产业发展与新型城镇化相结合。

第十七章　完善紧密型利益联结机制

始终坚持把农民更多分享增值收益作为基本出发点，着力增强农民参与融合能力，创新收益分享模式，健全联农带农有效激励机制，让农民更多分享产业融合发展的增值收益。

第一节　提高农民参与程度

鼓励农民以土地、林权、资金、劳动、技术、产品为纽带，开展多种形式的合作与联合，依法组建农民专业合作社联合社，强化农民作为市场主体的平等地位。引导农村集体经济组织挖掘集体土地、房屋、设施等资源和资产潜力，依法通过股份制、合作制、股份合作制、租赁等形式，积极参与产业融合发展。积极培育社会化服务组织，加强农技指导、信用评价、保险推广、市场预测、产品营销等服务，为农民参与产业融合创造良好条件。

第二节　创新收益分享模式

加快推广"订单收购+分红""土地流转+优先雇用+社会保障""农民入股+保底收益+按股分红"等多种利益联结方式，让农户分享加工、销售环节收益。鼓励行业协会或龙头企业与合作社、家庭农场、普通农户等组织共同营销，开展农产品销售推介和品牌运作，让农户更多分享产业链增值收益。鼓励农业产业化龙头企业通过设立风险资金、为农户提供信贷担保、领办或参办农民合作组织等多种形式，与农民建立稳定的订单和契约关系。完善涉农股份合作制企业利润分配机制，明确资本参与利润分配比例上限。

第三节　强化政策扶持引导

更好发挥政府扶持资金作用，强化龙头企业、合作组织联农带农激励机制，探索将新型农业经营主体带动农户数量和成效作为安排财政支持资金的重要参考依据。以土地、林权为基础的各种形式合作，凡是享受财政投入或政策支持的承包经营者均应成为股东方。鼓励将符合条件的财政资金特别是扶贫资金量化到农村集体经济组织和农户后，以自愿入股方式投入新型农业经营主体，对农户土地经营权入股部分采取特殊保护，探索实行农民负盈不负亏的分配机制。

第十八章　激发农村创新创业活力

坚持市场化方向，优化农村创新创业环境，放开搞活农村经济，合理引导工商资本下乡，推动乡村大众创业万众创新，培育新动能。

第一节　培育壮大创新创业群体

推进产学研合作，加强科研机构、高校、企业、返乡下乡人员等主体协同，推动农村创新创业群体更加多元。培育以企业为主导的农业产业技术创新战略联盟，加速资金、技术和服务扩散，带动和支持返乡创业人员依托相关产业链创业发展。整合政府、企业、社会等多方资源，推动政策、技术、资本等各类要素向农村创新创业集聚。鼓励农民就地创业、返乡创业，加大各方资源支持本地农民兴业创业力度。深入推行科技特派员制度，引导科技、信息、资金、管理等现代生产要素向乡村集聚。

第二节　完善创新创业服务体系

发展多种形式的创新创业支撑服务平台，健全服务功能，开展政策、资金、法律、知识产权、财务、商标等专业化服务。建立农村创新创业园区（基地），鼓励农业企业建立创新创业实训基地。鼓励有条件的县级政府设立"绿色通道"，为返乡下乡人员创新创业提供便利服务。建设一批众创空间、"星创天地"，降低创业门槛。依托基层就业和社会保障服务平台，做好返乡人员创业服务、社保关系转移接续等工作。

第三节　建立创新创业激励机制

加快将现有支持"双创"相关财政政策措施向返乡下乡人员创新创业拓展，把返乡下乡人员开展农业适度规模经营所需贷款按规定纳入全国农业信贷担保体系支持范围。适当放宽返乡创业园用电用水用地标准，吸引更多返乡人员入园创业。各地年度新增建设用地计划指标，要确定一定比例用于支持农村新产业新业态发展。落实好减税降费政策，支持农村创新创业。

## 第六篇　建设生态宜居的美丽乡村

牢固树立和践行绿水青山就是金山银山的理念，坚持尊重自然、顺应自然、保护自然，统筹山水林田湖草系统治理，加快转变生产生活方式，推动乡村生态振兴，建设生活环境整洁优美、生态系统稳定健康、人与自然和谐共生的生态宜居美丽乡村。

第十九章　推进农业绿色发展

以生态环境友好和资源永续利用为导向，推动形成农业绿色生产方式，实现投入品减量化、生产清洁化、废弃物资源化、产业模式生态化，提高农业可持续发展能力。

第一节　强化资源保护与节约利用

实施国家农业节水行动，建设节水型乡村。深入推进农业灌溉用水总量控制和定额管理，建立健全农业节水长效机制和政策体系。逐步明晰农业水权，推进农业水价综合改革，建立精准补贴和节水奖励机制。严格控制未利用地开垦，落实和完善耕地占补平衡制度。实施农用地分类管理，切实加大优先保护类耕地保护力度。降低耕地开发利用强度，扩大轮作休耕制度试点，制定轮作休耕规划。全面普查动植物种质资源，推进种质资源收集保存、鉴定和利用。强化渔业资源管控与养护，实施海洋渔业资源总量管理、海洋渔船"双控"和休禁渔制度，科学划定江河湖海限捕、禁捕区域，建设水生生物保护区、海洋牧场。

第二节　推进农业清洁生产

加强农业投入品规范化管理，健全投入品追溯系统，推进化肥农药减量施用，完善农药风险评估技术标准体系，严格饲料质量安全管理。加快推进种养循环一体化，建立农村有机废弃物收集、转化、利用网络体系，推进农林产品加工剩余物资源化利用，深入实施秸秆禁烧制度和综合利用，开展整县推进畜禽粪污资源化利用试点。推进废旧地膜和包装废弃物等回收处理。推行水产健康养殖，加大近海滩涂养殖环境治理力度，严格控制河流湖库、近岸海域投饵网箱养殖。探索农林牧渔融合循环发展模式，修复和完善生态廊道，恢复田间生物群落和生态链，建设健康稳定田园生态系统。

第三节　集中治理农业环境突出问题

深入实施土壤污染防治行动计划，开展土壤污染状况详查，积极推进重金属污染耕地等受污染耕地分类管理和安全利用，有序推进治理与修复。加强重有色金属矿区污染综合整治。加强农业面源污染综合防治。加大地下水超采治理，控制地下水漏斗区、地表水过度利用区用水总量。严格工业和城镇污染处理、达标排放，建立监测体系，强化经常性执法监管制度建设，推动环境监测、执法向农村延伸，严禁未经达标处理的城镇污水和其他污染物进入农业农村。

第二十章　持续改善农村人居环境

以建设美丽宜居村庄为导向，以农村垃圾、污水治理和村容村貌提升为主攻方向，开展农村人居环境整治行动，全面提升农村人居环境质量。

第一节　加快补齐突出短板

推进农村生活垃圾治理，建立健全符合农村实际、方式多样的生活垃圾收运处置体系，有条件的地区推行垃圾就地分类和资源化利用。开展非正规垃圾堆放点排查整治。实施"厕所革命"，结合各地实际普及不同类型的卫生厕所，推进厕所粪污无害化处理和资源化利用。梯次推进农村生活污水治理，有条件的地区推动城镇污水管网向周边村庄延伸覆盖。逐步消除农村黑臭水体，加强农村饮用水水源地保护。

第二节　着力提升村容村貌

科学规划村庄建筑布局，大力提升农房设计水平，突出乡土特色和地域民族特点。加快推进通村组道路、入户道路建设，基本解决村内道路泥泞、村民出行不便等问题。全面推进乡村绿化，建设具有乡村特色的绿化景观。完善村庄公共照明设施。整治公共空间和庭院环境，消除私搭乱建、乱堆乱放。继续推进城乡环境卫生整洁行动，加大卫生乡镇创建工作力度。鼓励具备条件的地区集中连片建设生态宜居的美丽乡村，综合提升田水路林村风貌，促进村庄形态与自然环境相得益彰。

第三节　建立健全整治长效机制

全面完成县域乡村建设规划编制或修编，推进实用性村庄规划编制实施，加强乡村建设规划许可管理。建立农村人居环境建设和管护长效机制，发挥村民主体作用，鼓励专业化、市场化建设和运行管护。推行环境治理依效付费制度，健全服务绩效评价考核机制。探索建立垃圾污水处理农户付费制度，完善财政补贴和农户付费合理分担机制。依法简化农村人居环境整治建设项目审批程序和招投标程序。完善农村人居环境标准体系。

第二十一章　加强乡村生态保护与修复

大力实施乡村生态保护与修复重大工程，完善重要生态系统保护制度，促进乡村生产生活环境稳步改善，自然生态系统功能和稳定性全面提升，生态产品供给能力进一步增强。

第一节　实施重要生态系统保护和修复重大工程

统筹山水林田湖草系统治理，优化生态安全屏障体系。大力实施大规模国土绿化行动，全面建设三北、长江等重点防护林体系，扩大退耕还林还草，巩固退耕还林还草成果，推动森林质量精准提升，加强有害生物防治。稳定扩大退牧还草实施范围，继续推进草原防灾减灾、鼠虫草害防治、严重退化沙化草原治理等工程。保护和恢复乡村河湖、湿地生态系统，积极开展农村水生态修复，连通河湖水系，恢复河塘行蓄能力，推进退田还湖还湿、退圩退垸还湖。大力推进荒漠化、石漠化、水土流失综合治理，实施生态清洁小流域建设，推进绿色小水电改造。加快国土综合整治，实施农村土地综合整治重大行动，推进农用地和低效建设用地整理以及历史遗留损毁土地复垦。加强矿产资源开发集中地区特别是重有色金属矿区地质环境和生态修复，以及损毁山体、矿山废弃地修复。加快近岸海域综合治理，实施蓝色海湾整治行动和自然岸线修复。实施生物多样性保护重大工程，提升各类重要保护地保护管理能力。加强野生动植物保护，强化外来入侵物种风险评估、监测预警与综合防控。开展重大生态修复工程气象保障服务，探索实施生态修复型人工增雨工程。

第二节　健全重要生态系统保护制度

完善天然林和公益林保护制度，进一步细化各类森林和林地的管控措施或经营制度。完善草原生态监管和定期调查制度，严格实施草原禁牧和草畜平衡制度，全面落实草原经营者生态保护主体责任。完善荒漠生态保护制度，加强沙区天然植被和绿洲保护。全面推行河长制湖长制，鼓励将河长湖长体系延伸至村一级。推进河湖饮用水水源保护区划定和立界工作，加强对水源涵养区、蓄洪滞涝区、滨河滨湖带的保护。严格落实自然保护区、风景名胜区、地质遗迹等各类保护地保护制度，支持有条件的地方结合国家公园体制试点，探索对居住在核心区域的农牧民实施生态搬迁试点。

第三节　健全生态保护补偿机制

加大重点生态功能区转移支付力度，建立省以下生态保护补偿资金投入机制。完善重点领域生态保护补偿机制，鼓励地方因地制宜探索通过赎买、租赁、置换、协议、混合所有制等方式加强重点区位森林保护，落实草原生态保护补助奖励政策，建立长江流域重点水域禁捕补偿制度，鼓励各地建立流域上下游等横向补偿机制。推动市场化多元化生态补偿，建立健全用水权、排污权、碳排放权交易制度，形成森林、草原、湿地等生态修复工程参与碳汇交易的有效途径，探索实物补偿、服务补偿、设施补偿、对口支援、干部支持、共建园区、飞地经济等方式，提高补偿的针对性。

第四节　发挥自然资源多重效益

大力发展生态旅游、生态种养等产业，打造乡村生态产业链。进一步盘活森林、草原、湿地等自然资源，允许集体经济组织灵活利用现有生产服务设施用地开展相关经营活动。鼓励各类社会主体参与生态保护修复，对集中连片开展生态修复达到一定规模的经营主体，允许在符合土地管理法律法规和土地利用总体规划、依法办理建设用地审批手续、坚持节约集约用地的前提下，利用1%~3%治理面积从事旅游、康养、体育、设施农业等产业开发。深化集体林权制度改革，全面开展森林经营方案编制工作，扩大商品林经营自主权，鼓励多种形式的适度规模经营，支持开展林权收储担保服务。完善生态资源管护机制，设立生态管护员工作岗位，鼓励当地群众参与生态管护和管理服务。进一步健全自然资源有偿使用制度，研究探索生态资源价值评估方法并开展试点。

## 第七篇　繁荣发展乡村文化

坚持以社会主义核心价值观为引领，以传承发展中华优秀传统文化为核心，以乡村公共文化服务体系建设为载体，培育文明乡风、良好家风、淳朴民风，推动乡村文化振兴，建设邻里守望、诚信重礼、勤俭节约的文明乡村。

第二十二章　加强农村思想道德建设

持续推进农村精神文明建设，提升农民精神风貌，倡导科学文明生活，不断提高乡村社会文明程度。

第一节　践行社会主义核心价值观

坚持教育引导、实践养成、制度保障三管齐下，采取符合农村特点的方式方法和载体，深化中国特色社会主义和中国梦宣传教育，大力弘扬民族精神和时代精神。加强爱国主义、集体主义、社会主义教育，深化民族团结进步教育。注重典型示范，深入实施时代新人培育工程，推出一批新时代农民的先进模范人物。把社会主义核心价值观融入法治建设，推动公正文明执法司法，彰显社会主流价值。强化公共政策价值导向，探索建立重大公共政策道德风险评估和纠偏机制。

第二节　巩固农村思想文化阵地

推动基层党组织、基层单位、农村社区有针对性地加强农村群众性思想政治工作。加强对农村社会热点难点问题的应对解读，合理引导社会预期。健全人文关怀和心理疏导机制，培育自尊自信、理性平和、积极向上的农村社会心态。深化文明村镇创建活动，进一步提高县级及以上文明村和文明乡镇的占比。广泛开展星级文明户、文明家庭等群众性精神文明创建活动。深入开展"扫黄打非"进基层。重视发挥社区教育作用，做好家庭教育，传承良好家风家训。完善文化科技卫生"三下乡"长效机制。

第三节　倡导诚信道德规范

深入实施公民道德建设工程，推进社会公德、职业道德、家庭美德、个人品德建设。推进诚信建设，强化农民的社会责任意识、规则意识、集体意识和主人翁意识。建立健全农村信用体系，完善守信激励和失信惩戒机制。弘扬劳动最光荣、劳动者最伟大的观念。弘扬中华孝道，强化孝敬父母、尊敬长辈的社会风尚。广泛开展好媳妇、好儿女、好公婆等评选表彰活动，开展寻找最美乡村教师、医生、村干部、人民调解员等活动。深入宣传道德模范、身边好人的典型事迹，建立健全先进模范发挥作用的长效机制。

第二十三章　弘扬中华优秀传统文化

立足乡村文明，吸取城市文明及外来文化优秀成果，在保护传承的基础上，创造性转化、创新性发展，不断赋予时代内涵、丰富表现形式，为增强文化自信提供优质载体。

第一节　保护利用乡村传统文化

实施农耕文化传承保护工程，深入挖掘农耕文化中蕴含的优秀思想观念、人文精神、道德规范，充分发挥其在凝聚人心、教化群众、淳化民风中的重要作用。划定乡村建设的历史文化保护线，保护好文物古迹、传统村落、民族村寨、传统建筑、农业遗迹、灌溉工程遗产。传承传统建筑文化，使历史记忆、地域特色、民族特点融入乡村建设与维护。支持农村地区优秀戏曲曲艺、少数民族文化、民间文化等传承发展。完善非物质文化遗产保护制度，实施非物质文化遗产传承发展工程。实施乡村经济社会变迁物证征藏工程，鼓励乡村史志修编。

第二节　重塑乡村文化生态

紧密结合特色小镇、美丽乡村建设，深入挖掘乡村特色文化符号，盘活地方和民族特色文化资源，走特色化、差异化发展之路。以形神兼备为导向，保护乡村原有建筑风貌和村落格局，把民族民间文化元素融入乡村建设，深挖历史古韵，弘扬人文之美，重塑诗意闲适的人文环境和田绿草青的居住环境，重现原生田园风光和原本乡情乡愁。引导企业家、文化工作者、退休人员、文化志愿者等投身乡村文化建设，丰富农村文化业态。

第三节　发展乡村特色文化产业

加强规划引导、典型示范，挖掘培养乡土文化本土人才，建设一批特色鲜明、优势突出的农耕文化产业展示区，打造一批特色文化产业乡镇、文化产业特色村和文化产业群。大力推动农村地区实施传统工艺振兴计划，培育形成具有民族和地域特色的传统工艺产品，促进传统工艺提高品质、形成品牌、带动就业。积极开发传统节日文化用品和武术、戏曲、舞龙、舞狮、锣鼓等民间艺术、民俗表演项目，促进文化资源与现代消费需求有效对接。推动文化、旅游与其他产业深度融合、创新发展。

第二十四章　丰富乡村文化生活

推动城乡公共文化服务体系融合发展，增加优秀乡村文化产品和服务供给，活跃繁荣农村文化市场，为广大农民提供高质量的精神营养。

第一节　健全公共文化服务体系

按照有标准、有网络、有内容、有人才的要求，健全乡村公共文化服务体系。推动县级图书馆、文化馆总分馆制，发挥县级公共文化机构辐射作用，加强基层综合性文化服务中心建设，实现乡村两级公共文化服务全覆盖，提升服务效能。完善农村新闻出版广播电视公共服务覆盖体系，推进数字广播电视户户通，探索农村电影放映的新方法新模式，推进农家书屋延伸服务和提质增效。继续实施公共数字文化工程，积极发挥新媒体作用，使农民群众能便捷获取优质数字文化资源。完善乡村公共体育服务体系，推动村健身设施全覆盖。

第二节　增加公共文化产品和服务供给

深入推进文化惠民，为农村地区提供更多更好的公共文化产品和服务。建立农民群众文化需求反馈机制，推动政府向社会购买公共文化服务，开展"菜单式""订单式"服务。加强公共文化服务品牌建设，推动形成具有鲜明特色和社会影响力的农村公共文化服务项目。开展文化结对帮扶。支持"三农"题材文艺创作生产，鼓励文艺工作者推出反映农民生产生活尤其是乡村振兴实践的优秀文艺作品。鼓励各级文艺组织深入农村地区开展惠民演出活动。加强农村科普工作，推动全民阅读进家庭、进农村，提高农民科学文化素养。

第三节　广泛开展群众文化活动

完善群众文艺扶持机制，鼓励农村地区自办文化。培育挖掘乡土文化本土人才，支持乡村文化能人。加强基层文化队伍培训，培养一支懂文艺爱农村爱农民、专兼职相结合的农村文化工作队伍。传承和发展民族民间传统体育，广泛开展形式多样的农民群众性体育活动。鼓励开展群众性节日民俗活动，支持文化志愿者深入农村开展丰富多彩的文化志愿服务活动。活跃繁荣农村文化市场，推动农村文化市场转型升级，加强农村文化市场监管。

## 第八篇　健全现代乡村治理体系

把夯实基层基础作为固本之策，建立健全党委领导、政府负责、社会协同、公众参与、法治保障的现代乡村社会治理体制，推动乡村组织振兴，打造充满活力、和谐有序的善治乡村。

第二十五章　加强农村基层党组织对乡村振兴的全面领导

以农村基层党组织建设为主线，突出政治功能，提升组织力，把农村基层党组织建成宣传党的主张、贯彻党的决定、领导基层治理、团结动员群众、推动改革发展的坚强战斗堡垒。

第一节　健全以党组织为核心的组织体系

坚持农村基层党组织领导核心地位，大力推进村党组织书记通过法定程序担任村民委员会主任和集体经济组织、农民合作组织负责人，推行村"两委"班子成员交叉任职；提倡由非村民委员会成员的村党组织班子成员或党员担任村务监督委员会主任；村民委员会成员、村民代表中党员应当占一定比例。在以建制村为基本单元设置党组织的基础上，创新党组织设置。推动农村基层党组织和党员在脱贫攻坚和乡村振兴中提高威信、提升影响。加强农村新型经济组织和社会组织的党建工作，引导其始终坚持为农民服务的正确方向。

第二节　加强农村基层党组织带头人队伍建设

实施村党组织带头人整体优化提升行动。加大从本村致富能手、外出务工经商人员、本乡本土大学毕业生、复员退伍军人中培养选拔力度。以县为单位，逐村摸排分析，对村党组织书记集中调整优化，全面实行县级备案管理。健全从优秀村党组织书记中选拔乡镇领导干部、考录乡镇公务员、招聘乡镇事业编制人员机制。通过本土人才回引、院校定向培养、县乡统筹招聘等渠道，每个村储备一定数量的村级后备干部。全面向贫困村、软弱涣散村和集体经济薄弱村党组织派出第一书记，建立长效机制。

第三节　加强农村党员队伍建设

加强农村党员教育、管理、监督，推进"两学一做"学习教育常态化制度化,教育引导广大党员自觉用习近平新时代中国特色社会主义思想武装头脑。严格党的组织生活,全面落实"三会一课"、主题党日、谈心谈话、民主评议党员、党员联系农户等制度。加强农村流动党员管理。注重发挥无职党员作用。扩大党内基层民主,推进党务公开。加强党内激励关怀帮扶,定期走访慰问农村老党员、生活困难党员,帮助解决实际困难。稳妥有序开展不合格党员组织处置工作。加大在青年农民、外出务工人员、妇女中发展党员力度。

第四节　强化农村基层党组织建设责任与保障

推动全面从严治党向纵深发展、向基层延伸,严格落实各级党委尤其是县级党委主体责任,进一步压实县乡纪委监督责任,将抓党建促脱贫攻坚、促乡村振兴情况作为每年市县乡党委书记抓基层党建述职评议考核的重要内容,纳入巡视、巡察工作内容,作为领导班子综合评价和选拔任用领导干部的重要依据。坚持抓乡促村,整乡推进、整县提升,加强基本组织、基本队伍、基本制度、基本活动、基本保障建设,持续整顿软弱涣散村党组织。加强农村基层党风廉政建设,强化农村基层干部和党员的日常教育管理监督,加强对《农村基层干部廉洁履行职责若干规定(试行)》执行情况的监督检查,弘扬新风正气,抵制歪风邪气。充分发挥纪检监察机关在督促相关职能部门抓好中央政策落实方面的作用,加强对落实情况特别是涉农资金拨付、物资调配等工作的监督,开展扶贫领域腐败和作风问题专项治理,严厉打击农村基层黑恶势力和涉黑涉恶腐败及"保护伞",严肃查处发生在惠农资金、征地拆迁、生态环保和农村"三资"管理领域的违纪违法问题,坚决纠正损害农民利益的行为,严厉整治群众身边腐败问题。全面执行以财政投入为主的稳定的村级组织运转经费保障政策。满怀热情关心关爱农村基层干部,政治上激励、工作上支持、待遇上保障、心理上关怀。重视发现和树立优秀农村基层干部典型,彰显榜样力量。

第二十六章　促进自治法治德治有机结合

坚持自治为基、法治为本、德治为先,健全和创新村党组织领导的充满活力的村民自治机制,强化法律权威地位,以德治滋养法治、涵养自治,让德治贯穿乡村治理全过程。

第一节　深化村民自治实践

加强农村群众性自治组织建设。完善农村民主选举、民主协商、民主决策、民主管理、民主监督制度。规范村民委员会等自治组织选举办法,健全民主决策程序。依托村民会议、村民代表会议、村民议事会、村民理事会等,形成民事民议、民事民办、民事民管的多层次基层协商格局。创新村民议事形式,完善议事决策主体和程序,落实群众知情权和决策权。全面建立健全村务监督委员会,健全务实管用的村务监督机制,推行村级事务阳光工程。充分发挥自治章程、村规民约在农村基层治理中的独特功能，弘扬公序良俗。继续开展以村民小组或自然村为基本单元的村民自治试点工作。加强基层纪委监委对村民委员会的联系和指导。

第二节　推进乡村法治建设

深入开展"法律进乡村"宣传教育活动，提高农民法治素养，引导干部群众尊法学法守法用法。增强基层干部法治观念、法治为民意识，把政府各项涉农工作纳入法治化轨道。维护村民委员会、农村集体经济组织、农村合作经济组织的特别法人地位和权利。深入推进综合行政执法改革向基层延伸，创新监管方式，推动执法队伍整合、执法力量下沉，提高执法能力和水平。加强乡村人民调解组织建设，建立健全乡村调解、县市仲裁、司法保障的农村土地承包经营纠纷调处机制。健全农村公共法律服务体系，加强对农民的法律援助、司法救助和公益法律服务。深入开展法治县（市、区）、民主法治示范村等法治创建活动，深化农村基层组织依法治理。

第三节　提升乡村德治水平

深入挖掘乡村熟人社会蕴含的道德规范，结合时代要求进行创新，强化道德教化作用，引导农民向上向善、孝老爱亲、重义守信、勤俭持家。建立道德激励约束机制，引导农民自我管理、自我教育、自我服务、自我提高，实现家庭和睦、邻里和谐、干群融洽。积极发挥新乡贤作用。深入推进移风易俗，开展专项文明行动，遏制大操大办、相互攀比、"天价彩礼"、厚葬薄养等陈规陋习。加强无神论宣传教育，抵制封建迷信活动。深化农村殡葬改革。

第四节　建设平安乡村

健全落实社会治安综合治理领导责任制，健全农村社会治安防控体系，推动社会治安防控力量下沉，加强农村群防群治队伍建设。深入开展扫黑除恶专项斗争。依法加大对农村非法宗教、邪教活动打击力度，严防境外渗透，继续整治农村乱建宗教活动场所、滥塑宗教造像。完善县乡村三级综治中心功能和运行机制。健全农村公共安全体系，持续开展农村安全隐患治理。加强农村警务、消防、安全生产工作，坚决遏制重特大安全事故。健全矛盾纠纷多元化解机制，深入排查化解各类矛盾纠纷，全面推广"枫桥经验"，做到小事不出村、大事不出乡（镇）。落实乡镇政府农村道路交通安全监督管理责任，探索实施"路长制"。探索以网格化管理为抓手，推动基层服务和管理精细化精准化。推进农村"雪亮工程"建设。

第二十七章　夯实基层政权

科学设置乡镇机构，构建简约高效的基层管理体制，健全农村基层服务体系，夯实乡村治理基础。

第一节 加强基层政权建设

面向服务人民群众合理设置基层政权机构、调配人力资源，不简单照搬上级机关设置模式。根据工作需要，整合基层审批、服务、执法等方面力量，统筹机构编制资源，整合相关职能设立综合性机构，实行扁平化和网格化管理。推动乡村治理重心下移，尽可能把资源、服务、管理下放到基层。加强乡镇领导班子建设，有计划地选派省市县机关部门有发展潜力的年轻干部到乡镇任职。加大从优秀选调生、乡镇事业编制人员、优秀村干部、大学生村官中选拔乡镇领导班子成员力度。加强边境地区、民族地区农村基层政权建设相关工作。

第二节 创新基层管理体制机制

明确县乡财政事权和支出责任划分，改进乡镇财政预算管理制度。推进乡镇协商制度化、规范化建设，创新联系服务群众工作方法。推进直接服务民生的公共事业部门改革，改进服务方式，最大限度方便群众。推动乡镇政务服务事项一窗式办理、部门信息系统一平台整合、社会服务管理大数据一口径汇集，不断提高乡村治理智能化水平。健全监督体系，规范乡镇管理行为。改革创新考评体系，强化以群众满意度为重点的考核导向。严格控制对乡镇设立不切实际的"一票否决"事项。

第三节 健全农村基层服务体系

制定基层政府在村（农村社区）治理方面的权责清单，推进农村基层服务规范化标准化。整合优化公共服务和行政审批职责，打造"一门式办理""一站式服务"的综合服务平台。在村庄普遍建立网上服务站点，逐步形成完善的乡村便民服务体系。大力培育服务性、公益性、互助性农村社会组织，积极发展农村社会工作和志愿服务。开展农村基层减负工作，集中清理对村级组织考核评比多、创建达标多、检查督查多等突出问题。

## 第九篇 保障和改善农村民生

坚持人人尽责、人人享有，围绕农民群众最关心最直接最现实的利益问题，加快补齐农村民生短板，提高农村美好生活保障水平，让农民群众有更多实实在在的获得感、幸福感、安全感。

第二十八章 加强农村基础设施建设

继续把基础设施建设重点放在农村，持续加大投入力度，加快补齐农村基础设施短板，促进城乡基础设施互联互通，推动农村基础设施提挡升级。

第一节 改善农村交通物流设施条件

以示范县为载体全面推进"四好农村路"建设，深化农村公路管理养护体制改革，健全管理养护长效机制，完善安全防护设施，保障农村地区基本出行条件。推动城市公共交通线路向城市周边延伸，鼓励发展镇村公交，实现具备条件的建制村全部通客车。加大对革命老区、民族地区、边疆地区、贫困地区铁路公益性运输的支持力度，继续开好"慢火车"。加快构建农村物流基础设施骨干网络，鼓励商贸、邮政、快递、供销、运输等企业加大在农村地区的设施网络布局。加快完善农村物流基础设施末端网络，鼓励有条件的地区建设面向农村地区的共同配送中心。

第二节　加强农村水利基础设施网络建设

构建大中小微结合、骨干和田间衔接、长期发挥效益的农村水利基础设施网络，着力提高节水供水和防洪减灾能力。科学有序推进重大水利工程建设，加强灾后水利薄弱环节建设，统筹推进中小型水源工程和抗旱应急能力建设。巩固提升农村饮水安全保障水平，开展大中型灌区续建配套节水改造与现代化建设，有序新建一批节水型、生态型灌区，实施大中型灌排泵站更新改造。推进小型农田水利设施达标提质，实施水系连通和河塘清淤整治等工程建设。推进智慧水利建设。深化农村水利工程产权制度与管理体制改革，健全基层水利服务体系，促进工程长期良性运行。

第三节　构建农村现代能源体系

优化农村能源供给结构，大力发展太阳能、浅层地热能、生物质能等，因地制宜开发利用水能和风能。完善农村能源基础设施网络，加快新一轮农村电网升级改造，推动供气设施向农村延伸。加快推进生物质热电联产、生物质供热、规模化生物质天然气和规模化大型沼气等燃料清洁化工程。推进农村能源消费升级，大幅提高电能在农村能源消费中的比重，加快实施北方农村地区冬季清洁取暖，积极稳妥推进散煤替代。推广农村绿色节能建筑和农用节能技术、产品。大力发展"互联网+"智慧能源，探索建设农村能源革命示范区。

第四节　夯实乡村信息化基础

深化电信普遍服务，加快农村地区宽带网络和第四代移动通信网络覆盖步伐。实施新一代信息基础设施建设工程。实施数字乡村战略，加快物联网、地理信息、智能设备等现代信息技术与农村生产生活的全面深度融合，深化农业农村大数据创新应用，推广远程教育、远程医疗、金融服务进村等信息服务，建立空间化、智能化的新型农村统计信息系统。在乡村信息化基础设施建设过程中，同步规划、同步建设、同步实施网络安全工作。

第二十九章　提升农村劳动力就业质量

坚持就业优先战略和积极就业政策，健全城乡均等的公共就业服务体系，不断提升农村劳动者素质，拓展农民外出就业和就地就近就业空间，实现更高质量和更充分就业。

第一节　拓宽转移就业渠道

增强经济发展创造就业岗位能力，拓宽农村劳动力转移就业渠道，引导农村劳动力外出就业，更加积极地支持就地就近就业。发展壮大县域经济，加快培育区域特色产业，拓宽农民就业空间。大力发展吸纳就业能力强的产业和企业，结合新型城镇化建设合理引导产业梯度转移，创造更多适合农村劳动力转移就业的机会，推进农村劳动力转移就业示范基地建设。加强劳务协作，积极开展有组织的劳务输出。实施乡村就业促进行动，大力发展乡村特色产业，推进乡村经济多元化，提供更多就业岗位。结合农村基础设施等工程建设，鼓励采取以工代赈方式就近吸纳农村劳动力务工。

第二节　强化乡村就业服务

健全覆盖城乡的公共就业服务体系，提供全方位公共就业服务。加强乡镇、行政村基层平台建设，扩大就业服务覆盖面，提升服务水平。开展农村劳动力资源调查统计，建立农村劳动力资源信息库并实行动态管理。加快公共就业服务信息化建设，打造线上线下一体的服务模式。推动建立覆盖城乡全体劳动者、贯穿劳动者学习工作终身、适应就业和人才成长需要的职业技能培训制度，增强职业培训的针对性和有效性。在整合资源基础上，合理布局建设一批公共实训基地。

第三节　完善制度保障体系

推动形成平等竞争、规范有序、城乡统一的人力资源市场，建立健全城乡劳动者平等就业、同工同酬制度，提高就业稳定性和收入水平。健全人力资源市场法律法规体系，依法保障农村劳动者和用人单位合法权益。完善政府、工会、企业共同参与的协调协商机制，构建和谐劳动关系。落实就业服务、人才激励、教育培训、资金奖补、金融支持、社会保险等就业扶持相关政策。加强就业援助，对就业困难农民实行分类帮扶。

第三十章　增加农村公共服务供给

继续把国家社会事业发展的重点放在农村，促进公共教育、医疗卫生、社会保障等资源向农村倾斜，逐步建立健全全民覆盖、普惠共享、城乡一体的基本公共服务体系，推进城乡基本公共服务均等化。

第一节　优先发展农村教育事业

统筹规划布局农村基础教育学校，保障学生就近享有有质量的教育。科学推进义务教育公办学校标准化建设，全面改善贫困地区义务教育薄弱学校基本办学条件，加强寄宿制学校建设，提升乡村教育质量，实现县域校际资源均衡配置。发展农村学前教育，每个乡镇至少办好1所公办中心幼儿园，完善县乡村学前教育公共服务网络。继续实施特殊教育提升计划。科学稳妥推行民族地区乡村中小学双语教育，坚定不移推行国家通用语言文字教育。实施高中阶段教育普及攻坚计划，提高高中阶段教育普及水平。大力发展面向农村的职业教育，加快推进职业院校布局结构调整，加强县级职业教育中心建设，有针对性地设置专业和课程，满足乡村产业发展和振兴需要。推动优质学校辐射农村薄弱学校常态化，加强城乡教师交流轮岗。积极发展"互联网+教育"，推进乡村学校信息化基础设施建设，优化数字教育资源公共服务体系。落实好乡村教师支持计划，继续实施农村义务教育学校教师特设岗位计划，加强乡村学校紧缺学科教师和民族地区双语教师培训，落实乡村教师生活补助政策，建好建强乡村教师队伍。

第二节　推进健康乡村建设

深入实施国家基本公共卫生服务项目，完善基本公共卫生服务项目补助政策，提供基础性全方位全周期的健康管理服务。加强慢性病、地方病综合防控，大力推进农村地区精神卫生、职业病和重大传染病防治。深化农村计划生育管理服务改革，落实全面两孩政策。增强妇幼健康服务能力，倡导优生优育。加强基层医疗卫生服务体系建设，基本实现每个乡镇都有1所政府举办的乡镇卫生院，每个行政村都有1所卫生室，每个乡镇卫生院都有全科医生，支持中西部地区基层医疗卫生机构标准化建设和设备提挡升级。切实加强乡村医生队伍建设，支持并推动乡村医生申请执业（助理）医师资格。全面建立分级诊疗制度，实行差别化的医保支付和价格政策。深入推进基层卫生综合改革，完善基层医疗卫生机构绩效工资制度。开展和规范家庭医生签约服务。树立大卫生大健康理念，广泛开展健康教育活动，倡导科学文明健康的生活方式，养成良好卫生习惯，提升居民文明卫生素质。

第三节　加强农村社会保障体系建设

按照兜底线、织密网、建机制的要求，全面建成覆盖全民、城乡统筹、权责清晰、保障适度、可持续的多层次社会保障体系。进一步完善城乡居民基本养老保险制度，加快建立城乡居民基本养老保险待遇确定和基础养老金标准正常调整机制。完善统一的城乡居民基本医疗保险制度和大病保险制度，做好农民重特大疾病救助工作，健全医疗救助与基本医疗保险、城乡居民大病保险及相关保障制度的衔接机制，巩固城乡居民医保全国异地就医联网直接结算。推进低保制度城乡统筹发展，健全低保标准动态调整机制。全面实施特困人员救助供养制度，提升托底保障能力和服务质量。推动各地通过政府购买服务、设置基层公共管理和社会服务岗位、引入社会工作专业人才和志愿者等方式，为农村留守儿童和妇女、老年人以及困境儿童提供关爱服务。加强和改善农村残疾人服务，将残疾人普遍纳入社会保障体系予以保障和扶持。

第四节　提升农村养老服务能力

适应农村人口老龄化加剧形势，加快建立以居家为基础、社区为依托、机构为补充的多层次农村养老服务体系。以乡镇为中心，建立具有综合服务功能、医养相结合的养老机构，与农村基本公共服务、农村特困供养服务、农村互助养老服务相互配合，形成农村基本养老服务网络。提高乡村卫生服务机构为老年人提供医疗保健服务的能力。支持主要面向失能、半失能老年人的农村养老服务设施建设，推进农村幸福院等互助型养老服务发展，建立健全农村留守老年人关爱服务体系。开发农村康养产业项目。鼓励村集体建设用地优先用于发展养老服务。

第五节　加强农村防灾减灾救灾能力建设

坚持以防为主、防抗救相结合，坚持常态减灾与非常态救灾相统一，全面提高抵御各类灾害综合防范能力。加强农村自然灾害监测预报预警，解决农村预警信息发布"最后一公里"问题。加强防灾减灾工程建设，推进实施自然灾害高风险区农村困难群众危房改造。全面深化森林、草原火灾防控治理。大力推进农村公共消防设施、消防力量和消防安全管理组织建设，改善农村消防安全条件。推进自然灾害救助物资储备体系建设。开展灾害救助应急预案编制和演练，完善应对灾害的政策支持体系和灾后重建工作机制。在农村广泛开展防灾减灾宣传教育。

## 第十篇　完善城乡融合发展政策体系

顺应城乡融合发展趋势，重塑城乡关系，更好激发农村内部发展活力、优化农村外部发展环境，推动人才、土地、资本等要素双向流动，为乡村振兴注入新动能。

第三十一章　加快农业转移人口市民化

加快推进户籍制度改革，全面实行居住证制度，促进有能力在城镇稳定就业和生活的农业转移人口有序实现市民化。

第一节　健全落户制度

鼓励各地进一步放宽落户条件，除极少数超大城市外，允许农业转移人口在就业地落户，优先解决农村学生升学和参军进入城镇的人口、在城镇就业居住5年以上和举家迁徙的农业转移人口以及新生代农民工落户问题。区分超大城市和特大城市主城区、郊区、新区等区域，分类制定落户政策，重点解决符合条件的普通劳动者落户问题。全面实行居住证制度，确保各地居住证申领门槛不高于国家标准、享受的各项基本公共服务和办事便利不低于国家标准，推进居住证制度覆盖全部未落户城镇常住人口。

第二节　保障享有权益

不断扩大城镇基本公共服务覆盖面，保障符合条件的未落户农民工在流入地平等享受城镇基本公共服务。通过多种方式增加学位供给，保障农民工随迁子女以流入地公办学校为主接受义务教育，以普惠性幼儿园为主接受学前教育。完善就业失业登记管理制度，面向农业转移人口全面提供政府补贴职业技能培训服务。将农业转移人口纳入社区卫生和计划生育服务体系，提供基本医疗卫生服务。把进城落户农民完全纳入城镇社会保障体系，在农村参加的养老保险和医疗保险规范接入城镇社会保障体系，做好基本医疗保险关系转移接续和异地就医结算工作。把进城落户农民完全纳入城镇住房保障体系，对符合条件的采取多种方式满足基本住房需求。

第三节　完善激励机制

维护进城落户农民土地承包权、宅基地使用权、集体收益分配权，引导进城落户农民依法自愿有偿转让上述权益。加快户籍变动与农村"三权"脱钩，不得以退出"三权"作为农民进城落户的条件，促使有条件的农业转移人口放心落户城镇。落实支持农业转移人口市民化财政政策，以及城镇建设用地增加规模与吸纳农业转移人口落户数量挂钩政策，健全由政府、企业、个人共同参与的市民化成本分担机制。

第三十二章　强化乡村振兴人才支撑

实行更加积极、更加开放、更加有效的人才政策，推动乡村人才振兴，让各类人才在乡村大施所能、大展才华、大显身手。

第一节　培育新型职业农民

全面建立职业农民制度，培养新一代爱农业、懂技术、善经营的新型职业农民，优化农业从业者结构。实施新型职业农民培育工程，支持新型职业农民通过弹性学制参加中高等农业职业教育。创新培训组织形式，探索田间课堂、网络教室等培训方式，支持农民专业合作社、专业技术协会、龙头企业等主体承担培训。鼓励各地开展职业农民职称评定试点。引导符合条件的新型职业农民参加城镇职工养老、医疗等社会保障制度。

第二节　加强农村专业人才队伍建设

加大"三农"领域实用专业人才培育力度，提高农村专业人才服务保障能力。加强农技推广人才队伍建设，探索公益性和经营性农技推广融合发展机制，允许农技人员通过提供增值服务合理取酬，全面实施农技推广服务特聘计划。加强涉农院校和学科专业建设，大力培育农业科技、科普人才，深入实施农业科研杰出人才计划和杰出青年农业科学家项目，深化农业系列职称制度改革。

第三节　鼓励社会人才投身乡村建设

建立健全激励机制，研究制定完善相关政策措施和管理办法，鼓励社会人才投身乡村建设。以乡情乡愁为纽带，引导和支持企业家、党政干部、专家学者、医生教师、规划师、建筑师、律师、技能人才等，通过下乡担任志愿者、投资兴业、行医办学、捐资捐物、法律服务等方式服务乡村振兴事业，允许符合要求的公职人员回乡任职。落实和完善融资贷款、配套设施建设补助、税费减免等扶持政策，引导工商资本积极投入乡村振兴事业。继续实施"三区"（边远贫困地区、边疆民族地区和革命老区）人才支持计划，深入推进大学生村官工作，因地制宜实施"三支一扶"、高校毕业生基层成长等计划，开展乡村振兴"巾帼行动"、青春建功行动。建立城乡、区域、校地之间人才培养合作与交流机制。全面建立城市医生教师、科技文化人员等定期服务乡村机制。

第三十三章　加强乡村振兴用地保障

完善农村土地利用管理政策体系，盘活存量，用好流量，辅以增量，激活农村土地资源资产，保障乡村振兴用地需求。

第一节　健全农村土地管理制度

总结农村土地征收、集体经营性建设用地入市、宅基地制度改革试点经验，逐步扩大试点，加快土地管理法修改。探索具体用地项目公共利益认定机制，完善征地补偿标准，建立被征地农民长远生计的多元保障机制。建立健全依法公平取得、节约集约使用、自愿有偿退出的宅基地管理制度。在符合规划和用途管制前提下，赋予农村集体经营性建设用地出让、租赁、入股权能，明确入市范围和途径。建立集体经营性建设用地增值收益分配机制。

第二节　完善农村新增用地保障机制

统筹农业农村各项土地利用活动，乡镇土地利用总体规划可以预留一定比例的规划建设用地指标，用于农业农村发展。根据规划确定的用地结构和布局，年度土地利用计划分配中可安排一定比例新增建设用地指标专项支持农业农村发展。对于农业生产过程中所需各类生产设施和附属设施用地，以及由于农业规模经营必须兴建的配套设施，在不占用永久基本农田的前提下，纳入设施农用地管理，实行县级备案。鼓励农业生产与村庄建设用地复合利用，发展农村新产业新业态，拓展土地使用功能。

第三节　盘活农村存量建设用地

完善农民闲置宅基地和闲置农房政策，探索宅基地所有权、资格权、使用权"三权分置"，落实宅基地集体所有权，保障宅基地农户资格权和农民房屋财产权，适度放活宅基地和农民房屋使用权，不得违规违法买卖宅基地，严格实行土地用途管制，严格禁止下乡利用农村宅基地建设别墅大院和私人会馆。

在符合土地利用总体规划前提下，允许县级政府通过村土地利用规划调整优化村庄用地布局，有效利用农村零星分散的存量建设用地。对利用收储农村闲置建设用地发展农村新产业新业态的，给予新增建设用地指标奖励。

## 第三十四章　健全多元投入保障机制

健全投入保障制度，完善政府投资体制，充分激发社会投资的动力和活力，加快形成财政优先保障、社会积极参与的多元投入格局。

### 第一节　继续坚持财政优先保障

建立健全实施乡村振兴战略财政投入保障制度，明确和强化各级政府"三农"投入责任，公共财政更大力度向"三农"倾斜，确保财政投入与乡村振兴目标任务相适应。规范地方政府举债融资行为，支持地方政府发行一般债券用于支持乡村振兴领域公益性项目，鼓励地方政府试点发行项目融资和收益自平衡的专项债券，支持符合条件、有一定收益的乡村公益性建设项目。加大政府投资对农业绿色生产、可持续发展、农村人居环境、基本公共服务等重点领域和薄弱环节支持力度，充分发挥投资对优化供给结构的关键性作用。充分发挥规划的引领作用，推进行业内资金整合与行业间资金统筹相互衔接配合，加快建立涉农资金统筹整合长效机制。强化支农资金监督管理，提高财政支农资金使用效益。

### 第二节　提高土地出让收益用于农业农村比例

开拓投融资渠道，健全乡村振兴投入保障制度，为实施乡村振兴战略提供稳定可靠资金来源。坚持取之于地，主要用之于农的原则，制定调整完善土地出让收入使用范围、提高农业农村投入比例的政策性意见，所筹集资金用于支持实施乡村振兴战略。改进耕地占补平衡管理办法，建立高标准农田建设等新增耕地指标和城乡建设用地增减挂钩节余指标跨省域调剂机制，将所得收益通过支出预算全部用于巩固脱贫攻坚成果和支持实施乡村振兴战略。

### 第三节　引导和撬动社会资本投向农村

优化乡村营商环境，加大农村基础设施和公用事业领域开放力度，吸引社会资本参与乡村振兴。规范有序盘活农业农村基础设施存量资产，回收资金主要用于补短板项目建设。继续深化"放管服"改革，鼓励工商资本投入农业农村，为乡村振兴提供综合性解决方案。鼓励利用外资开展现代农业、产业融合、生态修复、人居环境整治和农村基础设施等建设。推广一事一议、以奖代补等方式，鼓励农民对直接受益的乡村基础设施建设投工投劳，让农民更多参与建设管护。

## 第三十五章　加大金融支农力度

健全适合农业农村特点的农村金融体系，把更多金融资源配置到农村经济社会发展的重点领域和薄弱环节，更好满足乡村振兴多样化金融需求。

第一节　健全金融支农组织体系

发展乡村普惠金融。深入推进银行业金融机构专业化体制机制建设，形成多样化农村金融服务主体。指导大型商业银行立足普惠金融事业部等专营机制建设，完善专业化的"三农"金融服务供给机制。完善中国农业银行、中国邮政储蓄银行"三农"金融事业部运营体系，明确国家开发银行、中国农业发展银行在乡村振兴中的职责定位，加大对乡村振兴信贷支持。支持中小型银行优化网点渠道建设，下沉服务重心。推动农村信用社省联社改革，保持农村信用社县域法人地位和数量总体稳定，完善村镇银行准入条件。引导农民合作金融健康有序发展。鼓励证券、保险、担保、基金、期货、租赁、信托等金融资源聚焦服务乡村振兴。

第二节　创新金融支农产品和服务

加快农村金融产品和服务方式创新，持续深入推进农村支付环境建设，全面激活农村金融服务链条。稳妥有序推进农村承包土地经营权、农民住房财产权、集体经营性建设用地使用权抵押贷款试点。探索县级土地储备公司参与农村承包土地经营权和农民住房财产权"两权"抵押试点工作。充分发挥全国信用信息共享平台和金融信用信息基础数据库的作用，探索开发新型信用类金融支农产品和服务。结合农村集体产权制度改革，探索利用量化的农村集体资产股权的融资方式。提高直接融资比重，支持农业企业依托多层次资本市场发展壮大。创新服务模式，引导持牌金融机构通过互联网和移动终端提供普惠金融服务，促进金融科技与农村金融规范发展。

第三节　完善金融支农激励政策

继续通过奖励、补贴、税收优惠等政策工具支持"三农"金融服务。抓紧出台金融服务乡村振兴的指导意见。发挥再贷款、再贴现等货币政策工具的引导作用，将乡村振兴作为信贷政策结构性调整的重要方向。落实县域金融机构涉农贷款增量奖励政策，完善涉农贴息贷款政策，降低农户和新型农业经营主体的融资成本。健全农村金融风险缓释机制，加快完善"三农"融资担保体系。充分发挥好国家融资担保基金的作用，强化担保融资增信功能，引导更多金融资源支持乡村振兴。制定金融机构服务乡村振兴考核评估办法。改进农村金融差异化监管体系，合理确定金融机构发起设立和业务拓展的准入门槛。守住不发生系统性金融风险底线，强化地方政府金融风险防范处置责任。

## 第十一篇　规划实施

实行中央统筹、省负总责、市县抓落实的乡村振兴工作机制，坚持党的领导，更好履行各级政府职责，凝聚全社会力量，扎实有序推进乡村振兴。

第三十六章 加强组织领导

坚持党总揽全局、协调各方，强化党组织的领导核心作用，提高领导能力和水平，为实现乡村振兴提供坚强保证。

第一节 落实各方责任

强化地方各级党委和政府在实施乡村振兴战略中的主体责任，推动各级干部主动担当作为。坚持工业农业一起抓、城市农村一起抓，把农业农村优先发展原则体现到各个方面。坚持乡村振兴重大事项、重要问题、重要工作由党组织讨论决定的机制，落实党政一把手是第一责任人、五级书记抓乡村振兴的工作要求。县委书记要当好乡村振兴"一线总指挥"，下大力气抓好"三农"工作。各地区要依照国家规划科学编制乡村振兴地方规划或方案，科学制定配套政策和配置公共资源，明确目标任务，细化实化政策措施，增强可操作性。各部门要各司其职、密切配合，抓紧制定专项规划或指导意见，细化落实并指导地方完成国家规划提出的主要目标任务。建立健全规划实施和工作推进机制，加强政策衔接和工作协调。培养造就一支懂农业、爱农村、爱农民的"三农"工作队伍，带领群众投身乡村振兴伟大事业。

第二节 强化法治保障

各级党委和政府要善于运用法治思维和法治方式推进乡村振兴工作，严格执行现行涉农法律法规，在规划编制、项目安排、资金使用、监督管理等方面，提高规范化、制度化、法治化水平。完善乡村振兴法律法规和标准体系，充分发挥立法在乡村振兴中的保障和推动作用。推动各类组织和个人依法依规实施和参与乡村振兴。加强基层执法队伍建设，强化市场监管，规范乡村市场秩序，有效促进社会公平正义，维护人民群众合法权益。

第三节 动员社会参与

搭建社会参与平台，加强组织动员，构建政府、市场、社会协同推进的乡村振兴参与机制。创新宣传形式，广泛宣传乡村振兴相关政策和生动实践，营造良好社会氛围。发挥工会、共青团、妇联、科协、残联等群团组织的优势和力量，发挥各民主党派、工商联、无党派人士等积极作用，凝聚乡村振兴强大合力。建立乡村振兴专家决策咨询制度，组织智库加强理论研究。促进乡村振兴国际交流合作，讲好乡村振兴的中国故事，为世界贡献中国智慧和中国方案。

第四节 开展评估考核

加强乡村振兴战略规划实施考核监督和激励约束。将规划实施成效纳入地方各级党委和政府及有关部门的年度绩效考评内容，考核结果作为有关领导干部年度考核、选拔任用的重要依据，确保完成各项目标任务。本规划确定的约束性指标以及重大工程、重大项目、重大政策和重要改革任务，要明确责任主体和进度要求，确保质量和效果。加强乡村统计工作，因地制宜建立客观反映乡村振兴进展的指标和统计体系。建立规划实施督促检查机制，适时开展规划中期评估和总结评估。

第三十七章　有序实现乡村振兴

充分认识乡村振兴任务的长期性、艰巨性，保持历史耐心，避免超越发展阶段，统筹谋划，典型带动，有序推进，不搞齐步走。

第一节　准确聚焦阶段任务

在全面建成小康社会决胜期，重点抓好防范化解重大风险、精准脱贫、污染防治三大攻坚战，加快补齐农业现代化短腿和乡村建设短板。在开启全面建设社会主义现代化国家新征程时期，重点加快城乡融合发展制度设计和政策创新，推动城乡公共资源均衡配置和基本公共服务均等化，推进乡村治理体系和治理能力现代化，全面提升农民精神风貌，为乡村振兴这盘大棋布好局。

第二节　科学把握节奏力度

合理设定阶段性目标任务和工作重点，分步实施，形成统筹推进的工作机制。加强主体、资源、政策和城乡协同发力，避免代替农民选择，引导农民摒弃"等靠要"思想，激发农村各类主体活力，激活乡村振兴内生动力，形成系统高效的运行机制。立足当前发展阶段，科学评估财政承受能力、集体经济实力和社会资本动力，依法合规谋划乡村振兴筹资渠道，避免负债搞建设，防止刮风搞运动，合理确定乡村基础设施、公共产品、制度保障等供给水平，形成可持续发展的长效机制。

第三节　梯次推进乡村振兴

科学把握我国乡村区域差异，尊重并发挥基层首创精神，发掘和总结典型经验，推动不同地区、不同发展阶段的乡村有序实现农业农村现代化。发挥引领区示范作用，东部沿海发达地区、人口净流入城市的郊区、集体经济实力强以及其他具备条件的乡村，到 2022 年率先基本实现农业农村现代化。推动重点区加速发展，中小城市和小城镇周边以及广大平原、丘陵地区的乡村，涵盖我国大部分村庄，是乡村振兴的主战场，到 2035 年基本实现农业农村现代化。聚焦攻坚区精准发力，革命老区、民族地区、边疆地区、集中连片特困地区的乡村，到 2050 年如期实现农业农村现代化。

# 附录二 乡村全面振兴规划
# （2024—2027 年）

实施乡村振兴战略，是以习近平同志为核心的党中央着眼党和国家事业全局作出的重大决策，是新时代新征程"三农"工作的总抓手。为有力有效推进乡村全面振兴，制定本规划。

## 一、总体要求

坚持以习近平新时代中国特色社会主义思想为指导，深入贯彻党的二十大和二十届二中、三中全会精神，认真贯彻落实习近平总书记关于"三农"工作的重要论述，完整准确全面贯彻新发展理念，加快构建新发展格局，着力推动高质量发展，锚定建设农业强国目标，学习运用"千万工程"经验，健全推动乡村全面振兴长效机制，以确保国家粮食安全、确保农村人口不发生规模性返贫致贫为底线，巩固拓展脱贫攻坚成果，以提升乡村产业发展水平、提升乡村建设水平、提升乡村治理水平为重点，强化科技和改革双轮驱动，强化农民增收举措，扎实推进乡村产业、人才、文化、生态、组织"五个振兴"，加快农业农村现代化，推动农业全面升级、农村全面进步、农民全面发展，为全面建设社会主义现代化国家提供坚强支撑。

工作中要做到：坚持和加强党对"三农"工作的全面领导，坚持农业农村优先发展，坚持城乡融合发展，坚持农民主体地位，坚持因地制宜、分类施策，坚持人与自然和谐共生，坚持深化改革创新，坚持循序渐进、久久为功。要充分调动亿万农民的积极性、主动性、创造性，一件事情接着一件事情办，一年接着一年干，积小胜为大成。要统筹不同区域，合理确定阶段性重点任务和推进时序，尊重客观规律，不超越发展阶段，不提脱离实际的目标；统筹新型工业化、新型城镇化和乡村全面振兴，缩小城乡差别，促进城乡共同繁荣发展；统筹推进农村经济建设、政治建设、文化建设、社会建设、生态文明建设和党的建设，实现乡村全面提升。

主要目标是：到 2027 年，乡村全面振兴取得实质性进展，农业农村现代化迈上新台阶。国家粮食安全根基更加稳固，农业综合生产能力稳步提升，确保中国人的饭碗牢牢端在自己手中；乡村产业更加兴旺，实现乡村产业全链条升级；乡村更加生态宜居，人居环境明显改善，农村基础设施更加完备，城乡基本公共服务均等化水平不断提升；乡风文明持续提升，中华优秀传统文化充分传承发展，农民综合素质全面提高；乡村治理更加有效，乡村治理体系和治理能力现代化水平明显提升；农民生活更加美好、收入水平持续提高，农村低收入人口和欠发达地区分层分类帮扶制度基本建立。东部发达地区、中西部具备条件的大中城市郊区乡村率先基本实现农业农村现代化。到 2035 年，乡村全面振兴取得决定性进展，农业现代化基本实现，农村基本具备现代生活条件。

## 二、优化城乡发展格局，分类有序推进乡村全面振兴

（一）统筹优化城乡发展布局。以资源环境承载能力和国土空间开发适宜性评价为基础，优化农业、生态和城镇空间。严守耕地和永久基本农田、生态保护红线和城镇开发边界等主要控制线，科学编制实施县级国土空间总体规划。强化耕地保护，坚决整治乱占、破坏耕地等违法行为，严格落实省级党委和政府耕地保护责任，有序恢复耕地，逐步补足耕地保护任务缺口。改革完善耕地占补平衡制度，完善补充耕地质量验收机制，实施耕地有机质提升行动，确保耕地数量有保障、质量有提升。健全保障耕地用于种植基本农作物管理体系，绘制全国耕地种植用途"一张图"。优化乡村功能和空间布局，充分发挥乡村在保障农产品供给和粮食安全、保护生态环境、传承发展中华民族优秀传统文化等方面的特有功能。加强以"七区二十三带"为主体的农产品主产区建设，建设国家粮食安全产业带。筑牢"三区四带"生态安全屏障。保留乡村景观特色，赓续农耕文明。

（二）推进城乡融合发展。实施新一轮农业转移人口市民化行动，推行由常住地登记户口提供基本公共服务制度，完善"人地钱挂钩"政策，推动城镇基本公共服务覆盖全部常住人口。保障进城落户农民合法土地权益，依法维护进城落户农民的土地承包权、宅基地使用权、集体收益分配权，探索建立自愿有偿退出的办法。构建城乡统一的建设用地市场。推动人才、技术等要素规范有序向乡村流动。率先在县域内破除城乡二元结构，一体推进城镇和乡村规划、建设和治理，推动城乡基本公共服务均等化。支持中西部农产品主产区县城建设。把乡镇建成乡村治理中心、农村服务中心、乡村经济中心。推动县域

产业协同发展，以现代种养业和农产品加工业为基础，构建以县城为枢纽、以小城镇为节点的县域经济体系。发挥各类产业园区带动作用，引导县域产业集聚发展。

（三）分类推进乡村全面振兴。细化村庄分类标准，科学确定发展目标。集聚提升类村庄重点强化产业发展，改造提升基础设施；城郊融合类村庄重点推动城乡一体化建设；特色保护类村庄重点改善基础设施和公共环境；搬迁撤并类村庄有序实施搬迁撤并，解决好民生保障、就业增收和生态保护等问题。短期内难以判断的村庄，留足观察和论证时间，重点保障基本民生需要。

（四）衔接推进脱贫地区全面振兴。过渡期内保持主要帮扶政策总体稳定，抓好防止返贫监测，落实帮扶措施，完善覆盖农村人口的常态化防止返贫致贫机制，牢牢守住不发生规模性返贫致贫的底线。加快补齐脱贫地区农村基础设施短板，优先布局产业发展所需配套设施。推进脱贫地区帮扶产业高质量发展，构建成长性好、带动力强的帮扶产业体系，大力发展特色产业，推进消费帮扶，完善脱贫群众参与产业发展和分享收益机制。深化东西部协作、定点帮扶。推进携手促振兴行动，鼓励经济相对发达地区到脱贫地区共兴产业。推动帮扶政策体系向推进乡村全面振兴转换。建立农村低收入人口和欠发达地区分层分类帮扶制度，对有劳动能力的人口，落实产业就业等开发式帮扶措施；对缺乏劳动能力、无法通过产业就业获得稳定收入的人口，完善相关社会救助政策。健全脱贫攻坚国家投入形成资产的长效管理机制。加大对欠发达地区县域振兴发展的支持力度，创新帮扶协作机制。

### 三、加快现代农业建设，全方位夯实粮食安全根基

（五）提高粮食和重要农产品供给保障水平。把确保国家粮食安全作为现代农业建设的首要任务，全面落实粮食安全党政同责，坚持稳面积、增单产两手发力，确保粮食播种面积稳定在 17.5 亿亩左右、谷物面积 14.5 亿亩左右。组织实施新一轮千亿斤粮食产能提升行动，大力实施粮食单产提升工程，推动粮食产能稳步迈上 1.4 万亿斤台阶。深入实施国家大豆和油料产能提升工程，压实"菜篮子"市长负责制，树立大农业观、大食物观，农林牧渔并举，构建多元化食物供给体系。落实棉花目标价格政策，加强糖料、天然橡胶基地建设。健全市场监测预警体系，统筹做好粮食市场化收购和政策性收储，完善储备体系和制度建设，推进全链条节约减损，优化生猪、棉花、食糖市场调控机制，加强应急保供能力建设。

（六）加强农业基础设施建设。加大高标准农田建设投入力度，推动逐步把具备条件的永久基本农田建成高标准农田，提高建设标准和质量，完善建

设、验收、管护机制，支持引导新型农业经营主体、农村集体经济组织等参与建设管护。探索耕地地力保护补贴发放与耕地保护责任落实相挂钩。深入实施国家黑土地保护工程，加快灌区建设改造。发展现代设施农业，推进设施种养业建设，完善烘干、物流等设施。加强农业生产防灾减灾救灾能力建设，加强农业气象灾害监测预警防控，实施动植物保护工程，健全农作物病虫害防治和动物防疫体系。

（七）强化农业科技和装备支撑。优化科技创新体系，稳定支持基础研究和公益性研究科研机构，建立健全科技创新分类评价制度。建设重大科技基础设施，加强原创性研究；加大关键核心技术攻关力度，强化技术集成应用；完善农技推广服务体系。加快种业振兴，建设种质资源保存鉴定等设施平台；加快核心种源技术攻关，强化企业科技创新主体地位，培育大型种业企业。实施农机装备补短板行动，加快大型高端智能农机和丘陵山区适用小型机械等农机装备和关键核心零部件研发应用；大力发展智慧农业；完善农机购置与应用补贴政策。

（八）加大粮食生产支持力度。健全种粮农民收益保障机制，完善粮食生产补贴，落实最低收购价政策，健全农资保供稳价应对机制，落实粮作物完全成本和种植收入保险政策，鼓励有条件的省份实施差异化保费补贴政策，加大对产粮大县的支持力度。完善粮食主产区利益补偿机制，强化对粮食主产区的支持，合理安排产粮大县奖励资金规模，实施产粮大县公共服务能力提升行动，统筹建立粮食产销区省际横向利益补偿机制，建立健全稳定的协作关系。

## 四、推动乡村产业高质量发展，促进农民收入增长

（九）构建现代乡村产业体系。培育现代乡村产业，做好"土特产"文章，发展乡村种养业、加工流通业、休闲旅游业、乡村服务业。以农产品主产区和特色农产品优势区为重点，打造现代乡村产业走廊，实施农业品牌精品培育计划。优化产业链组织方式，培育农业产业化龙头企业，支持企业协同共建产业链供应链。建强产业发展载体，支持县域农村产业融合发展项目建设，发展优势特色产业集群。

（十）深化农村一二三产业融合发展。实施农产品加工业提升行动，支持主产区建设加工产业园。完善流通骨干网络，改造提升批发市场，布局建设城郊大仓基地，实施农村电商高质量发展工程。有序发展农事体验等新业态，探索现代农业、休闲旅游、田园社区融合发展方式。

（十一）强化农民增收举措。落实农民工稳岗就业政策和权益保障机制，加强技能培训和就业服务，支持返乡入乡创业，加大以工代赈项目实施力度。

完善产业链利益联结机制，发展农业产业化联合体，引导企业与小农户加强利益联结，推动增值收益分配向农户倾斜。培育壮大新型农业经营主体，推动相关扶持政策同带动农户增收挂钩。

（十二）全面促进农村消费。推进县域商业体系建设，健全电子商务和物流服务体系，建设县域集采集配中心，推动客货邮融合发展，加快消费扩容。加大面向农村的产品创新和营销力度，支持新能源汽车、绿色智能家电等下乡，深入实施消费品以旧换新行动，鼓励信息消费，推进消费升级。发展农村生活服务业，实施农村消费市场净化行动，完善消费配套设施。

## 五、大力培养乡村人才，吸引各类人才投身乡村全面振兴

（十三）壮大乡村人才队伍。实施高素质农民培育计划和乡村产业振兴带头人培育"头雁"项目，加强对青年农民和新型农业经营主体培训指导，实施农村实用人才带头人培训计划。鼓励和引导青年入乡发展和就业创业，加强农业农村科技领军人才、青年人才培养，通过科技小院等形式，推动涉农教育与生产实践紧密结合。实施农技推广服务特聘计划，培养农技推广人才，壮大科技特派员队伍。建设乡村公共服务和治理人才队伍，实施乡村振兴人才支持计划和人才支撑项目，开展全科医生特岗计划、订单定向医学生免费培养等，推动乡村医生向执业（助理）医师转化，加强农村法律人才和儿童服务人才培养。

（十四）完善乡村人才培养体系。健全涉农高等教育体系，优化提升职业教育，鼓励符合条件的村干部、农民等报考高职院校，继续实施"一村一名大学生"培育计划。健全涉农培训体系，统筹各类培训资源，实行按需培训。强化农村职业教育和成人教育，加强农村数字人才、电商人才培育。

（十五）健全乡村人才保障机制。建立人才定期服务乡村制度，支持返乡人员、退役军人、退休专家等投身乡村全面振兴，健全县域人才统筹使用制度，推动科技、医疗、教育干部人才"组团式"帮扶，实施大学生志愿服务西部计划。建立健全乡村人才分级分类评价体系，引导各地实行职称评审定向评价、定向使用。激励各类人才投身乡村，做好返乡入乡人才服务保障工作，将符合条件的返乡创业就业人员纳入涉农培训范围。

## 六、繁荣乡村文化，培育新时代文明乡风

（十六）提升乡村精神风貌。组织学习习近平新时代中国特色社会主义思想，广泛开展党史、新中国史、改革开放史、社会主义发展史宣传教育，深入开展"听党话、感党恩、跟党走"宣传教育活动。加强民族团结进步宣传教

育，铸牢中华民族共同体意识。实施文明乡风建设工程，以社会主义核心价值观为引领，加强文明培育、文明实践、文明创建工作。做好普法、科普工作，反对封建迷信。开展诚信宣传教育，深化诚信缺失突出问题专项治理，加强青少年思想道德教育，强化未成年人网络保护工作。持续推进移风易俗，弘扬良好乡风家风民风，引导村民遵规守约，扎实开展高额彩礼、大操大办、散埋乱葬等突出问题治理，完善婚事新办、丧事简办、孝老爱亲等约束性规范和倡导性标准。加强农村公益性公墓（骨灰堂）建设，推进农村殡葬改革，培育现代文明殡葬新风。

（十七）重塑乡村文化生态。优化文化服务和文化产品供给机制，深入开展文化科技卫生"三下乡"活动，健全城乡"结对子、种文化"常态化机制，推进乡村文化志愿服务，开展具有农耕农趣农味的群众性文化体育活动。完善公共文化服务体系，建立优质文化资源直达基层机制，实施文化惠民工程，探索建立群众文艺团队培育引导机制，开展乡村文化指导员相关工作，推动新时代文明实践中心（所、站）联动高效运转，推进农家书屋改革创新。

（十八）增强乡村文化影响力。弘扬中华优秀传统文化，加强传统村落保护传承，强化文物和非物质文化遗产保护利用，实施传统工艺振兴工程，开展古树名木复壮及古树群保护。推进中国传统节日振兴，办好中国农民丰收节。培育壮大乡村文化产业，实施文化产业赋能乡村振兴计划、乡村文旅深度融合工程，提升乡村旅游质量效益，加快数字赋能乡村文化产业。

## 七、深入推进乡村生态文明建设，加快发展方式绿色转型

（十九）加快农业绿色低碳发展。推广绿色生产技术，鼓励测土配方施肥和增施有机肥，降低经济作物化肥施用强度，推进病虫害绿色防控与统防统治融合，发展节水旱作农业。强化农业面源污染防治，发展生态循环农业，推行农业废弃物减量化、资源化、无害化，加强对农业面源污染治理的监测评估。稳步推进农业减排固碳，推广免耕少耕播种技术，降低农业甲烷和畜禽养殖臭气排放，加快老旧农机报废更新和绿色技术装备应用，开展农业减排固碳技术攻关。

（二十）改善乡村生态环境。推进耕地草原森林河湖休养生息，完善耕地轮作休耕、草原保护等制度，实行天然林保护与公益林并轨管理，开展重点河湖治理修复。实施重要生态系统保护和修复重大工程，推进"三北"等重点生态工程建设，实施生物多样性保护工程，加强外来物种入侵防控，深入实施长江十年禁渔，加强水生野生动物保护。开展生态环境突出问题治理，推进河湖库"清四乱"，保护和修复小微湿地，推进地下水超采、水土流失、土壤重

金属污染防治，建立农村生态环境监测评价制度。

（二十一）完善生态产品价值实现机制。落实自然资源资产权益，健全调查监测评价体系，开展生态产品总值核算，健全碳排放权、排污权、用水权交易机制。完善生态保护补偿制度，推进生态综合补偿，健全横向生态保护补偿机制，推进生态保护补偿市场化发展。开展乡村生态产品经营开发，打造生态产品区域公用品牌，加大绿色金融支持。

## 八、建设宜居宜业和美乡村，增进农民福祉

（二十二）推进基础设施提档升级。提高路网通达水平，加快农村公路骨干路网提档升级和基础网络延伸连通，深化推进"四好农村路"、城乡交通一体化高质量发展。强化供水安全保障，因地制宜推进城乡供水一体化、集中供水规模化发展，实施小型供水工程规范化建设和改造，加强中小型水源保障工程建设，实施水质提升行动。优化能源供给，巩固提升农村电网，发展清洁能源。提升农房质量安全水平，持续开展农村危房改造和农房抗震改造，推动现代宜居农房建设。

（二十三）持续改善人居环境。深入实施乡村建设行动。因地制宜扎实推进农村厕所革命，引导农民开展户内改厕，完善农村厕所建设管理制度。推进农村厕所革命与生活污水治理有机衔接，鼓励联户、联村、村镇一体处理。分类开展生活污水治理，以乡镇政府驻地和中心村为重点批次推进实施，基本消除较大面积黑臭水体。提高生活垃圾治理水平，推进源头分类减量、就地就近处理和资源化利用，完善收运处置，提升有毒有害垃圾处置能力。提升村容村貌，开展乡村绿化美化行动和村庄清洁行动。

（二十四）稳步提升基本公共服务水平。提高农村教育质量，优化县域教育布局，改善义务教育基本办学条件，建设城乡学校共同体，强化学前教育、特殊教育普惠发展，加强教师培养培训。推进健康乡村建设，健全医疗卫生服务体系，提升应对重大疫情及突发公共卫生事件能力，推进县域医共体建设，强化基本医保、大病保险、医疗救助制度保障，开展老年和妇幼健康、优生优育服务，因地制宜建设公共健身设施。完善基础民生保障，健全养老服务网络，根据各地情况和农民实际需求，推进敬老院等设施建设，大力推进乡镇区域养老服务中心提质增效，积极发展互助养老，坚决不搞"一刀切"。落实城乡居民基本养老保险待遇确定和基础养老金正常调整机制，做好流动儿童、留守儿童、妇女、老年人、残疾人等关心关爱服务，发展普惠托育服务。

（二十五）完善农村社区服务设施。统筹规划科学布局，合理安排农村社区服务设施建设，改善服务条件；盘活利用闲置设施用于社区服务，有序推动

现有设施"一室多用"。提升农村社区服务设施效能，鼓励群团组织、合作经济组织、社会组织等参与建设管理和提供服务。

（二十六）加快数字乡村建设。完善信息基础设施，实施智慧广电乡村工程，推动基础设施数字化、智能化升级，构建综合信息服务体系。加快管理服务数字化，推进"互联网+"、"智慧广电+"政务服务向基层延伸，加强乡村教育、医疗、文化数字化建设。持续实施数字乡村发展行动。

（二十七）优化乡村规划建设。因地制宜编制村庄规划，优先建设既方便生活又促进生产的项目，引导农民参与村庄规划建设管理，严禁违背农民意愿搞大拆大建。充分利用各类已建设施，严禁使用财政资金建设景观项目。开展乡村建设评价。健全农村公共基础设施运行管护机制，建立工程建设与管护机制同步落实制度，编制管护责任清单，合理分担管护成本，有条件的地方推进城乡一体化管护。

## 九、深化农业农村改革，激发农村发展活力

（二十八）巩固和完善农村基本经营制度。有序推进第二轮土地承包到期后再延长30年试点，深化承包地所有权、承包权、经营权分置改革，发展农业适度规模经营。完善土地承包合同管理制度，做好与不动产统一登记有序衔接，依法纠正撂荒承包地、破坏耕地生产能力等行为。建立健全以农户家庭经营为基础、合作与联合为纽带、社会化服务为支撑的立体式复合型现代农业经营体系，健全土地流转价格形成机制，促进农民合作经营。鼓励小农户以土地经营权等入股新型农业经营主体，健全便捷高效的农业社会化服务体系。巩固提升农村集体产权制度改革成果，发展新型农村集体经济，构建产权明晰、分配合理的运行机制，赋予农民更加充分的财产权益。规范农村集体经济组织及其运行管理、农村产权流转交易，加强农村集体资产监督管理，严控集体经营风险和债务规模。

（二十九）深化农村土地制度改革。加快完成房地一体宅基地确权登记颁证，允许农户合法拥有的住房通过出租、入股、合作等方式盘活利用。有序推进农村集体经营性建设用地入市改革，优先保障乡村全面振兴用地需求，健全土地增值收益分配机制。强化乡村发展用地保障，省级土地利用年度计划安排至少5%新增建设用地指标，保障乡村重点产业和项目用地，落实农村产业融合发展和设施农业用地保障政策，县乡级国土空间规划应统筹安排农业农村发展用地。规范有序稳妥开展城乡建设用地增减挂钩，腾退的建设用地指标可纳入土地利用年度计划。

（三十）健全多元化乡村振兴投入保障机制。发挥财政支持作用，坚持将

农业农村作为一般公共预算优先保障领域，落实提高土地出让收益用于农业农村比例政策，用好新出台的投融资政策。完善金融服务，健全大中型银行服务"三农"工作机制，强化政策性金融支农作用，加强农村中小金融机构支农支小定位，加快农村信用社改革化险，推动村镇银行结构性重组。发展农村数字普惠金融，推进农村信用体系建设，建立健全市场化涉农金融风险补偿机制，发展多层次农业保险，完善农业再保险和农业保险大灾风险分散机制。支持以市场化方式依法设立乡村振兴基金。引导和规范农业农村领域社会投资，推进"万企兴万村"行动。乡村振兴投入要坚持尽力而为、量力而行，避免新增地方债务风险。

（三十一）扎实推进农村改革各项重点任务。深化供销合作社综合改革，推进农垦垦区集团化、农场企业化改革和垦地合作。完善集体林权、国有林场、草原承包经营、农村集体土地征收等制度。推动农业水价综合改革。发挥全国农村改革试验区、国家城乡融合发展试验区以及农村综合性改革试点试验示范带动作用。

**十、加强农村基层组织建设，推进乡村治理现代化**

（三十二）深入推进抓党建促乡村全面振兴。增强农村基层党组织政治功能和组织功能，强化县级党委抓党建促乡村振兴责任。选优配强乡镇领导班子，优化村"两委"班子特别是带头人队伍，全面培训提高乡镇、村班子领导乡村全面振兴能力。发挥农村党员先锋模范作用，推动农村党员进县级党校轮训，常态化整顿软弱涣散村党组织，完善向重点乡村选派驻村第一书记和工作队制度。加强乡镇、村干部关心关爱和待遇保障。加强党风廉政建设，完善党务、村务、财务公开制度，推动基层纪检监察组织和村务监督委员会有效衔接，把纪检监察工作向村延伸覆盖，强化对村干部监督管理，加强农村集体经济组织审计监督。

（三十三）推进以党建引领乡村治理。健全县乡村三级治理体系，加强县级统筹协调，推动乡镇扩权赋能，完善村党组织领导的村级组织体系，全面落实县级领导班子成员包乡走村、乡镇领导班子成员包村联户、村干部经常入户走访制度，推动治理重心向基层下移、干部力量向基层充实，推动资源、服务、管理向基层下沉，切实提升乡村治理效能。健全乡镇职责和权力、资源相匹配制度，加强乡镇服务管理力量。制定乡镇履行职责事项清单，健全为基层减负长效机制。健全党组织领导的自治、法治、德治相结合的乡村治理体系，落实"四议两公开"制度；深化法治乡村建设，加强法律顾问和法律援助工作；发挥好村规民约作用。创新治理方式，推动数字赋能乡村治理，创新村民协商议事形式。

（三十四）维护乡村和谐稳定。健全基层服务体系，加强乡镇政府公共服务职能，完善治理平台。提升应急管理能力，健全乡镇、村级应急管理协调机制和组织体系，完善防汛、防火等责任人制度，加强应急救援能力建设，开展相关宣传和演练。壮大群防群治力量，落实平安建设领导责任制。坚持和发展新时代"枫桥经验"，推动领导干部下访接访。完善农村社会矛盾纠纷多元预防调处化解综合机制，推进和谐邻里建设。加强农村宗教活动常态化管理，全面防范打击农村邪教违法犯罪活动，持续开展反邪教拒毒防毒宣传教育、赌博违法犯罪专项整治，常态化开展扫黑除恶，打击侵害妇女儿童权益的违法犯罪行为。

## 十一、加强组织实施

推进乡村全面振兴要坚持和加强党中央集中统一领导，坚持中央统筹、省负总责、市县乡抓落实的乡村振兴工作机制，全面落实乡村振兴责任制。要加强统计监测，适时开展规划实施评估。建立乡村全面振兴工作联系点。加快涉农法律法规制定修订，完善乡村振兴法律规范体系。加强宣传和舆论引导，充分发挥工会、共青团、妇联等作用，激发全社会参与乡村全面振兴的积极性，营造良好社会氛围。各地各有关部门要结合实际推动目标任务落地见效，工作中要坚决防止形式主义、官僚主义、形象工程。重大事项及时按程序向党中央、国务院请示报告。